2025年版

ユーキャンの
旅行業務取扱管理者
過去問題集 国内

CBT に挑戦！

本書では、特典として令和 6 年度国内本試験問題（出題例）がインターネット上で体験できる「CBT 体験プログラム」がついています。
CBT に挑戦し、コンピューターで回答する実際の試験形式にも慣れておきましょう！

CBT の体験方法

下記 URL より「CBT 体験プログラム」ページへアクセス

https://www.u-can.co.jp/book/information/hp/CBT/ryoko/25ryoko-kokunaiconfirm.html

※本 CBT は、ユーキャン独自のサイトとなっております。
　実際の試験画面とは異なる場合がございますので、ご了承ください。
※提供期限は、2026 年 3 月末までになります。
※本CBTの収録内容は、『2025年版 ユーキャンの国内・総合旅行業務取扱管理者 速習レッスン』の特典と同一内容になります。

［おことわり］

本書は執筆時点 2025 年 1 月 31 日現在において施行されている法令・制度および 2025 年 4 月 1 日までに施行されることが判明している法令・制度に基づいて編集されたものです。本書の掲載内容について、執筆時点以降の法改正・制度改正情報などにより変更が生じ 2025 年度試験の対象になるものについては、『生涯学習のユーキャン』ウェブサイト内「追補（法改正・正誤）」コーナーにてお知らせいたします。
https://www.u-can.co.jp/book/information
※「国内旅行実務」科目における JR・航空各社・貸切バスの運賃・料金額については P15 をご確認ください。

はしがき

　旅行業務取扱管理者は、法律により「営業所ごとに必ず1人以上選任すること」が義務づけられています。旅行業を営むに当たり、**なくてはならない**、いわゆる「**法定資格**」ですから、努力して合格を目指すだけの価値ある資格だといえます。受験に当たり、**年齢、学歴などの制限がなく**、また**合格者の人数制限もありません**ので、**誰もが合格を狙える国家試験**です。

　国内旅行業務取扱管理者試験では「**すべての科目で60点以上を得点すること**」が合格基準として公表されています。つまり、ある科目が満点であったとしても、いずれか1科目でも合格基準を下回った時点で合格できないわけですから、受験対策としては「**極端に苦手な科目をつくらないこと**」が何より大切です。少し荒っぽい表現でいうと、「**あえて満点を目指さず、どの科目でも安定して合格基準点に達するための対策を練ること**」が合格への近道だといえます。

　本書は、重要事項をマスターし、確実に**合格基準点に達する知識を身につける**ことを目的として、ユーキャンの通信教育「旅行業務取扱管理者講座」の講師陣が編集・制作した「国内試験の受験対策」にうってつけの1冊です。**過去に出題された問題から厳選したテーマ別の良問**と、直近の**本試験問題**とで構成され、受験生が**無理なく、無駄なく基礎力・応用力を高められる**構成になっています。また、通信講座教材の制作ノウハウを活かし"ポイント整理""キーワード""ここがねらわれる！"などのコラムを設け、問題を解くことに加え、解説を読むことで、さらに踏み込んだ知識を補えるよう、さまざまな工夫を凝らしています。

　姉妹書「旅行業務取扱管理者 速習レッスン」とともに、本書がこの試験の合格を目指す方のパスポートとなり、1人でも多くの方が合格の栄冠を勝ち取られることを願っております。

ユーキャン旅行業務取扱管理者試験研究会

西川　美保

本書の使い方

STEP1 テーマ別の重要問題に取り組もう！

まずは、P15～P350の「テーマ別問題」を解き、本試験で頻出の重要テーマを学習しましょう。姉妹書の『2025年版 国内・総合旅行業務取扱管理者 速習レッスン』などのテキストで学習した箇所から取り組むと学習効果が高まります。解答を確認する際には、必ず解説をすべて読んで理解を深めましょう。繰り返し学習のため、間違えた問題や知識があやふやな問題にはチェックをつけておくとよいでしょう。

STEP2 本試験問題に挑戦！

「テーマ別問題」での学習を終えたら、本試験問題にチャレンジしましょう。特典の「CBT体験プログラム」を使えば、本番に近い条件で取り組むことができます。採点後は、別冊の「解答・解説」で、正解・不正解を問わず、しっかりと解説を読み知識の再確認をすることが大切です。

重要度を表示

A B C
高 重要度 低

出題傾向の分析などから、学習の指針として3段階の重要度表示を行っています。

出典＆改題を明記

テーマ別問題については、何年度の試験で出題されたかを表示しています（引用が複数年度に及ぶ場合は、該当年度を列挙しています）。また、法改正・制度変更等による変更や、学習効果等を考えたうえで必要なものについては「改」表示をして改題を行っています。
【凡例】
　令5-改
　　→令和5年度の問題を改題

---

12 書面の交付

問題36　重要度A　平30-改

法12条の5「書面の交付」に関する次の記述のうち、誤っているものはどれか。

ア．旅行業者等は、旅行業務に関し取引をする者（旅行者を除く。）と旅行業務に関し契約を締結したときは、国土交通省令で定める場合を除き、遅滞なく、当該取引をする者に対し、旅行者に提供すべき旅行に関するサービスの内容その他の国土交通省令で定める事項を記載した書面を交付しなければならない。

イ．旅行業者は、旅行者と旅行の相談に応ずる行為に関し契約を締結したときは、遅滞なく、当該旅行者に対し、相談の内容、支払うべき対価およびその受領の方法に関する事項を記載した書面を交付しなければならない。

ウ．旅行業者代理業者が所属旅行業者を代理して旅行者と手配旅行契約を締結したときは、その旨ならびに当該旅行業者代理業者の氏名または名称および住所ならびに登録番号を書面に記載しなければならない。

エ．旅行業者等は、旅行者と手配旅行契約を締結したときは、旅行業務の取扱いの料金に関する事項を書面に記載しなければならない。

問題37　重要度A　令5

次の記述から、旅行業者等が旅行者と企画旅行契約を締結したときに交付する書面に記載すべき事項として、定められているもののみをすべて選んでいるものはどれか。

a．契約の変更および解除に関する事項
b．企画者の氏名または名称および住所ならびに登録番号
c．旅行に参加する資格を定める場合にあっては、その旨および当該資格
d．旅行者の損害の補償に関する事項

ア．a、b　　イ．c、d　　ウ．b、c、d　　エ．a、b、c、d

STEP3 繰り返し学習が効果的！

STEP1でチェックした問題、STEP2で間違えた問題など、自分が不得意なテーマを中心に、あらためて問題に取り組む、テキストに戻って復習するなど、繰り返し学習を心がけ知識を確実なものにしてください。仕上げとして本試験問題に再チャレンジすることをおすすめします。

---

12 書面の交付

問題36　解説　　解答　イ

ア．正しい。記述のとおり。旅行業務に関し、**旅行者以外の者**（運送・宿泊業者などの旅行サービス提供者、旅行サービス手配業者、他の旅行業者などの**事業者**）と契約を締結したときは、国土交通省令で定める事項を記載した書面（契約書面など）を相手方に交付しなければならない。

イ．誤り。旅行者と旅行業務に関し契約を締結するに当たり、次の①または②のいずれかに該当する場合、旅行者に対する契約書面（国土交通省令・内閣府令で定める事項を記載した書面）の交付は不要である。
　① 旅行に関するサービスの提供を受ける権利を表示した書面（航空券や乗車船券、宿泊券など）を旅行者に交付したとき
　② 旅行相談業務に係る契約（旅行相談契約）を締結したとき
本肢の記述は上記②に該当するので、契約書面の交付は不要である。

ウ．正しい。記述のとおり。「旅行業者代理業者が所属旅行業者を代理して契約を締結した場合にあってはその旨」「当該旅行業者代理業者の氏名または名称および住所ならびに登録番号」は、いずれも手配旅行契約を締結したときに旅行者に交付する契約書面の記載事項である。

エ．正しい。記述のとおり。"旅行業務の取扱いの料金に関する事項"は手配旅行契約を締結したときに旅行者に交付する契約書面の記載事項である。なお、企画旅行に係る旅行業務の取扱いの料金は存在しないので、企画旅行契約における契約書面にこの事項は記載しない。

問題37　解説　　解答　エ

a、b、c、dはいずれも企画旅行契約を締結したときに旅行者に交付する契約書面に記載すべき事項である。したがって、a、b、c、dを選んでいるエが正解である。

ポイント整理 旅行者と契約を締結したときに交付する書面（原則と例外）

原則：次のいずれかを交付する
　① 契約書面（国土交通省令・内閣府令で定める事項を記載した書面）
　② サービスの提供を受ける権利を表示した書面（航空券、乗車船券、宿泊券など）
例外：旅行相談業務に係る契約を締結した場合は不要

得点に結びつく補足解説

🗝 キーワード

押さえておきたい重要な用語や専門用語を詳しく解説しています。

ポイント整理 ✎

問題のテーマに関して試験に直結する重要事項を整理し詳しく解説しています。学習期の知識整理や、直前期の見直しに有効です。

試験で問われやすいポイントを解説しています。

※掲載しているページは、「本書の使い方」を説明するための見本です。

ユーキャンの国内旅行業務取扱管理者

過去問題集

目　次

CBT に挑戦！、おことわり ……………… 2
はしがき…………………………………… 3
本書の使い方………………………………… 4
目次…………………………………………… 6
資格について………………………………… 8
出題分析と試験対策…………………… 11

● テーマ別問題 ●

旅行業法及びこれに基づく命令 🏠

1	旅行業法の目的 ……………………………	18
2	登録の要否・定義 …………………………	20
3	旅行業等の登録 ……………………………	24
4	登録の拒否 …………………………………	32
5	登録業務範囲 ………………………………	34
6	営業保証金 …………………………………	38
7	旅行業務取扱管理者・外務員 ………	42
8	旅行業務の取扱いの料金 ………………	52
9	旅行業約款 …………………………………	54
10	標識 …………………………………………	56
11	取引条件の説明 ……………………………	58
12	書面の交付 …………………………………	62
13	企画旅行の募集広告 ………………………	64
14	誇大広告の禁止 ……………………………	66
15	企画旅行の円滑な実施のための措置	
	（旅程管理）………………………………	68
16	受託契約 ……………………………………	72
17	旅行業者代理業 ……………………………	76
18	禁止行為・登録の取消し等 …………	78
19	業務改善命令 ………………………………	82
20	旅行業協会・弁済業務保証金制度 …	84
21	旅行サービス手配業 ………………………	90

旅行業約款 運送・宿泊約款 🎫

1	総則 …………………………………………	96
2	募集型企画旅行契約の締結・契約書面等	
	…………………………………………………	100
3	募集型企画旅行契約の変更 ………	106
4	募集型企画旅行契約の解除	
	（旅行者の解除権）………………………	110
5	募集型企画旅行契約の解除	
	（旅行業者の解除権）………………	116
6	募集型企画旅行の旅行代金の払戻し等	
	…………………………………………………	128

6

7	募集型企画旅行の旅程管理 ………	134
8	責任 ………………………………	138
9	募集型企画旅行の団体・グループ契約 ………………………………	142
10	旅程保証 …………………………	144
11	特別補償規程 ……………………	154
12	受注型企画旅行契約 ……………	166
13	手配旅行契約 ……………………	176
14	旅行相談契約 ……………………	184
15	国内旅客運送約款 ………………	186
16	モデル宿泊約款 …………………	190
17	一般貸切旅客自動車運送事業標準運送約款（貸切バス約款） ………………	196
18	フェリー標準運送約款 …………	200
19	JR旅客営業規則 ………………	208

国内旅行実務

1	JR－運賃・料金の計算 ………	216
2	JR－乗車券類の取扱い等 ………	252
3	国内航空運賃・料金 ……………	270
4	宿泊料金 …………………………	282
5	貸切バス運賃・料金 ……………	290
6	フェリー運賃・料金 ……………	304
7	複合問題 …………………………	310
8	国内観光資源 ……………………	320

● 令和6年度国内試験 ●

問題 …………………………………… 351

解答・解説編（別冊）

資格について

❶ 旅行業務取扱管理者とは

　旅行業を営む場合に、原則として営業所ごとに１人以上置かなければならないと法律（旅行業法）で定められているのが、旅行に関する業務全般を取り扱う責任者（管理者）である「旅行業務取扱管理者」です。

　旅行業務を取り扱う営業所において、旅行者との取引にかかわる旅行サービスの確実性、取引条件の明確性、その他取引の公正を確保するために、以下の各事項についての管理・監督に関する事務等を行います。

① 旅行に関する計画の作成に関する事項
② 旅行業務の取扱い料金の掲示に関する事項
③ 旅行業約款の掲示および備え置きに関する事項
④ 取引条件の説明に関する事項
⑤ 契約書面の交付に関する事項
⑥ 広告に関する事項
⑦ 企画旅行の円滑な実施のための措置に関する事項
⑧ 旅行に関する苦情の処理に関する事項
⑨ 契約締結の年月日、契約の相手方その他の旅行者または旅行に関するサービスを提供する者と締結した契約の内容に係る重要な事項についての明確な記録または関係書類の保管に関する事項
⑩ 前述①～⑨に掲げるもののほか、取引の公正、旅行の安全および旅行者の利便を確保するため必要な事項として観光庁長官が定める事項

　旅行業務取扱管理者は、取り扱える業務の範囲により次の３種類があります。
　　◆**総合**旅行業務取扱管理者：**国内・海外**の旅行業務を取り扱える
　　◆**国内**旅行業務取扱管理者：**国内**の旅行業務のみを取り扱える
　　◆**地域限定**旅行業務取扱管理者：**拠点区域内**の旅行業務のみを取り扱える
　　※拠点区域内…営業所のある市町村（および隣接する市町村）の区域内

　これら３つの資格を認定するため、「総合旅行業務取扱管理者試験（以下、総合試験）」「国内旅行業務取扱管理者試験（以下、国内試験）」「地域限定旅行業務取扱管理者試験（以下、地域限定試験）」が実施されます。

❷ 国内試験の概要

受験資格

　年齢、性別、学歴、国籍等に関係なく、どなたでも受験できます。また、同じ年に国内試験と総合試験の両方を受験することもできます。

※ただし、「過去一定期間内に実施された旅行業務取扱管理者試験で不正行為を行った者」は受験資格はありません。

試験スケジュール

願書受付期間	６月上旬〜７月上旬
試験日	９月上旬〜下旬うち、受験者が選択した日時
合格発表日	10月中旬

※上記スケジュールは2024年度の試験日程および試験実施団体から発表された情報をもとに作成しています。2025年度の試験の実施概要については変更になる可能性がありますのでご注意ください。

受験申込方法

　インターネット上での申請になります（願書の郵送は原則不要）。詳しくは、試験実施団体のホームページ等でご確認ください。

受験手数料等

　受験手数料：5,800円、システム利用料：660円

試験地

　全国にあるテストセンター

試験科目・出題数・試験時間

試験科目	配点・問題数	試験時間
旅行業法及びこれに基づく命令	100点(25問)	
旅行業約款、運送約款及び宿泊約款	100点(25問)	120分
国内旅行実務	100点(37〜38問)	

※国内旅行実務は年度によって出題数が異なります。

出題形式

択一選択式および多肢選択式（CBT*方式）

＊CBTとは、"Computer Based Testing"の略で、全国のテストセンターにおいて、パソコンを使用して行う試験方法です。

科目合格制度について

試験において、「国内旅行実務」が合格基準点に達した場合、その科目を一部合格とし、翌年の試験においてのみ当該科目の受験が免除されるという科目合格制度があります。ただし、国内試験、総合試験の相互間の免除は認められていません。詳しくは、試験実施団体のホームページ等でご確認ください。

合格基準

合格ラインは、各科目それぞれで満点の6割〜6割5分以上の得点と推測されます。なお、過去3年間の合格ラインは、各科目それぞれで6割以上でした。

過去の試験実施状況

年度	受験者数	合格者数	合格率
2022 年度	8,343	2,742	32.9%
2023 年度	8,458	3,016	35.7%
2024 年度	10,141	3,181	31.4%

※「3科目受験」のデータです。

❸ 国内試験実施団体

一般社団法人 全国旅行業協会

〒107-0052　東京都港区赤坂4－2－19赤坂シャスタイーストビル3階

TEL：03-6277-6805（試験係）

ホームページ：https://www.anta.or.jp/

出題分析と試験対策

　国内試験の受験科目は、「旅行業法」と「約款」からなる法規2科目、「国内旅行実務」の計3科目で構成されています。本書を利用するに当たり、各科目の出題傾向および特徴、学習対策を確認しましょう。

🏛 旅行業法（旅行業法及びこれに基づく命令）

1. 出題実績（2024年度）

25問

全25問（25問×4点＝100点）

2. 傾向と対策

●類似問題が繰り返し出題される

　出題数や問われるテーマは例年ほぼ同じで、過去問題の選択肢をばらしてつなぎ直したような問題が大半を占めています。一言でいうと**過去問題の焼き直し**の要素が高く、今後もこの傾向が続くことが予想されますので、「問題への取組み」が必要不可欠です。

●早めに問題に取り組もう

　旅行業法の全体像をざっくりと理解したら、早めに問題演習中心の学習に切り替えましょう。**学習初期において「どのあたりから、どのレベルの問題が出題されているのか」を確認する**ことが、以降の効率良い学習につながります。

　「まだ勉強が進んでいないので過去問題はもう少し後で…」と問題への取組みを後回しにする方がいますが、初期段階においては「解けるかどうか」は重要ではありません。「知識の習得・定着」を目的として積極的に問題を活用しましょう。

●条項番号を覚える必要はない!!

　本書に掲載された問題をご覧いただくとわかるとおり、設問文の中に「第△条に基づく…」など、条項番号が記述される場合があります。これは単に設問の設定上、適用する条項番号を特定しているにすぎませんので、これらの**条項番号を暗記する必要はありません**。

約款（旅行業約款、運送約款及び宿泊約款）

1. 出題実績（2024年度）

標準旅行業約款 20問
運送・宿泊約款 5問

標準旅行業約款 内訳
- 募集型 …………… 11問
- 受注型 …………… 2問
- 募集型・受注型共通 … 2問
- 特別補償規程 …… 2問
- 手配 ……………… 2問
- 相談 ……………… 1問

運送・宿泊約款 内訳
- 国内旅客運送約款 ……… 1問
- モデル宿泊約款 ………… 1問
- 貸切バス約款 …………… 1問
- フェリー標準運送約款 … 1問
- JR旅客営業規則 ………… 1問

全25問（25問×4点＝100点）

2. 傾向と対策

●出題の中心は「標準旅行業約款」

出題実績からもわかるとおり、**全体の8割（20問）が標準旅行業約款から出題**されています。合格基準点は60％以上（つまり60点）ですから、標準旅行業約款を完璧にクリアすることによって合格基準点に達することも可能です。なかでも「募集型・受注型企画旅行契約」が出題の柱となりますので、まずはここを攻略することを目標としましょう。

●募集型と受注型の内容は9割が共通

「**募集型**企画旅行契約」と「**受注型**企画旅行契約」は、大半の規定が**共通**しています。「募集型企画旅行契約」に関する問題を解くに当たり、「受注型の場合ならどうなるか」を意識しながら学習するとより効果的です。

「手配旅行契約」と「旅行相談契約」は、出題される事項がある程度確定されています。本書に掲載した問題をすべて解けるようになれば、あとは応用力でおおよその問題には対処できるでしょう。

●運送・宿泊約款は重要事項をピンポイントで

出題実績にあるとおり、5種類の約款（規則）から1問ずつ出題されるのがここ数年の定番で、出題範囲こそ広いものの、内容は易しく、ひねった問題も出題されないのが特徴です。問題を解きながら、日数、金額、個数などの数字を暗記することで得点アップを図りましょう。

国内旅行実務

1. 出題実績（2024年度）

国内運賃・料金・実務　　　　　　　　　**国内観光資源**

12問	26問

運賃・料金　内訳
JR…………6問
国内航空……2問
宿泊…………1問
貸切バス……2問
フェリー……1問

全38問（100点）

2. 傾向と対策

●運賃・料金ではJRと貸切バスが高配点

運賃・料金分野のうち**出題数が最も多いのはJR**です。計算ルールが複雑なことから攻略には相応の時間がかかりますが、あせらず、じっくり取り組みましょう。ここ数年は**貸切バスからの出題が増加傾向**にあります。JRよりも学習範囲が限定的なので、確実な得点源としたいところです。航空分野では圧倒的に**ANA（全日本空輸）からの出題**が目立ちます。出題傾向をふまえ、あえて強弱をつけるならば、国内試験では「（JALよりも）ANAの運賃」と考えてよいでしょう。

なお、**本試験での電卓使用は禁止**ですが、選択肢のなかに計算式を含むものが多く、手計算を必要とする問題はごくわずかです。

●学習初期段階では解けなくて当然

学習初期段階では解けない問題のほうが圧倒的に多いはずです。解けないときは「**テキストを読むようなつもり**」で**素直に解説を読む**ことをおすすめします。解説を読み、それでも難しく感じるときは、まだその部分の知識が足りないということです。このようなときは、いったん問題を解く手を止め、テキストに戻って該当事項を復習しましょう。この繰り返しが知識の定着につながります。

●国内観光資源

「国内観光資源」からの出題・配点は、100点のうち約50点です（年度により異なる）。日本全国の自然資源、観光施設、民芸・工芸品、芸能、行事などについて「**幅広い知識**」が求められます。旅行に関するパンフレットやウェブサイトは地理の学習にはうってつけの教材です。旅行のプランニングをするつもりで、楽しみながら取り組むのが学習継続のコツといえます。

13

ユーキャンの国内旅行業務取扱管理者「過去問題集」

テーマ別問題

「テーマ別問題」では、194問の過去問題をテーマ別に収録しています。それぞれのテーマを理解し、習熟度を確認するために最適な問題を厳選していますから、今勉強しているテーマの問題にどんどんチャレンジし、実際の試験ではどのように問われるのかを確認しましょう。

※消費税率引き上げ等に伴い、資料として提示されているJR・航空各社・貸切バスの運賃・料金額に変更が生じていますが、本書は試験実施当時の出題意図に沿うことを目的として、運賃・料金額の修正はしていません（原則として出題当時の額を掲載）。これらの額は暗記が不要なため、試験対策上、問題演習として取り組むうえで不都合はありません。

- ● 旅行業法及びこれに基づく命令 … 17（全62問）
- ● 旅行業約款 運送・宿泊約款 …… 95（全80問）
- ● 国内旅行実務 …………………… 215（全52問）

旅行業法及び
これに基づく命令

1 旅行業法の目的 ……………………………… 18
2 登録の要否・定義 …………………………… 20
3 旅行業等の登録 ……………………………… 24
4 登録の拒否 …………………………………… 32
5 登録業務範囲 ………………………………… 34
6 営業保証金 …………………………………… 38
7 旅行業務取扱管理者・外務員 ……………… 42
8 旅行業務の取扱いの料金 …………………… 52
9 旅行業約款 …………………………………… 54
10 標識 …………………………………………… 56
11 取引条件の説明 ……………………………… 58
12 書面の交付 …………………………………… 62
13 企画旅行の募集広告 ………………………… 64
14 誇大広告の禁止 ……………………………… 66
15 企画旅行の円滑な実施のための措置（旅程管理） … 68
16 受託契約 ……………………………………… 72
17 旅行業者代理業 ……………………………… 76
18 禁止行為・登録の取消し等 ………………… 78
19 業務改善命令 ………………………………… 82
20 旅行業協会・弁済業務保証金制度 ………… 84
21 旅行サービス手配業 ………………………… 90

1 旅行業法の目的

問題1 重要度 A 令5

次の記述から、法第1条「目的」に定められているもののみをすべて選んでいるものはどれか。

a．旅行業等を営む者の業務の適正な運営の確保
b．旅行業等を営む者を通じた訪日外国人旅行の誘致と国際交流の促進
c．旅行者の利便の増進
d．旅行業務に関する取引の公正の維持

ア．a，b　　イ．a，c，d　　ウ．b，c，d　　エ．a，b，c，d

問題2 重要度 A 令4

次の記述のうち、法第1条「目的」に定められているものはどれか。

ア．旅行業等を営む者の利便の増進
イ．旅行業等を営む者の業務の公正な競争の確保
ウ．旅行に関する需要の拡大
エ．旅行業等を営む者の組織する団体の適正な活動の促進

1 旅行業法の目的

問題 1	解説	解 答	イ

下記「ポイント整理」参照。

a，c，dは法第1条に定められているが、bは定められていない。したがって、a，c，dを選んでいるイが正解である。

問題 2	解説	解 答	エ

エは法第1条に定められているが、ア、イ、ウは定められていない。

ポイント整理 旅行業法　第1条（目的）

　第1条（目的）は例外なく毎年出題されている。条文の空欄補充（穴埋め）問題も出題されたことがあるので、下記太字をキーワードとして全文に目を通しておくとよい。

第1条（目的）
　この法律は、**旅行業等を営む者**について**登録制度**を実施し、あわせて**旅行業等を営む者の業務の適正な運営を確保**するとともに、その組織する**団体の適正な活動を促進**することにより、**旅行業務に関する取引の公正の維持、旅行の安全の確保及び旅行者の利便の増進**を図ることを目的とする。

　旅行業法の目的は**旅行者の保護**と、そのために必要な**事業者に対する規制**である。旅行需要の拡大や業界の発展などを目的とする法律ではないので、例えば「利益（利潤）」「（旅行者の）誘致」「経済」「親善」「発展」「需要」などの表現を含むものは、いずれも旅行業法の目的に含まれないと判断してよい。

2 登録の要否・定義（1）

問題 3　重要度 A　令 2

報酬を得て、次の行為を事業として行う場合、旅行業の登録を要しないものはどれか。

ア．旅行業を営む者のために、企画旅行に参加する旅行者に同行して旅程管理業務を行う主任の者を派遣する行為
イ．宿泊事業者が自ら経営する宿泊施設の宿泊プランと他人が経営する宿泊施設の宿泊プランをセットにして販売する行為
ウ．旅行に関する相談に応ずる行為
エ．航空会社と代理店契約をしているコンビニエンスストアが、航空券の購入者のために他人の経営する宿泊施設を手配する行為

問題 4　重要度 A　令 4

報酬を得て、次の行為を事業として行う場合、旅行業の登録を受けなければならないものはどれか。

ア．旅行者から依頼を受けて、スポーツ観戦チケットや観劇などの入場券のみを販売する行為
イ．旅行に関する相談に応ずる行為
ウ．旅行業者から依頼を受けて、旅行者のために査証の取得の手続を代行する行為
エ．観光タクシー会社が自ら所有するタクシーを使い、旅行者のために観光施設の入場と昼食をセットにした日帰り旅行を販売する行為

2 登録の要否・定義（1）

| 問題 3 | 解説 | 解 答 | ア |

ア．**登録は不要。**旅行業を営む者のために、旅程管理業務を行う者のうち主任の者（いわゆる主任添乗員）を派遣する行為は、**旅行者と直接取引をする関係にない**ので旅行業の登録は不要である。

イ．**登録が必要。**宿泊事業者が自ら経営する宿泊施設の宿泊プランのみを販売する場合は旅行業に該当しないが"他人が経営する宿泊施設の宿泊プランをセットにして販売"とあり、**他人の経営する宿泊サービスの手配を含む商品**を販売しているので旅行業の登録が必要である。

ウ．**登録が必要。**旅行者からの"旅行に関する相談に応ずる行為"は、これを単独で行うときでも旅行業に該当するので旅行業の登録が必要である。

エ．**登録が必要。**"航空券の購入者のために他人の経営する宿泊施設を手配する"とあり、**旅行者のために他人の経営する宿泊サービスの手配をしているので**旅行業の登録が必要である。

| 問題 4 | 解説 | 解 答 | イ |

ア．**登録は不要。**"スポーツ観戦チケットや観劇などの入場券のみを販売"とあり、他人の経営する運送・宿泊サービスの手配は一切行っていない。運送・宿泊サービスの手配に付随せず、チケット、入場券などの**運送等関連サービスの手配のみを単独で行うときは旅行業の登録は不要である。**

イ．**登録が必要。**旅行者からの"旅行に関する相談に応ずる行為"は、これを単独で行うときでも旅行業に該当するので旅行業の登録が必要である。

ウ．**登録は不要。**"旅行業者から依頼を受けて"とあるので、**旅行者と直接取引を行う関係にない。**また"査証の取得の手続"などの**運送等関連サービスの手配を単独で行うときは旅行業に該当しないため、**旅行業の登録は不要である。

エ．**登録は不要。**"自ら所有するタクシーを使い……"とあるので、**他人の経営する運送・宿泊サービスの手配は一切行っていない**（運送事業者が自らの事業範囲内のサービスを提供しているにすぎない）。運送サービスを自らが提供し、これに運送等関連サービスを付加した日帰り旅行を販売する行為は旅行業に該当しないため、登録は不要である。

2 登録の要否・定義（2）

問題5　重要度 A　令3

報酬を得て、次の行為を事業として行う場合、旅行業の登録を要しないものはどれか。

ア．宿泊機関が、自ら経営する旅館の宿泊プランと他人の経営する観光バスによる市内観光をセットにして旅行者に販売する行為
イ．ハイヤー会社が、自ら所有するハイヤーを使用した送迎サービスと、他人の経営する船舶会社のクルーズ船によるディナークルーズをセットにした旅行プランを旅行者に販売する行為
ウ．イベント事業者が、旅行者の依頼により、他人の経営する宿泊機関およびスポーツの観戦チケットの手配を行う行為
エ．観光案内所が、他人の経営する観光施設の入場券と食事のセットプランを旅行者に販売する行為

問題6　重要度 A　令1

報酬を得て、次の行為を事業として行う場合、旅行業の登録を受けなければならないものはどれか。

ア．町内会が、徒歩での日帰り紅葉ハイキングを実施し、昼食のためにレストランを手配する行為
イ．観光案内所が、旅行者からの依頼を受け、他人の経営する貸切バスを手配する行為
ウ．イベント事業者が、外国の法令に準拠して外国において旅行業を営む者からの依頼を受け、他人の経営する旅館を手配する行為
エ．人材派遣会社が、旅行業者からの依頼を受け、全国通訳案内士または地域通訳案内士を派遣する行為

2 登録の要否・定義（2）

旅行業法

問題5　解説　　解答　エ

ア．**登録が必要。**宿泊事業者が自ら経営する宿泊施設の宿泊プランのみを販売する場合は旅行業に該当しないが"他人の経営する観光バスによる市内観光をセットにして旅行者に販売する"とあり、**他人の経営する運送サービスの手配を含む商品を販売しているので旅行業の登録が必要である。**

イ．**登録が必要。**運送事業者が自ら運送サービスを提供する場合は旅行業に該当しないが、"他人の経営する船舶会社のクルーズ船によるディナークルーズをセットにした旅行プランを旅行者に販売する"とあり、**他人の経営する運送サービスの手配を含む商品を販売しているので旅行業の登録が必要である。**

ウ．**登録が必要。**旅行者の依頼により、**他人の経営する宿泊機関（宿泊サービス）の手配をしているので旅行業の登録が必要である。**

エ．**登録は不要。**"観光施設の入場券と食事のセットプランを旅行者に販売する"とあり、**他人の経営する運送・宿泊サービスの手配は一切行っていない。**施設の入場券販売、食事場所の手配など**運送等関連サービスの手配のみを単独で行う場合は旅行業に該当しないため、登録は不要である。**

問題6　解説　　解答　イ

ア．**登録は不要。**"徒歩での日帰り紅葉ハイキング"とあり、**他人の経営する運送サービス・宿泊サービスの手配は一切行っていない。**運送・宿泊サービスの手配に付随せず、**レストラン（運送等関連サービス）の手配のみを単独で行う場合は、旅行業の登録は不要である。**

イ．**登録が必要。**旅行者からの依頼を受け、**他人の経営する貸切バス（運送サービス）を手配しているので旅行業の登録が必要である。**

ウ．**登録は不要。**旅行者からの依頼により他人の経営する旅館（宿泊サービス）を手配する行為を行う場合は旅行業の登録が必要だが、本肢には"旅行業を営む者からの依頼を受け……"とあり、**旅行者と直接取引をする関係にないので、旅行業の登録は不要である。**

　　なお、本肢の行為は旅行サービス手配業に該当するため、報酬を得て事業として行う場合には旅行サービス手配業の登録が必要である。

エ．**登録は不要。**旅行業者からの依頼を受け、通訳案内士を派遣する行為は、**旅行者と直接取引をする関係にないので、旅行業の登録は不要である。**

3 旅行業等の登録（1）

問題7　重要度 A　平30

旅行業の新規登録に関する次の記述のうち、誤っているものはどれか。

ア．第1種旅行業を営もうとする者は、観光庁長官に新規登録申請書を提出しなければならない。

イ．異なる都道府県に複数の営業所を設置して第2種旅行業を営もうとする者は、観光庁長官に新規登録申請書を提出しなければならない。

ウ．第3種旅行業を営もうとする者は、主たる営業所の所在地を管轄する都道府県知事に新規登録申請書を提出しなければならない。

エ．地域限定旅行業を営もうとする者は、主たる営業所の所在地を管轄する都道府県知事に新規登録申請書を提出しなければならない。

問題8　重要度 A　令4

旅行業および旅行業者代理業の登録に関する次の記述のうち、誤っているものはどれか。

ア．旅行業者代理業を営もうとする者は、所属旅行業者を第1種旅行業者とする場合であっても、主たる営業所の所在地を管轄する都道府県知事に新規登録申請書を提出しなければならない。

イ．地域限定旅行業を営もうとする者は、主たる営業所の所在地を管轄する都道府県知事に新規登録申請書を提出しなければならない。

ウ．旅行業の登録の有効期間満了の後、引き続き旅行業を営もうとする者は、有効期間の満了の日の2月前までに更新登録申請書を登録行政庁に提出しなければならない。

エ．第2種旅行業の有効期間の更新の登録がなされたときは、その登録の有効期間は、従前の登録の有効期間の満了の日から起算する。

3 旅行業等の登録（1）

旅行業法

| 問題7 | 解説 | 解答 | イ |

　登録の申請先（登録申請書の提出先）は下記「ポイント整理」参照。旅行業の登録の申請に当たり、各行政庁に対し登録申請書（新規登録の場合は新規登録申請書、更新登録の場合は更新登録申請書）を提出しなければならない。

ア．正しい。記述のとおり。

イ．誤り。第2種旅行業を営もうとする者の新規登録の申請先は、**主たる営業所の所在地を管轄する都道府県知事**である（複数の営業所のうち、「主たる営業所」の所在地を管轄する都道府県知事に新規登録申請書を提出する）。

ウ．正しい。記述のとおり。

エ．正しい。記述のとおり。

| 問題8 | 解説 | 解答 | エ |

ア．正しい。旅行業者代理業を営もうとする者の新規登録の申請先は、**主たる営業所の所在地を管轄する都道府県知事**である（所属旅行業者の登録業務範囲にかかわらず同じ）。

イ．正しい。地域限定旅行業を営もうとする者の新規登録の申請先は、**主たる営業所の所在地を管轄する都道府県知事**である。

ウ．正しい。旅行業の更新登録の申請期限は**有効期間満了日の2ヶ月前**である。

エ．誤り。旅行業の有効期間の更新の登録（更新登録）がなされたときは、その（更新された）登録の有効期間は、従前の登録の有効期間満了日の**翌日**から起算する。"……有効期間の満了の日から起算する"とあるのは誤りである。例えば、有効期間満了日が2025年3月2日である旅行業者の登録が更新された場合、更新された登録の有効期間は、2025年3月3日（有効期間満了日の翌日）から起算して**5年**である（2030年3月2日まで）。

ポイント整理　登録の申請先

		登録の申請先（登録申請書の提出先）
旅行業	第1種旅行業	観光庁長官
	第2種旅行業	旅行業等または旅行サービス手配業を営もうとする者の**主たる営業所の所在地を管轄する都道府県知事**
	第3種旅行業	
	地域限定旅行業	
旅行業者代理業		
旅行サービス手配業		

※旅行業の更新登録の申請先も上記と同じ

25

3 旅行業等の登録（2）

問題9　重要度 A　令1-改　✓□□

旅行業または旅行業者代理業の登録に関する次の記述のうち、誤っているものはどれか。

ア．第2種旅行業の有効期間の更新の登録がなされたときは、その登録の有効期間は、従前の登録の有効期間の満了の日から起算する。

イ．地域限定旅行業者が、その登録の有効期間の満了の日の2月前までに、登録行政庁に更新登録申請書を提出した場合において、登録行政庁から更新登録または登録拒否の通知があるまでの間は、当該申請に係る登録は従前の登録の有効期間満了後も、なおその効力を有する。

ウ．旅行業者代理業の新規登録の申請をしようとする者は、所属旅行業者を第1種旅行業者とする場合であっても、当該登録の申請をしようとする者の主たる営業所の所在地を管轄する都道府県知事に新規登録申請書を提出しなければならない。

エ．旅行業者代理業については、登録の有効期間は定められていない。

3 旅行業等の登録（2）

| 問題 9 | 解説 | | 解答 | ア |

ア．**誤り**。旅行業の有効期間の更新の登録（更新登録）がなされたときは、その（更新された）登録の有効期間は、従前の登録の有効期間満了日の**翌日**から起算する。"……有効期間の満了の日から起算する"とあるのは誤りである。

イ．**正しい**。記述のとおり。所定の期限（**有効期間満了日の2か月前**）までに旅行業者が更新登録の申請を行ったにもかかわらず、有効期間満了日までに登録行政庁からの更新登録（または登録拒否）の通知がない場合、この**通知が届くまでの間は、便宜的に従前（これまで）の登録の効力を有効とする**（旅行業者は引き続き旅行業務を行うことができる）。

ウ．**正しい**。記述のとおり。旅行業者代理業の新規登録の申請をしようとする者は、その（申請をしようとする者の）**主たる営業所の所在地を管轄する**都道府県知事に新規登録申請書を提出しなければならない（所属旅行業者の登録業務範囲にかかわらず同じ）。

エ．**正しい**。記述のとおり。旅行業者代理業の登録には有効期間の定めがない。登録の失効事由（次の①または②）に該当しない限り、その登録は無期限に有効（更新登録も不要）である。

　　① 所属旅行業者との契約（旅行業者代理業者が所属旅行業者のために旅行業務を取り扱うことを内容とする契約）が効力を失ったとき

　　② 所属旅行業者が、旅行業の登録を抹消されたとき

🗝 キーワード　更新登録・変更登録の申請、登録事項の変更の届出

● **更新登録の申請**（申請期限：**有効期間満了日の2か月前まで**）
旅行業の登録の有効期間満了後、引き続き旅行業を営もうとするときの申請をいう。

● **変更登録の申請**（申請期限：定めなし）
旅行業者間（第1種、第2種、第3種旅行業者、地域限定旅行業者相互間）で**登録業務範囲を変更する**ときの申請をいう。

＊申請期限に定めはないが、登録の通知があるまでは、変更後の業務範囲にかかわる業務を行うことはできない。

＊旅行業⇔旅行業者代理業の変更の場合は変更登録ではなく、**新規登録**の申請が必要。

● **登録事項の変更の届出**（届出期限：**変更が生じた日から30日以内**）
旅行業者等または旅行サービス手配業者の氏名（商号・名称）、住所、法人の代表者名、営業所の名称・所在地などが変更したときの届出をいう。

3 旅行業等の登録（3）

問題 10　重要度 A　令2-改　

変更登録等に関する次の記述から、正しいもののみをすべて選んでいるものはどれか。

a. 地域限定旅行業者は、新たに旅行業者代理業者に旅行業務を取り扱わせることになったときは、その主たる営業所の所在地を管轄する都道府県知事に登録事項変更届出書を提出しなければならない。
b. 第2種旅行業者は、主たる営業所の名称について変更があったときは、変更があったその日から30日以内に、登録行政庁に登録事項の変更の届出をしなければならない。
c. 第3種旅行業者は、主たる営業所以外の営業所について、その所在地の変更があったときは、登録行政庁への変更の届出を要しない。
d. 旅行業者代理業者が所属旅行業者を変更するときは、その主たる営業所を管轄する都道府県知事に変更登録申請書を提出しなければならない。

ア．a,b　　イ．c,d　　ウ．a,b,c　　エ．b,c,d

3 旅行業等の登録（3）

旅行業法

問題 10 　解説　　　　　　　　　　　　　　解答　 ア

a．**正しい。**「旅行業者代理業を営む者に旅行業務を取り扱わせるときは、その者の氏名または名称および住所ならびに当該旅行業務を取り扱う営業所の名称および所在地」は、**旅行業者の登録事項**の一つである。したがって、地域限定旅行業者が新たに旅行業者代理業者に旅行業務を取り扱わせることになったときは、その日から **30 日以内**に自らの主たる営業所の所在地を管轄する都道府県知事に対し、**登録事項変更届出書**を提出することにより**登録事項の変更の届出**をしなければならない。

b．**正しい。**記述のとおり。旅行業者等の「**主たる営業所およびその他の営業所の名称および所在地**」は登録事項の一つである。したがって、第 2 種旅行業者の"主たる営業所の名称"に変更があったときは、その日から **30 日以内**にその主たる営業所の所在地を管轄する都道府県知事に対して**登録事項変更届出書**を提出することにより**登録事項の変更の届出**をしなければならない。

c．**誤り。**b の解説で述べたとおり、旅行業者等の「主たる営業所およびその他の営業所の名称および所在地」は登録事項の一つである（主たる営業所だけでなく、**その他の営業所の名称・所在地**も登録事項に含まれる）。したがって、第 3 種旅行業者の"主たる営業所以外の営業所"の所在地に変更があったときは、その日から 30 日以内にその主たる営業所の所在地を管轄する都道府県知事に対して**登録事項変更届出書**を提出することにより**登録事項の変更の届出**をしなければならない。

d．**誤り。**旅行業者代理業者が所属旅行業者を変更する場合、従来の**所属旅行業者との契約**（旅行業者代理業者が所属旅行業者のために旅行業務を取り扱うことを内容とする契約）が効力を失うため、**旅行業者代理業者の登録は失効する**（問題 9 のエの解説参照）。この場合、新たな旅行業者を所属旅行業者として、（旅行業者代理業を営もうとする者の）主たる営業所の所在地を管轄する都道府県知事に**新規登録申請書**を提出しなければならない。"変更登録申請書を提出しなければならない"とする本肢の記述は誤りである。

以上により、 a ， b を選んでいる**ア**が正解である。

29

3 旅行業等の登録（4）

問題 11　重要度 A　令3

変更登録等に関する次の記述のうち、正しいものはどれか。

ア．第2種旅行業者が第1種旅行業への変更登録の申請をしようとするときは、その主たる営業所の所在地を管轄する都道府県知事に変更登録申請書を提出しなければならない。

イ．第3種旅行業者が主たる営業所の所在地を都道府県の区域を異なる所在地に変更したときは、その日から30日以内に、変更後の主たる営業所の所在地を管轄する都道府県知事に登録事項変更届出書を提出しなければならない。

ウ．旅行業者代理業者が地域限定旅行業への変更登録の申請をしようとするときは、その主たる営業所の所在地を管轄する都道府県知事に変更登録申請書を提出しなければならない。

エ．旅行業者等は、法人である場合であって、その役員の氏名に変更があったときは、その日から30日以内に、登録行政庁に変更登録申請書を提出しなければならない。

問題 12　重要度 A　令4

変更登録等に関する次の記述のうち、誤っているものはどれか。

ア．第2種旅行業者が法人である場合、その名称について変更があったときは、その日から30日以内にその主たる営業所の所在地を管轄する都道府県知事に登録事項変更届出書を提出しなければならない。

イ．旅行業者代理業者が主たる営業所の所在地について変更（都道府県の区域を異にする所在地の変更に限る。）があったときは、その日から30日以内に変更後の主たる営業所の所在地を管轄する都道府県知事に登録事項変更届出書を提出しなければならない。

ウ．第3種旅行業者は、第1種旅行業への変更登録の申請をしようとするときは、観光庁長官に変更登録申請書を提出しなければならない。

エ．旅行業者等は、選任している旅行業務取扱管理者の氏名について変更があったときは、その日から30日以内に登録行政庁に変更登録申請書を提出しなければならない。

3 旅行業等の登録（4）

旅行業法

| 問題 11 | 解説 | | 解答 | イ |

ア．**誤り。**旅行業者が登録業務範囲を変更しようとするときは、変更後の（これから変更しようとする）業務の範囲を基準として、所定の登録行政庁（第1種旅行業に変更する場合は観光庁長官）に対して変更登録の申請をしなければならない。したがって、"……都道府県知事に変更登録申請書を提出しなければならない"とする本肢の記述は誤りである。

イ．**正しい。**旅行業者等の"**主たる営業所の所在地**"は登録事項の一つである。第3種旅行業者の主たる営業所が、従来とは異なる都道府県に移転した場合は、その日から30日以内に変更後の所在地を管轄する都道府県知事に対し、**登録事項変更届出書を提出しなければならない**（第2種旅行業者、地域限定旅行業者、旅行業者代理業者、旅行サービス手配業者の場合も同じ）。

ウ．**誤り。**変更登録とは、旅行業者がその登録業務範囲を変更することをいう。旅行業者代理業者が旅行業の登録を希望する場合は、変更登録ではなく**新規登録の申請**が必要である。本肢には"旅行業者代理業者が地域限定旅行業へ……"とあるので、その主たる営業所の所在地を管轄する都道府県知事に対して新規登録申請書を提出しなければならない。

エ．**誤り。**法人である旅行業者等の役員のうち、氏名の登録が求められているのは**代表者**のみである。代表者以外の役員の氏名は登録事項ではないので、この変更にともなう届出は不要。また、代表者の氏名のほか、旅行業者等の名称、住所、営業所の所在地などの登録事項に変更が生じた場合に提出が必要なのは変更登録申請書でなく登録事項変更届出書である（イの解説参照）。

| 問題 12 | 解説 | | 解答 | エ |

ア．**正しい。**法人である旅行業者等の"**名称**"は登録事項の一つである。法人である第2種旅行業者の名称に変更があったときは、**その日から30日以内**に主たる営業所の所在地を管轄する都道府県知事に対して**登録事項変更届出書を提出する**ことにより**登録事項の変更の届出**をしなければならない。

イ．**正しい。**記述のとおり（問題11のイの解説参照）。

ウ．**正しい。**記述のとおり（問題11のアの解説参照）。

エ．**誤り。**変更登録申請書は、旅行業者がその登録業務範囲の変更をしようとするときに提出するものである。また、"選任している旅行業務取扱管理者の氏名"は、そもそも登録事項ではない。したがって、"変更登録申請書を提出しなければならない"とする本肢の記述は誤りである。

4 登録の拒否

問題 13 重要度 A 令4

次の記述のうち、旅行業または旅行業者代理業の登録の拒否事由に該当しないものはどれか。

ア．公職選挙法に違反して禁錮2年の刑に処せられて、その刑の執行が終わった日から5年を経過した者
イ．申請前5年以内に旅行業務に関し不正な行為をした者
ウ．破産手続開始の決定を受けて復権を得ない者
エ．営業所ごとに法第11条の2の規定による旅行業務取扱管理者を確実に選任すると認められない者

問題 14 重要度 A 令5

次の記述のうち、旅行業または旅行業者代理業の登録の拒否事由に該当しないものはどれか。

ア．刑法の規定により罰金の刑に処せられ、その執行を終わり5年を経過していない者
イ．暴力団員による不当な行為の防止等に関する法律第2条第6号に規定する暴力団員でなくなった日から5年を経過していない者
ウ．申請前5年以内に旅行業務に関し不正な行為をした者
エ．旅行業者代理業を営もうとする者であって、その代理する旅行業を営む者が2以上であるもの

4 登録の拒否

| 問題 13 | 解説 | 解答 | ア |

P94 の「ポイント整理」参照。

ア．**該当しない。**「ポイント整理」の②参照。禁固 2 年の刑に処せられ、その執行終了からすでに 5 年が経過しているので、登録の拒否事由に該当しない。

イ．**該当する。**「ポイント整理」の④参照。登録の申請者が「申請前 5 年以内に旅行業務に関し不正な行為をした者」であるときは、旅行業または旅行業者代理業の登録の拒否事由に該当する。

ウ．**該当する。**「ポイント整理」の⑥参照。登録の申請者が「破産手続開始の決定を受けて復権を得ない者」であるときは、旅行業または旅行業者代理業の登録の拒否事由に該当する。

エ．**該当する。**「ポイント整理」の⑨参照。登録の申請者が「営業所ごとに旅行業務取扱管理者を確実に選任すると認められない者」であるときは、旅行業または旅行業者代理業の登録の拒否事由に該当する。

| 問題 14 | 解説 | 解答 | ア |

P94 の「ポイント整理」参照。

ア．**該当しない。**「ポイント整理」の②参照。登録の申請者が「**禁錮以上の刑**または**旅行業法違反による罰金刑**に処せられ、その執行を終わり、または執行を受けることがなくなった日から **5 年を経過していない者**」であるときは旅行業または旅行業者代理業の登録の拒否事由に該当するが、本肢には"刑法の規定により罰金の刑に処せられ……"とあるので、登録の拒否事由に該当しない（**罰金の刑に処せられたことが登録の拒否事由になり得るのは、その原因が旅行業違反による場合のみである**）。

イ．**該当する。**「ポイント整理」の③参照。

ウ．**該当する。**「ポイント整理」の④参照。

エ．**該当する。**「ポイント整理」の⑪参照。本肢は旅行業者代理業の登録の拒否事由に該当する。

33

5 登録業務範囲（1）

問題 15 重要度 A 令2

登録業務範囲に関する次の記述のうち、誤っているものはどれか（いずれも総合旅行業務取扱管理者を選任しているものとする。）。

ア．第1種旅行業者は、すべての旅行業務を取り扱うことができる。
イ．第2種旅行業者は、本邦外の企画旅行（参加する旅行者の募集をすることにより実施するものに限る。）を実施することはできない。
ウ．第3種旅行業者は、本邦外の企画旅行（参加する旅行者の募集をすることにより実施するものを除く。）を実施することができる。
エ．地域限定旅行業者は、第1種旅行業者が実施する本邦外の企画旅行（参加する旅行者の募集をすることにより実施するものに限る。）について、当該旅行業者を代理して企画旅行契約を締結することができるが、その行為に付随して、旅券の受給のための行政庁等に対する手続きの代行をすることはできない。

5 登録業務範囲（1）

旅行業法

| 問題 15 | 解説 | | 解答 | エ |

第1種・第2種・第3種・地域限定旅行業の登録業務範囲（取り扱うことができる業務の範囲）は次のとおり。

旅行業 の種別	取り扱える業務範囲 （○＝できる　×＝できない　△＝拠点区域内に限りできる）									
	企画旅行の企画・実施				手配旅行		旅行相談		受託販売	
	募集型		受注型							
	海外	国内	海外	国内	海外	国内	海外	国内	海外	国内
第1種	○	○	○	○	○	○	○	○	○	○
第2種	×	○	○	○	○	○	○	○	○	○
第3種	×	△	○	○	○	○	○	○	○	○
地域限定	×	△	×	△	×	△	○	○	○	○

＊海外旅行（海外の募集型・受注型企画旅行、手配旅行および海外の募集型企画旅行の受託販売）を取り扱う旅行業者は、これに付随して「旅券の受給のための行政庁等に対する手続き（渡航手続き）の代行」などの業務も取り扱うことができる。

また、上記表に加え、営業所において選任している**旅行業務取扱管理者の種類**により、取り扱える業務に次のような制限がある。

- 総合旅行業務取扱管理者を選任している営業所→**海外旅行・国内旅行の両方**
- 国内旅行業務取扱管理者を選任している営業所→**国内旅行（国内全域）のみ**
- 地域限定旅行業務取扱管理者を選任している営業所→**拠点区域内のみ**

ア．**正しい**。記述のとおり。第1種旅行業者は、すべての旅行業務を取り扱うことができる。

イ．**正しい**。第2種旅行業者は、海外の募集型企画旅行を実施することはできない（**海外の募集型企画旅行を実施**できるのは**第1種旅行業者のみである**）。

ウ．**正しい**。"本邦外の企画旅行（参加する旅行者の募集をすることにより実施するものを除く。）"とあるのは、海外の受注型企画旅行を指している。第3種旅行業者は、海外の受注型企画旅行を実施することができる。

エ．**誤り**。地域限定旅行業者は、受託契約に基づき、第1種旅行業者が実施する海外の募集型企画旅行について代理して契約を締結することができる。この契約に付随して、地域限定旅行業者が旅行者に対し"旅券の受給のための行政庁等に対する手続きの代行"をすることは可能なので、これを"することはできない"とする本肢の記述は誤りである。

35

5 登録業務範囲（2）

問題 16　重要度 A　令3

登録業務範囲に関する次の記述から、正しいもののみをすべて選んでいるものはどれか（いずれも旅行業務取扱管理者の選任要件は満たされているものとする。）。

a．第2種旅行業者は、本邦外の企画旅行（参加する旅行者の募集をすることにより実施するものに限る。）以外のすべての旅行業務を取り扱うことができる。

b．第3種旅行業者は、拠点区域内における企画旅行（参加する旅行者の募集をすることにより実施するものに限る。）を実施することができる。

c．地域限定旅行業者は、一の企画旅行ごとに一の自らの営業所の存する市町村（特別区を含む。）の区域、これに隣接する市町村の区域および観光庁長官の定める区域についてのみ、企画旅行を実施することができる。

ア．a, b　　イ．a, c　　ウ．b, c　　エ．a, b, c

問題 17　重要度 A　令5

登録業務範囲に関する次の記述のうち、誤っているものはどれか（いずれも総合旅行業務取扱管理者を選任しているものとする。）。

ア．第2種旅行業者は、本邦外の企画旅行（旅行者からの依頼により旅行に関する計画を作成し、これにより実施するものに限る。）を実施することができない。

イ．第3種旅行業者は、本邦内の企画旅行（参加する旅行者の募集をすることにより実施するものであって、一の企画旅行ごとに一の拠点区域内において実施されるものに限る。）を実施することができる。

ウ．地域限定旅行業者は、訪日外国人旅行者を対象とした本邦内の企画旅行（参加する旅行者の募集をすることにより実施するものであって、一の企画旅行ごとに一の拠点区域内において実施されるものに限る。）を実施することができる。

エ．地域限定旅行業者は、法第14条の2第1項の規定により、第1種旅行業者が実施する本邦外の企画旅行（参加する旅行者の募集をすることにより実施するものに限る。）について、当該第1種旅行業者を代理して企画旅行契約を締結することができる。

5 登録業務範囲（2）

旅行業法

| 問題 16 | 解説 | 解答 | エ |

a．**正しい。**"本邦外の企画旅行（参加する旅行者の募集をすることにより実施するものに限る。）"とあるのは、海外の募集型企画旅行を指している。第2種旅行業者は、海外の募集型企画旅行を実施することはできないが、これ以外のすべての旅行業務を取り扱うことができる。

b．**正しい。**第3種旅行業者は、拠点区域内で実施するものに限り、国内の募集型企画旅行を実施することができる。

c．**正しい。**"一の自らの営業所の存する市町村……および観光庁長官の定める区域"は拠点区域を意味する。地域限定旅行業者は、拠点区域内で実施するものに限り、企画旅行（募集型企画旅行、受注型企画旅行）を実施することができる。

以上により、a，b，cを選んでいるエが正解である。

| 問題 17 | 解説 | 解答 | ア |

ア．**誤り。**"本邦外の企画旅行（旅行者からの依頼により旅行に関する計画を作成し、これにより実施するものに限る。）"とあるのは、海外の受注型企画旅行を指している。第2種旅行業者は、海外の受注型企画旅行を実施できるので、これを"……できない"とする本肢の記述は誤りである。

イ．**正しい。**"本邦内の企画旅行（参加する旅行者の募集をすることにより実施するものであって、一の企画旅行ごとに一の拠点区域内において実施されるものに限る。）"とあるのは、拠点区域内における国内の募集型企画旅行を指している。第3種旅行業者は拠点区域内で実施するものに限り、国内の募集型企画旅行を実施できるので、本肢は正しい記述である。

ウ．**正しい。**地域限定旅行業者は、拠点区域内で実施するものに限り、国内の募集型企画旅行を実施できる。旅行業法では、旅行業の登録の種類ごとに取り扱える業務の範囲を定めているが、**旅行者の国籍による差異は設けていない**。したがって、参加する旅行者が日本人であるか訪日外国人であるかにかかわらず、地域限定旅行業者は、拠点区域内における国内の募集型企画旅行を実施できる。

エ．**正しい。**地域限定旅行業者は、第1種旅行業者を委託旅行業者、自らを受託旅行業者とする**受託契約**を締結することにより、第1種旅行業者が実施する海外の募集型企画旅行について、代理して旅行者と契約を締結すること（受託販売）ができる。

37

6 営業保証金（1）

問題 18　重要度 A　令5

営業保証金に関する次の記述のうち、正しいものはどれか。

ア．旅行業者は、営業保証金を供託し、供託物受入れの記載のある供託書を受領したときは、直ちにその事業を開始することができる。

イ．旅行業者が新たに営業所を設置したときは、その日から14日以内に営業保証金を追加して供託しなければならない。

ウ．地域限定旅行業者が新規登録を受けたことにより営業保証金を供託する場合、国債証券について、その額面金額をもって、営業保証金に充てることができる。

エ．旅行業者代理業者は、所属旅行業者の主たる営業所の最寄りの供託所に営業保証金を供託しなければならない。

問題18 解説　　解答 ウ

ア．誤り。下記「ポイント整理」参照。供託物受入れの記載のある供託書を受領しただけでは、旅行業者は事業を開始できない。供託所に営業保証金を供託したときは、供託書の写しを添付して、**登録の通知を受けた日から14日以内に登録行政庁に対して営業保証金を供託した旨を届け出なければならず**、この届出をした後でなければ**事業を開始することができない**。

イ．誤り。営業保証金の額は、国土交通省令で定める場合を除き旅行業者の**前事業年度における旅行業務に関する旅行者との取引の額に応じ**、**登録業務範囲の別ごとに定められている**。営業所数は営業保証金の額に一切関係しないので"営業所を設置したときは……営業保証金を追加して供託しなければならない"とする本肢の記述は誤りである。

ウ．正しい。記述のとおり。金銭のほか、**国債証券、地方債証券**その他の国土交通省令で定める有価証券をもって営業保証金に充てることができる（国債証券、地方債証券または政府がその債務につき保証契約をした有価証券は、その**額面金額をもって営業保証金に充当できる**）。

エ．誤り。**旅行業者代理業者には、自らが営業保証金を供託する義務はない**。登録に当たり、営業保証金を供託する義務を負うのは**旅行業者のみ**である。

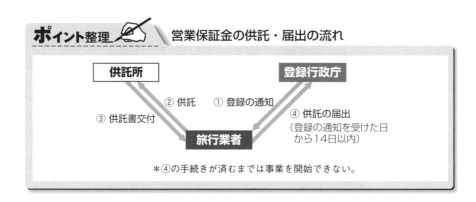

6 営業保証金（2）

問題 19　重要度 A　令4-改

営業保証金に関する次の記述のうち、誤っているものはどれか。

ア．旅行業者は、毎事業年度終了後において、その供託している営業保証金の額が所定の額に不足することとなるときは、その不足額を毎事業年度終了後において、その終了の日の翌日から100日以内に追加して供託しなければならない。

イ．旅行業者が供託すべき営業保証金の額は、当該旅行業者の前事業年度における旅行業務に関する旅行者との取引の額に基づき算定し、これには当該旅行業者に所属する旅行業者代理業者が取り扱った旅行者との旅行業務に関する取引額を含めることを要しない。

ウ．第2種旅行業の新規登録を受けた者が供託すべき営業保証金の額は、登録の申請時に添付した書類に記載した旅行業務に関する旅行者との年間取引見込額が400万円未満の場合にあっては、1,100万円である。

エ．営業保証金は、旅行業者の主たる営業所の最寄りの供託所に国債証券、地方債証券その他の国土交通省令で定める有価証券をもって、供託することができる。

6 営業保証金（2）

問題 19　解説　　解答　イ

ア．正しい。記述のとおり。旅行者との取引額の増加により、事業年度終了後において供託している営業保証金の額が国土交通省令で定める額に不足するときは、**事業年度終了後**（終了の日の翌日から）**100日以内**に、その不足する額を追加して供託し、登録行政庁にその旨の届出を行わなければならない。

イ．**誤り**。営業保証金を算定する場合の「前事業年度における**旅行業務に関する旅行者との取引額**」には、その旅行業者自らの営業所における取引の額のほか、次の①と②を含めなければならない（本肢は①に該当する）。
　① 自らに所属する旅行業者代理業者の取引額
　② 自らの実施する募集型企画旅行の受託契約に基づく他社の取引額

ウ．正しい。下記「ポイント整理」参照。**第2種旅行業**の新規登録に当たり、年間取引見込額が400万円未満の場合、供託すべき営業保証金の額は最低額の**1,100万円**が適用される。

エ．正しい。営業保証金の供託先は"**旅行業者の主たる営業所の最寄りの供託所**"である。金銭のほか、**国債証券、地方債証券**その他の国土交通省令で定める有価証券をもって営業保証金に充てることができる（金銭と有価証券とを組み合わせて供託することも可能）。

営業保証金の額（最低額）

営業保証金の額（取引額400万円未満の場合）			
第1種旅行業	第2種旅行業	第3種旅行業	地域限定旅行業
7,000万円	1,100万円	300万円	15万円

※旅行業者の主たる営業所の最寄りの供託所に供託する。

7 旅行業務取扱管理者・外務員 (1)

問題 20　重要度 A　令1　　　　　　　　　　　　✓ □ □

旅行業務取扱管理者の選任に関する次の記述のうち、誤っているものはどれか。

ア．旅行業者等は、その営業所の旅行業務取扱管理者として選任した者のすべてが欠けるに至ったときは、新たに旅行業務取扱管理者を選任するまでの間は、その営業所において旅行業務に関する契約を締結してはならない。

イ．旅行業者等は、旅行業務取扱管理者について、5年ごとに旅行業務に関する法令、旅程管理その他の旅行業務取扱管理者の職務に関し必要な知識および能力の向上を図るため、旅行業協会が実施する研修を受けさせなければならない。

ウ．旅行業者等は、営業所で旅行業務を取り扱う者が1人である場合には、当該営業所については、旅行業務取扱管理者を選任しなくてもよい。

エ．地域限定旅行業者は、本邦内の旅行のうち営業所の所在する市町村の区域その他の国土交通省令で定める地域内のもののみについて旅行業務を取り扱う営業所にあっては、地域限定旅行業務取扱管理者試験（当該営業所の所在する地域に係るものに限る。）に合格した者を旅行業務取扱管理者として選任することで足りる。

42

7 旅行業務取扱管理者・外務員（1）

| 問題20 | 解説 | 解答 | ウ |

ア．**正しい**。記述のとおり。旅行業者等は、その営業所の旅行業務取扱管理者として選任した者の**すべてが欠けるに至ったとき**は、新たに旅行業務取扱管理者を選任するまでの間は、その営業所において**旅行業務に関する契約を締結してはならない**（旅行業務に関する契約行為はできないが、営業所の業務のすべてを停止する必要はない）。ここでいう"契約"は、旅行業務に関する契約全般を指し、旅行者との契約のほか、旅行サービス提供者や旅行サービス手配業者との契約なども含まれる。

イ．**正しい**。記述のとおり。旅行業者等は、旅行業務取扱管理者について**5年ごと**に、**旅行業協会**が実施する研修を受けさせなければならない（**登録行政庁**は、旅行業者等がこれを遵守していないと認めるときは、期限を定めて必要な措置を取るべきことを**勧告**することができる）。

ウ．**誤り**。旅行業者等は、**営業所ごとに1人以上の旅行業務取扱管理者を選任しなければならず、旅行業務を行う者が1人である営業所**の場合は、**その者が旅行業務取扱管理者でなければならない**。したがって"1人である場合には……選任しなくてもよい"とする本肢の記述は誤りである。

エ．**正しい**。下記「ポイント整理」参照。旅行業者等の「国内旅行のうち**拠点区域内の旅行のみを取り扱う営業所**」では、地域限定旅行業務取扱管理者試験に合格した者を旅行業務取扱管理者として選任することで足りる（国内または総合旅行業務取扱管理者試験に合格した者を選任することもできる）。

ポイント整理 営業所ごとの業務の範囲に応じた資格（選任の可否）

旅行業者等の営業所の業務の範囲	資格（試験の種類）○＝選任可　×＝選任できない		
	総合	国内	地域限定
① 海外旅行を取り扱う営業所	○	×	×
② 国内旅行（国内全域）のみを取り扱う営業所	○	○	×
③ 拠点区域内の旅行のみを取り扱う営業所	○	○	○

7 旅行業務取扱管理者・外務員（2）

問題 21　重要度 A　令4　　　　　　　　　　✓

旅行業務取扱管理者の選任に関する次の記述のうち、正しいものはどれか。

ア．第3種旅行業者の複数の営業所が近接し（営業所間の距離の合計が40キロメートル以下）、併せて当該複数の営業所の前事業年度における旅行業務に関する旅行者との取引の額の合計額が1億円以下の場合、旅行業務取扱管理者は、その複数の営業所を通じて1人で足りる。

イ．旅行業者等は、旅行業務取扱管理者について、5年ごとに旅行業務に関する法令、旅程管理その他の旅行業務取扱管理者の職務に関し必要な知識および能力の向上を図るため、旅行業協会または旅程管理研修業務を行う登録研修機関（旅行業協会を除く。）が実施する研修を受けさせなければならない。

ウ．旅行業者は、拠点区域内のもののみについて旅行業務を取り扱う営業所にあっては、地域限定旅行業務取扱管理者試験（当該営業所の所在する地域に係るものに限る。）に合格した者を当該営業所の旅行業務取扱管理者として選任することができる。

エ．旅行業者等は、旅行業務に従事した経験が5年未満である者を、旅行業務取扱管理者として選任することはできない。

| 問題 21 | 解説 | | 解答 | ウ |

ア．**誤り**。旅行業者等の営業所において選任された旅行業務取扱管理者は、原則として**他の営業所の旅行業務取扱管理者として兼務・兼任することはできない**。第3種旅行業者の複数の営業所において旅行業務取扱管理者の兼任を認める例外はないので"その複数の営業所を通じて1人で足りる"とする本肢の記述は誤りである。

　　なお、**地域限定旅行業者**（または**地域限定旅行業者を所属旅行業者とする旅行業者代理業者**）の営業所については、次のa b の両条件を満たす場合に**例外的に兼任が認められる**（同一の旅行業者等の複数の営業所を通じて旅行業務取扱管理者1人の選任で足りる）。

　a．**複数の営業所が近接していること**（営業所間の距離の合計が 40 ㎞以下）
　b．複数の営業所の前事業年度における**旅行業務に関する旅行者との取引の額の合計額が1億円以下であること**。

イ．**誤り**。本肢の記述にある5年ごとの研修（選任された旅行業務取扱管理者に対する定期研修）の実施機関は**旅行業協会のみ**である。したがって"旅行業協会または旅程管理研修業務を行う登録研修機関……が実施する研修を受けさせなければならない"とする本肢の記述は誤りである。

ウ．**正しい**。P43 の「ポイント整理」参照。旅行業者等の**拠点区域内の旅行のみを取り扱う営業所**では、地域限定旅行業務取扱管理者試験に合格した者を当該営業所の旅行業務取扱管理者として選任することができる（国内または総合旅行業務取扱管理者試験に合格した者を選任することもできる）。

エ．**誤り**。旅行業務取扱管理者の選任に当たり、**旅行業務に従事した経験は問われない**。欠格事由に該当しないこと、**旅行業務取扱管理者試験に合格している**などの所定の条件を満たす者であれば、旅行業務に従事した経験が5年未満であっても、営業所の旅行業務取扱管理者として選任することができる。

7 旅行業務取扱管理者・外務員（3）

問題 22　重要度 A 令5　✓□□

旅行業務取扱管理者の選任に関する次の記述のうち、正しいものはどれか。

ア．旅行業者等は、訪日外国人旅行者の本邦内の旅行のみを取り扱う営業所に
おいては、総合旅行業務取扱管理者試験に合格した者を旅行業務取扱管理者
として選任しなければならない。

イ．旅行業者等は、本邦外の旅行について旅行業務を取り扱う営業所においては、
総合旅行業務取扱管理者試験に合格した者を旅行業務取扱管理者として選任
しなければならない。

ウ．第3種旅行業者は、拠点区域内の企画旅行（参加する旅行者の募集をする
ことにより実施するものに限る。）のみを取り扱う営業所においては、地域限
定旅行業務取扱管理者試験（当該営業所の所在する地域に係るものに限る。）
に合格した者を旅行業務取扱管理者として選任しなければならない。

エ．旅行業者等は、旅行業務に従事した経験が1年未満である者を旅行業務取
扱管理者として選任することはできない。

7 旅行業務取扱管理者・外務員（3）

| 問題 22 | 解説 | 解答 | イ |

旅行業務取扱管理者の選任の可否（営業所ごとの業務の範囲に応じた資格）については P43 の「ポイント整理」参照。

ア．**誤り**。**国内旅行のみ**を取り扱う営業所では、総合旅行業務取扱管理者試験に合格した者のほか、国内旅行業務取扱管理者試験に合格した者も選任することができる（拠点区域内の国内旅行のみを取り扱う営業所の場合は、地域限定旅行業務取扱管理者試験に合格した者を選任することも可能である）。対象を日本人旅行者とするか訪日外国人旅行者とするかによる差異はないので"総合旅行業務取扱管理者試験に合格した者を……選任しなければならない"とする本肢の記述は誤りである。

イ．**正しい**。記述のとおり。

ウ．**誤り**。拠点区域内の旅行のみを取り扱う営業所では、地域限定旅行業務取扱管理者試験に合格した者のほか、総合または国内旅行業務取扱管理者試験のいずれかに合格した者を選任することもできる。したがって、"地域限定旅行業務取扱管理者試験……に合格した者を旅行業務取扱管理者として選任しなければならない"とする本肢の記述は誤りである。

エ．**誤り**。旅行業務取扱管理者の選任に当たり、**旅行業務に従事した経験は問われない**。欠格事由に該当しないこと、**旅行業務取扱管理者試験に合格している**などの所定の条件を満たす者であれば、旅行業務に従事した経験が1年未満であっても、営業所の旅行業務取扱管理者として選任することができる。

47

7 旅行業務取扱管理者・外務員（4）

問題 23　重要度 A　令4

次の記述のうち、旅行業務取扱管理者の職務として定められていないものはどれか。

ア．法第12条の9の規定による標識の掲示に関する事項
イ．旅行に関する計画の作成に関する事項
ウ．法第12条の4の規定による取引条件の説明に関する事項
エ．契約締結の年月日、契約の相手方その他の旅行者または旅行に関するサービスを提供する者と締結した契約の内容に係る重要な事項についての明確な記録または関係書類の保管に関する事項

問題 24　重要度 A　令5

次の記述から、旅行業務取扱管理者の職務として定められているもののみをすべて選んでいるものはどれか。

a．法第12条の7および法第12条の8の規定による広告に関する事項
b．法第6条の4第3項の規定による登録事項の変更の届出に関する事項
c．法第12条の4の規定による取引条件の説明に関する事項
d．法第12条の10の規定による企画旅行の円滑な実施のための措置に関する事項

ア．a，b　　イ．a，c，d　　ウ．b，c，d　　エ．a，b，c，d

7 旅行業務取扱管理者・外務員（4）

問題 23　解説　　解答　ア

旅行業務取扱管理者が**管理および監督**しなければならない職務は次のとおり。
① **旅行に関する計画の作成**に関する事項
② **料金**（旅行業務の取扱いの料金）**の掲示**に関する事項
③ **旅行業約款の掲示および備え置き**に関する事項
④ **取引条件の説明**に関する事項
⑤ **書面**（契約書面など）**の交付**に関する事項
⑥ **広告**（企画旅行の広告、誇大広告の禁止）に関する事項
⑦ **企画旅行の円滑な実施のための措置**（旅程管理業務）に関する事項
⑧ **旅行に関する苦情の処理**に関する事項
⑨ 契約締結の年月日、契約の相手方その他の**旅行者**または旅行に関するサービスを提供する者と締結した契約の内容に係る重要な事項についての**明確な記録**または関係書類の保管に関する事項
⑩ 前述①～⑨に掲げるもののほか、**取引の公正、旅行の安全**および**旅行者の利便を確保するため必要な事項**として観光庁長官が定める事項

イは①に、ウは④に、エは⑨に該当するが、アの"標識の掲示に関する事項"は①～⑩のいずれにも該当しない。

問題 24　解説　　解答　イ

問題23の解説参照。aは⑥に、cは④に、dは⑦に該当するが、bの"登録事項の変更の届出に関する事項"は①～⑩のいずれにも該当しない。
したがって、a，c，dを選んでいるイが正解である。

旅行業務取扱管理者の職務

旅行業務取扱管理者の職務は必ず出題されるため、上記①～⑩は暗記しておこう。
「旅行業務取扱管理者の職務に**該当しないもの**」として、過去の試験では次のようなものが出題されている。いずれも「もっともらしい記述」で惑わされがちだが、これらは、いずれも管理者の職務ではないことを確認しておこう!!
- 営業保証金の供託（取引額の報告）に関する事項
- 旅行業務取扱管理者の証明書、外務員の証明書の携帯・提示に関する事項
- 標識の掲示に関する事項
- 登録に関する事項
- 旅行業務に従事する者に対する研修に関する事項

7 旅行業務取扱管理者・外務員（5）

問題 25　重要度 A　令2　

旅行業務取扱管理者の証明書の提示、外務員の証明書携帯等に関する次の記述のうち、誤っているものはどれか。

ア．旅行業務取扱管理者は、旅行者からの請求がなければ、旅行業務取扱管理者の証明書を提示することを要しない。

イ．外務員は、旅行者が悪意であったときを除き、その所属する旅行業者等に代わって、旅行者との旅行業務に関する取引についての一切の裁判外の行為を行う権限を有するものとみなされる。

ウ．外務員とは、勧誘員、販売員、外交員その他いかなる名称を有する者であるかを問わず、旅行業者等のために営業所以外の場所で旅行業務について取引を行う使用人のことで、役員は除かれる。

エ．旅行業者等は、外務員に、国土交通省令で定める様式による外務員の証明書を携帯させなければ、その者を外務員としての業務に従事させてはならない。

問題 26　重要度 A　令3　

旅行業務取扱管理者の証明書の提示、外務員の証明書携帯等に関する次の記述のうち、正しいものはどれか。

ア．外務員の証明書は、当該証明書を携帯する者がその所属する旅行業者等の営業所において、旅行者から提示を求められたときは、これを提示しなければならない。

イ．旅行業者代理業者によって選任された旅行業務取扱管理者の証明書は、当該旅行業者代理業者の所属旅行業者が発行し、当該旅行業務取扱管理者に携帯させなければならない。

ウ．外務員とは、勧誘員、販売員、外交員その他いかなる名称を有する者であるかを問わず、旅行業者等の役員または使用人のうち、その営業所以外の場所でその旅行業者等のために旅行業務について取引を行う者をいう。

エ．旅行業者等は、旅行者と旅行業務に関し契約を締結しようとするときは、取引条件の説明にあたり、当該旅行業者等の営業所において選任された旅行業務取扱管理者に旅行業務取扱管理者の証明書を提示させたうえで、これを行わせなければならない。

7 旅行業務取扱管理者・外務員（5）

| 問題 25 | 解説 | | 解答 | ウ |

ア．**正しい**。記述のとおり。旅行業務取扱管理者は、**旅行者から請求があったときは国土交通省令で定める様式による旅行業務取扱管理者の証明書**（旅行業務取扱管理者証）を提示しなければならない（旅行者からの請求がないときは提示不要）。

イ．**正しい**。記述のとおり。

ウ．**誤り**。旅行業者等の使用人だけでなく、**役員がその営業所以外の場所で**旅行業務について取引を行う場合も**外務員に当たる**。したがって"……取引を行う使用人のことで、役員は除かれる"とする本肢の記述は誤りである。

エ．**正しい**。役員、使用人いずれについても、国土交通省令で定める様式による外務員の証明書（外務員証）を携帯させなければ、その者を外務員としての業務に従事させることはできない。なお、アの解説で述べたとおり、旅行業務取扱管理者証は、旅行者からの請求があったときに提示することで足りるが、外務員証は**旅行者からの請求の有無にかかわらず提示が必要**である。

| 問題 26 | 解説 | | 解答 | ウ |

ア．**誤り**。旅行業者等の営業所のなかで旅行業務について取引を行う場合は、外務員証の提示は不要である（営業所**以外**の場所で取引を行うときは、**旅行者からの請求の有無にかかわらず外務員証の提示が必要**）。

イ．**誤り**。旅行業者代理業者によって選任された旅行業務取扱管理者の証明書（旅行業務取扱管理者証）は、その**旅行業者代理業者が発行する**（旅行者から請求があったときは、これを提示しなければならない）。したがって"当該旅行業者代理業者の所属旅行業者が発行し……"とする記述は誤りである。

ウ．**正しい**。記述のとおり。なお、役員、使用人いずれについても、外務員証を携帯させなければ、その者を外務員としての業務に従事させることはできない。

エ．**誤り**。契約を締結しようとするときの「取引条件の説明」は、旅行業務取扱管理者でない者も行うことができる。なお、**旅行者の依頼があれば最終的には旅行業務取扱管理者が説明を行わなければならないが、この場合でも旅行者からの請求があったときに限り、旅行業務取扱管理者証を提示することで足りる**（請求がない場合には提示不要）。したがって"取引条件の説明にあたり…旅行業務取扱管理者の証明書を提示させたうえで、これを行わせなければならない"とする本肢の記述は誤りである。

8 旅行業務の取扱いの料金

問題 27 重要度 A 令5

旅行者から収受する旅行業務の取扱いの料金（企画旅行に係るものを除く。）に関する次の記述のうち、正しいものはどれか。

ア．旅行業者は、事業の開始後速やかに、旅行者から収受する旅行業務の取扱いの料金を定め、これをその営業所において旅行者に見やすいように掲示しなければならない。
イ．旅行業者代理業者は、その営業所において、自ら定めた旅行業務の取扱いの料金を旅行者に見やすいように掲示しなければならない。
ウ．旅行業者は、旅行業務の取扱いの料金を変更しようとするときは、登録行政庁の認可を受けなければならない。
エ．旅行業務の取扱いの料金は、契約の種類および内容に応じて定率、定額その他の方法により定められ、旅行者にとって明確でなければならない。

問題 28 重要度 A 令4

旅行者から収受する旅行業務の取扱いの料金（企画旅行に係るものを除く。）に関する次の記述のうち、正しいものはどれか。

ア．旅行業者等は、旅行業務の取扱いの料金をそれぞれの営業所において旅行者が閲覧することができるように備え置くことで足りる。
イ．旅行業者は、事業の開始前に、旅行者から収受する旅行業務の取扱いの料金を定め、登録行政庁の認可を受けなければならない。
ウ．旅行業者は、旅行者から収受する旅行業務の取扱いの料金の額を変更したときは、遅滞なくその旨を登録行政庁に届け出なければならない。
エ．旅行業務の取扱いの料金は、契約の種類および内容に応じて定率、定額その他の方法により定められ、旅行者にとって明確でなければならない。

問題 27　解説　　　　　　　　　　　　　　　解答　エ

ア．誤り。旅行業者は、**事業の開始前に旅行業務の取扱いの料金を定め、その営業所において旅行者に見やすいように掲示しなければならない**。"事業の開始後速やかに……旅行業務の取扱いの料金を定め"とする本肢の記述は誤りである。

イ．誤り。旅行業者代理業者は、自ら旅行業務の取扱いの料金を定めることはできない（所属旅行業者が定めた旅行業務の取扱いの料金を、その営業所において旅行者に見やすいように掲示しなければならない）。

ウ．誤り。旅行業務の取扱いの料金は、エの記述にある制定基準に従って事業の開始前に各旅行業者が独自に定めればよく、料金の制定・変更に当たり登録行政庁による認可（または登録行政庁への届出）などは**不要**である。したがって"変更しようとするときは、登録行政庁の認可を受けなければならない"とする本肢の記述は誤りである。

エ．**正しい**。記述のとおり。

問題 28　解説　　　　　　　　　　　　　　　解答　エ

ア．誤り。旅行業者等は、旅行業務の取扱いの料金を、その**営業所において旅行者に見やすいように掲示しなければならない**。料金は掲示が義務付けられ、備え置くなどの方法では不十分なので"……旅行者が閲覧することができるように備え置くことで足りる"とする本肢の記述は誤りである。

イ．誤り。旅行業務の取扱いの料金は、エの記述にある制定基準に従って事業の開始前に各旅行業者が独自に定めればよく、料金の制定・変更に当たり登録行政庁の認可（または登録行政庁への届出）などは**不要**である。

ウ．誤り。旅行業務取扱料金の額の変更に当たり、認可・届出は不要である

エ．**正しい**。記述のとおり。

旅行業務の取扱いの料金

次の点をしっかり理解し、ひっかけ問題に対処しよう!!

- 料金は**事業の開始前**に定め、営業所において**旅行者に見やすいように掲示**しなければならない（必ず掲示する。閲覧できるよう備え置くのは不可）。
- 料金についての**届出や認可は一切不要**（制定基準に従って独自に定めてよい）。
- **旅行業者代理業者**は、いかなる場合も自ら料金を定めることはできない（必ず所属旅行業者が定めたものを掲示する）。

9 旅行業約款

問題 29 重要度 A 令3-改

旅行業約款に関する次の記述から、正しいもののみをすべて選んでいるものはどれか。

a．旅行業者は、旅行者と締結する旅行業務の取扱いに関する契約に関し、旅行業約款を定め、登録行政庁の認可を受けなければならない。
b．旅行業者が、観光庁長官および消費者庁長官が定めて公示した標準旅行業約款と同一の旅行業約款を定めたときは、その旨を登録行政庁に届け出なければならない。
c．旅行業者等は、旅行業約款をその営業所において、旅行者に見やすいように掲示し、または旅行者が閲覧することができるように備え置き、旅行者と旅行業務に関し契約を締結しようとするときは、旅行者に対し、旅行業約款を交付しなければならない。
d．登録行政庁は、旅行業約款の認可をしようとするときは、当該約款が旅行者の正当な利益を害するおそれがないものであることを認可の基準のひとつにしなければならない。

ア．a, d　　イ．a, b, c　　ウ．b, c, d　　エ．a, b, c, d

問題 30 重要度 A 令2

旅行業約款に関する次の記述のうち、誤っているものはどれか。

ア．旅行業者代理業者は、所属旅行業者の旅行業約款をその営業所において、旅行者に見やすいように掲示し、または旅行者が閲覧することができるように備え置かなければならない。
イ．保証社員である旅行業者は、その旅行業約款に記載した弁済業務保証金からの弁済限度額を変更しようとする場合、登録行政庁の認可を受けなければならない。
ウ．観光庁長官および消費者庁長官が標準旅行業約款を定めて公示した場合において、旅行業者が、標準旅行業約款と同一の旅行業約款を定めたときは、その旅行業約款については、登録行政庁の認可を受けたものとみなされる。
エ．旅行業者は、現に認可を受けている旅行業約款について、契約の変更および解除に関する事項を変更しようとするときは、登録行政庁の認可を受けなければならない。

9 旅行業約款

旅行業法

| 問題 29 | 解説 | | 解 答 | ア |

a．**正しい**。記述のとおり。旅行業者は、旅行者と締結する旅行業務の取扱いに関する契約に関し、旅行業約款を定め、登録行政庁の認可を受けなければならない。

b．**誤り**。旅行業者が**標準旅行業約款**（**観光庁長官および消費者庁長官**が定めて公示した旅行業約款）と**同一の旅行業約款**を定めたとき（または旅行業者がすでに定めた旅行業約款を標準旅行業約款と同一のものに変更したとき）は、その旅行業約款については、**登録行政庁の認可を受けたものとみなす**。したがって "登録行政庁に届け出なければならない" とする本肢の記述は誤りである。

c．**誤り**。旅行業約款は、営業所において**旅行者に見やすいように掲示する**（または旅行者が閲覧できるように備え置く）必要があるが、旅行者に**交付する必要はない**。

d．**正しい**。旅行業約款の認可の基準は次のとおり。

　　① 旅行者の正当な利益を害するおそれがないものであること

　　② 少なくとも旅行業務の取扱いの料金その他の旅行者との取引に係る金銭の収受および払戻しに関する事項ならびに旅行業者の責任に関する事項が明確に定められていること。

　　本肢は上記①に該当するので正しい記述である。なお、企画旅行を実施する旅行業者の場合、②は企画旅行契約と手配旅行契約その他の企画旅行契約以外の契約の別に応じ、明確に定めなければならない。

以上により、a，dを選んでいるアが正解である。

| 問題 30 | 解説 | | 解 答 | イ |

ア．**正しい**。旅行業者代理業者は**所属旅行業者の定めた旅行業約款**を掲示または備え置かなければならない（自ら旅行業約款を定めることはできない）。

イ．**誤り**。保証社員である旅行業者の旅行業約款に記載されている "弁済業務保証金からの弁済限度額" の変更は**軽微な変更に当たる**ので、この変更について登録行政庁の認可を受ける必要はない。

ウ．**正しい**。記述のとおり（問題 29 の b の解説参照）。

エ．**正しい**。 約款に記載されている "契約の変更および解除に関する事項" の変更は、**軽微な変更に当たらない**ので、この事項を変更しようとするときは、原則どおり登録行政庁の認可を受けなければならない。

55

10 標識

問題31 重要度 B 令5

標識に関する次の記述のうち、誤っているものはどれか。

ア．旅行業者代理業者は、営業所において、所属旅行業者の標識を公衆に見やすいように掲示しなければならない。
イ．旅行業者等以外の者は、国土交通省令で定める様式の標識またはこれに類似する標識を掲示してはならない。
ウ．旅行業者の標識には、登録番号、登録年月日および登録の有効期間が記載事項として定められている。
エ．標識の受託取扱企画旅行の欄は、取り扱っている企画旅行の企画者が明確となるよう記載しなければならない。

10 標識

| 問題 31 | 解説 | | 解答 | ア |

ア．**誤り**。旅行業者代理業者は、営業所において**旅行業者代理業の標識を公衆に見やすいように掲示**しなければならない。したがって、"所属旅行業者の標識を……掲示しなければならない"とする本肢の記述は誤りである。

イ．**正しい**。記述のとおり。

ウ．**正しい**。"登録番号""登録年月日""登録の有効期間"は、いずれも旅行業の標識の記載事項である。なお、旅行業者代理業の登録には有効期間の定めがないため、旅行業者代理業の標識の記載事項に"登録の有効期間"は含まれていない。

エ．**正しい**。記述のとおり。ただし、受託契約を締結していない場合は、この欄の記載を省略できる。

ポイント整理 標識

- 標識は、営業所において**公衆に見やすいように掲示**しなければならない。
- 旅行業者等以外の者は標識（またはこれに類似する標識）を掲示してはならない。
- 標識の種類（4種類）

様式（4種類）	旅行業等の種別	営業所の業務範囲	標識の地の色
様式①	旅行業	海外旅行・国内旅行	青
様式②		国内旅行のみ	白
様式③	旅行業者代理業	海外旅行・国内旅行	青
様式④		国内旅行のみ	白

- 標識の記載事項

記載事項	旅行業	旅行業者代理業
① 登録番号	○	○
② 登録年月日	○	○
③ 有効期間	○	×
④ 所属旅行業者の登録番号および氏名または名称	×	○
⑤ 氏名または名称	○	○
⑥ 営業所の名称	○	○
⑦ 旅行業務取扱管理者の氏名	○	○
⑧ 受託取扱企画旅行（※）	○	○

※⑧は企画者が明確になるように記載する（受託契約を締結していない場合は省略できる）

57

11 取引条件の説明（1）

問題 32 重要度 A 令3

旅行業者等が旅行業務に関し旅行者と契約を締結しようとするときの取引条件の説明および取引条件の説明をするときに交付する書面に関する次の記述のうち、正しいものはどれか。

ア．旅行業者等は、旅行者に対し取引条件の説明をするときは、対価と引換えに法第12条の5に規定するサービスの提供を受ける権利を表示した書面を交付する場合にあっては、国土交通省令・内閣府令で定める事項を記載した書面を交付することを要しない。
イ．旅行業者等は、旅行者に対し、取引条件の説明をするときに交付する国土交通省令・内閣府令で定める事項を記載した書面に代えて、当該書面に記載すべき事項を国土交通省令・内閣府令で定める情報通信の技術を利用する方法で提供する場合においては、当該旅行者の承諾を得ることを要しない。
ウ．旅行業者等は、旅行者と旅行業務に関し契約を締結しようとするときに、当該旅行者に対し、国土交通省令・内閣府令で定める事項を記載した書面を交付した場合は、取引条件の説明を要しない。
エ．旅行業者等は、旅行者と企画旅行契約を締結しようとするときは、企画者の住所および登録番号について説明しなければならない。

問題 33 重要度 A 令4

次の記述のうち、旅行業者等が企画旅行契約を締結しようとする場合にあって、その取引の条件について旅行者に説明しなければならない事項として定められていないものはどれか。

ア．旅程管理業務を行う者が同行しない場合にあっては、旅行地における企画者との連絡方法
イ．旅行に参加する資格を定める場合にあっては、その旨および当該資格
ウ．旅行の目的地を勘案して、旅行者が取得することが望ましい安全および衛生に関する情報がある場合にあっては、その旨および当該情報
エ．旅行中の損害の補償に関する事項

11 取引条件の説明（1）

旅行業法

| 問題 32 | 解説 | | 解答 | ア |

ア．**正しい。**対価と引換えに、航空券、乗車船券、宿泊券などの旅行に関する
　サービスの提供を受ける権利を表示した書面を旅行者に交付する場合は、取
　引条件の説明書面の交付は不要である（ただし、説明そのものを省略するこ
　とはできない）。

イ．**誤り。**電子メールやインターネットなどの情報通信の技術を利用する方法
　により取引条件の説明書面に記載すべき事項を旅行者に提供する場合は、あ
　らかじめ旅行者の承諾を得なければならない。

ウ．**誤り。**旅行業者等は、旅行者と旅行業務に関し契約を締結しようとすると
　きは、その取引の条件について旅行者に説明しなければならず、説明をする
　ときは国土交通省令・内閣府令で定める事項を記載した書面（取引条件の説
　明書面）を旅行者に交付しなければならない。つまり、説明書面を交付する
　ことで取引条件の説明を省略できるわけではないので"説明を要しない"と
　する本肢の記述は誤りである。

エ．**誤り。**"企画者の住所および登録番号"は、企画旅行契約を締結しようと
　するときの取引条件の説明事項ではない（企画旅行契約における取引条件の
　説明書面および契約書面に記載すべき事項である）。

| 問題 33 | 解説 | | 解答 | ア |

　イ、ウ、エはいずれも、企画旅行契約を締結しようとする場合の取引条件の
説明事項として定められているが、アは定められていない。

　アの"旅程管理業務を行う者が同行しない場合にあっては、旅行地における
企画者との連絡方法"は、旅行業者等が旅行者と企画旅行契約を締結したとき
に交付する「契約書面」のみに記載すべき事項である。

59

11 取引条件の説明（2）

問題 34　重要度 A　令4

旅行業者等が旅行業務に関し旅行者と契約を締結しようとするときに、取引条件の説明にあたって旅行者に交付する書面に関する次の記述のうち、誤っているものはどれか。

ア．旅行業者等は、書面の交付に代えて政令で定めるところにより、旅行者の承諾を得て、書面に記載すべき事項を国土交通省令・内閣府令で定める情報通信の技術を利用する方法により提供することができる。この場合において、当該旅行業者等は、当該書面を交付したものとみなす。

イ．旅行業者等は、対価と引換えに法第12条の5に規定するサービスの提供を受ける権利を表示した書面を交付する場合であっても、旅行者に対して書面を交付しなければならない。

ウ．旅行業者は、旅行に関する相談に応ずる行為に係る旅行業務について契約を締結しようとする場合にあっては、旅行者が旅行業者に支払うべき対価およびその収受の方法、ならびにその対価によって提供を受けることができる旅行に関するサービスの内容を書面に記載しなければならない。

エ．旅行業者等は、企画旅行契約を締結しようとする場合は、当該契約に係る旅行業務取扱管理者の氏名および旅行者の依頼があれば当該契約に係る旅行業務取扱管理者が最終的には説明を行う旨を、書面に記載しなければならない。

問題 35　重要度 A　平29

取引条件の説明に関する次の記述のうち、旅行業者等が旅行者と企画旅行契約を締結しようとする場合の説明事項として、定められていないものはどれか。

ア．契約に係る旅行業務取扱管理者の氏名に関する事項
イ．旅行者が旅行業者等に支払うべき対価およびその収受の方法
ウ．責任および免責に関する事項
エ．旅行中の損害の補償に関する事項

11 取引条件の説明（2）

問題 34　解説　　　　　　　　　　解答　イ

ア．**正しい**。記述のとおり。旅行業者等は、**旅行者の承諾を得て**、電子メールやインターネットなどの情報通信の技術を利用する方法により取引条件の説明書面に記載すべき事項を旅行者に提供することができる（この場合、旅行業者等は取引条件の説明書面を交付したものとみなす）。

イ．**誤り**。対価と引換えに、航空券、乗車船券、宿泊券などの**旅行に関するサービスの提供を受ける権利を表示した書面を交付する**ときは、別途、旅行者に対して取引条件の説明書面を交付する必要はない（ただし、説明そのものを省略することはできない）。

ウ．**正しい**。旅行相談契約を締結しようとするときは、旅行業者は次の事項を記載した**取引条件の説明書面**を旅行者に**交付**しなければならない。

　　① 旅行者が旅行業者に支払うべき**対価およびその収受の方法**

　　② 旅行者が①に掲げる対価によって提供を受けることができる**旅行に関するサービスの内容**

エ．**正しい**。"契約に係る**旅行業務取扱管理者の氏名**および旅行者の依頼があれば当該契約に係る旅行業務取扱管理者が**最終的には説明を行う旨**"は、企画旅行契約を締結しようとするときに旅行者に交付する取引条件の説明書面（および同契約を締結したときの契約書面）の記載事項として定められている。

問題 35　解説　　　　　　　　　　解答　ア

イ、ウ、エは、いずれも旅行者と企画旅行契約を締結しようとする場合の取引条件の説明事項として定められているが、アは定められていない。

ア．**定められていない**。「契約に係る**旅行業務取扱管理者の氏名**（および旅行者の依頼があれば当該旅行業務取扱管理者が最終的には説明を行う旨）」は、**企画旅行契約を締結しようとするときの取引条件の説明書面**（および同契約を締結したときの契約書面）に記載すべき事項である。

ポイント整理　取引条件の説明の方法

原則：取引条件の説明事項を記載した**書面を交付する**

例外：**口頭で説明する**（上記書面の交付は不要）

＊口頭による説明は対価と引き換えにサービスの提供を受ける権利を表示した書面を交付する場合に限る

61

12 書面の交付

問題 36 重要度 A 平30-改

法第12条の5「書面の交付」に関する次の記述のうち、誤っているものはどれか。

ア．旅行業者等は、旅行業務に関し取引をする者（旅行者を除く。）と旅行業務に関し契約を締結したときは、国土交通省令で定める場合を除き、遅滞なく、当該取引をする者に対し、旅行者に提供すべき旅行に関するサービスの内容その他の国土交通省令で定める事項を記載した書面を交付しなければならない。

イ．旅行業者は、旅行者と旅行の相談に応ずる行為に関し契約を締結したときは、遅滞なく、当該旅行者に対し、相談の内容、支払うべき対価およびその収受の方法に関する事項を記載した書面を交付しなければならない。

ウ．旅行業者代理業者が所属旅行業者を代理して旅行者と手配旅行契約を締結したときは、その旨ならびに当該旅行業者代理業者の氏名または名称および住所ならびに登録番号を書面に記載しなければならない。

エ．旅行業者等は、旅行者と手配旅行契約を締結したときは、旅行業務の取扱いの料金に関する事項を書面に記載しなければならない。

問題 37 重要度 A 令5

次の記述から、旅行業者等が旅行者と企画旅行契約を締結したときに交付する書面の記載事項として、定められているもののみをすべて選んでいるものはどれか。

a．契約の変更および解除に関する事項
b．企画者の氏名または名称および住所ならびに登録番号
c．旅行に参加する資格を定める場合にあっては、その旨および当該資格
d．旅行者の損害の補償に関する事項

ア．a、b　　イ．c、d　　ウ．b、c、d　　エ．a、b、c、d

12 書面の交付

旅行業法

| 問題36 | 解説 | 解答 | イ |

ア．**正しい。**記述のとおり。旅行業務に関し、**旅行者以外の者**（運送・宿泊業者などの旅行サービス提供者、旅行サービス手配業者、他の旅行業者などの**事業者**）と契約を締結したときは、国土交通省令で定める事項を記載した書面（契約書面など）を相手方に交付しなければならない。

イ．**誤り。**旅行者と旅行業務に関し契約を締結するに当たり、次の①または②のいずれかに該当する場合、旅行者に対する**契約書面**（国土交通省令・内閣府令で定める事項を記載した書面）の交付は不要である。

　　① 旅行に関する**サービスの提供を受ける権利を表示した書面**（航空券や乗車船券、宿泊券など）を旅行者に交付したとき

　　② **旅行相談業務に係る契約**（旅行相談契約）を**締結したとき**

　　本肢の記述は上記②に該当するので、契約書面の交付は不要である。

ウ．**正しい。**記述のとおり。「旅行業者代理業者が所属旅行業者を代理して契約を締結した場合にあってはその旨」「当該旅行業者代理業者の氏名または名称および住所ならびに登録番号」は、いずれも手配旅行契約を締結したときに旅行者に交付する契約書面の記載事項である。

エ．**正しい。**記述のとおり。"旅行業務の取扱いの料金に関する事項"は**手配旅行契約**を締結したときに旅行者に交付する契約書面の記載事項である。なお、**企画旅行に係る旅行業務の取扱いの料金は存在しないので、企画旅行契約における契約書面にこの事項は記載しない。**

| 問題37 | 解説 | 解答 | エ |

　a，b，c，dはいずれも企画旅行契約を締結したときに旅行者に交付する契約書面に記載すべき事項である。したがって、a，b，c，dを選んでいるエが正解である。

ポイント整理　旅行者と契約を締結したときに交付する書面（原則と例外）

原則：次のいずれかを交付する
　　① **契約書面**（国土交通省令・内閣府令で定める事項を記載した書面）
　　② **サービスの提供を受ける権利を表示した書面**（航空券、乗車船券、宿泊券など）
例外：旅行相談業務に係る契約を締結した場合は**不要**

13 企画旅行の募集広告

問題38 重要度 A 令3

企画旅行に参加する旅行者を募集するための広告に関する次の記述のうち、誤っているものはどれか。

ア．企画者以外の者の氏名または名称を表示する場合にあっては、文字の大きさ等に留意して、企画者の氏名または名称の明確性を確保しなければならない。
イ．広告には、当該企画旅行を実施する営業所の旅行業務取扱管理者の氏名を表示しなければならない。
ウ．広告には、旅程管理業務を行う者の同行の有無を表示しなければならない。
エ．旅行者が旅行業者等に支払うべき対価が当該企画旅行の出発日により異なる場合において、その最低額を表示するときは、併せてその最高額を表示しなければならない。

問題39 重要度 A 令4

次の記述のうち、企画旅行に参加する旅行者を募集するための広告の表示事項として定められていないものはどれか。

ア．旅行者が旅行業者等に支払うべき対価
イ．全国通訳案内士または地域通訳案内士の同行の有無
ウ．企画者の氏名または名称および住所ならびに登録番号
エ．旅程管理業務を行う者の同行の有無

13 企画旅行の募集広告

| 問題 38 | 解説 | 解答 | イ |

ア．**正しい**。記述のとおり。例えば「旅行業者代理業者が所属旅行業者の実施する企画旅行の募集広告を行うとき」や「受託契約に基づき、受託旅行業者が委託旅行業者の実施する企画旅行の募集広告を行うとき」など、企画者以外の者が募集型企画旅行の広告をする場合は、企画者の氏名または名称の明確性を確保することが求められる。

イ．**誤り**。"旅行業務取扱管理者の氏名"は、企画旅行の募集広告の表示事項ではない。

ウ．**正しい**。"旅程管理業務を行う者の同行の有無"は、企画旅行の募集広告の表示事項の一つである。

エ．**正しい**。記述のとおり。最低額だけを表示することは認められない。

| 問題 39 | 解説 | 解答 | イ |

企画旅行の募集広告の表示事項として定められていないものはイである（ア、ウ、エはいずれも同広告の表示事項として定められている）。

イの"全国通訳案内士または地域通訳案内士の同行の有無"は、企画旅行契約における取引条件の説明事項（および説明書面の記載事項）のほか、同契約を締結したときの契約書面の記載事項として定められている。

ポイント整理 ✎ 募集型企画旅行の広告（表示事項）

① 企画者の**氏名**または**名称**および**住所**ならびに**登録番号**
② 旅行の**目的地**および**日程**に関する事項
③ 旅行者が提供を受けることができる**運送**、**宿泊**または**食事**のサービスの内容に関する事項
④ 旅行者が旅行業者等に支払うべき**対価**に関する事項
⑤ **旅程管理業務を行う者の同行の有無**
⑥ 企画旅行の**参加者数**があらかじめ企画者が定める人員数を下回った場合に当該企画旅行を実施しないこととするときは、その旨および当該人員数
⑦ ③に掲げるサービスにもっぱら企画旅行の実施のために提供される運送サービスが含まれる場合にあっては、当該運送サービスの内容を勘案して、旅行者が取得することが望ましい**輸送の安全**に関する情報
⑧ **取引条件の説明**を行う旨（取引条件説明事項をすべて表示して広告するときは、この⑧の記載は不要）

65

14 誇大広告の禁止

問題 40　重要度 B　令3

誇大広告の禁止に関する次の記述のうち、誤っているものはどれか。

ア．旅行業者等は、旅行地における旅行者の安全の確保に関する事項について、著しく事実に相違する表示をしてはならない。
イ．旅行業者等は、業務の範囲、資力または信用に関する事項について、実際のものよりも著しく優良であると人を誤認させるような表示をしてはならない。
ウ．旅行業者等は、旅行者が旅行業者等に支払うべき対価に関する事項について、実際のものよりも著しく有利であると人を誤認させるような表示をしてはならない。
エ．誇大広告の禁止に関する規定は、旅行業者等が企画旅行（参加する旅行者の募集をすることにより実施するものに限る。）以外の旅行業務について広告をするときには適用されない。

問題 41　重要度 B　令5

次の記述から、旅行業者等が旅行業務について広告するとき、誇大表示をしてはならない事項として定められているもののみをすべて選んでいるものはどれか。

a．旅行業者等の業務の範囲、資力または信用に関する事項
b．旅行地の景観、環境その他の状況に関する事項
c．旅行に関するサービスの品質その他の内容に関する事項
d．旅行者が旅行業者等に支払うべき対価に関する事項

ア．a，c　　イ．a，b，d　　ウ．b，c，d　　エ．a，b，c，d

14 誇大広告の禁止

| 問題 40 | 解説 | 解答 | エ |

　誇大広告の禁止の規定により、**旅行業者等は旅行業務について広告をするときは、著しく事実に相違する表示、または実際のものよりも著しく優良であり、もしくは有利であると人を誤認させるような表示**（誇大表示）をしてはならない。

ア．**正しい。**下記「ポイント整理」の②参照。"旅行地における旅行者の安全の確保に関する事項"は、誇大表示をしてはならない事項に該当する。

イ．**正しい。**下記「ポイント整理」の⑧参照。旅行業者等の"**業務の範囲、資力または信用に関する事項**"は、誇大表示をしてはならない事項に該当する。

ウ．**正しい。**下記「ポイント整理」の⑤参照。"旅行者が**旅行業者等に支払うべき対価に関する事項**"は、誇大表示をしてはならない事項に該当する。

エ．**誤り。**「誇大広告の禁止」の規定は、旅行業務についての広告全般に適用される。したがって、募集型企画旅行に関する広告だけでなく、**旅行業務に関するすべての広告**（例えば、手配旅行の広告、宣伝のためのイメージ広告など）が規制の対象になる。

| 問題 41 | 解説 | 解答 | エ |

　誇大表示をしてはならない事項については、下記「ポイント整理」参照。
　aは⑧に、bは④に、cは①に、dは⑤に、いずれも旅行業者等が旅行業務について広告をする際に誇大表示をしてはならない事項として定められているので、a、b、c、dを選んでいるエが正解である。

ポイント整理 　誇大表示をしてはならない事項

　旅行業者等は、旅行業務について広告をするときは、次の各事項について、著しく事実に相違する表示、実際のものよりも著しく優良であり、もしくは有利であると人を誤認させるような表示をしてはならない。
① 旅行に関するサービスの品質その他の内容に関する事項
② 旅行地における旅行者の安全の確保に関する事項
③ 感染症の発生の状況その他の旅行地における衛生に関する事項
④ 旅行地の景観、環境その他の状況に関する事項
⑤ 旅行者が旅行業者等に支払うべき対価に関する事項
⑥ 旅行中の旅行者の負担に関する事項
⑦ 旅行者に対する損害の補償に関する事項
⑧ 旅行業者等の業務の範囲、資力または信用に関する事項

15 企画旅行の円滑な実施のための措置（旅程管理）（1）

問題42　重要度 A　令3　☑☐☐

企画旅行の円滑な実施のための措置に関する次の記述から、正しいもののみをすべて選んでいるものはどれか。

a. 旅行業者は、本邦内の旅行であって、契約の締結の前に旅行者に対し、旅行地において旅行に関する計画に定めるサービスの提供を受けるために必要な手続の実施その他の措置を講じない旨を説明し、かつ、当該旅行に関する計画に定めるサービスの提供を受ける権利を表示した書面を交付した場合は、旅行地における企画旅行の円滑な実施のための措置を講じることを要しない。

b. 旅行業者は、旅行に関する計画に定めるサービスの旅行者への確実な提供を確保するために、旅行の開始前に必要な予約その他の措置を講じなければならない。

c. 旅行業者は、本邦内の旅行にあっては、旅行に関する計画における2人以上の旅行者が同一の日程により行動することを要する区間における円滑な旅行の実施を確保するために必要な集合時刻、集合場所その他の事項に関する指示をすることを要しない。

d. 旅行業者は、参加する旅行者の募集をすることにより実施する旅行についてのみ、旅行地において旅行に関する計画に定めるサービスの提供を受けるために必要な手続の実施その他の措置を講じなければならない。

ア．a，b　イ．a，c，d　ウ．b，c，d　エ．a，b，c，d

15 企画旅行の円滑な実施のための措置（旅程管理）（1）

問題42 解説　　　　　　　　　　　　　　　　解答　ア

　募集型、受注型の企画旅行を実施する旅行業者に義務づけられている旅程管理のための措置は次のとおり。

① 旅行に関する計画に定めるサービスの旅行者への確実な提供を確保するために旅行の開始前に必要な予約その他の措置

② 旅行地において旅行に関する計画に定めるサービスの提供を受けるために必要な手続きの実施その他の措置

③ 旅行に関する計画に定めるサービスの内容の変更を必要とする事由が生じた場合における代替サービスの手配および当該サービスの提供を受けるために必要な手続きの実施その他の措置

④ 旅行に関する計画における2人以上の旅行者が同一の日程により行動することを要する区間における円滑な旅行の実施を確保するために必要な集合時刻、集合場所その他の事項に関する指示

　上記①～④のうち、②と③の措置は、国内旅行であって、次のaとbの両条件を満たす場合には省略できる（講じなくてもよい）。

　a．契約の締結前に旅行者にこれらの措置を講じない旨を説明すること

　b．サービスの提供を受ける権利を表示した書面（航空券、乗車船券、宿泊券など）を旅行者に交付すること

　なお、海外旅行の場合は①～④すべての措置を必ず行わなければならない。

　a．**正しい**。上記②参照。本肢には"本邦内の旅行"とあり、かつ前述aとbについて正しく述べられているため"本邦内の旅行であって……講じることを要しない"とする記述は適切である。

　b．**正しい**。上記①参照。①の措置は国内、海外いずれの企画旅行でも必ず講じなければならない。

　c．**誤り**。上記④参照。④の措置は国内、海外いずれの企画旅行でも必ず講じなければならない。

　d．**誤り**。上記②参照。「企画旅行の円滑な実施のための措置」の規定は、募集型企画旅行だけでなく受注型企画旅行にも適用されるので"参加する旅行者の募集をすることにより実施する旅行についてのみ……講じなければならない"とする本肢の記述は誤りである。

　以上により、a、bを選んでいるアが正解である。

15 企画旅行の円滑な実施のための措置（旅程管理）(2)

問題43　重要度 A　令4　✓ □ □

旅程管理業務を行う者に関する次の記述のうち、正しいものはどれか。

ア．企画旅行に参加する旅行者に同行して、旅程管理業務を行う者として旅行
　　業者によって選任される者が複数の場合は、当該同行する者のすべてが旅程
　　管理業務を行う主任の者の資格要件を満たす者でなければならない。

イ．国土交通省令で定める旅程管理業務に関する実務の経験とは、登録研修機
　　関が実施する旅程管理研修の課程を修了した日の前後3年以内に2回以上の
　　旅程管理業務に従事した経験をいう。

ウ．旅行業者は、いかなる場合も未成年者を旅程管理業務を行う主任の者とし
　　て選任することができない。

エ．旅行業者によって選任された旅程管理業務を行う主任の者の指導による旅
　　程管理業務に相当する実務の研修を受けた経験は、当該研修を受けた地域を
　　目的地とする旅行に係る旅程管理業務に従事した経験とみなされる。

15 企画旅行の円滑な実施のための措置（旅程管理）(2)

| 問題43 | 解説 | 解答 | エ |

ア．誤り。企画旅行に参加する旅行者に同行して旅程管理業務を行う者のうち、**主任の者（旅程管理主任者）**は、**所定の資格要件を満たす者でなければならないが**、旅程管理業務を行う者が複数の場合、そのすべての者が資格要件を満たしている必要はない。

イ．誤り。旅程管理主任者に選任されるためには、次の①または②のいずれかの旅程管理業務に従事した経験（実務経験）が必要である。

　　① 旅程管理研修の課程を修了した日の前後 1 年以内に 1 回以上

　　② 旅程管理研修の課程を修了した日から 3 年以内に 2 回以上

　　本肢の "旅程管理研修の課程を修了した日の前後 3 年以内に 2 回以上の旅程管理業務に従事した経験" は上記①②のいずれにも該当しないので、本肢の記述は誤りである。

ウ．誤り。旅程管理主任者の資格要件は、①欠格事由に該当しない、②旅程管理研修の課程を修了している、③一定の実務経験を有する、の 3 つである。これらの要件をすべて満たしていれば、未成年者を旅程管理主任者として選任することができる。

エ．正しい。記述のとおり。旅程管理主任者の**資格要件を満たす者の指導のもと、旅程管理業務に相当する実務の研修を受けた経験は、旅程管理業務に従事した経験とみなされる**（実務経験に含めることができる）。

　　なお、国内企画旅行に同行する旅程管理主任者になるための実務経験は、**国内または海外のどちらの旅程管理業務に従事した経験であってもよいが、海外**企画旅行の場合は**海外の旅程管理業務に従事した経験に限られる**。

> **⚷ キーワード　旅程管理業務を行う主任の者**
>
> 企画旅行に参加する旅行者に同行して旅程管理業務を行う者のうち、主任となる者のことで、いわゆる実務上の「旅程管理主任者（主任添乗員）」のこと。

> **ポイント整理　✎　旅程管理主任者の資格要件**
>
> ① 欠格事由（P94「ポイント整理」の①～⑥）に該当しないこと
> ② 旅程管理研修の課程を修了していること
> ③ 次のa、bいずれかの実務経験（旅程管理業務に従事した経験）を有すること
> a．研修課程を修了した日の前後 1 年以内に 1 回以上の実務経験
> b．研修課程を修了した日から 3 年以内に 2 回以上の実務経験

16 受託契約（1）

問題44 重要度 A 令3

受託契約に関する次の記述のうち、正しいものはどれか。

ア．旅行業者代理業者は、所属旅行業者の承諾がある場合に限り、他の旅行業者との間で、自ら受託契約を締結することができる。

イ．旅行業者は、他の旅行業者が実施する企画旅行（参加する旅行者の募集をすることにより実施するものに限る。）について、複数の他の旅行業者と受託契約を締結することはできない。

ウ．委託旅行業者および受託旅行業者は、受託契約において、委託旅行業者を代理して企画旅行契約（参加する旅行者の募集をすることにより実施するものに限る。）を締結することができる受託旅行業者の営業所を定めておかなければならない。

エ．旅行業者は、他の旅行業者が実施する企画旅行（参加する旅行者の募集をすることにより実施するものに限る。）について、代理して企画旅行契約を締結する場合にあっては、当該他の旅行業者を所属旅行業者とする旅行業者代理業の登録を受けなければならない。

16 受託契約（1）

問題44　解説　　解答　ウ

ア．誤り。受託契約は旅行業者どうしで締結する契約である。したがって、旅行業者代理業者は自ら直接、他の旅行業者と受託契約を締結することはできない。所属旅行業者が締結した受託契約で「受託旅行業者代理業者」として定められている場合に限り、その旅行業者代理業者でも委託旅行業者を代理して旅行者と募集型企画旅行契約を締結することができる。

イ．誤り。旅行業者は複数の他の旅行業者とそれぞれ受託契約を締結することができる。

ウ．正しい。記述のとおり。委託旅行業者および受託旅行業者は、委託旅行業者を代理して募集型企画旅行契約を締結すること（受託販売）ができる**受託旅行業者（または受託旅行業者代理業者）の営業所を受託契約において定めておかなければならない**。

エ．誤り。受託契約を締結したときは、受託旅行業者は**旅行業者代理業の登録を受けなくても**委託旅行業者を代理して旅行者と募集型企画旅行契約を締結することができる。

キーワード　受託契約と委託旅行業者・受託旅行業者

- 受託契約
  他の旅行業者が企画・実施する募集型企画旅行を、実施する旅行業者を代理して、販売（旅行者と契約）するときに締結する旅行業者間の契約のこと。効率よく参加者を集客するための販売促進の仕組みともいえる。
- 委託旅行業者
  募集型企画旅行を企画・実施し、その販売を他社に委託する旅行業者のこと。
- 受託旅行業者
  他の旅行業者の企画・実施する募集型企画旅行を代理販売する旅行業者のこと。

16 受託契約（2）

問題 45　重要度 A　令4

受託契約に関する次の記述のうち、正しいものはどれか。

ア．地域限定旅行業者は、第1種旅行業者を委託旅行業者とする受託契約を締結することができない。
イ．旅行業者代理業者は、所属旅行業者の事前の承諾があれば、自ら直接、他の旅行業者と受託契約を締結することができる。
ウ．旅行業者は、複数の他の旅行業者と受託契約を締結することができる。
エ．委託旅行業者および受託旅行業者は、受託契約において、委託旅行業者を代理して企画旅行契約を締結することができる受託旅行業者の営業所を定めておく必要はない。

問題 46　重要度 A　令5

受託契約に関する次の記述のうち、誤っているものはどれか。

ア．旅行業者は、受託契約を締結したときは、法第3条の規定にかかわらず、旅行業者代理業の登録を受けなくても、他の旅行業者が実施する企画旅行（参加する旅行者の募集をすることにより実施するものに限る。）について、当該他の旅行業者を代理して企画旅行契約を締結することができる。
イ．第1種旅行業者は、地域限定旅行業者を委託旅行業者とする受託契約を締結することができる。
ウ．旅行業者が受託契約を締結したときは、受託業務の取扱いを開始しようとする日までに、登録行政庁にその旨を届け出なければならない。
エ．委託旅行業者および受託旅行業者は、受託契約において、委託旅行業者を代理して企画旅行契約を締結することができる受託旅行業者またはその受託旅行業者代理業者の営業所を定めておかなければならない。

16 受託契約（2）

| 問題 45 | 解説 | | 解答 | ウ |

ア．誤り。地域限定旅行業者は、第1種旅行業者が実施する募集型企画旅行について、第1種旅行業者を委託旅行業者、自らを受託旅行業者とする受託契約を締結することができる。

　　第1種・第2種・第3種旅行業者、地域限定旅行業者は、範囲は異なるものの、いずれも募集型企画旅行を実施できるので、**登録業務範囲にかかわらず、自らが委託旅行業者になることも、受託旅行業者になることも可能**である。

イ．誤り。受託契約は旅行業者どうしで締結する契約である。したがって、**旅行業者代理業者は自ら直接、他の旅行業者と受託契約を締結することはできない**（所属旅行業者が締結した受託契約で「受託旅行業者代理業者」として定められている場合に限り、その旅行業者代理業者でも委託旅行業者を代理して旅行者と募集型企画旅行契約を締結できる）。

ウ．正しい。記述のとおり。旅行業者は複数の他の旅行業者とそれぞれ受託契約を締結できる。

エ．誤り。委託旅行業者および受託旅行業者は、委託旅行業者を代理して企画旅行契約を締結すること（受託販売）ができる**受託旅行業者（または受託旅行業者代理業者）の営業所**を受託契約において**定めておかなければならない**。

| 問題 46 | 解説 | | 解答 | ウ |

ア．正しい。記述のとおり。旅行業者が**受託契約を締結**したときは、**旅行業者代理業の登録を受けなくても**、他の旅行業者（委託旅行業者）を代理して旅行者と募集型企画旅行契約を締結することができる。

イ．正しい。地域限定旅行業者が実施する募集型企画旅行について、地域限定旅行業者を委託旅行業者とし、第1種旅行業者を受託旅行業者とする受託契約を締結することができる（問45のアの解説参照）。

ウ．誤り。受託契約の締結に当たり、登録行政庁への届出は不要である。

エ．正しい。記述のとおり。委託旅行業者および受託旅行業者は、委託旅行業者を代理して企画旅行契約を締結すること（受託販売）ができる**受託旅行業者（または受託旅行業者代理業者）の営業所**を受託契約において**定めておかなければならない**。

17 旅行業者代理業

問題 47　重要度 A　令3　

旅行業者代理業者に関する次の記述のうち、誤っているものはどれか。

ア．旅行業者代理業者は、旅行業務に関し取引をしようとするときは、所属旅行業者の氏名または名称および旅行業者代理業者である旨を取引の相手方に明示しなければならない。

イ．旅行業者代理業者の登録は、所属旅行業者の登録の有効期間が満了したことによりその登録が効力を失い、旅行業の登録が抹消されたときは、その効力を失う。

ウ．所属旅行業者は、旅行業者代理業者が旅行業務につき旅行者に加えた損害を賠償する責めに任ずるが、当該所属旅行業者がその旅行業者代理業者への委託につき相当の注意をし、かつ、その旅行業者代理業者の行う旅行業務につき旅行者に加えた損害の発生の防止に努めたときは、この限りではない。

エ．旅行業者代理業を営もうとする者は、100万円以上の財産的基礎を有していなければ、新規登録を拒否される。

問題 48　重要度 A　令2・4・改　

旅行業者代理業者に関する次の記述から、正しいもののみをすべて選んでいるものはどれか。

a．旅行業者代理業を営もうとする者は、地域限定旅行業者を所属旅行業者とすることはできない。

b．旅行業者代理業の登録の有効期間は、登録の日から起算して5年とする。

c．旅行業者代理業者は、受託旅行業者代理業者として委託旅行業者を代理して企画旅行契約（参加する旅行者の募集をすることにより実施するものに限る。）を締結する場合を除き、所属旅行業者以外の旅行業者のために旅行業務を取り扱ってはならない。

d．旅行業者代理業者は、その行う営業が旅行業であると誤認させ、または所属旅行業者を誤認させるような表示、広告その他の行為をしてはならない。

ア．a，b　イ．c，d　ウ．a，b，c　エ．b，c，d

17 旅行業者代理業

問題 47	解説	解 答	エ

ア．**正しい**。記述のとおり。旅行業者代理業者は、旅行業務に関し取引をしようとするときは**所属旅行業者の氏名または名称**および**旅行業者代理業者である旨**を取引の相手方に明示しなければならない。

イ．**正しい**。次の①または②のいずれかに該当する場合、**旅行業者代理業の登録は失効する**（本肢は②に該当し、正しい記述である）。

　　① 所属旅行業者との契約（旅行業者代理業者が所属旅行業者のために旅行業務を取り扱うことを内容とする契約）が**効力を失ったとき**

　　② 所属旅行業者が、**旅行業の登録を抹消されたとき**（登録の有効期間満了、事業の廃止、登録の取消しなどにより）

ウ．**正しい**。旅行業者代理業者が旅行業務につき旅行者に損害を加えたときは、**所属旅行業者が原則としてその損害を賠償する責任を負う**ことになるが、次の①②の条件をいずれも満たしたときは、その損害を賠償する責任を免れる。

　　① 所属旅行業者がその**旅行業者代理業者への委託につき相当の注意をした**こと

　　② 所属旅行業者がその旅行業者代理業者の行う旅行業務につき**旅行者に加えた損害の発生の防止に努めた**こと

エ．**誤り**。旅行業者代理業の登録に当たり、**財産的基礎（基準資産額）の定めはない**（財産的基礎を求められるのは旅行業者のみである）。

問題 48	解説	解 答	イ

a．**誤り**。旅行業者は、その登録業務範囲（第1種、第2種、第3種、地域限定の各登録業務範囲）にかかわらず、旅行業者代理業を営む者に旅行業務を取り扱わせることができる。したがって、旅行業者代理業を営もうとする者が地域限定旅行業者を所属旅行業者とすることは可能である。

b．**誤り**。旅行業者代理業の登録には**有効期間の定めがない**。有効期間を5年とするのは旅行業の登録である。

c．**正しい**。旅行業者代理業者は原則として**所属旅行業者以外の旅行業者のために旅行業務を取り扱ってはならない**が、所属旅行業者が締結した**受託契約**で**受託旅行業者代理業者**として定められている場合に限り、委託旅行業者（所属旅行業者以外の旅行業者）を代理して募集型企画旅行契約を締結できる。

d．**正しい**。記述のとおり。

以上により、c，dを選んでいるイが正解である。

77

18 禁止行為・登録の取消し等（1）

問題49 重要度 A 令3

登録の取消し等に関する次の記述のうち、誤っているものはどれか。

ア．旅行業者等が旅行業法もしくは旅行業法に基づく命令またはこれらに基づく処分に違反したときは、当該旅行業者等に対し、6月以内の期間を定めて業務の全部または一部の停止を命じることができる。

イ．旅行業者等が登録を受けてから1年以内に事業を開始せず、または引き続き1年以上事業を行っていないと認めるときは、当該旅行業者等の登録を取り消すことができる。

ウ．旅行業者等が旅行業の登録当時、旅行業法の規定に違反して罰金の刑に処せられ、その執行を受けることがなくなった日から5年を経過していないことが判明したときは、当該旅行業者等に対し、6月以内の期間を定めて業務の全部または一部の停止を命じることはできるが、登録を取り消すことはできない。

エ．旅行業者が不正の手段により旅行業の有効期間の更新の登録を受けたときは、当該旅行業者の登録を取り消すことができる。

問題50 重要度 A 令2

登録の取消し等に関する次の記述から、登録の取消事由に該当するもののみをすべて選んでいるものはどれか。

a．旅行業者等が登録を受けてから1年以内に事業を開始していないと認めるとき。
b．旅行業者等が引き続き6箇月以上事業を行っていないと認めるとき。
c．旅行業者等が旅行業法に基づく命令またはこれらに基づく処分に違反したとき。
d．旅行業者等が不正の手段により新規登録を受けたとき。

ア．a, b　　イ．c, d　　ウ．a, c, d　　エ．a, b, c, d

18 禁止行為・登録の取消し等（1）

| 問題49 | 解説 | | 解答 | ウ |

ア．正しい。下記「ポイント整理」の❶参照。

イ．正しい。下記「ポイント整理」の（2）参照。

ウ．誤り。下記「ポイント整理」の❷参照。旅行業者等が**登録当時に、登録の拒否事由に該当していたことが判明したとき**は、登録行政庁は**6か月以内**の期間を定めて業務の**全部もしくは一部の停止**を命じ、またはその**登録を取り消すことができる**。本肢には"旅行業法の規定に違反して罰金の刑に処せられ、その執行を受けることがなくなった日から5年を経過していないことが判明"とあるので、登録行政庁は業務の停止を命じるほか、その登録を取り消すこともできる。

エ．正しい。下記「ポイント整理」の❸参照。

| 問題50 | 解説 | | 解答 | ウ |

下記「ポイント整理」参照。aは（2）に、cは❶に、dは❸に該当するので、いずれも登録の取消事由に該当する。

b．**該当しない。**「ポイント整理」の（2）にあるとおり、旅行業者等が**引き続き1年以上事業を行っていない**と認めるときは、登録行政庁はその登録を取り消すことができる。本肢には"引き続き6箇月以上事業を行っていない"とあるので、この時点では登録の取消事由に該当しない。

以上により、a，c，dを選んでいるウが正解である。

ポイント整理 業務（全部もしくは一部）の停止・登録の取消し

（1）登録行政庁による業務の停止（6か月以内）または登録の取消し事由
　❶ 旅行業法もしくは旅行業法に基づく命令またはこれらに基づく処分に違反したとき
　❷ 登録の拒否事由（P94「ポイント整理」参照）の②、③、⑤～⑧のいずれか1つにでも該当することとなったとき（または登録当時に登録の拒否事由の①～⑪に該当していたことが判明したとき）
　❸ 不正の手段により登録（新規登録のほか、旅行業者の場合は更新登録、変更登録を含む）を受けたとき
（2）登録の取消し事由
　旅行業者等（または旅行サービス手配業者）が**登録を受けてから1年以内に事業を開始せず、または引き続き1年以上事業を行っていない**と認めるとき。

79

18 禁止行為・登録の取消し等（2）

問題 51　重要度 A　令3

法第13条「禁止行為」および法第14条「名義利用等の禁止」に関する次の記述のうち、誤っているものはどれか。

ア．旅行業者等は、旅行業務に関し取引をした者に対し、その取引によって生じた債務の履行を不当に遅延する行為をしてはならない。
イ．旅行業者等は、営業の貸渡しその他いかなる方法をもってするかを問わず、旅行業または旅行業者代理業を他人にその名において経営させてはならない。
ウ．旅行業者等は、旅行地において施行されている法令に違反するサービスの提供を受けることをあっせんする広告をしても、その提供を受けることに関し便宜を供与しなければ禁止行為に該当しない。
エ．旅行業者等は、旅行業務に関し取引をする者に対し、その取引に関する重要な事項について、故意に事実を告げず、または不実のことを告げる行為をしてはならない。

問題 52　重要度 A　令5

法第13条「禁止行為」に関する次の記述のうち、誤っているものはどれか。

ア．旅行業者等は、宿泊のサービスを提供する者（旅館業法第3条の2第1項に規定する営業者を除く。）と取引を行う際に、当該者が住宅宿泊事業法第3条第1項の届出をした者であるかどうかの確認を怠る行為をしてはならない。
イ．旅行業者等は、旅行業務に関し取引をした者に対し、その取引によって生じた債務の履行をいかなる場合も遅延する行為をしてはならない。
ウ．旅行業者等は、運送サービス（専ら企画旅行の実施のために提供されるものに限る。）を提供する者に対し、輸送の安全の確保を不当に阻害する行為を行ってはならない。
エ．旅行業者等は、旅行者に対し、旅行地において施行されている法令に違反するサービスの提供を受けることをあっせんし、またはその提供を受けることに関し便宜を供与してはならない。

18 禁止行為・登録の取消し等（2）

旅行業法

| 問題 51 | 解説 | | 解答 | ウ |

ア．**正しい。**記述のとおり。なお、旅行業務に関する取引によって生じた債務の履行を不当に遅延する行為は禁止されているが、**正当な理由に基づき債務の履行を遅延することは禁止行為に当たらない。**

イ．**正しい。**旅行業者等が、以下の**名義利用等**の行為を行うことは禁止されている（本肢は②に該当する）。

　　① 旅行業者等が、その名義を他人に旅行業または旅行業者代理業のため利用させること

　　② 営業の貸渡しその他いかなる方法をもってするかを問わず、旅行業または旅行業者代理業を他人にその名において経営させること

ウ．**誤り。**旅行業者等が、**旅行地において施行されている法令に違反するサービスの提供を受けることをあっせんする広告をすることは禁止行為に該当する。**違法なサービスの提供を受けることに関し、実際にあっせんや便宜の供与をしない場合でも、これらについて**広告をすること自体が禁止されている**ので"広告をしても……禁止行為に該当しない"とする本肢の記述は誤り。

エ．**正しい。**記述のとおり。

| 問題 52 | 解説 | | 解答 | イ |

ア．**正しい。**記述のとおり。旅行業者等が住宅宿泊事業者（いわゆる「民泊事業」を行う者）と取引を行うときは、その者が所定の届出をした者であるかどうかの確認を怠る行為をしてはならない。

イ．**誤り。**旅行業者等が、旅行業務に関し取引をした者に対し、その取引によって生じた債務の履行を**不当に遅延する行為**は禁止されているが、**正当な理由に基づき債務の履行を遅延することは禁止行為に当たらない。**したがって、"いかなる場合も遅延する行為をしてはならない"とする本肢の記述は誤りである。

ウ．**正しい。**"運送サービス（専ら企画旅行の実施のために提供されるものに限る。）を提供する者"とは、主に企画旅行の行程中で使用する貸切バスを運行する事業者（貸切バス事業者）を意味する。旅行業者等が、**貸切バス事業者**に対し、**輸送の安全の確保を不当に阻害する行為**は禁止されている。

エ．**正しい。**記述のとおり。**法令に違反するサービスの提供を受けることについてのあっせん、便宜の供与のほか、これらの広告をすることも禁止行為に該当する**（旅行業者等の従業者が行うことも禁止されている）。

81

19 業務改善命令

問題 53　重要度 B　令5

次の記述から、法第18条の3「業務改善命令」として、定められているもののみをすべて選んでいるものはどれか。

a．企画旅行に関し旅行者から収受する対価を変更すること。
b．旅行者に生じた損害を賠償するために必要な金額を担保することができる保険契約を締結すること。
c．企画旅行の円滑な実施のための措置を確実に実施すること。
d．旅行業務取扱管理者を解任すること。

ア．a，b，c　イ．a，c，d　ウ．b，c，d　エ．a，b，c，d

問題 54　重要度 B　令3

次の記述のうち、法第18条の3「業務改善命令」として、定められていないものはどれか。

ア．旅行業協会の保証社員になること。
イ．企画旅行の円滑な実施のための措置を確実に実施すること。
ウ．旅行業務の取扱いの料金を変更すること。
エ．旅行業約款を変更すること。

19 業務改善命令

| 問題 53 | 解説 | | 解答 | エ |

下記「ポイント整理」参照。

aは②に、bは⑤に、cは④に、dは①に、それぞれ登録行政庁が旅行業者等に対して命じることができる措置（業務改善命令）として定められているので、a，b，c，dを選んでいるエが正解である。

| 問題 54 | 解説 | | 解答 | ア |

下記「ポイント整理」参照。

イは④に、ウは②に、エは③に、それぞれ旅行業者に対する業務改善命令として定められているが、アの"旅行業協会の保証社員になること"は定められていない（旅行業協会に加入するかどうかは旅行業者の任意である）。

ポイント整理 　旅行業者等に対する業務改善命令の措置（6項目）

① 旅行業務取扱管理者を**解任**すること
② 旅行業務の取扱いの料金または企画旅行に関し旅行者から収受する対価を**変更**すること
③ 旅行業約款を**変更**すること
④ 企画旅行の円滑な実施のための措置（旅程管理）を**確実に実施**すること
⑤ 旅行者に生じた損害を賠償するために必要な金額を担保することができる保険契約を**締結**すること
⑥ 前述①〜⑤のほか、**業務の運営の改善に必要な措置**をとること
　「業務改善命令として**定められていないもの**」として、過去の試験では次のようなものが出題されている。間違えないように注意！
● 旅行業協会に加入する（保証社員になる）こと
● 弁済業務保証金分担金を納付すること
● 旅程管理業務を行う者のうち主任の者を解任すること
　なお、**旅行サービス手配業者**に対する業務改善命令は、❶旅行サービス手配業務取扱管理者を解任すること、❷前述❶のほか、業務の運営の改善に必要な措置をとること、以上❶❷の2項目のみである。比較して覚えておこう！

20 旅行業協会・弁済業務保証金制度（1）

問題 55　重要度 A　令4

次の記述のうち、旅行業協会が適正かつ確実に実施しなければならない業務として定められていないものはどれか。

ア．旅行に関するサービスを提供する者に対する研修
イ．旅行業務または旅行サービス手配業務の適切な運営を確保するための旅行業者等または旅行サービス手配業者に対する指導
ウ．旅行業務および旅行サービス手配業務に関する取引の公正の確保または旅行業、旅行業者代理業および旅行サービス手配業の健全な発達を図るための調査、研究および広報
エ．旅行者および旅行に関するサービスを提供する者からの旅行業者等または旅行サービス手配業者の取り扱った旅行業務または旅行サービス手配業務に対する苦情の解決

問題 56　重要度 A　令5

次の記述のうち、旅行業協会が適正かつ確実に実施しなければならない業務として定められていないものはどれか。

ア．社員である旅行業者からの手配依頼により、当該旅行業者と取引をした旅行に関するサービスを提供する者に対し、その取引によって生じた債権に関し弁済をする業務
イ．旅行者および旅行に関するサービスを提供する者からの旅行業者等または旅行サービス手配業者の取り扱った旅行業務または旅行サービス手配業務に対する苦情の解決
ウ．旅行業務および旅行サービス手配業務に関する取引の公正の確保または旅行業、旅行業者代理業および旅行サービス手配業の健全な発達を図るための調査、研究および広報
エ．旅行業務または旅行サービス手配業務の取扱いに従事する者に対する研修

20 旅行業協会・弁済業務保証金制度（1）

問題 55　解説　　　　解答　ア

　旅行業協会が適正かつ確実に実施しなければならない業務（法定業務）は次のとおり。

① 旅行者および旅行に関するサービスを提供する者からの旅行業者等または旅行サービス手配業者の取り扱った旅行業務または旅行サービス手配業務に対する**苦情の解決**
② 旅行業務または旅行サービス手配業務の取扱いに従事する者に対する**研修**
③ 旅行業務に関し**社員**である**旅行業者**または当該旅行業者を所属旅行業者とする**旅行業者代理業者**と取引をした**旅行者**に対しその取引によって生じた**債権に関する弁済業務**
④ 旅行業務または旅行サービス手配業務の**適切な運営を確保**するための**旅行業者等**または**旅行サービス手配業者に対する指導**
⑤ 旅行業務および旅行サービス手配業務に関する**取引の公正の確保**または旅行業、旅行業者代理業および旅行サービス手配業の健全な発達を図るための**調査、研究および広報**

　イは④に、ウは⑤に、エは①に該当し、いずれも旅行業協会の法定業務として定められているが、アの記述にある"旅行に関するサービスを提供する者に対する研修"は定められていない。

問題 56　解説　　　　解答　ア

　旅行業協会の法定業務については問題 55 の①〜⑤参照。

　イは①に、ウは⑤に、エは②に該当し、それぞれ旅行業協会の法定業務として定められているが、アの"旅行に関するサービスを提供する者"に対する弁済業務は定められていない（弁済業務保証金から弁済を受ける権利を有するのは**保証社員**または当該保証社員を所属旅行業者とする旅行業者代理業者と旅行業務に関し取引をした**旅行者のみ**である）。

苦情の解決（社員と非社員による違い）

- 旅行業協会からの文書もしくは口頭による説明、資料の提出の要求
  - 社　員　正当な理由なく拒否できない（正当な理由があれば拒否可能）。
  - 非社員　理由にかかわらず、拒否できる。
- 苦情の申出、苦情に係る事情およびその解決の結果の周知は社員のみを対象に行えばよい（非社員に周知させる義務はない）

20 旅行業協会・弁済業務保証金制度（2）

問題 57　重要度 A　令1

弁済業務保証金制度に関する次の記述のうち、誤っているものはどれか。

ア．旅行業協会に加入しようとする旅行業者は、その加入しようとする日までに、所定の弁済業務保証金分担金を旅行業協会に納付しなければならない。

イ．旅行業協会から還付充当金を納付するよう通知を受けた保証社員が、その通知を受けた日から7日以内に、その通知された額の還付充当金を旅行業協会に納付しないときは、当該保証社員は旅行業協会の社員の地位を失う。

ウ．旅行業協会が供託している弁済業務保証金から弁済を受ける権利を実行しようとする旅行者は、その債権について旅行業協会の認証を受けなければならない。

エ．弁済業務保証金制度により、保証社員と旅行業務に関し取引をした旅行者が、その取引によって生じた債権に関し、弁済を受けることができるのは、当該旅行業者が旅行業協会に納付している弁済業務保証金分担金の額の範囲内までである。

問題 58　重要度 A　令4-改

弁済業務保証金制度に関する次の記述のうち、正しいものはどれか。

ア．保証社員は、毎事業年度終了後においてその弁済業務保証金分担金の額が増加することとなるときはその終了の日の翌日から100日以内に、その増加することとなる額の弁済業務保証金分担金を旅行業協会に納付しなければならない。

イ．保証社員と旅行業務に関し取引をした旅行者および当該保証社員から手配を依頼された旅行サービス手配業者は、その取引によって生じた債権に関し、旅行業協会が供託している弁済業務保証金から弁済を受ける権利を有する。

ウ．旅行業協会が供託している弁済業務保証金から債権の弁済を受ける権利を有する者は、その権利を実行しようとするとき、その債権について登録行政庁の認証を受けなければならない。

エ．旅行業協会は、保証社員から弁済業務保証金分担金の納付を受けたときは、これを保証社員の主たる営業所の最寄りの供託所に弁済業務保証金として供託しなければならない。

20 旅行業協会・弁済業務保証金制度（2）

| 問題 57 | 解説 | | 解答 | エ |

ア．**正しい。**記述のとおり。下記「ポイント整理」の①参照。

イ．**正しい。**記述のとおり。

ウ．**正しい。**旅行者が弁済業務保証金から弁済を受ける権利を実行（還付請求）しようとするときは、その債権について**旅行業協会の認証を受けなければならない**。

エ．**誤り。**弁済業務保証金からの弁済限度額は、その旅行業者（保証社員）が**保証社員でなかった場合に営業保証金として供託すべき額を下ることができない**（旅行業協会に納付している弁済業務保証金分担金の額は営業保証金の5分の1相当額であっても、旅行者に対する弁済限度額は最低でも営業保証金と同額になる）。"弁済を受けることができるのは……弁済業務保証金分担金の額の範囲内までである"とする本肢の記述は誤りである。

| 問題 58 | 解説 | | 解答 | ア |

ア．**正しい。**記述のとおり。下記「ポイント整理」の②参照。

イ．**誤り。**"保証社員から手配を依頼された旅行サービス手配業者"は弁済業務保証金から弁済を受けることはできない。弁済業務保証金から弁済を受ける権利を有するのは、**保証社員または当該保証社員を所属旅行業者とする旅行業者代理業者**と旅行業務に関し取引をした**旅行者のみ**である。

ウ．**誤り。**弁済業務保証金から弁済を受ける権利を実行（還付請求）しようとする**旅行者**は、その債権について**旅行業協会の認証を受けなければならない**。

エ．**誤り。**旅行業協会は、**弁済業務保証金を旅行業協会の住所の最寄りの供託所に供託しなければならない**。"保証社員の主たる営業所の最寄りの供託所に……"とする本肢の記述は誤りである。

ポイント整理　弁済業務保証金分担金の納付期限

納付の事由	納付の期限
① 旅行業者が旅行業協会に加入しようとするとき	加入しようとする日まで
② 事業年度終了後において取引額の増加により弁済業務保証金分担金の額が増加するとき	事業年度終了の日の翌日から100日以内
③ 変更登録（登録業務範囲の変更）により弁済業務保証金分担金の額が増加するとき	変更登録を受けた日から14日以内
④ 弁済業務規約の変更により弁済業務保証金分担金の額が増加するとき	弁済業務規約に定められた日まで

20 旅行業協会・弁済業務保証金制度（3）

問題 59　重要度 A　令2

弁済業務保証金制度に関する次の記述のうち、正しいものはどれか。

ア．旅行業協会に加入しようとする旅行業者は、その加入しようとする日の翌日から起算して14日以内に、所定の弁済業務保証金分担金を旅行業協会に納付しなければならない。

イ．保証社員は、弁済業務規約の変更により弁済業務保証金分担金の額が増額されたときは、弁済業務規約で定める期日までに、その増額分の弁済業務保証金分担金を旅行業協会に納付しなければならない。

ウ．旅行業協会が供託している弁済業務保証金から債権の弁済を受ける権利を有する旅行者は、その権利を実行しようとするときは、その債権について登録行政庁の認証を受けなければならない。

エ．旅行業協会は、保証社員から、弁済業務保証金分担金の納付を受けたときは、これを、保証社員の主たる営業所の最寄りの供託所に、弁済業務保証金として供託しなければならない。

問題 60　重要度 B　令3

旅行業協会が行う苦情の解決に関する次の記述のうち、正しいものはどれか。

ア．旅行業協会は、苦情の解決に関する申出、当該苦情に係る事情およびその解決の結果について旅行業協会の社員および社員以外の旅行業者等に周知させなければならない。

イ．旅行業協会の社員は、旅行業協会から苦情の解決について必要な資料の提出を求められたときは、必ずこれに応じなければならない。

ウ．旅行業協会は、旅行者または旅行に関するサービスを提供する者から旅行業協会の社員が取り扱った旅行業務に関する苦情について解決の申出があったときは、当該社員に対し、その解決のための方法を明示しなければならない。

エ．旅行業協会は、旅行者または旅行に関するサービスを提供する者から旅行業者等が取り扱った旅行業務に関する苦情について解決の申出があったときであって、当該申出に係る苦情の解決について必要があると認めるときは、当該旅行業者等に対し、資料の提出を求めることができる。

20 旅行業協会・弁済業務保証金制度（3）

| 問題 59 | 解説 | 解 答 | イ |

ア．**誤り**。旅行業協会に加入しようとする旅行業者は、その**加入しようとする日まで**に、所定の弁済業務保証金分担金を旅行業協会に納付しなければならない。"加入しようとする日の翌日から起算して14日以内に……"とする本肢の記述は誤りである。

イ．**正しい**。記述のとおり。

ウ．**誤り**。旅行者が弁済業務保証金から債権の弁済を受ける権利を実行（還付請求）しようとするときは、その債権について**旅行業協会の認証**を受けなければならない。"登録行政庁の認証を受けなければならない"とする本肢の記述は誤りである。

エ．**誤り**。旅行業協会は、保証社員から弁済業務保証金分担金の納付を受けたときは、その納付額に相当する額の弁済業務保証金を**旅行業協会の住所の最寄りの供託所**に供託しなければならない。"保証社員の主たる営業所の最寄りの供託所に……"とする本肢の記述は誤りである。

| 問題 60 | 解説 | 解 答 | エ |

ア．**誤り**。旅行業協会は、苦情についての解決の申出、その苦情に係る事情およびその解決の結果について**社員に周知させなければならない**が、社員以外の者に対する周知の義務はない。

イ．**誤り**。苦情の解決に当たり、旅行業協会から**文書もしくは口頭による説明**または**資料の提出を求められた場合、社員は正当な理由なくこれを拒むことができない**が、正当な理由があればこの求めを拒むことができる。したがって"必ずこれに応じなければならない"とする本肢の記述は誤りである。なお、社員以外の者は、**理由にかかわらずこの求めを拒否することができる**。

ウ．**誤り**。苦情の解決に当たり、旅行業協会はその相談に応じるほか、必要な助言をする、事情を調査する、苦情の対象者に迅速な処理を求めるなどの解決策を講じなければならないが、具体的な解決方法の明示までは求められていない。したがって"その解決のための方法を明示しなければならない"とする本肢の記述は誤りである。

エ．**正しい**。記述のとおり。苦情の解決について**必要があると認めるときは**、旅行業協会は旅行業者等（または旅行サービス手配業者）に対し、文書もしくは口頭による説明または資料の提出を求めることができる。

21 旅行サービス手配業（1）

問題 61 重要度 A 令4

旅行サービス手配業に関する次の記述のうち、誤っているものはどれか。

ア．旅行サービス手配業の登録の有効期間は、定められていない。

イ．旅行サービス手配業者は、第2種旅行業者の営業所において選任されている旅行業務取扱管理者を、自らの営業所における旅行サービス手配業務取扱管理者として選任し、兼任させることができる。

ウ．旅行サービス手配業者は、旅行サービス手配業務を他人に委託する場合においては、他の旅行サービス手配業者または旅行業者に委託しなければならない。

エ．旅行サービス手配業者は、運送サービス（専ら企画旅行の実施のために提供されるものに限る。）を提供する者に対し、輸送の安全の確保を不当に阻害する行為をしてはならない。

21 旅行サービス手配業（1）

| 問題 61 | 解説 | | 解答 | イ |

ア．**正しい。** 旅行サービス手配業の登録には有効期間の定めはない。有効期間の定めがあるのは旅行業の登録である。

イ．**誤り。** 本肢の記述のような規定はない。旅行サービス手配業者は、**営業所ごとに1人以上の旅行サービス手配業務取扱管理者を選任しなければならず、営業所の旅行サービス手配業務取扱管理者として選任された者は、他の営業所の旅行サービス手配業務取扱管理者となることはできない**（旅行業者の営業所に選任される旅行業務取扱管理者と同様）。

　旅行サービス手配業務（または旅行業務）取扱管理者は、常勤かつ専任が原則である。所定の要件を満たした地域限定旅行業者（または地域限定旅行業者を所属旅行業者とする旅行業者代理業者）の営業所における例外を除き、兼務（兼任）は認められない（P45 問題21 のアの解説参照）。

ウ．**正しい。** 記述のとおり。旅行サービス手配業者は、**旅行サービス手配業務を他人に委託することができる**が、この場合、**他の旅行サービス手配業者または旅行業者に委託しなければならない。**

エ．**正しい。** 記述のとおり。ここでいう"運送サービス（専ら企画旅行の実施のために提供されるものに限る。）"は、主に企画旅行で使用される貸切バスを指す。旅行サービス手配業者が、**貸切バス事業者の輸送の安全の確保を不当に阻害する行為を行うことは禁止されている。**

91

21 旅行サービス手配業（2）

問題 62　重要度 A　令5-改

旅行サービス手配業に関する次の記述のうち、誤っているものはどれか。

ア．旅行サービス手配業の新規登録の申請をしようとする者は、主たる営業所の所在地を管轄する都道府県知事に新規登録申請書を提出しなければならない。

イ．旅行サービス手配業者は、営業所において、国土交通省令で定める様式の標識を、公衆に見やすいように掲示しなければならない。

ウ．旅行サービス手配業者は、旅行サービス手配業務を取り扱う者が1人である営業所についても旅行サービス手配業務取扱管理者を選任しなければならないが、本邦内の旅行のみについて旅行サービス手配業務を取り扱う営業所にあっては、総合旅行業務取扱管理者試験または国内旅行業務取扱管理者試験に合格した者を選任することができる。

エ．旅行サービス手配業者は、旅行サービス手配業務に関し取引をする者に対し、その取引に関する重要な事項について、故意に事実を告げず、または不実のことを告げる行為をしてはならない。

21 旅行サービス手配業（2）

問題62	解説	解答	イ

ア．**正しい**。P25の「ポイント整理」参照。**旅行サービス手配業者**の新規登録の申請先は、**主たる営業所の所在地を管轄する都道府県知事**である（都道府県知事に対して新規登録申請書を提出しなければならない）。

イ．**誤り**。旅行サービス手配業者には標識に関する定めはない。旅行業法において**標識の掲示**が義務付けられているのは**旅行業者および旅行業者代理業者のみ**である。

ウ．**正しい**。下記「ポイント整理」参照。旅行サービス手配業務取扱管理者として選任することができるのは、欠格事由に該当しない者で「登録研修機関が実施する**旅行サービス手配業務取扱管理者研修の課程を修了した者**」または「**国内旅行業務取扱管理者試験または総合旅行業務取扱管理者試験に合格した者（海外の旅行を取り扱う営業所の場合は総合旅行業務取扱管理者試験に合格した者に限る**）」のいずれかである。本肢には“本邦内の旅行のみについて旅行サービス手配業務を取り扱う営業所”とあるので、総合旅行業務取扱管理者試験に合格した者だけでなく、国内旅行業務取扱管理者試験に合格した者も旅行サービス手配業務取扱管理者として選任することが可能である。

エ．**正しい**。記述のとおり。

ポイント整理　旅行サービス手配業務取扱管理者の選任の可否

営業所の業務の範囲	資格	選任の可否
海外旅行を取り扱う営業所	旅行サービス手配業務取扱管理者研修の課程を修了した者	可
	総合旅行業務取扱管理者試験に合格した者	可
	国内旅行業務取扱管理者試験に合格した者	**不可**
国内旅行のみを取り扱う営業所	旅行サービス手配業務取扱管理者研修の課程を修了した者	可
	総合旅行業務取扱管理者試験に合格した者	可
	国内旅行業務取扱管理者試験に合格した者	可

ポイント整理　　登録の拒否事由

　登録の申請者が次の①～⑪にあげる事項に1つでも該当していると、登録行政庁はその登録を拒否しなければならない。

　また、①～⑥の6事項は登録の拒否事由としてだけでなく「**営業所における旅行業務取扱管理者**（または**旅行サービス手配業務取扱管理者**）」、「**企画旅行に同行して旅程管理業務を行う主任の者**（旅程管理主任者）」の選任条件の一部（欠格事由）として適用される。

① 旅行業等または旅行サービス手配業の登録を取り消され、その取消しの日から**5年**を経過していない者
　（登録を取り消されたのが法人である場合、取消しの当時その法人の役員であった者も含む）

② 禁錮以上の刑または**旅行業法違反による罰金刑**に処せられ、その執行を終わり、または執行を受けることがなくなった日から**5年**を経過していない者

③ **暴力団員等**（暴力団員でなくなった日から**5年**を経過しない者を含む）

④ 申請前**5年**以内に旅行業務または旅行サービス手配業務に関し不正な行為をした者

⑤ 営業に関し成年者と同一の行為能力を有しない未成年者でその法定代理人が上記①～④または下記⑦のいずれかに該当するもの

⑥ 次のaまたはbのいずれかに該当するもの

　a．心身の故障により旅行業等または旅行サービス手配業を適正に遂行することができない者として国土交通省令で定めるもの

　b．破産手続開始の決定を受けて復権を得ない者

　＊aは、国土交通省令により「精神の機能の障害により旅行業または旅行業者代理業（旅行業等の場合）、旅行サービス手配業（旅行サービス手配業の場合）を適正に遂行するに当たって必要な認知、判断および意思疎通を適切に行うことができない者」と規定されている。

⑦ **法人であって、その役員のうちに上記①～④または⑥のいずれかに該当する者があるもの**

⑧ 暴力団員等がその事業活動を支配する者

⑨ 営業所ごとに**旅行業務取扱管理者**（旅行業者等の場合）または**旅行サービス手配業務取扱管理者**（旅行サービス手配業者の場合）を確実に選任すると認められない者

⑩ **旅行業を営もうとする者**であって旅行業を遂行するために必要と認められる**財産的基礎**（次表に定める基準資産額）を有しないもの

旅行業の種別	第1種旅行業	第2種旅行業	第3種旅行業	地域限定旅行業
基準資産額	3,000万円以上	700万円以上	300万円以上	100万円以上

⑪ **旅行業者代理業を営もうとする者**であって、その代理する旅行業者が2以上であるもの

旅行業約款 運送・宿泊約款

1 総則 ……………………………………………… 96

2 募集型企画旅行契約の締結・契約書面等 ……… 100

3 募集型企画旅行契約の変更 …………………… 106

4 募集型企画旅行契約の解除（旅行者の解除権）… 110

5 募集型企画旅行契約の解除（旅行業者の解除権）… 116

6 募集型企画旅行の旅行代金の払戻し等 ………… 128

7 募集型企画旅行の旅程管理 …………………… 134

8 責任 ……………………………………………… 138

9 募集型企画旅行の団体・グループ契約 ………… 142

10 旅程保証 ………………………………………… 144

11 特別補償規程 …………………………………… 154

12 受注型企画旅行契約 …………………………… 166

13 手配旅行契約 …………………………………… 176

14 旅行相談契約 …………………………………… 184

15 国内旅客運送約款 ……………………………… 186

16 モデル宿泊約款 ………………………………… 190

17 一般貸切旅客自動車運送事業標準運送約款（貸切バス約款）… 196

18 フェリー標準運送約款 ………………………… 200

19 JR旅客営業規則 ………………………………… 208

1 総則（1）

問題1　重要度 A　令2

募集型企画旅行契約の部「適用範囲」「用語の定義」に関する次の記述のうち、誤っているものはどれか。

ア．旅行業者が旅行者との間で締結する契約は、約款の定めるところによる。約款に定めのない事項については、法令または一般に確立された慣習による。
イ．「通信契約」とは、旅行者が電話、郵便、ファクシミリ、インターネット等の通信手段を用いて契約の申込みを行い、旅行代金を旅行業者の指定する金融機関の口座に振り込むことにより決済する契約をいう。
ウ．「国内旅行」とは、本邦内のみの旅行をいい、「海外旅行」とは、国内旅行以外の旅行をいう。
エ．旅行業者が法令に反せず、かつ、旅行者の不利にならない範囲で書面により特約を結んだときは、その特約が約款に優先する。

問題2　重要度 A　令4

募集型企画旅行契約の部「適用範囲」「用語の定義」に関する次の記述のうち、正しいものはどれか。

ア．旅行業者が旅行者との間で締結する募集型企画旅行契約において、約款に定めのない事項については、法令または一般に確立された慣習による。
イ．「国内旅行」とは、本邦内のみの旅行をいい、「海外旅行」とは、本邦外の旅行のみをいう。
ウ．「募集型企画旅行」とは、旅行業者が、旅行者からの依頼により、旅行の目的地および日程、旅行者が提供を受けることができる運送または宿泊のサービスの内容ならびに旅行者が旅行業者に支払うべき旅行代金の額を定めた旅行に関する計画を作成し、これにより実施する旅行をいう。
エ．旅行業者が法令に反せず、かつ、旅行者の不利にならない範囲で口頭で特約を結んだときは、その特約は約款に優先して適用される。

1 総則（1）

| 問題1 | 解説 | | 解答 | イ |

ア．**正しい。**記述のとおり。約款に定めのない事項については、法令（主に商法、民法）または一般に確立された慣習を適用する。

イ．**誤り。**通信契約における旅行代金の決済方法は、**クレジットカードによる支払いに限定されている**。"金融機関の口座に振り込むことにより……"とする本肢の記述は誤りである。

募集型企画旅行契約における**通信契約**とは、旅行業者と、旅行業者が提携するクレジットカード会社（提携会社）のカード会員との間で締結される契約で、次の①〜③の条件を**すべて満たす**ものをいう。

① 電話、郵便、ファクシミリ、インターネットその他の**通信手段による申込みであること**

② 提携するクレジットカード会社（**提携会社**）の**カード会員規約に従って決済すること**をあらかじめ**旅行者が承諾していること**

③ カード利用時の伝票への旅行者の署名なしで旅行代金等を決済すること

ウ．**正しい。**記述のとおり。行程のすべてが国内のみであれば国内旅行になり、「国内旅行（国内のみの旅行）以外」は、すべて海外旅行に該当する。

エ．**正しい。**記述のとおり。特約は、①法令に反しないこと、②旅行者の不利にならない範囲であること、③書面によること、以上の条件をすべて満たしたときに限り、約款に優先して適用される。

| 問題2 | 解説 | | 解答 | ア |

ア．**正しい。**記述のとおり。

イ．**誤り。**国内旅行とは、**本邦内（国内）のみの旅行**をいい、海外旅行とは、**国内旅行以外の旅行**をいう。海外旅行の定義を"本邦外の旅行のみをいう"とする本肢の記述は誤りである。行程のすべてが海外のみの旅行だけでなく、**行程が国内・海外の両方にまたがる旅行**も「国内旅行以外の旅行」に該当し、その全行程が海外旅行に分類される。

ウ．**誤り。**本肢の内容は募集型企画旅行ではなく受注型企画旅行の定義である。本肢の記述中"旅行者からの依頼により"とある部分を"旅行者の募集のためにあらかじめ"に置き換えると募集型企画旅行の定義として適切である。

エ．**誤り。**問題1のエの解説参照。本肢には"口頭で特約を結んだ"とあるので、約款に優先して適用されることはない（特約として無効）。

1 総則（2）

問題 3 重要度 A 令3

募集型企画旅行契約の部「適用範囲」「旅行契約の内容」「手配代行者」に関する次の記述のうち、誤っているものはどれか。

ア．旅行業者が法令に反せず、かつ、旅行者の不利にならない範囲で書面により特約を結んだときは、その特約が約款に優先して適用される。
イ．旅行業者は、契約において、旅行者が旅行業者の定める旅行日程に従って、運送・宿泊機関等の提供する運送、宿泊その他の旅行に関するサービスの提供を受けることができるように、手配し、旅程を管理することを引き受ける。
ウ．旅行業者は、契約の履行に当たって、手配の全部または一部を本邦内または本邦外の他の旅行業者、手配を業として行う者その他の補助者に代行させることがある。
エ．旅行業者が旅行者との間で締結する契約において、約款に定めのない事項については、法令または一般に確立された慣習によるが、ここでいう法令とは、旅行業法および内閣府・国土交通省令に限られる。

問題 4 重要度 A 令5

募集型企画旅行契約の部「適用範囲」「用語の定義」に関する次の記述のうち、正しいものはどれか。

ア．旅行業者が法令に反せず、かつ、旅行者の不利にならない範囲で口頭のみにより特約を結んだときは、その特約は約款に優先して適用される。
イ．旅行業者が旅行者との間で締結する契約において、約款に定めのない事項については、法令または一般に確立された慣習によるが、ここでいう法令とは、消費者契約法に限定される。
ウ．「海外旅行」とは、本邦外のみの旅行をいい、「国内旅行」とは、海外旅行以外の旅行をいう。
エ．「カード利用日」とは、旅行者または旅行業者が契約に基づく旅行代金等の支払または払戻債務を履行すべき日をいう。

1 総則（2）

| 問題 3 | 解説 | | 解答 | エ |

ア．**正しい。** 記述のとおり。特約は、①**法令に反しないこと**、②**旅行者の不利にならない範囲**であること、③**書面によること**、以上の条件をすべて満たしたときに限り、約款に優先して適用される。

イ．**正しい。** 記述のとおり。募集型企画旅行契約における旅行業者の債務（義務）は、旅行者が旅行サービスの提供を受けることができるように**手配**し、**旅程を管理**することである。

ウ．**正しい。** 記述のとおり。国内旅行、海外旅行のいずれの場合も、手配代行者に代行させることができる。

エ．**誤り。** ここでいう法令とは、主に**商法、民法**を指す。したがって "旅行業法および内閣府・国土交通省令に限られる" とする本肢の記述は誤りである。

| 問題 4 | 解説 | | 解答 | エ |

ア．**誤り。** 問題3のアの解説参照。"口頭のみにより特約を結んだとき" とあるので、約款に優先して適用されることはない（特約として無効）。

イ．**誤り。** ここでいう法令とは、主に**商法、民法**を指す。したがって、"消費者契約法に限定される" とする本肢の記述は誤りである。

ウ．**誤り。** 国内旅行とは、**本邦内のみの旅行**をいい、海外旅行とは、**国内旅行以外の旅行**をいう。例えば、旅行開始地である横浜港からクルーズ船に乗り、福岡県で寄港・観光ののち、目的地である韓国に向かい、旅行終了地である横浜港で下船する旅行は、その**行程全体が海外旅行**になる。

エ．**正しい。** 記述のとおり。「旅行者が**旅行代金等の支払債務を履行すべき日**」または「旅行業者が**旅行代金等の払戻債務を履行すべき日**」をカード利用日という。通信契約の場合は旅行者が伝票へのサインをせずにクレジットカード決済が行われるため、カード利用日（カードを利用したこととする日）があらかじめ定められている。

ポイント整理　　**特約の条件**

① 法令に反しないこと
② 旅行者の不利にならない範囲であること
③ 書面により特約を結んでいること

①〜③を満たすと特約が優先
（1 つでも欠けると特約は無効）

約款

2 募集型企画旅行契約の締結・契約書面等（1）

問題5　重要度 A　令4

募集型企画旅行契約の部「旅行契約の内容」「手配代行者」「契約の申込み」に関する次の記述から、正しいもののみをすべて選んでいるものはどれか。

a．旅行業者は、契約において、旅行者が旅行業者の定める旅行日程に従って、旅行サービスの提供を受けることができるように、手配することのみを引き受ける。

b．旅行業者は、国内旅行の契約の履行に当たって、その手配の全部または一部を本邦内の他の旅行業者、手配を業として行う者に代行させることはできない。

c．旅行業者に契約の申込みをしようとする旅行者は、通信契約を締結する場合を除き、旅行業者所定の申込書に所定の事項を記入の上、旅行業者が別に定める金額の申込金とともに、旅行業者に提出しなければならない。

d．旅行者から収受する申込金は、旅行代金または取消料もしくは違約料の一部として取り扱う。

ア．a，b　　イ．c，d　　ウ．b，c，d　　エ．a，b，c，d

問題6　重要度 A　令1-改

募集型企画旅行契約の部「契約の成立時期」「契約書面の交付」「確定書面」に関する次の記述から、正しいもののみをすべて選んでいるものはどれか。

a．契約は、通信契約の場合を除き、旅行者からの契約の申込みに対し、旅行業者が契約の締結を承諾し、旅行業者が別に定める金額の申込金を受理した時に成立する。

b．旅行業者は、契約の成立後、旅行者から求めがあった場合に限り、旅行者に、旅行日程、旅行サービスの内容、旅行代金その他の旅行条件および旅行業者の責任に関する事項を記載した契約書面を交付する。

c．契約書面において、確定された旅行日程、運送もしくは宿泊機関の名称を記載できない場合には、当該契約書面において利用予定の宿泊機関および表示上重要な運送機関の名称を限定して列挙する。

ア．a，b　　イ．a，c　　ウ．b，c　　エ．a，b，c

2 募集型企画旅行契約の締結・契約書面等（1）

問題 5	解説	解答	イ

a．**誤り**。募集型企画旅行契約における旅行業者の債務（義務）は、旅行者が旅行業者の定める旅行日程に従って、旅行サービスの提供を受けることができるように**手配**し、**旅程を管理**することである。"手配することのみを引き受ける"とする本肢の記述は誤りである。

b．**誤り**。旅行業者は、国内旅行・海外旅行のいずれであっても手配の**全部または一部**を本邦内または本邦外の他の旅行業者、手配を業として行う者その他の補助者（**手配代行者**）に代行させることができる。

c．**正しい**。募集型企画旅行契約の申込みについては、次の方法が定められている（本肢は①に該当し、正しい記述である）。

① 原則（通信契約によらない場合）

旅行業者所定の申込書に所定の事項を記入のうえ、旅行業者が別に定める金額の**申込金**とともに旅行業者に提出することによって申込みを行う。

② 通信契約の場合

申込みをしようとする**募集型企画旅行の名称**、**旅行開始日**、**会員番号**その他の事項を旅行業者に**通知**することによって申込みを行う。

d．**正しい**。記述のとおり。申込金は、**旅行代金**または**取消料**もしくは**違約料**の一部として取り扱われる。

以上により、c，dを選んでいる**イ**が正解である。

問題 6	解説	解答	イ

a．**正しい**。記述のとおり（下記「ポイント整理」参照）。

b．**誤り**。旅行業者は、募集型企画旅行契約の成立後速やかに、旅行者に**契約書面を交付**しなければならない（請求の有無にかかわらず交付が必要）。

c．**正しい**。記述のとおり。この場合、所定の期限までに確定状況を記載した書面（確定書面）を旅行者に別途交付しなければならない。

以上により、a，cを選んでいる**イ**が正解である。

ポイント整理 ✎ **募集型企画旅行契約における契約成立時期**

● 原則（通信契約でない場合）
旅行業者が契約の締結を承諾し、申込金を受理した時

● 通信契約の場合
旅行業者が契約の締結を承諾する旨の通知が旅行者に到達した時

2 募集型企画旅行契約の締結・契約書面等(2)

問題7 重要度 A 令5

募集型企画旅行契約の部「旅行契約の内容」「手配代行者」「契約の申込み」に関する次の記述のうち、正しいものはどれか。

ア．通信契約の申込みをしようとする旅行者は、旅行業者所定の申込書に所定の事項を記入の上、旅行業者が別に定める金額の申込金とともに旅行業者に提出しなければならない。

イ．旅行業者は、契約の履行に当たって、手配の全部または一部を本邦内または本邦外の他の旅行業者、手配を業として行う者その他の補助者に代行させることがある。

ウ．旅行者が旅行の参加に際し、特別な配慮を必要とする旨を、契約の申込時に申し出たときは、旅行業者は可能な範囲内でこれに応じ、この申出に基づき、旅行業者が旅行者のために講じた特別な措置に要する費用は、旅行業者の負担とする。

エ．旅行業者は、契約において、旅行者が旅行業者の定める旅行日程に従って、運送・宿泊機関等の提供する運送、宿泊その他の旅行に関するサービスの提供を受けることができるように、手配することのみを引き受ける。

問題8 重要度 A 令3

募集型企画旅行契約の部「契約締結の拒否」に関する次の記述のうち、誤っているものはどれか。

ア．旅行者が他の旅行者に迷惑を及ぼし、または団体行動の円滑な実施を妨げるおそれがあるとき、旅行業者は、契約の締結に応じないことがある。

イ．旅行業者があらかじめ明示した性別、年齢、資格、技能その他の参加旅行者の条件を旅行者が満たしていないとき、旅行業者は、契約の締結に応じないことがある。

ウ．旅行業者は、業務上の都合があるとの理由のみによって、契約の締結を拒否することはできない。

エ．応募旅行者数が募集予定数に達したとき、旅行業者は、契約の締結に応じないことがある。

2 募集型企画旅行契約の締結・契約書面等（2）

| 問題7 | 解説 | 解答 | イ |

ア．**誤り**。問題5のcの解説参照。本肢には“通信契約の申込み”とあるので、旅行者は申込みをしようとする**募集型企画旅行の名称、旅行開始日、会員番号その他の事項**を旅行業者に通知しなければならない。

イ．**正しい**。記述のとおり。

ウ．**誤り**。旅行の参加に際し、特別な配慮を必要とする旅行者が、**契約の申込時**にその旨を申し出たときは、旅行業者は**可能な範囲内**でこれに応じるが、この申出に基づき旅行業者が講じた特別な措置に要する費用は、**旅行者の負担**になる。

エ．**誤り**。募集型企画旅行契約における旅行業者の債務（義務）は、旅行サービスの**手配**と**旅程管理**である。“手配することのみ”とあるのは誤りである。

| 問題8 | 解説 | 解答 | ウ |

　下記「ポイント整理」参照。募集型企画旅行契約の締結の拒否事由のうち、アは③に、イは①に、エは②に該当するので、ア、イ、エの記述に“契約の締結に応じないことがある”とあるのは正しい記述である。

ウ．**誤り**。「旅行業者の業務上の都合があるとき」は⑧に該当するので、この理由のみによって旅行業者は契約の締結を拒否することができる。

ポイント整理　　募集型企画旅行契約の締結の拒否事由

① 旅行者が、旅行業者があらかじめ明示した性別、年齢、資格、技能その他の**参加旅行者の条件を満たしていないとき**
② **応募旅行者数が募集予定数に達したとき**
③ 旅行者が他の旅行者に迷惑を及ぼし、または団体行動の円滑な実施を妨げるおそれがあるとき
④ 通信契約を締結しようとする場合であって、旅行者の有するクレジットカードが無効である等、旅行者が旅行代金等に係る債務の一部または全部を提携会社のカード会員規約に従って決済できないとき
⑤ 旅行者が、暴力団員などの**反社会的勢力**であると認められるとき
⑥ 旅行者が、旅行業者に対して暴力的な要求行為、不当な要求行為、取引に関して脅迫的な言動もしくは暴力を用いる行為またはこれらに準ずる行為を行ったとき
⑦ 旅行者が、風説を流布し、偽計を用いもしくは威力を用いて旅行業者の信用を毀損しもしくは旅行業者の業務を妨害する行為またはこれらに準ずる行為を行ったとき
⑧ その他旅行業者の**業務上の都合があるとき**
※ 上記①〜⑧のうち、③〜⑧は受注型企画旅行契約の締結の拒否事由と共通

103

2 募集型企画旅行契約の締結・契約書面等（3）

問題 9　重要度 A　平30　✔☐☐

募集型企画旅行契約の部「契約書面の交付」「確定書面」「情報通信の技術を利用する方法」に関する次の記述から、正しいもののみをすべて選んでいるものはどれか。

a．手配状況の確認を希望する旅行者から問い合わせがあったときは、確定書面の交付前であっても、旅行業者は迅速かつ適切にこれに回答する。

b．旅行業者が確定された旅行日程、運送もしくは宿泊機関の名称を契約書面にすべて記載したときは、旅行業者が契約により手配し旅程を管理する義務を負う旅行サービスの範囲は、当該契約書面に記載するところによる。

c．旅行業者は、旅行開始日の前日から起算してさかのぼって7日目に当たる日以降に旅行者から契約の申込みがなされた場合にあって、契約書面において、確定された旅行日程、運送もしくは宿泊機関の名称を記載できない場合には、契約書面交付後、旅行開始日までの当該契約書面に定める日までに、旅行者に確定書面を交付する。

d．旅行業者は、旅行者の承諾を得ることなく、契約書面または確定書面の交付に代えて、情報通信の技術を利用する方法により当該書面に記載すべき事項を提供することができる。

ア．a，b　　イ．c，d　　ウ．a，b，c　　エ．a，b，c，d

問題 10　重要度 A　令2　✔☐☐

募集型企画旅行契約の部「確定書面」に関する次の記述から、正しいもののみをすべて選んでいるものはどれか。

a．旅行業者は、旅行者から旅行開始日の前日から起算してさかのぼって7日目に当たる日以降に契約の申込みがなされた場合、宿泊を伴う国内旅行においては旅行開始日の前日までに、日帰りの国内旅行においては旅行開始日までに、確定書面を旅行者に交付しなければならない。

b．手配状況の確認を希望する旅行者から問い合わせがあったときは、確定書面の交付前であっても、旅行業者は迅速かつ適切にこれに回答する。

c．確定書面を交付した場合には、旅行業者が手配し旅程を管理する義務を負う旅行サービスの範囲は、当該確定書面に記載するところに特定される。

ア．a，b　　イ．a，c　　ウ．b，c　　エ．a，b，c

2　募集型企画旅行契約の締結・契約書面等（3）

| 問題9 | 解説 | | 解答 | ウ |

a．**正しい。**記述のとおり。

b．**正しい。**旅行業者が契約により手配し旅程を管理する義務を負う旅行サービスの範囲は**契約書面に記載するところによる**が、その後、確定書面を交付した場合には、この範囲は確定書面に記載するところに特定される。

　　確定された旅行日程、運送・宿泊機関の名称を契約書面に記載できない場合に、これらの確定状況を旅行者に知らせるために交付するのが確定書面である。本肢には"確定された旅行日程…を契約書面にすべて記載したとき"とあるので、この場合は**契約書面のみを交付する**ことで足りる（確定書面は交付しない）。したがって"旅行業者が…義務を負う旅行サービスの範囲は、当該契約書面に記載するところによる"とする本肢は正しい記述である。

c．**正しい。**確定書面の交付期限は契約申込みの時期により次の2種類がある。

契約の申込日	確定書面の交付期限
① 旅行開始日の前日から起算してさかのぼって7日目に当たる日より**前**の申込み	旅行開始日の**前日**までの契約書面に定める日まで
② 旅行開始日の前日から起算してさかのぼって7日目に当たる日**以降**の申込み	旅行開始日**当日**までの契約書面に定める日まで

　　本肢は表中②に該当し、正しい記述である。

d．**誤り。**契約書面、確定書面の交付に代えて、情報通信の技術を利用する方法により、これらの書面に記載すべき事項を旅行者に提供するときは、旅行業者は**あらかじめ旅行者の承諾を得なければならない。**

　　以上により、a，b，cを選んでいるウが正解である。

| 問題10 | 解説 | | 解答 | ウ |

a．**誤り。**本肢のケースで確定書面の交付を必要とする場合は「旅行開始日当日までの契約書面に定める日」が交付期限になる（問題9のcの解説参照。宿泊をともなう旅行、日帰り旅行のいずれも同じ）。また、**契約書面の中で旅行日程や運送・宿泊機関の名称等をすべて確定できる場合には、確定書面の交付は不要**なので（必ずしも交付が必要なものではないので）、"確定書面を旅行者に交付しなければならない"とする記述も誤りである。

b．**正しい。**記述のとおり。

c．**正しい。**記述のとおり。

　　以上により、b，cを選んでいるウが正解である。

3 募集型企画旅行契約の変更（1）

問題 11　重要度 A　令3　✓□□

募集型企画旅行契約の部「契約内容の変更」「旅行代金の額の変更」に関する次の記述のうち、誤っているものはどれか。

ア．旅行業者は、旅行業者の関与し得ない事由が生じた場合において、旅行の安全かつ円滑な実施を図るためやむを得ないときは、旅行者にあらかじめ速やかに当該事由が関与し得ないものである理由および当該事由との因果関係を説明して、旅行日程、旅行サービスの内容その他の契約の内容を変更することがある。ただし、緊急の場合において、やむを得ないときは、変更後に説明する。

イ．A市からB市への移動に際し、契約書面に記載した航空便の欠航によりB市に移動できず、やむを得ずA市に宿泊することになった場合において、それに伴って旅行の実施に要する費用の増加が生じたとき、旅行業者は、当該変更に係る理由を旅行者に説明し、その増加する費用の範囲内において旅行代金の額を増額することがある。

ウ．旅行業者は、運送・宿泊機関等の利用人員により旅行代金が異なる旨を契約書面に記載した場合において、契約の成立後に旅行業者の責に帰すべき事由によらず当該利用人員が変更になったときは、契約書面に記載したところにより旅行代金の額を変更することがある。

エ．旅行業者は、旅行を実施するに当たり、利用する宿泊機関について適用を受ける料金が、著しい経済情勢の変化等により、旅行の募集の際に明示した時点の料金に比べて、通常想定される程度を大幅に超えて増額または減額される場合においては、その増額または減額される金額の範囲内で旅行代金の額を増加し、または減少することができる。

3 募集型企画旅行契約の変更（1）

問題 11　解説　　解答　エ

ア．**正しい**。記述のとおり。天災地変などの旅行業者の関与し得ない事由が生じ、旅行の安全かつ円滑な実施を図るため、旅行業者がやむを得ず契約内容を変更するときは、旅行業者は旅行者に対して**あらかじめ速やかに（緊急でやむを得ないときは変更後に）**その事由が旅行業者の関与し得ないものである理由およびその事由との因果関係を説明しなければならない（緊急の場合でも、説明そのものを省略することはできない）。

イ．**正しい**。航空便の欠航（運送機関の旅行サービスの提供の中止）により契約内容に変更が生じ、これに伴い、旅行の実施に要する費用が増加した場合は、旅行業者は変更の理由および因果関係を説明したうえで、その費用の増加の範囲内で**旅行代金を増額することができる**（例えば、Ａ市での宿泊料金や、Ｂ市の宿泊施設から請求された取消料・違約料などは**旅行者が負担する**ことになる）。

ウ．**正しい**。記述のとおり。例えば、宿泊をともなう旅行で「3名1室利用」と「2名1室利用」とで1名当たりの旅行代金が異なる旨を契約書面に記載した場合、3名で契約をした旅行者のうちの1人が自己都合により（旅行業者の責に帰すべき事由によらず）契約を解除したときは、ほかの2名には「2名1室利用」の場合の旅行代金を適用し、旅行業者は旅行代金の額を変更（この場合は増額）することができる。

エ．**誤り**。利用する**運送機関の適用運賃・料金**が、**著しい経済情勢の変化等**により通常想定される程度を大幅に超えて増額または減額される場合、旅行業者はその範囲内において旅行代金の額を変更することができる。ここでいう増額・減額の対象になるのは運送機関の適用運賃・料金のみで、**宿泊機関の宿泊料金は対象にならない**。

運送機関の適用運賃・料金が大幅に増額・減額される場合

【増額↑】
- 旅行開始日の前日から起算してさかのぼって15日目に当たる日より前に旅行者に増額の旨を**通知**しなければならない。
- 増額された範囲内で旅行代金の額を**増額**できる。

【減額↓】
- **いつでも減額できる**（通知の期限はない）。
- 減少された額だけ旅行代金の額を**減額**しなければならない。

3 募集型企画旅行契約の変更 (2)

問題 12 重要度 A 令4

募集型企画旅行契約の部「契約内容の変更」「旅行代金の額の変更」「旅行者の交替」に関する次の記述から、正しいもののみをすべて選んでいるものはどれか。

a. 旅行業者は、旅行業者の関与し得ない事由が生じた場合において、旅行の安全かつ円滑な実施を図るためやむを得ず契約内容を変更するときは、いかなる場合であっても旅行者にあらかじめ速やかに当該事由が関与し得ないものである理由および当該事由との因果関係を説明しなければならない。
b. 旅行者は、契約上の地位を第三者に譲り渡すことについて、旅行業者の承諾を求めようとするときは、旅行業者所定の用紙に所定の事項を記入の上、所定の金額の手数料とともに、旅行業者に提出しなければならない。
c. 確定書面に記載した利用予定ホテルが過剰予約受付をしたため利用できなくなり、旅行業者が宿泊料金の高い他のホテルに変更したことにより、旅行の実施に要する費用が増加した場合、旅行業者は、当該契約内容の変更の際にその範囲内において旅行代金の額を増額することができる。
d. 旅行業者の承諾を得て旅行契約上の地位を譲り受けた第三者は、旅行者の当該契約に関する一切の権利および義務を承継する。

ア．a, c　　イ．b, d　　ウ．b, c, d　　エ．a, b, c, d

問題 13 重要度 A 平29

募集型企画旅行契約の部「旅行者の交替」に関する次の記述から、正しいもののみをすべて選んでいるものはどれか。

a. 旅行業者と契約を締結した旅行者は、旅行業者の承諾を得て、第三者に契約上の地位を譲り渡すことができる。
b. 旅行者は、契約上の地位を第三者に譲り渡すことについて、旅行業者の承諾を求めようとするときは、旅行業者所定の用紙に所定の事項を記入の上、所定の金額の手数料とともに、旅行業者に提出しなければならない。
c. 旅行業者と契約を締結した旅行者が、契約上の地位を第三者に譲り渡すことができるのは、旅行業者の承諾を得た場合であっても、当該旅行者の三親等以内の親族に限られる。

ア．a, b　　イ．a, c　　ウ．b, c　　エ．a, b, c

3　募集型企画旅行契約の変更（2）

問題 12　解説　　解答　イ

a．**誤り。**旅行業者の関与し得ない事由により、やむを得ず契約内容を変更するときは、旅行業者は旅行者に対して**あらかじめ速やかにその事由が旅行業者の関与し得ないものである理由**およびその事由との因果関係を**説明しなければならない**が、緊急の場合でやむを得ないときは、変更後に説明することが認められている（ただし、**説明そのものを省略することはできない**）。

b．**正しい。**記述のとおり。なお、契約上の地位の譲渡は、**旅行業者の承諾があった時**に効力を生ずる。

c．**誤り。**旅行サービス提供機関の**過剰予約受付**（サービスの提供は行われているにもかかわらず、客室や座席などの**諸設備が不足した状態**）が生じた場合、旅行業者は**契約内容の一部を変更することができる**が、これにより旅行の実施に要する費用が増加したとしても、**旅行代金の額を増額することはできない**。

d．**正しい。**旅行業者の承諾を得て契約上の地位を譲り受けた第三者は、旅行に参加する権利や旅行代金の支払い義務など、募集型企画旅行**契約に関する一切の権利および義務を承継する。**

　以上により、ｂ，ｄを選んでいるイが正解である。

問題 13　解説　　解答　ア

a．**正しい。**募集型企画旅行契約における契約上の地位の譲渡には**旅行業者の承諾が必要**である（承諾するかどうかは旅行業者の判断に委ねられている）。

b．**正しい。**記述のとおり。

c．**誤り。**契約上の地位の譲渡ができる対象者は、旅行者の親族などに限定されていない。"三親等以内の親族に限られる"とあるのは誤りである。

　以上により、ａ，ｂを選んでいるアが正解である。

　なお、契約上の地位の譲渡は、**旅行業者の承諾があった時に効力を生ずる。**これにより契約上の地位を譲り受けた第三者は、旅行に参加する権利や旅行代金の支払い義務など、**企画旅行契約に関する一切の権利および義務を承継する**ことになる。

4 募集型企画旅行契約の解除（旅行者の解除権）（1）

問題 14　重要度 A 令5　✔ ☐ ☐

募集型企画旅行契約の部「旅行者の解除権」に関する次の記述のうち、誤っているものはどれか。

ア．旅行業者と契約を締結した旅行者は、旅行開始前、旅行開始後にかかわらず所定の取消料を当該旅行業者に支払って契約を解除することができる。

イ．利用する運送機関の適用運賃・料金が、著しい経済情勢の変化等により、旅行の募集の際に明示した時点において有効なものとして公示されている適用運賃・料金と比べて、通常想定される程度を大幅に超えて増額されたことにより旅行代金が増額されたときは、旅行者は旅行開始前に所定の取消料を支払うことなく契約を解除することができる。

ウ．航空会社の運航スケジュールの変更によって、契約書面に記載された旅行終了日が変更されたときは、旅行者は旅行開始前に所定の取消料を支払うことなく契約を解除することができる。

エ．旅行者が自宅から旅行の開始地である集合場所へ向かうために利用した交通機関が大幅に遅延したことにより、当該旅行への参加が不可能となったときは、当該旅行者は所定の取消料を支払うことなく契約を解除することができる。

4 募集型企画旅行契約の解除（旅行者の解除権）(1)

問題14 解説　　解答　エ

　旅行者は、取消料を支払うことによって、いつでも募集型企画旅行契約を解除できるが、次に掲げる5つの事由のいずれかに該当する場合は、**旅行者は旅行開始前に取消料を支払わずに募集型企画旅行契約を解除できる**。

① 旅行業者によって**契約内容が変更**されたとき（旅程保証の対象となるような**重要な変更**に限る）。

② **運送機関の適用運賃・料金**が、**著しい経済情勢の変化等**により、通常想定される程度を大幅に超えて増額となったために、**旅行代金が増額**されたとき。

③ **天災地変**などが生じた場合で、**旅行の安全かつ円滑な実施が不可能**となり、または不可能となるおそれが極めて大きいとき。

④ 旅行業者が旅行者に対し、契約書面に記載した所定の期日までに**確定書面**を交付しなかったとき。

⑤ **旅行業者の責に帰すべき事由**により、契約書面に記載した旅行日程に従った旅行の実施が不可能になったとき。

ア．正しい。旅行業者と募集型企画旅行契約を締結した旅行者は、所定の取消料を支払うことによって、いつでも（旅行開始前、旅行開始後にかかわらず）契約を解除することができる。

イ．正しい。上記②に該当するので、旅行者は旅行開始前に取消料を支払わずに募集型企画旅行契約を解除することができる。

ウ．正しい。「旅行終了日の変更」は契約内容の重要な変更に当たる。上記①に該当するので、旅行者は旅行開始前に取消料を支払うことなく募集型企画旅行契約を解除することができる。

エ．**誤り**。本肢のケースは上記①～⑤のいずれにも該当しないので、これを理由に旅行者が契約を解除する場合は、原則どおり取消料の支払いが必要である。

取消料の支払いが必要となる事由の例
- 配偶者など親族の死亡
- 旅行者自身の疾病、事故等による傷害・入院
- 旅行開始日当日の交通渋滞・遅延、交通事故などによる集合時間の遅刻

4 募集型企画旅行契約の解除（旅行者の解除権）(2)

問題 15 | 重要度 A 令4 ✓□□

募集型企画旅行契約の部「旅行者の解除権」に関する次の記述のうち、正しいものはどれか。

ア．旅行業者が旅行者に対し確定書面を交付すべき場合において、所定の期日までに、確定書面を交付しなかったときは、旅行者は旅行開始前に取消料を支払うことなく契約を解除することができる。

イ．旅行者が、旅行開始後に、当該旅行者の責に帰すべき事由によらず契約書面に記載した旅行サービスを受領できなくなった場合において、旅行サービスの当該受領することができなくなった部分の契約を解除したときは、旅行業者は、旅行代金の全額を旅行者に払い戻さなければならない。

ウ．旅行開始前において、旅行業者によって契約内容が変更されたときは、旅行者は変更内容の如何にかかわらず取消料を支払うことなく契約を解除することができる。

エ．旅行開始前において、旅行者は、病気により入院したことを事由として、取消料を支払うことなく契約を解除することができる。

4 募集型企画旅行契約の解除（旅行者の解除権）(2)

| 問題 15 | 解説 | 解 答 | ア |

ア．**正しい。**「旅行業者が旅行者に対し、契約書面に記載した所定の期日までに**確定書面を交付しなかったとき**」は、旅行者が旅行開始前に取消料を支払わずに募集型企画旅行契約を解除できる事由に該当する。

イ．**誤り。**旅行者が旅行開始後に契約の一部（旅行サービスの受領することができなくなった部分）を解除した場合、その**受領することができなくなった部分に係る金額**の払戻しを受けることができる（すでに提供を受けた旅行サービスに係る金額や、未提供のサービスのうち受領可能な部分に係る金額までもが払い戻されるわけではない）。また、契約解除が旅行業者の責に帰すべき事由によらない場合は、旅行サービス提供機関に対して支払わなければならない**取消料、違約料等の費用は旅行者の負担**になる。したがって〝旅行業者は、旅行代金の全額を旅行者に払い戻さなければならない〟とする本肢の記述は誤りである。

ウ．**誤り。**旅行者が旅行開始前に取消料を支払わずに募集型企画旅行契約を解除できる事由の一つに「**旅行業者によって契約内容が変更されたとき**」があるが、ここでいう変更は「旅程保証の対象となるような**重要な変更**」に限られる。したがって〝変更内容の如何にかかわらず取消料を支払うことなく契約を解除することができる〟とする本肢の記述は誤りである。

エ．**誤り。**「旅行者の入院」は、旅行者が旅行開始前に取消料を支払わずに募集型企画旅行契約を解除できる事由に該当しない。したがって、これを理由に旅行者が旅行開始前に契約を解除する場合は、原則どおり取消料の支払いが必要である。

約
款

4 募集型企画旅行契約の解除（旅行者の解除権）（3）

問題 16　重要度 A　令3

募集型企画旅行契約の部「旅行者の解除権」に関する次の記述から、旅行者が旅行開始前に契約を解除するに当たって、取消料の支払いを要するもののみをすべて選んでいるものはどれか（いずれも取消料の支払いを要する期間内の解除とする。）。

a．確定書面に記載されていたA旅館の過剰予約受付により当該旅館に宿泊できなくなったため、契約書面において利用予定の宿泊機関として限定して列挙されていたB旅館に変更になったとき。
b．旅行者が足を骨折して入院したため、旅行に参加できなくなったとき。
c．確定書面には「A航空 羽田空港〜石垣空港間直行便利用」として記載されていたが、A航空の過剰予約受付により、同じA航空の羽田空港〜那覇空港〜石垣空港の乗継便に変更になったとき。

ア．a，b　イ．a，c　ウ．b，c　エ．a，b，c

問題 17　重要度 A　令2

募集型企画旅行契約の部「旅行者の解除権」に関する次の記述のうち、旅行者が旅行開始前に契約を解除するに当たって、取消料の支払いを要するものはどれか（いずれも取消料の支払いを要する期間内の解除とする。）。

ア．旅行業者の責に帰すべき事由により、契約書面に記載した旅行日程に従った旅行の実施が不可能となったとき。
イ．台風の影響で旅行地の運送機関が不通となり、旅行の安全かつ円滑な実施が不可能となるおそれが極めて大きいとき。
ウ．旅行業者が旅行者に対し、契約書面に記載した所定の期日までに、確定書面を交付しなかったとき。
エ．旅行者が事故による怪我で重傷を負い、入院したことから、旅行への参加が不可能になったとき。

4 募集型企画旅行契約の解除（旅行者の解除権）（3）

| 問題 16 | 解説 | 解答 | ウ |

問題 14 の解説中、①～⑤参照。

a．**取消料の支払いは不要**。確定書面に記載されていた宿泊機関の名称がＡ旅館からＢ旅館へと変更されている（①に該当）。変更後の宿泊機関が**契約書面に記載されていたものであっても契約内容の重要な変更（宿泊機関の名称の変更）」**に当たるので、旅行者は旅行開始前に取消料を支払うことなく契約を解除することができる。

b．**取消料の支払いが必要**。「旅行者の入院」は、①～⑤のいずれにも該当しないので、旅行者が旅行開始前に契約を解除するに当たり、原則どおり取消料の支払いが必要である。

c．**取消料の支払いが必要**。国内線で生じた「直行便から乗継便（または経由便）への変更」は、**契約内容の重要な変更に該当しない**。したがって、これを理由に旅行者が旅行開始前に募集型企画旅行契約を解除する場合は、原則どおり取消料の支払いが必要である。

　なお、**本邦内と本邦外との間**（日本発・着の**国際線区間**）で直行便から乗継便（または経由便）へと変更が生じた場合は契約内容の重要な変更に当たる（これを理由に旅行者が旅行開始前に契約を解除する場合は、取消料の支払いは不要）。

以上により、ｂ，ｃを選んでいるウが正解である。

約款

| 問題 17 | 解説 | 解答 | エ |

問題 14 の解説中、①～⑤参照。

アは⑤に、イは③に、ウは④に該当するので、旅行者が旅行開始前に契約を解除するに当たり、取消料の支払いは不要である。

エの「旅行者の入院」は、①～⑤のいずれにも該当しないので、旅行者が旅行開始前に契約を解除するに当たり、原則どおり取消料の支払いが必要である。

115

5 募集型企画旅行契約の解除（旅行業者の解除権）（1）

問題 18　重要度 A　令1　✓□□

募集型企画旅行契約の部「旅行業者の解除権等－旅行開始前の解除」に関する次の記述のうち、誤っているものはどれか（選択肢エ．以外は、解除に係る旅行者への理由説明を行うものとする。）。

ア．旅行業者は、旅行者が契約内容に関し合理的な範囲を超える負担を求めたときは、契約を解除することがある。

イ．旅行業者は、天災地変、運送・宿泊機関等の旅行サービス提供の中止その他の旅行業者の関与し得ない事由が生じた場合において、契約書面に記載した旅行日程に従った旅行の安全かつ円滑な実施が不可能となるおそれが極めて大きいときは、契約を解除することがある。

ウ．9月5日に実施する日帰りの国内旅行において、参加する旅行者の数が契約書面に記載した最少催行人員に達しなかったことから、旅行業者が当該旅行の契約を解除しようとするときは、9月1日までに当該旅行を中止する旨を旅行者に通知する。

エ．旅行者が契約書面に記載する期日までに旅行代金を支払わないときは、旅行業者は、当該期日において旅行者が契約を解除したものとする。

116

5 募集型企画旅行契約の解除（旅行業者の解除権）（1）

問題18	解説		解答	エ

　旅行業者による旅行開始前の解除事由は下記「ポイント整理」のとおり。

ア．**正しい。** 下記④に該当するので旅行業者は旅行開始前に契約を解除できる。

イ．**正しい。** 下記⑦に該当するので旅行業者は旅行開始前に契約を解除できる。

ウ．**正しい。旅行者の数が契約書面に記載した最少催行人員に達しなかったこ**
　と（下記⑤）を理由に、旅行業者が旅行開始前に募集型企画旅行契約を解除
　するときは、所定の期限までに**旅行者に対して旅行を中止する旨を通知しな**
　ければならない（P119の「ポイント整理」参照）。本肢には "9月5日に実
　施する日帰りの国内旅行" とあるので、旅行開始日の前日（9月4日）から
　起算してさかのぼって3日目に当たる9月2日より前（9月1日まで）に旅
　行を中止する旨を旅行者に通知することで、旅行業者は旅行開始前に募集型
　企画旅行契約を解除できる。

エ．**誤り。旅行者が契約書面に記載する期日までに旅行代金を支払わないとき**
　は、旅行業者は当該期日（契約書面に記載した支払い期日）の翌日において、
　旅行者が契約を解除したものとみなす（旅行者は**取消料に相当する額の違約**
　料を支払わなければならない）。"当該期日において" とあるのは誤り。

ポイント整理 　　　　**旅行業者による旅行開始前の解除事由（募集型）**

① 旅行者が、旅行業者があらかじめ明示した性別、年齢、資格、技能その他の**参加旅行者の条件を満たしていないことが判明したとき**
② 旅行者が**病気、必要な介助者の不在**その他の事由により、**当該旅行に耐えられないと認められるとき**
③ 旅行者が**他の旅行者に迷惑を及ぼし、または団体旅行の円滑な実施を妨げるおそれがあると認められるとき**
④ 旅行者が、契約内容に関し**合理的な範囲を超える負担を求めたとき**
⑤ 旅行者の数が契約書面に記載した**最少催行人員に達しなかったとき**
⑥ 契約締結の際に明示した**旅行実施条件が成就しないおそれが極めて大きいとき**（スキーを目的とする旅行における必要な降雪量、花見・紅葉を目的とする旅行における開花・紅葉状況など）
⑦ **天災地変など旅行業者の関与し得ない事由**が生じた場合において、契約書面に記載した旅行日程に従った旅行の安全かつ円滑な実施が不可能となり、または不可能となるおそれが極めて大きいとき
⑧ **通信契約**を締結した場合であって、旅行者の有するクレジットカードが無効になる等、旅行者が旅行代金等に係る債務の一部または全部を提携会社の**カード会員規約に従って決済できなくなったとき**
⑨ 旅行者が次のいずれかに該当することが判明したとき
　● 旅行者が、**暴力団員などの反社会的勢力**であると認められるとき
　● 旅行者が、旅行業者に対して暴力的な要求行為、不当な要求行為、取引に関して脅迫的な言動もしくは暴力を用いる行為またはこれらに準ずる行為を行ったとき
　● 旅行者が、風説を流布し、偽計を用いもしくは威力を用いて旅行業者の信用を毀損しもしくは旅行業者の業務を妨害する行為またはこれらに準ずる行為を行ったとき

117

5 募集型企画旅行契約の解除（旅行業者の解除権）(2)

問題 19　重要度 A 令5　　　　✓ □ □

募集型企画旅行契約の部「旅行業者の解除権等－旅行開始前の解除」に関する次の記述のうち、正しいものはどれか（いずれも解除に係る旅行者への理由説明は行うものとする。）。

ア．旅行業者は、観梅を目的とする国内日帰り旅行における必要な開花状況等の旅行実施条件であって、契約の締結の際に明示したものが成就しないおそれが極めて大きいときは、契約を解除することがある。

イ．旅行業者は、旅行者から契約内容に関し、合理的な範囲を超える負担を求められたため契約を解除しようとするときは、国内日帰り旅行にあっては、旅行開始日の前日から起算してさかのぼって3日目に当たる日より前に、当該契約を解除する旨を当該旅行者に通知しなければならない。

ウ．旅行業者は、2泊3日の国内旅行にあっては、旅行者の数が契約書面に記載した最少催行人員に達しなかったという事由で契約を解除しようとするときは、旅行開始日の前日から起算してさかのぼって23日目に当たる日より前に、旅行を中止する旨を旅行者に通知しなければならない。

エ．旅行業者は、旅行者が契約書面に記載する期日までに旅行代金を支払わないときは、当該期日において旅行者が契約を解除したものとし、この場合において、旅行者は、旅行業者に対し、所定の取消料に相当する額の違約料を支払わなければならない。

5 募集型企画旅行契約の解除（旅行業者の解除権）(2)

| 問題19 | 解説 | | 解答 | ア |

ア．**正しい。**P117の「ポイント整理」の⑥に該当する。旅行業者が契約締結の際に明示した**旅行実施条件**（花見・紅葉など目的とする旅行における開花・紅葉状況、スキーを目的とする旅行における**必要な降雪量など**）が成就しないおそれが極めて大きいときは、旅行業者は**旅行開始前に契約を解除する**ことができる（契約の解除に当たり、旅行者への通知期限は定められていない）。

イ．**誤り。**P117の「ポイント整理」の④参照。旅行者が契約内容に関し合理的な範囲を超える負担を求めたときは、旅行業者は旅行開始前に募集型企画旅行契約を解除できるが、解除に当たり、旅行者への**通知期限は定められていない**（契約の解除に当たり、旅行者への通知期限が定められているのは、ウで解説する「最少催行人員に達しなかったとき」のみである）。

ウ．**誤り。**P117の「ポイント整理」の⑤参照。旅行者の数が契約書面に記載した最少催行人員に達しなかったことを理由に、旅行業者が旅行開始前に募集型企画旅行契約を解除するときは、所定の期限までに**旅行者に対して旅行を中止する旨を通知**しなければならない（下記「ポイント整理」参照）。

　　本肢には"2泊3日の国内旅行"とあるので、契約解除に当たり、旅行開始日の前日から起算してさかのぼって**13日目**に当たる日より前までに、旅行者に旅行を中止する旨を通知しなければならない。この通知期限を"23日目に当たる日より前"とする本肢の記述は誤りである。

エ．**誤り。**旅行者が契約書面に記載する期日までに旅行代金を支払わないときは、旅行業者は当該期日の**翌日**において旅行者が契約を解除したものとみなす（旅行者は旅行業者に対し、**取消料に相当する額の違約料を支払わなければならない**）。"当該期日において旅行者が契約を解除したものとし……"とする本肢の記述は誤りである。

ポイント整理 　最少催行人員に達しなかったときの通知期限

募集型企画旅行		通知期限（旅行開始日の前日から起算してさかのぼって）
国内旅行	日帰り旅行	**3日目**に当たる日より**前**まで
	宿泊をともなう旅行	**13日目**に当たる日より**前**まで
海外旅行	旅行開始日がピーク時以外	**23日目**に当たる日より**前**まで
	旅行開始日がピーク時	**33日目**に当たる日より**前**まで

5 募集型企画旅行契約の解除（旅行業者の解除権）（3）

問題 20　重要度 A　令4

募集型企画旅行契約の部「旅行業者の解除権等－旅行開始前の解除」に関する次の記述のうち、誤っているものはどれか（いずれも解除に係る旅行者への理由説明は行うものとする。）。

ア．旅行業者は、日帰りの国内旅行において、参加する旅行者の数が契約書面に記載した最少催行人員に達しなかったことから、旅行業者が契約を解除しようとするときは、旅行開始日の前日から起算してさかのぼって、3日目に当たる日より前に、旅行者に当該旅行を中止する旨を通知する。

イ．旅行者が旅行業者があらかじめ明示した性別、年齢、資格、技能その他の参加旅行者の条件を満たしていないことが判明したときは、契約を解除することがある。

ウ．旅行業者は、旅行者が病気、必要な介助者の不在その他の事由により、当該旅行に耐えられないと認められるときは、契約を解除することがある。

エ．旅行業者は、スキーを目的とする宿泊を伴う国内旅行において、降雪量不足で滑降ができないおそれが極めて大きいことにより、契約を解除しようとするときは、旅行開始日の前日から起算してさかのぼって13日目に当たる日より前に、旅行を中止する旨を旅行者に通知しなければならない。

5 募集型企画旅行契約の解除（旅行業者の解除権）（3）

| 問題 20 | 解説 | | 解答 | エ |

ア．**正しい。**旅行者の数が契約書面に記載した最少催行人員に達しなかったことを理由に、旅行業者が**旅行開始前**に募集型企画旅行契約を解除するときは、所定の期限までに旅行者に対して**旅行を中止する旨を通知**しなければならない（P119の「ポイント整理」参照）。本肢のケースは日帰りの国内旅行なので、契約解除に当たり、催行中止の通知期限を"旅行開始日の前日から起算してさかのぼって、3日目に当たる日より前"とする本肢は正しい記述である。

イ．**正しい。**P117の「ポイント整理」の①に該当する。

ウ．**正しい。**P117の「ポイント整理」の②に該当する。

エ．**誤り。**旅行業者が契約締結の際に明示した旅行実施条件（**スキーを目的とする旅行における必要な降雪量、花見・紅葉を目的とする旅行における開花・紅葉状況**など）が成就しないおそれが極めて大きいときは、旅行業者は旅行開始前に契約を解除することができるが、契約の解除に当たり、旅行者への**通知期限は定められていない**（契約の解除に当たり、旅行者への通知期限が定められているのは、アで解説した「最少催行人員に達しなかったとき」のみである）。

約款

121

5 募集型企画旅行契約の解除(旅行業者の解除権)(4)

問題 21　重要度 A　令4

募集型企画旅行契約の部「旅行業者の解除権－旅行開始後の解除」に関する次の記述のうち、誤っているものはどれか(いずれも解除に係る旅行者への理由説明は行うものとする。)。

ア．旅行業者は、旅行者が反社会的勢力であることが判明したときは、契約の一部を解除することがある。

イ．旅行業者は、旅行者が旅行を安全かつ円滑に実施するための添乗員その他の者による旅行業者の指示への違背、これらの者または同行する他の旅行者に対する暴行または脅迫等により団体行動の規律を乱し、当該旅行の安全かつ円滑な実施を妨げるときは、契約の一部を解除することがある。

ウ．航空機の欠航により、旅行の継続が不可能となったときは、旅行業者は、契約の一部を解除することがある。

エ．旅行業者は、添乗員が病気になったため、当該添乗員による旅程管理業務の遂行が不可能となったときは、契約の一部を解除することができる。

5　募集型企画旅行契約の解除（旅行業者の解除権）（4）

問題 21　解説　　　　　　　　　　　　　解 答　**エ**

　下記「ポイント整理」参照。アは③に、イは②に、ウは④に該当するので "旅行業者は、契約の一部を解除することがある" とする記述はいずれも正しい。

　エの "添乗員による旅程管理業務の遂行が不可能となったとき" は、旅行業者による旅行開始後の解除事由に該当しない。旅行業者は、別の添乗員等を現地に派遣するなどして旅程管理業務を遂行し、旅行を継続させなければならないので "契約の一部を解除することができる" とする記述は誤りである。

約
款

ポイント整理　　　　旅行業者による旅行開始後の解除事由

① 旅行者が**病気、必要な介助者の不在**その他の事由により、旅行の継続に耐えられないとき

② 旅行者が、旅行を安全かつ円滑に実施するための添乗員その他の者による旅行業者の**指示への違背**、これらの者または同行する他の旅行者に対する暴行または**脅迫等**により**団体行動の規律**を乱し、旅行の安全かつ円滑な実施を妨げるとき

③ 旅行者が次のいずれかに該当することが判明したとき
　● 旅行者が、暴力団員などの**反社会的勢力**であると認められるとき
　● 旅行者が、旅行業者に対して暴力的な要求行為、不当な要求行為、取引に関して脅迫的な言動もしくは暴力を用いる行為またはこれらに準ずる行為を行ったとき
　● 旅行者が、風説を流布し、偽計を用いもしくは威力を用いて旅行業者の信用を毀損しもしくは旅行業者の業務を妨害する行為またはこれらに準ずる行為を行ったとき

④ 天災地変などの**旅行業者の関与し得ない事由**が生じた場合であって、**旅行の継続が不可能**となったとき

※ 解除の事由が上記①または④に該当するとき（②および③を除く）は、**旅行者の求めに応じて**、旅行業者は帰路の手配に応じる（費用は**旅行者の負担**になる）。

5 募集型企画旅行契約の解除（旅行業者の解除権）(5)

問題 22 重要度 A 令5

募集型企画旅行契約の部「旅行業者の解除権－旅行開始後の解除」「契約解除後の帰路手配」に関する次の記述のうち、誤っているものはどれか（いずれも解除に係る旅行者への理由説明は行うものとする。）。

ア．旅行業者は、旅行者が必要な介助者の不在により旅行の継続に耐えられないため、旅行開始後に契約の一部を解除したときは、旅行代金のうち当該旅行者がいまだその提供を受けていない旅行サービスに係る部分に係る金額から、当該旅行サービスに対して取消料、違約料その他の既に支払い、またはこれから支払わなければならない費用に係る金額を差し引いたものを旅行者に払い戻す。

イ．旅行業者は、添乗員が病気になったため、当該添乗員による旅程管理業務の遂行が不可能となったときは、契約の一部を解除することができる。

ウ．旅行業者は、官公署の命令により旅行の継続が不可能となったため、旅行開始後に契約の一部を解除したときは、旅行者の求めに応じて、旅行者が当該旅行の出発地に戻るために必要な旅行サービスの手配を引き受ける。

エ．旅行開始後、旅行地で発生した天災地変により旅行の継続が不可能となったため、旅行業者が契約の一部を解除したときは、旅行者との間の契約関係は、将来に向かってのみ消滅する。

5 募集型企画旅行契約の解除（旅行業者の解除権）(5)

| 問題 22 | 解説 | 解答 | イ |

ア．**正しい。**旅行業者が旅行開始後に契約の一部を解除したときは、**旅行者が
いまだその提供を受けていない旅行サービスに係る部分の旅行代金を払い戻**
さなければならない（解除の事由にかかわらず同じ）。この場合、提供を受
けていない旅行サービスについて、旅行サービス提供機関から**取消料、違約
料等**を請求されたときは、これらの費用は**旅行者の負担**となるので、旅行業
者は払い戻すべき旅行代金からこれらの費用を差し引いた残額を旅行者に払
い戻すことになる。

イ．**誤り。**P123 の「ポイント整理」参照。"添乗員による旅程管理業務の遂行
が不可能となったとき"は、募集型企画旅行契約における旅行業者による旅
行開始後の解除事由に該当しない。旅行業者は、別の添乗員等を現地に派遣
するなどして旅程管理業務を遂行し、旅行を継続させなければならないので
"契約の一部を解除することができる"とする本肢の記述は誤りである。

ウ．**正しい。**P123 の「ポイント整理」の④参照。官公署の命令により旅行の
継続が不可能となったときは、旅行業者は旅行開始後に契約の一部を解除す
ることができる。この場合、**旅行者の求め**に応じて、旅行業者は**旅行者がそ
の旅行の出発地に戻るために必要な旅行サービスの手配を引き受ける**（この
帰路手配に要する費用は**旅行者の負担**となる）。

エ．**正しい。**記述のとおり。旅行開始後に旅行業者が契約を解除したときは、
旅行業者と旅行者の契約関係は、**将来に向かってのみ消滅**する（旅行者がす
でに提供を受けた旅行サービスに関する旅行業者の債務については、**有効な
弁済がなされたもの**として扱う）。

5 募集型企画旅行契約の解除（旅行業者の解除権）（6）

問題 23　重要度 A　令3　　　　✓ □ □

募集型企画旅行契約の部「旅行業者の解除権－旅行開始後の解除」に関する次の記述から、正しいもののみをすべて選んでいるものはどれか（いずれも解除に係る旅行者への理由説明は行うものとする。）。

a．旅行者が必要な介助者の不在により旅行の継続に耐えられないため、旅行開始後に旅行業者が契約の一部を解除したときは、旅行業者と旅行者との間の契約関係は、将来に向かってのみ消滅する。この場合において、旅行者が既に提供を受けた旅行サービスに関する当該旅行業者の債務については、有効な弁済がなされたものとする。

b．旅行目的地において地震が発生し当該旅行の継続が不可能となり、旅行業者が契約の一部を解除した場合において、旅行業者は、旅行代金のうち旅行者がいまだその提供を受けていない旅行サービスに係る部分に係る金額から、当該旅行サービスに対して取消料、違約料その他の既に支払い、またはこれから支払わなければならない費用に係る金額を差し引いたものを旅行者に払い戻す。

c．旅行者が旅行を安全かつ円滑に実施するための添乗員の指示に従わず、団体行動の規律を乱し、当該旅行の安全かつ円滑な実施を妨げるため、旅行業者が契約の一部を解除した場合において、旅行業者は、旅行代金のうち旅行者がいまだその提供を受けていない旅行サービスに係る部分に係る金額を旅行者に対し払い戻すことを要しない。

ア．a，b　　イ．a，c　　ウ．b，c　　エ．a，b，c

| 問題 23 | 解説 | 解 答 | ア |

a．**正しい。**記述のとおり。

b．**正しい。**旅行業者が旅行開始後に契約の一部を解除したときは、旅行者が**いまだその提供を受けていない旅行サービスに係る部分の旅行代金**を旅行者に払い戻さなければならない（解除の事由にかかわらず同じ）。この場合、提供を受けていない旅行サービスについて、旅行サービス提供機関から**取消料、違約料等**を請求されたときは、これらの費用は**旅行者の負担**になるので、旅行業者は払い戻すべき旅行代金からこれらの費用を差し引いた残額を旅行者に払い戻すことになる。

c．**誤り。**bの解説でも述べたとおり、旅行業者が旅行開始後に契約の一部を解除したときは、その解除事由にかかわらず（本肢のような「旅行者の迷惑行為」によるものであっても）、**旅行者がいまだその提供を受けていない旅行サービスに係る部分の旅行代金**を旅行者に払い戻さなければならない。

以上により、a，bを選んでいるアが正解である。

6 募集型企画旅行の旅行代金の払戻し等（1）

問題 24　重要度 A　令3　✓ □ □

募集型企画旅行契約の部「旅行代金の払戻し」に関する次の記述のうち、誤っているものはどれか（選択肢ア．イ．ウ．は、通信契約でないものとする。）。

ア．旅行業者の関与し得ない事由により、旅行開始前に契約内容を変更した場合において、旅行代金を減額したとき、旅行業者は、契約内容の変更が発生した日から起算して30日以内に旅行者に対し当該金額を払い戻さなければならない。

イ．官公署の命令により、契約書面に記載した旅行日程に従った旅行の安全かつ円滑な実施が不可能となったため、旅行開始前に、旅行業者が契約を解除した場合において、旅行者に対し払い戻すべき金額が生じたときは、旅行業者は、解除の翌日から起算して7日以内に旅行者に旅行代金を払い戻す。

ウ．旅行開始後、旅行地において集中豪雨が発生して旅行の継続が不可能となったため、旅行業者が契約内容を変更して旅行日程を短縮したことにより、旅行代金が減額された場合において、旅行者に対し払い戻すべき金額が生じたときは、旅行業者は、契約書面に記載した旅行終了日の翌日から起算して30日以内に当該減額した金額を旅行者に払い戻す。

エ．旅行業者は、旅行者と通信契約を締結した場合であって、旅行者の都合により当該通信契約が解除された場合において、旅行者に対し払い戻すべき金額が生じたときは、当該旅行業者が提携するクレジットカード会社のカード会員規約に従って、当該旅行者に当該金額を払い戻す。

6 募集型企画旅行の旅行代金の払戻し等（1）

| 問題 24 | 解説 | 解答 | ア |

「旅行代金の減額」や「契約の解除」にともない、旅行業者が旅行者に対し払い戻すべき金額が生じた場合の払戻期限は次のとおり。

払戻事由	払戻期限
① 旅行開始前の解除	解除の翌日から起算して 7 日以内
② 旅行開始後の解除	契約書面に記載した旅行終了日の翌日から起算して 30 日以内
③ 旅行代金の減額	

通信契約の場合は、上記各期限までに払戻額を旅行者に通知しなければならず、当該額を通知した日をカード利用日とする。

ア．**誤り**。"旅行代金を減額したとき" とあるので表中③に該当し、旅行業者は契約書面に記載した旅行終了日の翌日から起算して 30 日以内に減額された旅行代金を払い戻さなければならない。したがって、"契約内容の変更が発生した日から起算して 30 日以内に……" とする本肢の記述は誤りである。

イ．**正しい**。"旅行開始前に……契約を解除した" とあるので表中①に該当する。したがって、旅行業者は解除の翌日から起算して 7 日以内に旅行代金を払い戻さなければならない。

ウ．**正しい**。"旅行代金が減額された" とあるので表中③に該当する。したがって、旅行業者は契約書面に記載した旅行終了日の翌日から起算して 30 日以内に、減額された旅行代金を払い戻さなければならない。

エ．**正しい**。この場合、表中①または②の期限までに払戻額を旅行者に通知しなければならず、その通知した日をカード利用日とする。

約款

129

6 募集型企画旅行の旅行代金の払戻し等（2）

問題 25　重要度 A 令 4　✓□□

募集型企画旅行契約の部「旅行代金の払戻し」「契約解除後の帰路手配」に関する次の記述のうち、誤っているものはどれか。

ア．旅行開始後に旅行業者が契約の一部を解除した場合において、旅行者に対し払い戻すべき金額が生じたときは、旅行業者は、契約書面に記載した旅行終了日の翌日から起算して 30 日以内に当該金額を払い戻す。

イ．旅行開始前に契約内容の変更により旅行代金を減額したとき、旅行業者は、旅行者に対し契約内容の変更が生じた日から起算して 30 日以内に当該金額を払い戻す。

ウ．旅行業者は、通信契約を解除した場合において、旅行者に対し払い戻すべき金額が生じたときは、提携するクレジットカード会社のカード会員規約に従って、当該旅行者に対し当該金額を払い戻す。

エ．旅行者が病気により旅行の継続に耐えられないという事由で、旅行開始後に旅行業者が契約を解除したときは、旅行業者は、旅行者の求めに応じて、旅行者が当該旅行の出発地に戻るために必要な旅行サービスの手配を引き受ける。

130

6 募集型企画旅行の旅行代金の払戻し等（2）

| 問題 25 | 解説 | | 解答 | イ |

旅行代金の払戻しの期限については、問題24の解説中の表を参照。

ア．**正しい。**本肢には "旅行開始後に………契約の一部を解除した" とあるので表中②に該当し、正しい記述である。

イ．**誤り。**本肢には "旅行代金を減額した" とあるので表中③に該当し、払戻しの期限は**契約書面に記載した旅行終了日の翌日から起算して30日以内**である。したがって "契約内容の変更が生じた日から起算して……" とする記述は誤り。

ウ．**正しい。**記述のとおり。この場合、表中①または②の期限までに払戻額を旅行者に通知しなければならず、その通知した日をカード利用日とする。

エ．**正しい。**「旅行者が病気により旅行の継続に耐えられないとき」は、旅行業者は旅行開始後に契約を解除することができる（P123の「ポイント整理」参照）。この場合、旅行者の求めに応じて、旅行業者は旅行者がその**旅行の出発地に戻るために必要な旅行サービスの手配を引き受ける**（この旅行の費用は**旅行者の負担**になる）。

約款

131

6 募集型企画旅行の旅行代金の払戻し等（3）

| 問題 26 | 重要度 A 令5 | ✓ ☐ ☐ |

募集型企画旅行契約の部「旅行代金の払戻し」に関する次の記述のうち、誤っているものはどれか（いずれも通信契約でないものとする。）。

ア．旅行開始後に、旅行地において大雪の影響で旅行の継続が不可能となったため、旅行業者が契約内容を変更し旅行日程を短縮したことにより旅行代金が減額された場合において、旅行者に対し払い戻すべき金額が生じたときは、旅行業者は、契約書面に記載した旅行終了日の翌日から起算して30日以内に当該金額を旅行者に払い戻す。

イ．10月1日出発の3泊4日の国内旅行で旅行者が旅行開始後に病気になり、旅行の継続に耐えられないため、旅行業者が旅行契約の一部を解除した場合において、旅行者に対して払い戻すべき金額が生じたときは、旅行業者は、同年11月3日までに当該金額を払い戻さなければならない。

ウ．国内日帰り旅行において、旅行者の数が契約書面に記載した最少催行人員に達しなかったため、旅行業者が旅行開始日の前日から起算してさかのぼって6日目に当たる日に旅行者に旅行を中止する旨を通知して旅行契約を解除する場合において、旅行者に対し払い戻すべき金額が生じたときは、旅行業者は、旅行開始日までに当該金額を払い戻さなければならない。

エ．9月8日を旅行開始日とする国内旅行において、旅行者の都合により9月6日に契約を解除した場合において、旅行者に対して払い戻すべき金額が生じたときは、旅行業者は9月13日までに当該旅行者に対し当該金額を払い戻さなければならない。

6　募集型企画旅行の旅行代金の払戻し等（3）

問題 26　解説　　　　　解答　ウ

　旅行代金の払戻しの期限については、問題 24 の解説中の表を参照。

ア．**正しい。**"旅行代金が減額された"とあるので、表中③に該当する。したがって "契約書面に記載した旅行終了日の翌日から起算して 30 日以内に当該金額を旅行者に払い戻す"とあるのは正しい記述である。

イ．**正しい。**"旅行者が旅行開始後に病気になり……契約の一部を解除した"とあるので、表中②に該当する。"10 月 1 日出発の 3 泊 4 日の国内旅行"の旅行終了日は 10 月 4 日なので、旅行業者は旅行終了日（10 月 4 日）の翌日から起算して 30 日目に当たる 11 月 3 日までに、当該金額を旅行者に払い戻さなければならない。

ウ．**誤り。**最少催行人員に達しなかったことを理由に、旅行業者が旅行開始前に契約を解除しているので、表中①に該当する。契約を解除する日は旅行開始日の 6 日前（旅行開始日の前日から起算してさかのぼって 6 日目に当たる日）なので、その翌日（旅行開始日の 5 日前）から起算して 7 日目に当たる日（旅行開始日の翌日）が払戻し期限となる。

契約解除 ◀

7 日前	6 日前	5 日前	4 日前	3 日前	2 日前	1 日前	旅行開始日	翌　日
		1 日目	2 日目	3 日目	4 日目	5 日目	6 日目	7 日目

　以上により、"旅行開始日までに当該金額を払い戻さなければならない"とする本肢の記述は誤りである。

エ．**正しい。**9 月 8 日を旅行開始日とする旅行について "9 月 6 日に契約を解除した"とあるので、表中①に該当する。契約を解除した 9 月 6 日の翌日（9 月 7 日）から起算して 7 日目に当たる 9 月 13 日が払戻しの期限になるので "9 月 13 日までに当該旅行者に対し当該金額を払い戻さなければならない"とあるのは正しい記述である。

7 募集型企画旅行の旅程管理(1)

問題 27 重要度 A 令5-改

募集型企画旅行契約の部「旅程管理」「旅行業者の指示」「添乗員等の業務」に関する次の記述から、正しいもののみをすべて選んでいるものはどれか。

a. 旅行業者は、旅程管理の措置を講じたにもかかわらず旅行サービスの内容を変更するときは、変更後の旅行サービスが当初の旅行サービスと同様のものとなるよう努めること等、契約内容の変更を最小限にとどめるよう努力する。
b. 旅行業者は、旅行の内容により添乗員その他の者を同行させて、旅程管理業務その他当該旅行に付随して旅行業者が必要と認める業務の全部を行わせることはできないが、その一部を行わせることはできる。
c. 旅行業者は、旅行者の安全かつ円滑な旅行の実施を確保することに努力し、旅行者が旅行中に旅行サービスを受けることができないおそれがあると認められるときは、契約に従った旅行サービスの提供を確実に受けられるために必要な措置を講ずる。
d. 添乗員その他の者が旅程管理業務その他旅行に付随して旅行業者が必要と認める業務に従事する時間帯は、原則として8時から20時までとする。

ア. a, b　　イ. c, d　　ウ. a, c, d　　エ. a, b, c, d

7 募集型企画旅行の旅程管理（1）

| 問題 27 解説 | 解答 | ウ |

a．**正しい。** 下記「ポイント整理」参照。代替サービスの手配を行うときは、契約内容の変更を最小限にとどめるよう努力しなければならない。

b．**誤り。** 募集型企画旅行契約において、旅行業者は旅行の内容により添乗員等を同行させて、旅程管理業務の**全部または一部**を行わせることができる。"……業務の全部を行わせることはできない"とあるのは誤りである。

　　なお、添乗員等に旅程管理業務を代行させる場合でも、旅程管理責任を負うのは企画旅行を実施する旅行業者自身である。

c．**正しい。** 記述のとおり。下記「ポイント整理」参照。

d．**正しい。** 記述のとおり。添乗員等が旅程管理業務に従事する時間帯は、原則として**8時から20時まで**である。

　　以上により、a，c，dを選んでいるウが正解である。

約
款

ポイント整理 旅程管理

① 旅行者が旅行中、旅行サービスを受けることができないおそれがあると認められるときは、企画旅行契約に従った旅行サービスの提供を確実に受けられるために必要な措置を講ずること。

② 上記①の措置を講じたにもかかわらず、契約内容を変更せざるを得ないときは、代替サービスの手配を行うこと。

③ 上記②の手配を行うときには、次により契約内容の変更を最小限にとどめるよう努力すること。

● 旅行日程を変更するときは、変更後の旅行日程が当初の旅行日程の趣旨にかなうものとなるよう努めること。

● 旅行サービスの内容を変更するときは、変更後の旅行サービスが当初の旅行サービスと同様のものとなるよう努めること。

7 募集型企画旅行の旅程管理（2）

問題 28 重要度 A 令4

募集型企画旅行契約の部「旅程管理」「旅行業者の指示」「添乗員等の業務」「保護措置」に関する次の記述のうち、誤っているものはどれか。

ア．旅行業者は、旅程管理の措置を講じたにもかかわらず、契約内容を変更せざるを得ない場合であって、旅行サービスの内容を変更するときは、変更後の旅行サービスの内容が当初の旅行サービスの内容を上回るものになるようにしなければならない。

イ．旅行業者は、旅行の内容により添乗員その他の者を同行させて旅程管理業務その他当該旅行に付随して旅行業者が必要と認める業務の全部または一部を行わせることがある。

ウ．旅行者は、旅行開始後旅行終了までの間において、団体で行動するときは、旅行を安全かつ円滑に実施するための旅行業者の指示に従わなければならない。

エ．旅行業者は、旅行中の旅行者が、疾病、傷害等により保護を要する状態にあると認めたときは、必要な措置を講ずることがある。この場合において、これが当該旅行業者の責に帰すべき事由によるものでないときは、当該措置に要した費用は旅行者の負担とする。

7 募集型企画旅行の旅程管理（2）

| 問題 28　解説 | 解答　ア |

ア．**誤り**。契約内容を変更せざるを得ない場合で旅行サービスの内容を変更するときは、変更後の旅行サービスが当初の旅行サービスと**同様のものとなる**よう努めなければならない。"上回るものになるように……"とする本肢の記述は誤りである。

イ．**正しい**。記述のとおり。旅行業者は、**旅行の内容により添乗員等を同行さ**せて旅程管理業務の全部または一部を行わせることがある。すべての旅行に添乗員等を同行させる必要はなく、旅行の内容に応じて旅行業者が添乗員等の同行の有無を判断する。

　添乗員等に旅程管理業務を代行させる場合でも、旅程管理責任を負うのは企画旅行を実施する旅行業者自身である（旅行業者は、いかなる場合も旅程管理責任を免れることはできない）。

ウ．**正しい**。記述のとおり。

エ．**正しい**。記述のとおり。旅行業者が保護措置を講じた場合で、旅行者が保護を要する状態になった原因が**旅行業者の責に帰すべき事由によるものでな**いときは、この措置に要した費用は**旅行者の負担**になる。

約
款

8 責任（1）

問題 29　重要度 A　令3　✓□□

募集型企画旅行契約の部「旅行業者の責任」に関する次の記述のうち、誤っているものはどれか。

ア．旅行業者は、契約の履行に当たって、旅行業者の故意または過失により旅行者に損害（手荷物について生じた損害を除く。）を与えたときは、損害発生の翌日から起算して2年以内に当該旅行業者に対して通知があったときに限り、その損害を賠償する責に任じる。

イ．旅行者が自由行動中に被った損害については、旅行業者の故意または過失によるものであっても、当該旅行業者はその損害を賠償する責任を負わない。

ウ．旅行者が旅行業者または手配代行者の関与し得ない事由により損害を被ったときは、旅行業者または手配代行者の故意または過失による場合を除き、旅行業者は、その損害を賠償する責任を負わない。

エ．旅行業者は、旅行業者の過失により旅行者の手荷物に損害を与えたときは、国内旅行にあっては損害発生の翌日から起算して14日以内に旅行業者に対して通知があったときに限り、旅行者1名につき15万円を限度（旅行業者に故意または重大な過失がある場合を除く。）として賠償する。

8 責任（1）

問題 29　解説　　　　　　　　　　　　　　　　解答　イ

　旅行業者は、契約の履行に当たって、**旅行業者または手配代行者**の故意または過失により旅行者に損害を与えたときは、所定の期間内に**旅行業者に対して通知があったときに限り**、旅行業者はその損害を賠償する責任を負う。旅行業者自身の故意・過失によるものだけでなく、**手配代行者の故意・過失による損害についても旅行業者が損害賠償責任を負う**点がポイントである。

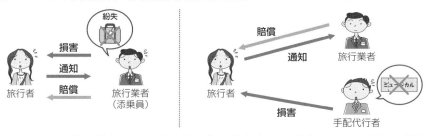

- ア．**正しい**。旅行業者または手配代行者の故意または過失により旅行者に損害（手荷物以外の損害）を与えたときの旅行業者への通知期限は、**損害発生の翌日**から起算して2年以内である。
- イ．**誤り**。自由行動中であるか否かにかかわらず、旅行業者（または手配代行者）の故意または過失により旅行者が損害を被った場合、旅行業者はその損害を賠償する責任を負う。
- ウ．**正しい**。天災地変など、旅行業者または手配代行者の関与し得ない事由により旅行者が損害を被ったときは、その損害について旅行業者または手配代行者の故意または過失がある場合を除き、旅行業者は損害賠償責任を負わない。
- エ．**正しい**。なお、旅行業者または手配代行者の**故意または重大な過失**が原因であるときは15万円の上限額を適用しない（限度額の制限がなくなる）。

ポイント整理　旅行業者への通知期限と賠償限度額

対象	通知期限	限度額（上限）
手荷物以外	損害発生の翌日から起算して2年以内	定めなし
手荷物	損害発生の翌日から起算して 国内旅行：14日以内 海外旅行：21日以内	旅行者1名につき 15万円（※）

※旅行業者または手配代行者の故意または重大な過失が原因であるときは、15万円の上限額を適用しない（限度額の制限がなくなる）

8 責任（2）

問題 30　重要度 A　令4　

募集型企画旅行契約の部「旅行業者の責任」「旅行者の責任」に関する次の記述のうち、正しいものはどれか。

ア．国内旅行において、旅行業者が重大な過失により旅行者の手荷物に損害を与えたときは、旅行業者は旅行者1名に対し、手荷物1個につき15万円を限度として賠償する。

イ．契約の履行に当たって、旅行業者の手配代行者が故意または過失により旅行者に損害を与えたときは、当該手配代行者がその損害を賠償する責に任じ、旅行業者はその責に任じない。

ウ．旅行者は、旅行開始後において、契約書面に記載された旅行サービスを円滑に受領するため、万が一契約書面と異なる旅行サービスが提供されたと認識したときは、旅行終了後速やかにその旨を旅行業者に申し出なければならない。

エ．旅行業者は、国内旅行において、旅行業者の故意または過失により旅行者の手荷物に損害を与えたときは、損害発生の翌日から起算して、14日以内に当該旅行業者に対して通知があったときに限り、その損害を賠償する。

問題 31　重要度 A　令3　

募集型企画旅行契約の部「旅行者の責任」に関する次の記述から、誤っているもののみをすべて選んでいるものはどれか。

a．旅行者の故意または過失により旅行業者が損害を被ったときは、当該旅行者は、旅行業者に対し支払った旅行代金の額を限度として損害を賠償しなければならない。

b．旅行者は、契約を締結するに際しては、旅行業者から提供された情報を活用し、旅行者の権利義務その他の契約の内容について理解するよう努めなければならない。

c．旅行者は、旅行開始後において、契約書面に記載された旅行サービスを円滑に受領するため、万が一契約書面と異なる旅行サービスが提供されたと認識したときは、旅行終了後速やかにその旨を旅行業者に申し出なければならない。

ア．a, b　　イ．a, c　　ウ．b, c　　エ．a, b, c

8 責任（2）

| 問題 30 | 解説 | | 解 答 | エ |

旅行業者への損害の通知期限と賠償限度額は、P139 の「ポイント整理」参照。

ア．**誤り**。**旅行業者**または**手配代行者の過失**（重大な過失を除く）により、旅行者の手荷物に損害を与えた場合の損害賠償限度額は、**旅行者 1 名につき15 万円**である。また、損害の原因が旅行業者（または手配代行者）の**故意または重大な過失**によるものであるときは、前述の限度額は適用しない（上限がなくなる）。したがって"旅行業者が重大な過失により……手荷物 1 個につき 15 万円を限度"とする本肢の記述は誤りである。

イ．**誤り**。**手配代行者の故意または過失**により旅行者に損害を与えたときは、**旅行業者がその損害を賠償する責任を負う**。"手配代行者がその損害を賠償する責に任じ、旅行業者はその責に任じない"とあるのは誤りである。

ウ．**誤り**。旅行者は、旅行開始後に契約書面と異なる旅行サービスが提供されたと認識したときは、**旅行地において速やかにその旨を旅行業者、手配代行者または旅行サービス提供者に申し出なければならない**。"旅行終了後速やかに……"とする本肢の記述は誤りである。

エ．**正しい**。記述のとおり。**国内旅行参加中**の旅行者の手荷物に損害が生じたときの旅行業者への通知期限は、**損害発生の翌日**から起算して **14 日以内**である。

| 問題 31 | 解説 | | 解 答 | イ |

a．**誤り**。旅行者の故意または過失により旅行業者が損害を被ったときは、旅行者はその損害を賠償しなければならないが、この場合の賠償限度額は定められていない。したがって、"旅行業者に対し支払った旅行代金の額を限度として損害を賠償しなければならない"とする本肢の記述は誤りである。

b．**正しい**。記述のとおり。

c．**誤り**。旅行者は、旅行開始後に契約書面と異なる旅行サービスが提供されたと認識したときは、**旅行地において速やかにその旨を旅行業者、手配代行者または旅行サービス提供者に申し出なければならない**。"旅行終了後速やかに……"とする本肢の記述は誤りである。

以上により、a，c を選んでいるイが正解である。

約款

9 募集型企画旅行の団体・グループ契約

問題32　重要度 A　令4

募集型企画旅行契約の部「団体・グループ契約」「契約責任者」に関する次の記述のうち、誤っているものはどれか。

ア．同じ行程を同時に旅行する複数の旅行者は、その責任ある代表者を定めて、旅行業者に契約を申し込むことができる。
イ．旅行業者は、特約を結んだ場合を除き、契約責任者は構成者の契約の締結に関する一切の代理権を有しているものとみなす。
ウ．契約責任者は、旅行業者が定める日までに、構成者の人数を旅行業者に通知すれば、構成者の名簿を提出することを要しない。
エ．旅行業者は、契約責任者が構成者に対して現に負い、または将来負うことが予測される債務または義務については、何らの責任を負うものではない。

問題33　重要度 A　令5

募集型企画旅行契約の部「団体・グループ契約」「契約責任者」に関する次の記述のうち、誤っているものはどれか。

ア．旅行業者は、契約責任者が団体・グループに同行しない場合、旅行開始後においては、あらかじめ契約責任者が選任した構成者を契約責任者とみなす。
イ．旅行契約は、通信契約を締結した場合を除き、旅行業者が契約の締結を承諾し申込金を受理した時に成立するが、団体・グループ契約の場合においては、申込金の支払いを受けることなく当該契約の締結を承諾することがある。
ウ．日帰りの国内旅行であって、添乗員その他の者が当該旅行に同行する場合においても、契約責任者は、旅行業者が定める日までに、構成者の名簿を旅行業者に提出しなければならない。
エ．旅行業者は、契約責任者が構成者に対して現に負い、または将来負うことが予測される債務または義務については、何らの責任を負うものではない。

9 募集型企画旅行の団体・グループ契約

| 問題 32 | 解説 | | 解答 | ウ |

ア．**正しい。**募集型企画旅行契約において、**同じ行程を同時に旅行する複数の旅行者**は、その**責任ある代表者（契約責任者）**を定めて契約を申し込むことができる。旅行業者は、この場合の契約の締結に団体・グループ契約の規定を適用する。

イ．**正しい。**記述のとおり。旅行業者は、特約を結んだ場合を除き、契約責任者はその団体・グループを構成する旅行者（構成者）の契約の締結に関する一切の代理権を有しているものとみなし、その団体・グループに係る旅行業務に関する取引は、契約責任者との間で行う。

ウ．**誤り。**募集型企画旅行契約では、契約責任者は、旅行業者が定める日までに**構成者の名簿**を旅行業者に**提出**しなければならない（受注型企画旅行契約も同じ）。なお、手配旅行契約における団体・グループ手配では、構成者の名簿の提出によるほか、人数の通知でもよい。

エ．**正しい。**記述のとおり。

| 問題 33 | 解説 | | 解答 | イ |

ア．**正しい。**記述のとおり。

イ．**誤り。募集型企画旅行契約**（通信契約を除く）では、**申込金の支払いが契約成立の要件**になっているため"申込金の支払いを受けることなく当該契約の締結を承諾すること"は認められない。契約責任者と契約を締結するに当たり、申込金の支払いを不要とする特則が設けられているのは、受注型企画旅行契約（または手配旅行契約）である。

ウ．**正しい。**募集型企画旅行契約では、日帰り旅行であるかどうか、また添乗員等が同行するかどうかにかかわらず、契約責任者は旅行業者が定める日までに**構成者の名簿**を旅行業者に**提出**しなければならない（受注型企画旅行契約も同じ）。なお、手配旅行契約における団体・グループ手配の場合は、構成者の名簿の提出によるほか、人数の通知でもよい。

エ．**正しい。**記述のとおり。

キーワード　団体・グループ契約（手配）

同じ行程を同時に旅行する複数（2人以上）の旅行者が代表者を定めて申し込んだ募集型・受注型企画旅行、手配旅行の各契約に適用される契約形態。この場合の**代表者**を「**契約責任者**」、団体・グループを構成する旅行者を「**構成者**」という。

143

10 旅程保証（1）

問題34 重要度 A 令4

募集型企画旅行契約の部および受注型企画旅行契約の部「旅程保証」に関する次の記述から、誤っているものはどれか（いずれも変更補償金を支払う場合に、その額は約款が定める支払いが必要な最低額を上回っているものとする。）。

ア．旅行業者は、契約書面に記載したレストランから契約書面に記載の無い他のレストランに変更したことにより、旅行開始前に旅行者が契約を解除した場合、旅行者に変更補償金を支払わない。

イ．旅行業者が支払うべき変更補償金の額は、旅行者1名に対して1企画旅行につき旅行代金に15％以上の旅行業者が定める率を乗じた額をもって限度とする。

ウ．旅行業者は、約款に定める契約内容の重要な変更が生じた場合に、旅行者から旅行業者にその旨の申出があったときに限り、旅行者に対し変更補償金を支払う。

エ．旅行業者は、契約書面に記載した宿泊機関の名称を変更した原因が、当該旅行業者の手配代行者の責任によるものであることが明らかな場合は、旅行者に変更補償金を支払わない。

10 旅程保証（1）

| 問題 34　解説 | 解答　ウ |

ア．**正しい。**旅行者が変更を受け入れずに**契約を解除**した場合、旅行業者は**変更補償金を支払わない**（変更補償金は、変更を受け入れた旅行者に対して支払われるものである）。

　本肢には"旅行開始前に旅行者が契約を解除した"とあるので、旅行業者は変更補償金を支払わない。

イ．**正しい。**記述のとおり。旅行業者が支払うべき変更補償金の額は、**旅行者1名**に対して**1企画旅行につき旅行代金に15%以上の旅行業者が定める率を乗じた額をもって限度**とする。

ウ．**誤り。**変更補償金を支払うべき事由が生じた場合は、旅行者からの申出がなくても、旅行業者は**旅行終了日の翌日から起算して30日以内に変更補償金を支払わなければならない**（旅行者からの申出や通知の有無にかかわらず支払いが必要）。

エ．**正しい。**変更の原因が**旅行業者または手配代行者の故意または過失**によるものであることが明らかなときは、**旅行業者は変更補償金を支払わない**（旅行業者は旅程保証ではなく、損害賠償の責任を負う）。

約
款

145

10 旅程保証（2）

問題35 重要度 A 令5

募集型企画旅行契約の部および受注型企画旅行契約の部「旅程保証」に関する次の記述のうち、正しいものはどれか（いずれも変更補償金を支払う場合に、その額は約款が定める支払いが必要な最低額を上回っているものとする。）。

ア．旅行業者は、変更補償金の支払いが必要となる契約内容の重要な変更が生じた場合、当該変更が生じた日から起算して30日以内に変更補償金を旅行者に支払わなければならない。

イ．旅行業者が旅行者に変更補償金を支払った後に、当該契約内容の重要な変更について旅行業者に責任が発生することが明らかになった場合には、旅行業者は当該変更に係る変更補償金に加え損害賠償金を支払わなければならない。

ウ．旅行業者は、旅行者から契約内容の重要な変更があった旨の申出を受けた場合に限り、変更補償金を支払わなければならない。

エ．旅行業者が、変更補償金の支払いが必要となる契約内容の重要な変更が1件生じたことを旅行開始日に旅行者に通知した場合、旅行業者は、旅行代金に約款に定める旅行開始後の1件あたりの率を乗じた額以上の変更補償金を旅行者に対して支払わなければならない。

10 旅程保証（2）

| 問題 35 | 解説 | 解答 | エ |

ア．**誤り**。変更補償金を支払うべき事由が生じた場合、旅行業者は**旅行終了日の翌日**から起算して **30 日以内に変更補償金を支払わなければならない**。"変更が生じた日から起算して……"とあるのは誤りである。

イ．**誤り**。変更の原因が**旅行業者（または手配代行者）の故意または過失**によるものであるときは、旅行業者は旅程保証ではなく、損害賠償の責任を負うことになる。本肢のように、旅行業者が変更補償金を支払った後に、その変更について旅行業者の損害賠償責任が発生することが明らかになった場合は、**旅行者はすでに受け取った変更補償金を旅行業者に返還しなければならず**、旅行業者は**支払うべき損害賠償金の額と旅行者が返還すべき変更補償金の額とを相殺した残額**を旅行者に支払うことになる。"変更補償金に加え損害賠償金を……"とあるのは誤りである。

ウ．**誤り**。変更補償金の支払事由が生じた場合は、旅行者からの申出や通知の有無にかかわらず、旅行業者は変更補償金を支払わなければならない。

エ．**正しい**。変更補償金の額（変更 1 件当たりの率）は、契約内容の変更が生じたことを**旅行者に通知した時期**によって次のように異なる。

  ① 旅行開始日の**前日まで**に通知した場合……旅行開始前の率を適用

  ② 旅行開始**当日以降**に通知した場合 ………旅行開始後の率を適用

  本肢では旅行開始日当日（上記②）に旅行者に通知しているので、旅行業者は「旅行開始後の率（%）」を適用した変更補償金を旅行者に対して支払わなければならない。

10 旅程保証（3）

問題36 重要度 A 令2

募集型企画旅行契約の部「旅程保証」に関する次の記述のうち、変更補償金の支払いを要するものはどれか（いずれも変更補償金を支払う場合に、その額は約款に定める支払いが必要な最低額を上回っているものとする。）。

ア．バスにて市内観光中に交通事故による交通渋滞に巻き込まれ、この日に予定されていた自由行動の時間が大幅に短縮されたとき。
イ．契約書面には「Ａホテルに宿泊」と記載されていたが、Ａホテルの過剰予約受付により客室の不足が生じたことから、結果的にはＡホテルより上位ランクのＢホテルに宿泊となったとき。
ウ．契約書面では「Ａレストランでの名物料理の夕食」と記載されていたが、レストランの都合により「Ａレストランでの和会席料理の夕食」に変更されたとき。
エ．契約書面には、ツアー・タイトルに「東京スカイツリー天望デッキから見る初日の出と隅田川七福神めぐり」と記載されていたが、訪れた時は天候が悪く、天望デッキから初日の出が見られなかったとき。

問題37 重要度 A 平21-改

次の記述のうち、募集型企画旅行契約の部および受注型企画旅行契約の部に係る「旅程保証」について、契約内容の重要な変更に該当しないものはどれか。

ア．契約書面に記載した本邦内の旅行開始地たる空港または旅行終了地たる空港の異なる便への変更
イ．契約書面に記載した運送機関の種類の変更
ウ．契約書面に記載した宿泊機関の客室の景観の変更
エ．契約書面に記載した本邦内における直行便の乗継便または経由便への変更

10 旅程保証（3）

| 問題 36 | 解説 | 解答 | イ |

ア．**支払いは不要**。旅行の目的地である都市に訪問できていれば「**契約書面（確定書面）に記載した入場する観光地または観光施設（レストランを含む）その他の旅行の目的地の変更**」には当たらない（「自由行動時間の短縮」は、そもそも契約内容の重要な変更に該当しない）。また、変更の原因である交通渋滞は「当初の運行計画によらない運送サービスの提供」に該当するので、変更補償金の支払いは不要である。

イ．**支払いが必要**。変更の内容は「**契約書面（確定書面）に記載した宿泊機関の名称の変更**」に当たり、変更の原因は過剰予約受付による「**諸設備の不足（客室の不足）**」なので変更補償金の支払いが必要である。

　　運送機関の会社名の変更が生じた場合で、エコノミークラス→ビジネスクラスなど、等級または設備がより高いものへの変更を伴うときは変更補償金が支払われないが、宿泊機関の名称の変更については、より上位ランクの宿泊施設（または好条件の客室）への変更をともなうときでも旅程保証の対象になる。

ウ．**支払いは不要**。利用するレストランは変更されていないので「**契約書面（確定書面）に記載した入場する観光地または観光施設（レストランを含む）その他の旅行の目的地の変更**」には該当しない。また、本肢のように提供される食事の内容（メニュー）のみが変更された場合は契約内容の重要な変更に該当しないので、その原因にかかわらず変更補償金の支払いは不要である。

エ．**支払いは不要**。「初日の出」など自然現象にかかわるものは、契約内容の重要変更に該当しないため、変更補償金の支払いは不要である。

| 問題 37 | 解説 | 解答 | エ |

　ア～ウは、いずれも旅程保証の対象となる「契約内容の重要な変更」に該当する。

エ．**該当しない**。「直行便」から「乗継便または経由便」への変更は、その航空機が本邦内と本邦外との間の路線（日本発・着の国際線）であるときは「契約内容の重要な変更」に当たるが、本肢のように"本邦内"の路線（国内線）であるときは「契約内容の重要な変更」に該当しない。したがって、変更補償金の支払いを要しない。

約

款

149

10 旅程保証（4）

問題38	重要度 A 令4	✓

募集型企画旅行契約の部および受注型企画旅行契約の部「旅程保証」に関する次の記述のうち、変更補償金の支払いを要するものはどれか（いずれも変更補償金を支払う場合に、その額は約款が定める支払いが必要な最低額を上回っているものとする。）。

ア．確定書面に「A旅館露天風呂付き和洋室」の客室と記載されていたが、A旅館の過剰予約受付により、同じ「A旅館の露天風呂なし洋室」の客室に変更になったとき。

イ．確定書面に「新幹線やまびこ号グリーン車指定席」と記載されていたが、当該新幹線が運休となったため、後続の「新幹線やまびこ号普通車指定席」に変更になったとき。

ウ．確定書面に「Aホテル利用」と記載されていたが、Aホテルが休業したことにより、契約書面に利用予定ホテルとして記載のなかった「Cホテル」に変更になったとき。

エ．確定書面に「福岡空港発 新千歳空港行き A航空直行便」と記載されていたが、航空会社の過剰予約受付により、「A航空の福岡空港発 中部国際空港乗り継ぎで新千歳空港着」に変更になったとき。

150

10 旅程保証（4）

| 問題 38 | 解説 | | 解答 | ア |

ア．**支払いが必要**。変更の内容は「契約書面（確定書面）に記載した宿泊機関の客室の条件の変更」に当たり、変更の原因は過剰予約受付による諸設備の不足（客室の不足）なので、変更補償金の支払いが必要。

イ．**支払いは不要**。変更の内容は「契約書面（確定書面）に記載した運送機関の等級または設備のより低い料金のものへの変更」に当たるが、変更の原因は「運送機関の旅行サービス提供の中止（運休）」なので、変更補償金の支払いは不要。

ウ．**支払いは不要**。変更の内容は「契約書面（確定書面）に記載した宿泊機関の名称の変更」に当たるが、変更の原因は「宿泊機関の旅行サービス提供の中止（休業)」なので、変更補償金の支払いは不要。

エ．**支払いは不要**。「直行便」から「乗継便（または経由便)」への変更は、その航空便が本邦内と本邦外との間の路線（日本発・着の国際線）であるときは「契約内容の重要な変更」に該当するが、本肢のように、国内線の場合は「契約内容の重要な変更」に当たらない。したがって、変更の原因は過剰予約受付による諸設備の不足（座席の不足）だが、変更補償金の支払いは不要である。

約款

151

10 旅程保証（5）

問題 39 重要度 A 令5

募集型企画旅行契約の部および受注型企画旅行契約の部「旅程保証」に関する次の記述のうち、変更補償金の支払いを要するものはどれか。（いずれも変更補償金を支払う場合に、その額は約款が定める支払いが必要な最低額を上回っているものとする。）。

ア．確定書面に「伊丹空港発 奄美空港行き A航空直行便」と記載したが、航空会社の過剰予約受付により、「A航空の伊丹空港発 鹿児島空港乗り継ぎで奄美空港着」に変更したとき。

イ．利用予定列車が沿線火災の影響により大幅に遅延したため、目的地への到着が夕刻になり、確定書面に記載した美術館への入場ができなかったとき。

ウ．旅行者の生命または身体の安全確保のために必要な措置を講じたことにより、確定書面に利用ホテルとして記載したCホテルを、契約書面に記載のないDホテルに変更したとき。

エ．確定書面には利用航空会社として「A航空のエコノミークラス」と記載したが、旅行開始後にA航空の過剰予約受付により座席の不足が発生したため、契約書面に記載のある「B航空のエコノミークラス」に変更したとき。

10 旅程保証（5）

問題 39	解説	解答	エ

ア．**支払いは不要**。「直行便」から「乗継便（または経由便）」への変更は、その航空便が本邦内と本邦外との間の路線（日本発・着の国際線）であるときは契約内容の重要な変更に該当するが、本肢のように国内線の路線であるときは契約内容の重要な変更に当たらない。したがって、変更の原因は過剰予約受付による諸設備の不足（座席の不足）だが、変更補償金の支払いは不要。

イ．**支払いは不要**。変更の内容は「契約書面（確定書面）に記載した入場する観光地または観光施設その他の旅行の目的地の変更」に当たるが、変更の原因は「当初の運行計画によらない運送サービスの提供（列車の遅延）」なので、変更補償金の支払いは不要。

ウ．**支払いは不要**。変更の内容は「契約書面（確定書面）に記載した宿泊機関の名称の変更」に当たるが、変更の原因は「旅行参加者の生命または身体の安全確保のために必要な措置」なので、変更補償金の支払いは不要。

エ．**支払いが必要**。変更の内容は「契約書面（確定書面）に記載した運送機関の会社名の変更」に当たる。また、変更の原因は過剰予約受付による「諸設備の不足（座席の不足）」なので、変更補償金の支払いが必要。

約款

153

11 特別補償規程（1）

問題 40 重要度 A 令3

募集型企画旅行契約の部および受注型企画旅行契約の部「特別補償」「特別補償規程」に関する次の記述のうち、誤っているもののみをすべて選んでいるものはどれか。

a．旅行業者は、その賠償責任が生じる場合に限り、特別補償規程で定めるところにより、旅行者が企画旅行参加中にその生命、身体または手荷物の上に被った一定の損害について、あらかじめ定める額の補償金および見舞金を支払う。

b．企画旅行に参加した旅行者が、旅行終了地たる空港での解散の後、乗車したタクシーの追突事故により身体に傷害を被り、その治療のため10日間入院した場合、旅行業者は、当該旅行者に特別補償規程で定める入院見舞金を支払う。

c．A社の実施する本邦内の企画旅行に参加した旅行者が、自由行動中にB社が企画・実施する日帰りの募集型企画旅行に参加し、その参加中にバス事故で死亡したときは、当該旅行者の法定相続人にA社とB社から、特別補償規程の定めにより、それぞれ1,500万円の死亡補償金が支払われる。

d．旅行者が企画旅行参加中、事故により傷害を被り、その直接の結果として、事故の日から180日を超えてなお治療を要する状態にあるときは、旅行業者は、事故の日から181日目における医師の診断に基づき後遺障害の程度を認定して、特別補償規程で定める後遺障害補償金を支払う。

ア．a，b　　イ．c，d　　ウ．a，b，c　　エ．a，b，c，d

11 特別補償規程（1）

問題 40　解説　　　　　　　　　　　　　解答　ア

a．**誤り。**特別補償とは、**企画旅行参加中の旅行者**が、**生命、身体**または**手荷物**のうえに被った一定の損害について、旅行業者の**故意**または**過失の有無に**かかわらず（**損害賠償責任が生ずるか否かを問わず**）、所定の補償金および見舞金を支払う制度をいう。したがって"賠償責任が生じる場合に限り……"とする本肢の記述は誤りである。

b．**誤り。**添乗員などによって受付や解散の告知が行われる場合は、受付完了時から解散を告げた時までを企画旅行参加中とする。本肢には"旅行終了地たる空港での解散の後……"とあり、企画旅行が終了した後に傷害が生じているので、入院見舞金は支払われない。

c．**正しい。**国内旅行における死亡補償金は、旅行者 1 名につき 1,500 万円である。本肢は、A社が実施する国内の企画旅行（主たる企画旅行）参加中の旅行者が、自由行動の時間を利用してB社が実施する募集型企画旅行（現地発着のいわゆる「オプショナルツアー」）に参加したケースである。A・B 2 社の企画旅行参加中に発生した事故により旅行者が死亡しているので"A社とB社から……それぞれ 1,500 万円の死亡補償金が支払われる"とあるのは正しい記述である。

　　なお、**主たる企画旅行（①）**と**オプショナルツアー（②）の企画者が同一の旅行業者**である場合は、**②は①の契約内容の一部として取り扱う。**例えば、本肢のケースで2つの企画旅行の企画者がいずれもA社だった場合、旅行業者は①に参加中の損害として 1,500 万円のみを支払うことになる（二重の補償はしない）。

d．**正しい。**記述のとおり。

以上により、a,bを選んでいるアが正解である。

約款

155

11 特別補償規程（2）

問題 41　重要度 A　令4　　　　✓ ☐ ☐

募集型企画旅行契約の部および受注型企画旅行契約の部「特別補償」「特別補償規程」に関する次の記述のうち、誤っているものはどれか。

ア．旅行の日程に、旅行者が旅行業者の手配に係る運送・宿泊機関等のサービスの提供を一切受けない日が定められている場合において、その旨および当該日に生じた事故によって旅行者が被った損害に対し、特別補償規程による補償金および見舞金の支払いが行われない旨を契約書面に明示したときは、当該日は企画旅行参加中とはしない。

イ．旅行者が事故によって身体に傷害を被り、旅行業者が当該旅行者またはその法定相続人に補償金等を支払った場合、旅行者またはその法定相続人が、旅行者の被った傷害について第三者に対して有する損害賠償請求権は、旅行業者が支払った額の限度内で、旅行業者に移転する。

ウ．旅行業者は、いかなる場合においても、事故の日から180日を経過した後の通院に対しては、通院見舞金を支払わない。

エ．旅行業者は、携帯品損害補償について、補償対象品の1個または1対についての損害額が10万円を超えるときは、そのものの損害の額を10万円とみなして損害補償金を支払う。

11 特別補償規程（2）

| 問題 41 | 解説 | 解答 | イ |

ア．**正しい**。日程中に旅行業者の手配に係る運送・宿泊機関等のサービスの提供を一切受けない日（無手配日）がある場合、旅行業者が**契約書面**に「無手配日があること」および「無手配日に生じた事故によって旅行者が被った損害は特別補償規程による補償金等の支払いが行われないこと」を**明示**したときは、その無手配日は**企画旅行参加中の扱いにならない**。

イ．**誤り**。旅行者の被った**傷害**（**身体・生命に生じた損害**）については、**旅行業者が補償金等を支払った場合でも**、旅行者またはその**法定相続人**が、**第三者**（その損害を発生させた当事者など）に対して有する損害賠償請求権は**旅行業者に移転しない**（旅行者またはその法定相続人は、旅行業者から支払われた補償金等とは別に、その損害を発生させた第三者に対して損害賠償請求をすることができる）。

ウ．**正しい**。記述のとおり。

エ．**正しい**。記述のとおり。

11 特別補償規程（3）

問題42 重要度 A 令2

募集型企画旅行契約の部および受注型企画旅行契約の部「特別補償規程」に関する次の記述のうち、入院見舞金、通院見舞金または携帯品損害補償金の支払いを要するものはどれか。

（注1）旅行業者が入院見舞金または通院見舞金の支払いを要する場合において、それ以外に支払うべき補償金等はないものとする。

（注2）携帯品損害補償金を支払う場合は、約款に定める支払いが必要な最低額を上回っているものとする。

ア．自由行動日に乗車した公共バスの追突事故で生じた他覚症状のないむちうち症

イ．旅行者と世帯を同じくする親族の不注意により、落として破損したスマートフォンの修理

ウ．企画旅行の日程に含まれていないスカイダイビング体験中に発生した事故によって被った傷害の治療のための90日間の入院

エ．旅行の受付場所へ向かう途中の駅で階段を踏み外し、被った傷害の治療のための5日間の入院

11 特別補償規程（3）

| 問題 42 | 解説 | | 解答 | イ |

ア．**支払いは不要**。原因のいかんを問わず、**他覚症状のない頸部症候群（むちうち症）は免責事由に該当する**ため、これにより通院または入院した場合でも見舞金の支払いは不要である（他覚症状のない腰痛も同じ）。

イ．**支払いが必要**。旅行者に**損害補償金を受け取らせることを目的として**、旅行者と世帯を同じくする親族が故意に損害を生じさせた場合は免責事由に当たるが、本肢には"親族の不注意"とあるので免責事由に該当しない。"スマートフォン"は補償対象品なので、本肢のケースは携帯品損害補償金の支払いの対象になる。

ウ．**支払いは不要**。"スカイダイビング"は、特別補償規程に定める**危険な行為に該当する**。旅行業者があらかじめ定めた企画旅行の日程にスカイダイビングが**含まれている場合**は、この行為により生じた傷害等も補償の対象になるが、本肢には"日程に含まれていないスカイダイビング体験中に発生した事故"とあるので入院見舞金の支払いは不要である。なお、企画旅行の日程にスカイダイビングが含まれている場合は、旅行日程外の企画旅行参加中（例えば自由行動日など）に同じ行為によって生じた傷害も補償の対象になる。

エ．**支払いは不要**。添乗員などによって受付や解散の告知が行われる場合は、**受付完了時から解散を告げた時まで**を企画旅行参加中とする（下記「ポイント整理」参照）。本肢には"旅行の受付場所へ向かう途中"とあり、企画旅行に参加する前に傷害が生じているので入院見舞金の支払いは不要である。

ポイント整理 　　サービスの提供の「開始」と「完了」

添乗員などにより**受付や解散の告知が行われる場合**は「受付完了時から解散を告げた時まで」が企画旅行参加中になる。
＊受付・解散の告知が行われない場合は次のとおり。

最初または最後の サービス提供機関	開始した時	完了した時
① 航空機のとき	乗客のみが入場できる飛行場構内における手荷物の検査等の完了時	乗客のみが入場できる飛行場構内からの退場時
② 船舶のとき	乗船手続の完了時	下船時
③ 鉄道のとき	改札の終了時（改札のないときは列車乗車時）	改札の終了時（改札のないときは列車降車時）
④ 車両のとき （バスなど）	乗車時	降車時
⑤ 宿泊機関のとき	施設への入場時	施設からの退場時
⑥ 宿泊機関以外の施設のとき（遊園地など）	施設の利用手続終了時	施設からの退場時

159

11 特別補償規程（4）

問題 43 重要度 A 令5 ✓□□

募集型企画旅行契約の部および受注型企画旅行契約の部「特別補償規程」に関する次の記述から、入院見舞金、通院見舞金または携帯品損害補償金の支払いの対象となるものをすべて選んでいるものはどれか。

(注1) 旅行業者が入院見舞金または通院見舞金の支払いを要する場合において、それ以外に支払うべき補償金等はないものとする。

(注2) 携帯品損害補償金を支払う場合は、約款に定める支払いが必要な最低額を上回っているものとする。

a．国内企画旅行の日程に含まれている山岳登はん中（ピッケル、アイゼン等の登山用具を使用するもの）に発生した大地震による落石事故によって被った傷害による 30 日間の入院

b．国内企画旅行に参加中の旅行者が、その自由行動日に、法令に定められた運転資格を持たないで自動車を運転している間に生じた事故により、当該旅行者以外の当該企画旅行参加中の旅行者が巻き添えとなって被った傷害による 7 日間の入院

c．自由行動中に誤って落したことにより、機能に支障をきたしたデジタルカメラ

d．野球観戦ツアーに参加中の旅行者が、野球場の座席に置き忘れた双眼鏡

ア．a，b　　イ．a，c　　ウ．b，c　　エ．a，b，d

11 特別補償規程（4）

問題 43　解説　　　　　　　　　　　　　　　　　　　解答　ウ

a．**対象とならない**。国内企画旅行参加中の**地震**（噴火、津波も同じ）を原因とする損害は免責事由に当たるので、補償金等の支払いの対象とならない。

なお、**山岳登はん**（ピッケル、アイゼン等の登山用具を使用するもの）は、スカイダイビング、ハンググライダー等に代表される**危険な行為**に該当する。**旅行業者があらかじめ定めた企画旅行の日程に山岳登はんが含まれている場合**は、この行為により生じた傷害等も補償の対象となる（日程に含まれていない場合は対象外）。本肢には"日程に含まれている山岳登はん"とあるので、例えば、地震に由来しない落石により傷害を被り入院した場合は、入院見舞金が支払われる。

b．**対象となる**。日程にあらかじめ含まれている自由行動日は企画旅行参加中に当たる。企画旅行参加中の旅行者が自動車の無免許運転をしている間に起こした事故については、その行為の当事者である旅行者に対して補償金等は支払われないが、行為者**以外**の旅行者が被った損害（巻き添えになったなど）は、補償金等の支払いの対象となる。本肢には"巻き添えとなって被った傷害による7日間の入院"とあるので、入院見舞金の支払いの対象となる。

c．**対象となる**。"デジタルカメラ"は補償対象品であり、「落下させた」「ぶつけた」「水に流した」など、旅行者の不注意（置き忘れおよび紛失を除く）による損害は免責事由に該当しないので、携帯品損害補償金の支払いの対象となる。

d．**対象とならない**。"双眼鏡"は補償対象品だが、**置き忘れ**（または**紛失**）による損害は免責事由に該当するので、携帯品損害補償金の支払いの対象とならない。

以上により、b、cを選んでいるウが正解である。

ポイント整理　危険な行為とされる主なもの（抜粋）

山岳登はん（ピッケル、アイゼン、ザイル、ハンマー等の登山用具を使用するもの）、リュージュ、ボブスレー、スカイダイビング、ハンググライダー搭乗　など

※ピッケル、アイゼンなどの登山用具を使わない登山、スキューバダイビング、スキー・スノーボードは危険な行為に含まれない。

11 特別補償規程（5）

問題 44 重要度 A 平30

募集型企画旅行契約の部および受注型企画旅行契約の部「特別補償規程」の「携帯品損害補償」に関する次の記述のうち、携帯品損害補償金の支払いの対象となるものはどれか（いずれも携帯品損害補償金の額は、約款に定める支払いが必要な最低額を上回っているものとする。）。

ア．国内旅行において、旅行者が地震の発生に伴ってホテルから避難する際、混乱に巻き込まれたことにより壊れてしまったスマートフォン
イ．ホテルのロビーで盗難に遭ったハンドバッグ
ウ．空港の搭乗待合室に置き忘れたデジタルカメラ
エ．自由行動日の市内散策中に紛失した宿泊クーポン券

11 特別補償規程（5）

問題44　解説　　　解答　イ

ア．**対象とならない**。"スマートフォン"は補償対象品だが、**国内旅行参加中の地震（噴火、津波も同じ）**を原因とする損害は免責事由に当たるので、携帯品損害補償金の支払いの対象とならない。

イ．**対象となる**。"ハンドバッグ"は補償対象品であり、"**盗難**"による損害は免責事由に該当しないので、携帯品損害補償金の支払いの対象となる。

ウ．**対象とならない**。"デジタルカメラ"は補償対象品だが、"**置き忘れ**"は免責事由に当たるので、携帯品損害補償金の支払いの対象とならない。

エ．**対象とならない**。"宿泊クーポン券"を含む**クーポン券**は補償対象品から除外されている。また、"**紛失**"は免責事由に当たるので、携帯品損害補償金の支払いの対象とならない。

補償の対象にならない主な物品（抜粋）

次のようなものが試験で出題されているので覚えておこう！
- 現金、小切手などの有価証券　●クレジットカード、クーポン券、航空券、パスポート
- コンタクトレンズ　●稿本、設計書　●自動車、原動機付自転車、船舶など

11 特別補償規程（6）

問題 45　重要度 A　令4

募集型企画旅行契約の部および受注型企画旅行契約の部「特別補償規程」に関する次の記述から、入院見舞金、通院見舞金または携帯品損害補償金の支払いの対象とならないものをすべて選んでいるものはどれか。

（注1）旅行業者が入院見舞金または通院見舞金の支払いを要する場合において、それ以外に支払うべき補償金等はないものとする。

（注2）携帯品損害補償金を支払う場合は、約款に定める支払いが必要な最低額を上回っているものとする。

a．旅行者が、旅行参加中に、道路上でレンタカーを運転中にハンドル操作を誤り、壁面に衝突した事故によって被った傷害の治療のための7日間の入院

b．旅行者が、旅行参加中に、ホテルの洗面台に誤って流し、紛失したコンタクトレンズ

c．旅行者が、旅行日程に定められた自由行動日に、スノーボードで滑降中、転倒事故によって被った傷害の治療のための5日間の通院

d．旅行者が、旅行日程に定められた自由行動日に、島内観光のために持ち込んだ原動機付自転車の盗難

ア．a、c　　イ．b、d　　ウ．a、b、d　　エ．a、b、c、d

問題 46　重要度 A　令1

募集型企画旅行契約の部および受注型企画旅行契約の部「特別補償規程」の「携帯品損害補償」に関する次の記述のうち、携帯品損害補償金の支払いの対象とならないものはどれか（いずれも携帯品損害補償金を支払う場合は、約款に定める支払いが必要な最低額を上回っているものとする。）。

ア．自由行動中に誤って落としたことにより、機能に支障をきたしたデジタルカメラ

イ．市内観光中の路上で、ひったくりに遭って取られたクラッチバッグ

ウ．夕食を摂ったレストランの化粧室に置き忘れた指輪

エ．リュックサックの中に一緒に入れていた液体化粧品の流出で、使用不能となったスマートフォン

11 特別補償規程（6）

| 問題45 | 解説 | 解答 | イ |

a．**対象となる。**無免許運転や飲酒運転などの法令違反をともなうものを除き、自動車運転中の過失による事故は免責事由に当たらない。したがって、本肢のケースでは7日間の入院に対して入院見舞金が支払われる。

b．**対象とならない。**"コンタクトレンズ"は補償対象品から除外されている。また、"紛失（または置き忘れ）"による損害は免責事由に当たるので、携帯品損害補償金の支払いの対象とならない。

c．**対象となる。**スノーボードは、スカイダイビングや山岳登はんに代表される「危険な行為」には該当しない。また、企画旅行の日程のなかにあらかじめ定められている「自由行動日」は企画旅行参加中に当たる。通院見舞金は通院日数が3日以上のときに支払われるので、本肢のケースでは5日間の通院が通院見舞金の支払いの対象となる。

d．**対象とならない。**"原動機付自転車"は補償対象品から除外されている。したがって、損害が生じた原因にかかわらず、携帯品損害補償金の支払いの対象とならない。

以上により、b，dを選んでいるイが正解である。

| 問題46 | 解説 | 解答 | ウ |

ア．**対象となる。**"デジタルカメラ"は補償対象品であり、「落下させた」「ぶつけた」など、旅行者の不注意（置き忘れおよび紛失を除く）による損害は免責事由に該当しないので、携帯品損害補償金の支払いの対象となる。

イ．**対象となる。**"クラッチバッグ"は補償対象品であり、盗難による損害は免責事由に該当しないので、携帯品損害補償金の支払いの対象となる。

ウ．**対象とならない。**"指輪"は補償対象品だが、**置き忘れ**（または**紛失**）による損害は免責事由に該当するので、携帯品損害補償金の支払いの対象とならない。

エ．**対象となる。**「補償対象品である**液体の流出**」によって損害が生じた場合、流出した液体は補償の対象にならないが、その結果として**他の補償対象品**に生じた損害は補償の対象となる。"スマートフォン"は補償対象品なので、その機能に支障をきたした場合は携帯品損害補償金の支払いの対象となる（流出した液体化粧品は支払いの対象にならない）。

12 受注型企画旅行契約（1）

問題 47 重要度 A 平27

受注型企画旅行契約の部に関する次の記述のうち、誤っているものはどれか。

ア．旅行業者は、旅行中の旅行者が、疾病、傷害等により保護を要する状態にあると認めたときは、必要な措置を講ずることがある。この場合において、これが旅行業者の責に帰すべき事由によるものでないときは、当該措置に要した費用は旅行者の負担とする。
イ．旅行業者は、通信契約である場合を除き、団体・グループ契約において契約責任者と契約を締結する場合において、申込金の支払いを受けることなく契約を締結する旨を記載した書面を交付することにより契約を成立させることがある。
ウ．旅行業者は、旅程を管理する義務を負わない。
エ．旅行者は、旅行業者に対し、旅行日程、旅行サービスの内容その他の契約の内容を変更するよう求めることができる。

問題 48 重要度 A 平30

受注型企画旅行契約の部に関する次の記述のうち、誤っているものはどれか。

ア．旅行業者は、契約の申込みをしようとする旅行者からの依頼があったときは、旅行業者の業務上の都合があるときを除き、当該依頼の内容に沿って作成した旅行日程、旅行サービスの内容、旅行代金その他の旅行条件に関する企画の内容を記載した企画書面を交付する。
イ．旅行業者は、団体・グループ契約において、契約責任者が構成者に対して現に負い、または将来負うことが予測される債務または義務については、何らの責任を負うものではない。
ウ．旅行業者は、旅行の実施にあたり、添乗員その他の者を必ず同行させて旅程管理業務の全部または一部を行わせなければならない。
エ．旅行業者は、申込金の支払いを受けることなく契約を締結する旨を記載した書面を契約責任者に交付することにより、契約を成立させることがある。

12 受注型企画旅行契約（1）

| 問題 47 | 解説 | 解答 | ウ |

ア．**正しい**。記述のとおり（募集型企画旅行契約と同じ）。

イ．**正しい**。記述のとおり。受注型企画旅行の団体・グループ契約では、旅行業者は、申込金の支払いを受けずに契約の締結を承諾することがある。この場合、旅行業者が契約責任者に対して「**申込金の支払いを受けずに契約を締結することを承諾する**」旨を記載した書面を交付した時に受注型企画旅行契約が成立する（手配旅行契約にも同様の特則が設けられている）。

ウ．**誤り**。受注型企画旅行は旅行業者が旅行計画を作成して実施する旅行なので、募集型企画旅行契約と同様、旅行業者はその**旅程を管理する義務**を負う。

エ．**正しい**。記述のとおり。受注型企画旅行は、**旅行者の依頼に基づき**旅行業者が旅行計画を作成して実施する旅行である。**旅行の内容を決定する権限は旅行者にある**ので、旅行者は旅行業者に対して**契約内容を変更するよう求める**ことができ、旅行業者は**可能な限り**その求めに応じる。

| 問題 48 | 解説 | 解答 | ウ |

ア．**正しい**。記述のとおり。旅行者は、旅行業者から交付された企画書面の内容を見て、契約の申込みをするかどうかを検討・判断することになる。

イ．**正しい**。記述のとおり。例えば、旅行業者が契約責任者に契約内容の変更を通知したにもかかわらず、契約責任者が他の構成者に対しその変更に関する通知を怠ったことにより損害が生じたとしても、旅行業者はこれらにつき何らの責任を負わない。

ウ．**誤り**。旅行業者は、**旅行の内容により添乗員その他の者を同行させて旅程管理業務の全部または一部を行わせることがある**。つまり、添乗員などに旅程管理業務を行わせるかどうかは、旅行の内容によって旅行業者が判断すべきもので、必ずしもすべての受注型企画旅行に添乗員などを同行させる必要はない（募集型企画旅行契約も同じ）。したがって "必ず同行させて旅程管理業務の全部または一部を行わせなければならない" とする本肢の記述は誤りである。

エ．**正しい**。記述のとおり。この場合、旅行業者が契約責任者に「**申込金の支払いを受けずに契約を締結することを承諾する**」旨を記載した**書面を交付した時**に受注型企画旅行契約が成立する（手配旅行契約にも同様の特則が設けられている）。

167

12 受注型企画旅行契約（2）

問題 49 重要度 A 令5

受注型企画旅行契約の部に関する次の記述のうち、正しいものはどれか。

ア．旅行業者は、企画書面において、旅行代金の内訳として企画料金の金額を明示した場合、旅行者から当該書面に記載された企画の内容に関して、契約の申込みがなかった場合であっても、当該旅行者から企画料金を収受することができる。

イ．旅行者は、旅行業者に対し、旅行日程、旅行サービスの内容その他の契約の内容を変更するよう求めることができるが、その結果、旅行代金が増額されたときは、当該増額分に加えて変更手続料金も当該旅行者の負担とする。

ウ．「受注型企画旅行」とは、旅行業者が、旅行者からの依頼により、旅行の目的地および日程、旅行者が提供を受けることができる運送または宿泊のサービスの内容ならびに旅行者が旅行業者に支払うべき旅行代金の額を定めた旅行に関する計画を作成し、これにより実施する旅行をいう。

エ．旅行業者は、旅行中の旅行者が、疾病、傷害等により保護を要する状態にあると認めたときは、必要な措置を講ずることがある。この場合において、当該措置に要した費用は、当該旅行業者の責任の有無にかかわらず、旅行業者が負担する。

12 受注型企画旅行契約（2）

| 問題 49 | 解説 | 解答 | ウ |

ア．**誤り。**旅行業者が、**企画書面（および契約書面）に旅行代金の内訳として
企画料金の額を明示した場合**で、**契約締結後に旅行者が受注型企画旅行契約
を解除したとき**は、その解除の時期にかかわらず（取消料の適用期間外であっ
ても）、旅行業者は旅行者に対して企画料金（企画料金に相当する額の取消料）
を請求できる。本肢のように、企画書面の交付後、旅行者から契約の申込み
がなかった場合は、**契約そのものが成立していない**ので、旅行業者が企画書
面に企画料金の金額を明示していたとしても、旅行者から企画料金を収受す
ることはできない。

イ．**誤り。**受注型企画旅行契約では、旅行者は旅行業者に対して**契約内容の変
更を求めることができる**。変更に際し、旅行の実施に要する費用が増加した
ときは、その**増額分は旅行者の負担**とし、旅行業者は旅行代金を増額するこ
とができるが、別途 "変更手続料金" の名目で旅行者に費用を負担させるこ
とはできない（変更手続料金は、手配旅行契約の内容を変更する際にかかる
費用である）。したがって、変更にともなう増額分を旅行者の負担とする旨
の記述は正しいが "変更手続料金も当該旅行者の負担とする" とあるのは誤
りである。

ウ．**正しい。**記述のとおり。なお、本肢の "旅行者からの依頼により" を「旅
行者の募集のためにあらかじめ」に置き換えると、募集型企画旅行の定義に
なる。

エ．**誤り。**旅行業者は、旅行中の旅行者が疾病等により保護を要する状態にあ
ると認めたときは、必要な措置を講ずることがあるが、その原因が**旅行業者
の責に帰すべき事由によるものでないとき**は、この措置に要した費用は**旅行
者の負担**になる。

約
款

12 受注型企画旅行契約（3）

問題 50　重要度 A　令2　✓☐☐

受注型企画旅行契約の部に関する次の記述から、正しいもののみをすべて選んでいるものはどれか。

a. 旅行業者は、契約の履行に当たって、手配の全部または一部を本邦内または本邦外の他の旅行業者、手配を業として行う者その他の補助者に代行させることがある。

b. 旅行業者は、契約責任者と契約を締結する場合において、申込金の支払いを受けることなく契約の締結を承諾することがある。この場合には、契約は、旅行業者が契約の締結を承諾した時に成立するものとし、契約責任者に対し申込金の支払いを受けることなく契約を締結する旨を記載した書面の交付を要しない。

c. 旅行者は、旅行開始後旅行終了までの間において、団体で行動するときは、旅行を安全かつ円滑に実施するための旅行業者の指示に従わなければならない。

ア．a，b　　イ．a，c　　ウ．b，c　　エ．a，b，c

12 受注型企画旅行契約（3）

| 問題50 | 解説 | | 解答 | イ |

a．**正しい**。記述のとおり。旅行業者は、受注型企画旅行契約の履行に当たり、**手配の全部または一部を国内または海外の手配代行者に代行させることができる**。

b．**誤り**。団体・グループ契約により、旅行業者が契約責任者と受注型企画旅行契約を締結する場合、旅行業者は申込金の支払いを受けることなく契約の締結を承諾することがある。この場合、旅行業者は契約責任者に対して、**申込金の支払いを受けずに契約を締結することを承諾する**旨を記載した書面を交付しなければならず、この**書面を交付した時に受注型企画旅行契約が成立する**（手配旅行契約にも同様の特則が設けられている）。したがって "旅行業者が契約の締結を承諾した時に成立するものとし……書面の交付を要しない" とする本肢の記述は誤りである。

c．**正しい**。記述のとおり（募集型企画旅行契約と同じ）。

以上により、a，cを選んでいるイが正解である。

約
款

171

12 受注型企画旅行契約（4）

問題51 重要度 A 平29-改

受注型企画旅行契約の部に関する次の記述のうち、誤っているものはどれか。

ア．旅行業者が契約により手配し旅程を管理する義務を負う旅行サービスの範囲は、確定書面の交付を要しないときは、契約書面に記載するところによる。

イ．旅行業者は、企画書面において旅行代金の内訳として企画料金の金額を明示した場合は、当該金額を契約書面において明示する。この場合、旅行業者は、宿泊を伴う国内旅行では、旅行開始日の前日から起算してさかのぼって20日目に当たる日より前に旅行者が自己の都合で契約を解除したときは、企画料金に相当する金額を取消料として収受することができる。

ウ．契約責任者は、旅行業者が定める日までに、その団体・グループを構成する旅行者の名簿を旅行業者に提出しなければならない。

エ．旅行業者は、旅行者に対し企画書面を交付することにより、契約書面の交付に代えることができる。

12 受注型企画旅行契約（4）

| 問題 51 | 解説 | | 解答 | エ |

ア．**正しい。**契約書面の交付ののち、確定書面を交付したときは、旅行業者が契約により手配し旅程を管理する義務を負う旅行サービスの範囲は確定書面に記載するところによるが、**契約書面のみを交付する**（確定書面の交付を要しない）場合は、旅行業者がこの義務を負う旅行サービスの範囲は、**契約書面に記載するところによる**（募集型企画旅行契約と同様）。

　　契約書面に「確定された旅行日程、運送・宿泊機関等の名称」を記載できない場合に、これらの確定状況を通知する目的で交付するのが確定書面である。したがって、**契約書面を交付する**段階で、**旅行日程、運送・宿泊機関等の名称をすべて確定できる場合は、確定書面の交付は不要である。**

イ．**正しい。**受注型企画旅行契約において、旅行業者が企画書面および契約書面の両方に、旅行代金の内訳として企画料金の金額を明示した場合は、**旅行者が契約を解除した時期にかかわらず**（取消料の収受ができない期間の解除であっても）、旅行業者は企画料金に相当する額の取消料を収受できる。宿泊をともなう国内旅行の場合、原則として旅行開始日の前日から起算してさかのぼって 20 日目に当たる日以降に旅行者が契約を解除したときに取消料が適用されるが、この日より前の解除であっても取消料を収受できる。

ウ．**正しい。**記述のとおり。募集型企画旅行契約と同様である。

エ．**誤り。**企画書面は、**受注型企画旅行契約の申込みをしようとする旅行者から依頼があったとき**に、企画内容を提案するために交付する書面である（旅行者は、この企画書面の内容を検討したうえで、契約を締結するかどうかを判断する）。これに対し、**契約書面は旅行者による企画内容の検討ののち、契約締結に至ったとき**に交付するものである。このように、企画書面と契約書面は、交付の目的が異なるため代用することはできず"企画書面を交付することにより、契約書面の交付に代えることができる"とする本肢の記述は誤りである。

約款

173

12 受注型企画旅行契約 （5）

問題 52 重要度 A 令4 ✓□□

受注型企画旅行契約の部に関する次の記述から、正しいもののみをすべて選んでいるものはどれか。

a. 国内旅行（貸切船舶を利用する場合を除く。）において、旅行業者が企画書面および契約書面に旅行代金の内訳として企画料金の金額を明示して契約している場合において、旅行者が自己都合により旅行開始日の前日から起算してさかのぼって21日目に当たる日より前に当該契約を解除したときは、旅行業者は、企画料金に相当する金額の取消料の支払いを受ける。

b. 旅行者は、旅行業者に対し、旅行日程、旅行サービスの内容その他の契約内容を変更するよう求めることができ、旅行業者は可能な限りその求めに応じるが、その際、旅行の実施に要する費用が増加したときは、その増額分は旅行業者が負担しなければならない。

c. 旅行業者は、旅行者に対し企画書面を交付することにより、契約書面の交付に代えることができる。

d. 旅行業者は、団体・グループ契約において、申込金の支払いを受けることなく契約を締結する場合には、契約責任者にその旨を記載した書面を交付し、当該契約は、旅行業者が当該書面を交付した時に成立する。

ア．a，d　　イ．b，c　　ウ．a，b，d　　エ．a，b，c，d

174

12 受注型企画旅行契約（5）

| 問題 52 | 解説 | 解答 | ア |

a．**正しい。**受注型企画旅行契約において、旅行業者が**企画書面および契約書面の両方に**旅行代金の内訳として**企画料金の金額を明示した場合は、**旅行者が契約を解除した時期にかかわらず（取消料の収受ができない期間の解除であっても）、旅行業者は**取消料を収受できる。**旅行者の自己都合により国内の受注型企画旅行契約を解除するに当たり、取消料を収受できる最も早いタイミングは、貸切船舶を利用する場合を除き「旅行開始日の前日から起算してさかのぼって 20 日目に当たる日（の解除）」だが、これより前に契約を解除した場合でも、旅行業者は企画料金に相当する額の違約料の支払いを受けることができる。

b．**誤り。**旅行者の求めに応じて旅行業者が契約内容を変更した結果、旅行の実施に要する費用が増加したときは、旅行業者はその**増加の範囲内で旅行代金を増額することができる**（増額分は**旅行者が負担**する）。"増額分は旅行業者が負担しなければならない"とする本肢の記述は誤りである。

c．**誤り。**企画書面と契約書面は、その交付の目的が異なるため、それぞれで代用することはできない。**企画書面は、受注型企画旅行契約の申込みをしようとする旅行者から依頼があったときに、**企画内容を提案するために交付する書面である。これに対し、**契約書面は旅行者による企画内容の検討ののち、契約締結に至ったときに交付するものである。**

d．**正しい。**団体・グループ契約により、旅行業者が契約責任者と受注型企画旅行契約を締結する場合、旅行業者は**申込金の支払いを受けることなく契約の締結を承諾することがある。**この場合、旅行業者が契約責任者に対して申込金の支払いを受けずに契約を締結することを承諾する旨を記載した**書面を交付したときに契約が成立する**（手配旅行契約にも同様の特則が設けられている）。

以上により、 a ， d を選んでいるアが正解である。

175

13 手配旅行契約（1）

問題53 重要度 A 令2

手配旅行契約の部に関する次の記述のうち、誤っているものはどれか。

ア．旅行者が所定の期日までに旅行代金を支払わないことから、旅行業者が契約を解除したときは、旅行者は、いまだ提供を受けていない旅行サービスに係る取消料、違約料その他の運送・宿泊機関等に対して既に支払い、またはこれから支払わなければならない費用を負担するほか、旅行業者に対し、旅行業者が得るはずであった取扱料金は支払わなければならないが、所定の取消手続料金を支払う必要は無い。

イ．旅行業者が善良な管理者の注意をもって宿泊サービスの手配をしたときは、手配旅行契約に基づく旅行業者の債務の履行は終了し、宿泊サービス提供機関が満員との事由によって契約を締結できなかった場合であっても、旅行業者が手配旅行契約の義務を果たしたときは、旅行者は旅行業者に対し、旅行業者所定の取扱料金を支払わなければならない。

ウ．旅行業者が旅行者の求めにより契約の内容を変更する場合、旅行者は、既に完了した手配を取り消す際に運送・宿泊機関等に支払うべき取消料、違約料その他の手配の変更に要する費用を負担するほか、旅行業者に対し、旅行業者所定の変更手続料金を支払わなければならない。また、当該契約の内容の変更によって生ずる旅行代金の増加または減少は旅行者に帰属するものとする。

エ．契約責任者からの求めにより、旅行業者が添乗サービスを提供するときは、契約責任者は、旅行業者に対し、所定の添乗サービス料を支払わなければならない。

13 手配旅行契約（1）

| 問題 53 | 解説 | | 解答 | ア |

ア. **誤り。**旅行者が所定の期日までに旅行代金を支払わないなど、旅行者の責に帰すべき事由により旅行業者が手配旅行契約を解除したときは、旅行者は旅行業者に対し、次のものを支払わなければならない。

　① 旅行者がいまだ提供を受けていない旅行サービスに係る**取消料、違約料**
　　等
　② 旅行業者所定の**取消手続料金**
　③ 旅行業者が得るはずであった**旅行業務取扱料金**

　したがって"所定の取消手続料金を支払う必要は無い"とする本肢の記述は誤りである。

イ. **正しい。**旅行業者が**善良な管理者の注意**をもって旅行サービスの**手配**をしたときは、手配旅行契約に基づく**旅行業者の債務の履行は終了**する。したがって、**満員、休業、条件不適当**などにより運送・宿泊機関等との間で旅行サービスを提供する契約を締結できなかった場合でも、旅行業者がその義務を果たしたときは、旅行者は旅行業者に対し、所定の旅行業務取扱料金を支払わなければならない。

ウ. **正しい。旅行者の求め**により手配旅行契約の内容を変更する場合、旅行者は次の費用を負担しなければならない。

　① 手配の**変更に要する費用**（すでに完了した手配を取り消す際に**運送・**
　　宿泊機関等に支払うべき取消料、違約料等）
　② 旅行業者所定の**変更手続料金**

　この契約内容の変更により生ずる**旅行代金の増加または減少は旅行者に帰属する**（増加の場合は旅行者の負担とし、減少の場合は旅行者に返金する）。

エ. **正しい。**手配旅行契約（団体・グループ手配）において、契約責任者からの求めにより添乗サービスを提供するときは、所定の**添乗サービス料**がかかる。手配旅行契約における添乗サービスの内容は、原則として「あらかじめ定められた旅行日程上、**団体・グループ行動を行うために必要な業務**」に限定されている（旅程管理業務は含まない）。なお、添乗員が添乗サービスを提供する時間帯は、原則として **8 時から 20 時**までである。

約
款

177

13 手配旅行契約 (2)

問題 54 　重要度 A　令5 　　　　　　　　　　✓□□

手配旅行契約の部に関する次の記述から、誤っているもののみをすべて選んでいるものはどれか。

a. 旅行開始前に運送機関の運賃・料金の改訂により旅行代金の変動を生じ、旅行業者によって旅行代金が増額されたときは、旅行者は、旅行業者が得るはずであった取扱料金を支払うことなく、契約を解除することができる。

b. 旅行業者は、契約責任者からの求めにより、団体・グループに添乗員を同行させることがあるが、添乗員が行う添乗サービスの内容は、原則として、あらかじめ定められた旅行日程上、団体・グループ行動を行うために必要な業務とする。

c. 旅行業者は、旅行業者が手配するすべての旅行サービスについて乗車券類、宿泊券その他の旅行サービスの提供を受ける権利を表示した書面を旅行者に交付するときは、必ず契約書面を交付しなければならない。

d. 旅行者の都合により旅行開始前に契約が解除されたときは、旅行者はいまだ提供を受けていない旅行サービスに係る取消料、違約料その他の運送・宿泊機関等に対して既に支払い、またはこれから支払う費用を負担するほか、旅行業者に対し、旅行業者所定の取消手続料金および旅行業者が得るはずであった取扱料金を支払わなければならない。

ア．a，c　　イ．b，d　　ウ．a，b，c　　エ．a，b，c，d

13 手配旅行契約（2）

| 問題 54 | 解説 | | 解答 | ア |

a．**誤り。**旅行代金の増額を理由に旅行者が手配旅行契約を解除しようとする
ときは「旅行者による任意解除（自己都合による解除）」として扱われるため、
旅行者は次の①～③の費用を負担しなければならない（"……取扱料金を支
払うことなく、契約を解除することができる" とする本肢の記述は誤り）。

　　① いまだ提供を受けていない旅行サービスに係る**取消料、違約料等**

　　② 旅行業者所定の**取消手続料金**

　　③ 旅行業者が得るはずであった**旅行業務取扱料金**

b．**正しい。**記述のとおり。手配旅行契約では、**旅行業者は旅程管理責任を負
わない**ので、添乗員が行う業務（添乗サービス）の内容をあらかじめ定めら
れた旅行日程上、団体・グループ行動を行うために必要な業務に限定してい
る（添乗サービスの内容に旅程管理業務は含まれない）。なお、添乗員が添
乗サービスを提供する時間帯は、原則として **8 時から 20 時まで**である。

c．**誤り。**手配旅行契約において、旅行業者が手配する**すべての旅行サービス**
について、**旅行サービスの提供を受ける権利を表示した書面**（乗車船券、宿
泊券等）を**交付する**ときは、旅行業者は契約書面を交付しないことがある。"必
ず契約書面を交付しなければならない" とする本肢の記述は誤りである。

d．**正しい。**記述のとおり。 a の解説参照。

　以上により、 a ， c を選んでいるアが正解である。

ポイント整理　🖊　　**手配旅行契約の成立時期**

原　則（通信契約でない場合）	旅行業者が契約の締結を承諾し**申込金を受理した時**
通信契約の場合	旅行業者が契約の申込みを承諾する旨の通知が旅行者に到達した時
書面による特約をした場合	時期は特定されていない （書面において時期を明らかにする）
乗車券、宿泊券等のみの手配で代金と引き換えに乗車券類を交付する場合 （口頭による申込みを受け付けた場合）	旅行業者が契約の**締結を承諾した時**
団体・グループ手配 （申込金の支払いを受けない場合）	申込金の支払いを受けずに契約を締結することを承諾する旨を記載した書面を契約責任者に交付した時

約
款

179

13 手配旅行契約（3）

問題 55 重要度 A 令2

手配旅行契約の部に関する次の記述のうち、誤っているものはどれか。

ア．旅行業者は、旅行サービスを手配するために、運送・宿泊機関等に対して支払った費用で旅行者の負担に帰すべきものおよび取扱料金の合計額が旅行代金として既に収受した金額に満たないときは、旅行終了後、速やかに旅行者にその差額を払い戻す。

イ．旅行業者は、旅行開始前において、運送・宿泊機関等の運賃・料金の改訂、為替相場の変動その他の事由により旅行代金の変動を生じた場合は、当該旅行代金を変更することがある。

ウ．旅行者は、旅行開始後において、契約書面に記載された旅行サービスを円滑に受領するため、万が一契約書面と異なる旅行サービスが提供されたと認識したときは、旅行終了後速やかにその旨を旅行業者に申し出なければならない。

エ．旅行業者は、書面による特約をもって、申込金の支払いを受けることなく、契約の締結の承諾のみにより契約を成立させることがある。

問題 56 重要度 A 令4

手配旅行契約の部に関する次の記述のうち、誤っているものはどれか。

ア．「旅行代金」とは、旅行業者が旅行サービスを手配するために、運賃、宿泊料その他の運送・宿泊機関等に対して支払う費用および旅行業者所定の旅行業務取扱料金（変更手続料金および取消手続料金を除く。）をいう。

イ．旅行業者は、宿泊サービスの手配のみを目的とする契約であって旅行代金と引換えに当該宿泊サービスの提供を受ける権利を表示した書面を旅行者に交付するものについては、口頭により申込みを受け付けることがあり、この場合において契約は、旅行業者が契約の締結を承諾した時に成立する。

ウ．旅行業者は、旅行開始前に旅行者から契約の内容を変更するよう求めがあったときは、可能な限りこれに応じるが、旅行開始後は応じない。

エ．旅行業者の責に帰すべき事由により旅行サービスの手配が不可能となった場合は、旅行者は契約を解除することができ、これにより旅行者が損害を被ったときは、損害発生の翌日から起算して2年以内に旅行業者に対して通知があったときに限り、旅行業者はその損害を賠償する責に任じる。

13 手配旅行契約（3）

| 問題 55 | 解説 | 解答 | ウ |

ア．**正しい**。記述のとおり。"旅行サービスを手配するために、運送・宿泊機関等に対して支払った費用で旅行者の負担に帰すべきものおよび取扱料金の合計額"とは**精算旅行代金**を指す。精算旅行代金と、旅行代金としてすでに収受した金額とが合致しないときは、旅行終了後、旅行業者は速やかに旅行代金を精算しなければならない

イ．**正しい**。記述のとおり。この場合の**旅行代金の増加または減少は旅行者に帰属する**（増加の場合は旅行者の負担とし、減少の場合は旅行者に返金する）。
　　企画旅行の場合は、運送機関の運賃・料金の改訂（小幅な値上げなど）、宿泊料金の改訂、為替相場の変動などによる旅行代金の変更は認められないが、手配旅行契約の場合は、これらの幅広い理由により旅行代金を変更できる。

ウ．**誤り**。旅行者は、旅行開始後に契約書面と異なる旅行サービスが提供されたと認識したときは、**旅行地において速やかに**その旨を旅行業者（手配代行者または旅行サービス提供者）に申し出なければならない。"旅行終了後速やかに……"とする本肢の記述は誤りである。

エ．**正しい**。記述のとおり。**書面による特約**をもって申込金の支払いを受けずに契約を成立させた場合は、この書面において契約の成立時期を明らかにしなければならない（P179 の「ポイント整理」参照）。

| 問題 56 | 解説 | 解答 | ウ |

ア．**正しい**。記述のとおり。手配旅行契約における**旅行代金**とは、旅行業者が旅行サービスを手配するために、**運賃、宿泊料その他の運送・宿泊機関等に対して支払う費用**および旅行業者所定の**旅行業務取扱料金**（変更手続料金および取消手続料金を除く）をいう。

イ．**正しい**。記述のとおり。P179 の「ポイント整理」参照。

ウ．**誤り**。手配旅行契約は、**旅行者の委託**により運送・宿泊サービス等の手配を引き受ける契約なので、旅行者は旅行業者に対して**契約内容を変更する**よう求めることができ、旅行業者は**可能な限りこれに応じなければならない**。したがって、"旅行開始後は応じない"とする本肢の記述は誤りである。

エ．**正しい**。記述のとおり。旅行者に生じた損害（手荷物に生じた損害を除く）についての旅行業者への通知期限は、**損害発生の翌日から起算して 2 年以内**である（企画旅行契約と同じ）。

13 手配旅行契約（4）

問題57　重要度 A 令3-改　✓☐☐

手配旅行契約の部に関する次の記述のうち、誤っているものはどれか。

ア．旅行業者は、旅行開始前において、運送・宿泊機関等の運賃・料金の改訂、為替相場の変動その他の事由により旅行代金の変動を生じた場合は、当該旅行代金を変更することがある。この場合において、旅行代金の増加または減少は、旅行業者に帰属する。

イ．旅行業者は、旅行契約の成立後速やかに、旅行者に、旅行日程、旅行サービスの内容、旅行代金その他の旅行条件および旅行業者の責任に関する事項を記載した契約書面を交付する。ただし、旅行業者が手配するすべての旅行サービスについて乗車券類、宿泊券その他の旅行サービスの提供を受ける権利を表示した書面を交付するときは、当該契約書面を交付しないことがある。

ウ．「手配旅行契約」とは、旅行業者が旅行者の委託により、旅行者のために代理、媒介または取次をすること等により旅行者が運送・宿泊機関等の提供する運送、宿泊その他の旅行に関するサービスの提供を受けることができるように、手配することを引き受ける契約をいう。

エ．旅行業者が善良な管理者の注意をもって宿泊サービスの手配をしたときは、宿泊サービス提供機関が満員との事由によって契約を締結できなかった場合であっても、旅行者は旅行業者に対し、旅行業者所定の旅行業務取扱料金を支払わなければならない。

問題58　重要度 A 令3　✓☐☐

手配旅行契約の部「団体・グループ手配」に関する次の記述から、正しいもののみをすべて選んでいるものはどれか。

a．旅行業者は、特約を結んだ場合を除き、契約責任者は構成者の手配旅行契約の締結に関する一切の代理権を有しているものとみなし、当該団体・グループに係る旅行業務に関する取引は、当該契約責任者との間で行う。

b．契約責任者は、旅行業者が定める日までに、構成者の名簿を旅行業者に提出し、または人数を旅行業者に通知しなければならない。

c．旅行業者は、契約責任者が構成者に対して現に負い、または将来負うことが予測される債務または義務については、何らの責任を負うものではない。

ア．a，b　イ．a，c　ウ．b，c　エ．a，b，c

13 手配旅行契約（4）

| 問題 57 | 解説 | 解答 | ア |

ア．誤り。手配旅行契約では、**旅行開始前に運送・宿泊機関等の運賃・料金の改訂、為替相場の変動**などにより旅行代金の変動が生じた場合は、旅行業者は**旅行代金を変更することができる**。この場合の**旅行代金の増加または減少**は、いずれも**旅行者に帰属する**（増加の場合は旅行者の負担とし、減少の場合は旅行者に返金する）。したがって、"旅行業者に帰属"とする本肢の記述は誤りである。

イ．**正しい**。記述のとおり。旅行業者が手配する**すべての旅行サービス**について「**旅行サービスの提供を受ける権利を表示した書面**（乗車船券、宿泊券等）」を交付するときは、旅行業者は契約書面を交付しないことがある。

ウ．**正しい**。記述のとおり。企画旅行契約と異なり、手配旅行契約では「旅程の管理」は引き受けない（旅行業者に旅程を管理する義務はない）。

エ．**正しい**。旅行業者が**善良な管理者の注意**をもって旅行サービスの手配をしたときは、手配旅行契約に基づく**旅行業者の債務の履行は終了**する。したがって、**満員、休業、条件不適当等**により運送・宿泊機関等との間で旅行サービスを提供する契約を締結できなかった場合でも、旅行業者がその義務を果たしたときは、旅行者は旅行業者に対し、所定の旅行業務取扱料金を支払わなければならない。

| 問題 58 | 解説 | 解答 | エ |

a．**正しい**。記述のとおり。

b．**正しい**。手配旅行契約では、契約責任者は旅行業者が定める日までに、**構成者の名簿を提出し、または人数を旅行業者に通知**しなければならない。なお、募集型・受注型企画旅行契約の場合は、構成者の名簿を旅行業者に提出しなければならない。

c．**正しい**。記述のとおり。契約責任者が構成者に対して現に負い、または将来負うことが予測される債務または義務について、旅行業者は何らの責任を負うものではない。

以上により、a，b，cを選んでいるエが正解である。

約款

183

14 旅行相談契約

問題 59 重要度 A 令3

旅行相談契約の部に関する次の記述のうち、誤っているものはどれか。

ア．旅行業者が作成した旅行の計画に記載した運送・宿泊機関等について、満員等の事由により、運送・宿泊機関等との間で当該機関が提供する運送、宿泊その他の旅行に関するサービスの提供を受ける契約を旅行者が締結できなかったとしても、旅行業者はその責任を負うものではない。

イ．旅行業者が、相談に対する旅行業務取扱料金を収受することを約して、旅行者の委託により、旅行地および運送・宿泊機関等に関する情報提供を行うことを引き受けることは、旅行相談契約の業務のひとつに該当する。

ウ．旅行相談契約においては、旅行者の承諾があった場合に限り、契約書面の交付を省略することができる。

エ．旅行業者が、旅行者から電話による旅行相談契約の申込みを受け付ける場合、契約は、当該旅行業者が当該契約の締結を承諾した時に成立する。

問題 60 重要度 A 令4

旅行相談契約の部に関する次の記述のうち、正しいものはどれか。

ア．旅行業者が相談料金を収受することを約して、旅行者の委託により、旅行者が旅行の計画を作成するために必要な助言を行うことは、旅行相談契約の業務に該当しない。

イ．契約は、電話、郵便、ファクシミリ、インターネットその他の通信手段による申込みを受け付けた場合を除き、旅行業者が、契約の締結を承諾し、旅行者から所定の事項を記入した申込書を受理し、相談料金を収受した時に成立する。

ウ．旅行業者は、旅行者の相談内容が公序良俗に反し、もしくは旅行地において施行されている法令に違反するおそれがあるものであるときは、契約の締結に応じないことがある。

エ．旅行業者は、契約の履行に当たって、旅行業者が故意または過失により旅行者に損害を与えたときは、契約成立の日から起算して6月以内に当該旅行業者に対して通知があったときに限り、その損害を賠償する責に任じる。

14 旅行相談契約

| 問題 59　解説 | | 解答 | ウ |

ア．**正しい**。旅行業者が旅行相談契約に基づいて作成した旅行の計画に記載した運送・宿泊機関等については、**実際に手配が可能であることを保証するものではない**。したがって、**満員等の事由**により、実際に手配ができなかったとしても**旅行業者はその責任を負わない**（旅行者に対して相談料金を払い戻す必要はない）。

イ．**正しい**。記述のとおり。"旅行地および運送・宿泊機関等に関する情報提供"は旅行相談業務に該当する。

ウ．**誤り**。旅行相談契約の締結に当たり、旅行者に対する**契約書面の交付は不要**である。したがって"旅行者の承諾があった場合に限り、契約書面の交付を省略することができる"とする本肢の記述は誤りである。

エ．**正しい**。旅行相談契約の成立時期は次のとおり（本肢は②に該当するので、正しい記述である）。

　① **原則（通信手段によらない場合）**
　　旅行業者が契約の締結を承諾し、申込書を受理した時に契約が成立する。

　② **通信手段**（電話、郵便、ファクシミリ、インターネットなど）による**申込みの場合**
　　旅行業者が契約の締結を承諾した時に契約が成立する（申込書は不要）。

| 問題 60　解説 | | 解答 | ウ |

ア．**誤り**。旅行業者が相談料金を収受することを約して、旅行者の委託により"旅行者が旅行の計画を作成するために必要な助言を行うこと"は旅行相談契約に該当する。

イ．**誤り**。通信手段による申込みを受け付けた場合を除き、旅行業者が契約の**締結を承諾し、申込書を受理した時**に旅行相談契約が成立する（問題 59 のエの解説参照）。

ウ．**正しい**。記述のとおり。本肢で述べている事由のほか「**旅行業者の業務上の都合があるとき**」や「旅行者が**反社会的勢力**であると認められるとき」なども、旅行業者は旅行相談契約の締結に応じないことがある。

エ．**誤り**。旅行相談契約における旅行業者への損害発生の通知期限は、**損害発生の翌日から起算して 6 月（6 か月）以内**である。"契約成立の日から起算して……"とする本肢の記述は誤りである。

185

15 国内旅客運送約款（1）

問題 61　重要度 A　令2-改

国内旅客運送約款（全日本空輸）に関する次の記述のうち、誤っているものを1つ選びなさい。

ア．航空会社は、持込手荷物その他の旅客が携行しまたは装着する物の破壊、滅失、紛失または毀損の場合に発生する損害については、航空会社またはその使用人に過失があったことが証明された場合にのみ、賠償の責に任じる。

イ．航空会社は、旅客が航空会社係員もしくは乗務員の業務の遂行を妨げ、またはその指示に従わない場合は、当該旅客の搭乗を拒絶し、または寄航地空港で降機させることができる。また、これらの措置に加えて、当該行為の継続を防止するため、必要と認める措置をとることができる。

ウ．航空会社は、一旅客に対して二つ以上の予約がされており、かつ、搭乗区間が同一で、搭乗便出発予定時刻が同一または近接している場合には、航空会社の判断により、旅客の予約の全部または一部を取り消すことができる。

エ．旅客が航空会社から航空券の発券を受ける日において有効な運送約款およびこれに基づいて定められた規定が当該旅客の運送に適用される。

問題 62　重要度 A　令5

国内旅客運送約款（全日本空輸）に関する次の記述のうち、誤っているものを1つ選びなさい。

ア．手荷物到着の翌日から起算して7日間を経過しても引き取りがない場合には、会社は当該手荷物を適宜処分することがあり、この場合における損害および費用はすべて旅客の負担となる。

イ．手荷物運送における会社の責任は、手荷物1個につき総額金15万円の額を限度とする。

ウ．会社は、手荷物の受託時に発行された手荷物合符の持参人が、当該手荷物の正当な受取人であるか否かを確かめなかったことにより旅客に損害が生じたとしても、当該会社は賠償の責に任じない。

エ．旅客に同伴される飼い馴らされた小犬、猫、小鳥等の愛玩動物について、会社は、預入手荷物として運送を引き受け、旅客は会社が別に定める料金を支払わなければならない。

15 国内旅客運送約款（1）

問題 61	解説		解 答	エ

ア．**正しい。**記述のとおり。

イ．**正しい。**記述のとおり。ここでいう "当該行為の継続を防止するため、必要と認める措置" には、その**行為者を拘束すること**を含む。

ウ．**正しい。**「多重予約の防止」に関する規定である。本肢の記述のほか、「**旅客が予約のすべてに搭乗すると合理的に考えられないと航空会社が判断した場合**」も、航空会社は旅客の予約の全部または一部を取り消すことができる。

エ．**誤り。**旅客の運送には、旅客が**航空機に搭乗する日**において有効な運送約款・規定が適用される。"航空券の発券を受ける日において有効な……" とする本肢の記述は誤りである。

問題 62	解説		解 答	イ

ア．**正しい。**記述のとおり。

イ．**誤り。**手荷物運送における航空会社の責任は、原則として、**旅客1名につき総額金15万円**の額が限度とされている。したがって、"手荷物1個につき" とする本肢の記述は誤りである。

ウ．**正しい。**記述のとおり。航空会社は手荷物の受託時に発行された手荷物合符の所持人に対してのみ、当該手荷物の引渡しを行うが、**手荷物合符の持参人が、その手荷物の正当な受取人であるか否かを確認する義務を負わない。**

エ．**正しい。**記述のとおり。**愛玩動物**は、無料手荷物許容量の適用を受けず、航空会社が**別に定める料金**を支払わなければならない。

ポイント整理 　行為者の拘束が認められる行為（ANA）

- ●**旅客自身**または他の人の安全または健康、**航空機**または物品に危害を及ぼすおそれのある場合
- ●航空会社係員もしくは乗務員の**業務の遂行を妨げ、またはその指示に従わない**場合
- ●**違法、無秩序、わいせつ**または**暴力的**である場合
- ＊上記①～③のいずれかに該当する場合に限り、**搭乗の拒絶、寄港地空港での降機**に加え、その**行為の継続を防止するため必要と認める措置**（行為者の拘束を含む）をとることが認められている。

15 国内旅客運送約款（2）

問題 63 重要度 A 令4-改

国内旅客運送約款（全日本空輸）に関する次の記述のうち、誤っているものを1つ選びなさい。

ア．会社は、身体障がい旅客を補助するために、当該旅客が同伴する盲導犬、介助犬および聴導犬は無料手荷物許容量に含めず、無料で運送を引き受ける。

イ．航空券で予約事項に搭乗予定便が含まれないものの有効期間は、会社が特定の旅客運賃を適用する航空券について別段の定めをした場合を除き、航空券の発行の日およびその翌日から起算して1年間とする。

ウ．預入手荷物その他の会社が保管を受託した旅客の物の損害に関する通知は、受け取った手荷物または物については、その受取りの日から起算して7日以内に、引渡しがない場合は、受け取る筈であった日から起算して14日以内に、それぞれ文書によりしなければならない。

エ．同一の航空便で旅行する2人以上の旅客が、同一地点まで同時に会社に手荷物の運送を委託する場合には、会社は、申出により、重量について、各人の無料預入手荷物許容量を合算し、当該同行旅客全員を一体としてその許容量とすることができる。

問題 64 重要度 A 令3-改

国内旅客運送約款（全日本空輸）に関する次の記述のうち、誤っているものを1つ選びなさい。

ア．航空券は、電子データベース上に記録された事項（紙片の航空券の場合は、券面に記載された事項）のとおり使用しなければ無効となる。

イ．座席予約申込みは、航空会社の事業所において搭乗希望日の180日前より受け付ける。ただし、航空会社が特定の旅客運賃を支払う旅客につき別段の定めをした場合は、この限りではない。

ウ．旅客が病気その他の事由で旅行不可能となった場合は、航空会社は、航空券の有効期間を延長することができる。ただし、当初の航空券の有効期間満了日より30日を超えて延長することはできない。

エ．12歳以上の旅客に同伴された座席を使用しない3歳未満の旅客（幼児）については、無料手荷物許容量の適用は受けず、航空会社は、当該幼児の手荷物を、同伴する旅客の手荷物とみなす。

15 国内旅客運送約款（2）

| 問題 63　解説 | 解答 | ウ |

ア．**正しい**。記述のとおり。身体障がい旅客を補助するために、旅客が同伴する盲導犬、介助犬、聴導犬は、**無料手荷物許容用とは別に無料**で運送される。

イ．**正しい**。航空券の有効期間は次のとおり（本肢は②に該当する）。

　①　予約事項に**搭乗予定便が含まれるもの**

　　　搭乗予定便に限り有効

　②　予約事項に**搭乗予定便が含まれないもの**

　　　航空券の発行日および発行の日の**翌日から起算して1年間**

　　　※特定の旅客運賃を適用する航空券につき別段の定めをした場合を除く

ウ．**誤り**。預入手荷物など、航空会社が保管を受託した旅客の手荷物等に損害が生じた場合、旅客が次の期間内に**文書による通知**をしなければ、航空会社は損害賠償の責任を負わない。

　①　手荷物等を**受け取った場合**

　　　受取りの日の翌日から起算して7日以内

　②　手荷物等の**引渡しがない場合**

　　　受け取るはずであった日の翌日から起算して21日以内

　上記②のとおり、本肢に"14日"とある部分は"21日"とするのが正しい。また"受取りの日（受け取る筈であった日）から起算して…"と、損害発生当日から起算している点も誤りである。

エ．**正しい**。記述のとおり。

| 問題 64　解説 | 解答 | イ |

ア．**正しい**。記述のとおり。

イ．**誤り**。座席予約の申込みは、搭乗希望日の**355日前**（JALの場合は360日前）より受け付ける（ただし、航空会社が特定の旅客運賃を支払う旅客につき、別段の定めをした場合を除く）。"搭乗希望日の180日前より受け付ける"とする本肢の記述は誤りである。

ウ．**正しい**。記述のとおり。なお、本肢のケースで航空券の有効期間を延長できる場合は、旅客の**同伴者が所持する航空券**も同様に航空券を延長することができる。

エ．**正しい**。座席を使用しない幼児（無償で運送される**3歳未満の旅客**）は、**無料手荷物許容量の適用を受けない**。この場合の幼児の手荷物は、同伴する旅客の手荷物とみなす。

16 モデル宿泊約款（1）

問題 65　重要度 A　令3

モデル宿泊約款に関する次の記述のうち、誤っているものを1つ選びなさい。

ア．ホテル（旅館）は、宿泊契約およびこれに関連する契約の履行に当たり、またはそれらの不履行により宿泊客に損害を与えたときは、その損害を賠償する。ただし、それがホテル（旅館）の責めに帰すべき事由によるものでないときは、この限りではない。

イ．ホテル（旅館）は、宿泊客がチェックインした後に、ホテル（旅館）が定める火災予防上必要な利用規則の禁止事項に従わないため、当該宿泊客との宿泊契約を解除したときは、宿泊客がいまだ提供を受けていない宿泊サービス等の料金は収受しない。

ウ．ホテル（旅館）が宿泊契約の申し込みを承諾するに当たり、申込金の支払いを求めなかった場合および申込金の支払期日を指定しなかった場合、ホテル（旅館）は、宿泊客が申込金の支払いを要しないこととする特約に応じたものとして取り扱う。

エ．宿泊客がホテル（旅館）の駐車場を利用する場合、車両のキーの寄託の如何にかかわらず、当該ホテル（旅館）は場所を貸すものであって、いかなる場合も車両の管理責任を負わない。

16 モデル宿泊約款（1）

| 問題65 | 解説 | | 解答 | エ |

ア．**正しい。**記述のとおり。

イ．**正しい。**「寝室での寝たばこ、消防用設備等に対するいたずら、その他宿泊業者が定める**火災予防上必要な利用規則の禁止事項**に旅客が従わないとき」は、宿泊業者は宿泊契約を解除することができる。この場合、宿泊客が**いまだ提供を受けていない宿泊サービス等の料金は収受しない。**

ウ．**正しい。**記述のとおり。宿泊契約が成立したときは、宿泊客は原則として申込金を支払う必要があるが、宿泊業者が宿泊契約の申込みを承諾するに当たり、次の①または②のいずれかに該当するときは、**申込金の支払いを要しないこととする特約に応じたもの**として取り扱う。

　①　**申込金の支払いを求めなかった場合**

　②　**申込金の支払期日を指定しなかった場合**

エ．**誤り。**宿泊客が宿泊業者の駐車場を利用する場合、宿泊業者は**場所を貸すだけ**であって車両の管理責任を負わないが、駐車場の管理に当たり、宿泊業者の故意または過失によって車両に損害を与えたときは、宿泊業者はその損害を賠償する責任を負う。したがって"いかなる場合も……責任を負わない"とする本肢の記述は誤りである。

約款

191

16 モデル宿泊約款（2）

問題 66 重要度 A 令5

モデル宿泊約款に関する次の記述のうち、誤っているものを1つ選びなさい。

ア．宿泊客がフロントに預けた現金および貴重品については、ホテル（旅館）が、その種類および価額の明告を求めた場合であって、宿泊客がそれを行わなかったときは、ホテル（旅館）は、いかなる場合もその損害を賠償しない。

イ．ホテル（旅館）は、宿泊客の手荷物が、宿泊に先立ってホテル（旅館）に到着した場合は、その到着前に当該ホテル（旅館）が了解したときに限って責任をもって保管し、宿泊客がフロントにおいてチェックインする際に当該手荷物を渡す。

ウ．宿泊客が、宿泊中に宿泊契約の申込みの際に申し出ていた宿泊日を超えて宿泊の継続を申し入れた場合、ホテル（旅館）は、その申し出がなされた時点で新たな宿泊契約の申し込みがあったものとして処理する。

エ．ホテル（旅館）は、宿泊客が連絡をしないで宿泊日当日の所定の時刻、またはあらかじめ明示された到着予定時刻を一定の時間経過しても到着しないときは、その宿泊契約は当該宿泊客により解除されたものとみなして処理することがある。

問題 67 重要度 A 令4

モデル宿泊約款に関する次の記述のうち、誤っているものを1つ選びなさい。

ア．ホテル（旅館）は、宿泊客がチェックアウトしたのち、宿泊客の手荷物または携帯品がホテル（旅館）に置き忘れられていた場合において、その所有者が判明しないときは、ホテル（旅館）は、発見日を含め7日間保管し、その後最寄りの警察署に届ける。

イ．ホテル（旅館）は、宿泊客に契約した客室を提供できないときは、宿泊客の了解を得て、できる限り同一の条件による他の宿泊施設をあっ旋する。

ウ．ホテル（旅館）は、宿泊客が、他の宿泊客に著しい迷惑を及ぼす言動をしたときは、宿泊契約を解除することがある。

エ．宿泊契約は、ホテル（旅館）が契約の申し込みを承諾し、かつ、ホテル（旅館）が定める申込金を受理したときに成立する。

16 モデル宿泊約款（2）

| 問題 66 | 解説 | 解 答 | ア |

ア．**誤り**。宿泊客がフロントに預けた物品、現金、貴重品について損害が生じたときは、それが**不可抗力である場合を除き**、宿泊業者はその損害を賠償する。ただし、預けたものが現金や貴重品であり、宿泊業者がその種類および価額の明告を求めたにもかかわらず、宿泊客がそれを行わなかった場合は、あらかじめ**宿泊業者が定めた額を限度として損害を賠償する**。したがって、"いかなる場合もその損害を賠償しない" とする本肢の記述は誤りである。

イ．**正しい**。記述のとおり。

ウ．**正しい**。記述のとおり。宿泊客から宿泊の継続の申し入れがあった場合、旅行業者は、その申し出がなされた時点で新たな宿泊契約の申込みがあったものとして処理する。

エ．**正しい**。記述のとおり。いわゆる「無連絡の契約解除（無連絡取消し）」について定めた規定である。**所定の時刻**（あるいは事前連絡を受けていた**到着予定時刻**）から一定時間を経過しても宿泊客が到着しない場合は、**宿泊客により契約が解除された**ものとして処理することができる。

| 問題 67 | 解説 | 解 答 | エ |

ア．**正しい**。記述のとおり。

イ．**正しい**。記述のとおり。なお、他の宿泊施設をあっ旋できないときは、**客室を提供できないことについて宿泊業者の責めに帰すべき事由がある**場合に限り、宿泊業者は**違約金相当額の補償料**を支払わなければならない（この場合の補償料は**損害賠償額に充当する**）。

ウ．**正しい**。記述のとおり。

エ．**誤り**。宿泊契約は、宿泊業者が**契約の申込みを承諾したとき**に成立する。したがって、"ホテル（旅館）が契約の申し込みを承諾し、かつ、ホテル（旅館）が定める申込金を受理したとき" とする本肢の記述は誤りである。

193

16 モデル宿泊約款 (3)

問題 68　重要度 A　令2　　　　　　　　✓ ☐ ☐

モデル宿泊約款に関する次の記述のうち、誤っているものを1つ選びなさい。

ア．宿泊客が、宿泊中に宿泊契約締結の際に申し出ていた宿泊日を超えて宿泊の継続を申し入れた場合、ホテル（旅館）は、その申し出がなされた時点で当初の宿泊契約が継続された宿泊日まで延長されたものとして処理する。

イ．宿泊客は、宿泊料金等の支払いを旅行小切手、宿泊券、クレジットカード等通貨に代わり得る方法により行おうとするときは、宿泊日当日、ホテル（旅館）のフロントにおいて、必要な事項を登録する際に、あらかじめそれらを呈示しなければならない。

ウ．ホテル（旅館）は、宿泊客が連絡をしないで宿泊日当日の所定の時刻、またはあらかじめ明示された到着予定時刻を一定時刻経過しても到着しないときは、その宿泊契約は当該宿泊客により解除されたものとみなして処理することがある。

エ．ホテル（旅館）の責に帰すべき事由により、宿泊客に契約した客室の提供ができない場合において、同一の条件による他の宿泊施設をあっ旋することができないときは、違約金相当額の補償料を宿泊客に支払い、その補償料は損害賠償額に充当する。

194

16 モデル宿泊約款（3）

| 問題68 | 解説 | 解答 | ア |

ア．**誤り**。宿泊客が、宿泊中に当初の申込み時の宿泊日を超えて宿泊の継続を申し入れた場合、宿泊業者は、その**申し出がなされた時点で新たな宿泊契約の申込み**があったものとして処理する。"当初の宿泊契約が継続された宿泊日まで延長されたものとして処理する"とする本肢の記述は誤りである。

イ．**正しい**。記述のとおり。通貨に代わり得る方法で宿泊料金等を支払おうとするときは、**宿泊日当日のフロント**において、あらかじめ宿泊券、クレジットカード等を呈示しなければならない。

ウ．**正しい**。記述のとおり。**所定の時刻**（あるいは事前連絡を受けていた**到着予定時刻**）から一定時間を経過しても宿泊客が到着しない場合は、**宿泊客により契約が解除**されたものとして処理することができる。

エ．**正しい**。記述のとおり。**宿泊業者の責に帰すべき事由**により、**契約した客室の提供ができず、かつ同一の条件による他の宿泊施設をあっ旋できないとき**は、宿泊業者は宿泊客に対し**違約金相当額の補償料**を支払わなければならない（この場合の補償料は**損害賠償額に充当**する）。なお、客室を提供できないことについて宿泊業者の責に帰すべき事由がないときは、宿泊業者は補償料を支払う必要はない。

17 一般貸切旅客自動車運送事業標準運送約款（貸切バス約款）(1)

問題 69　重要度 A　令4

一般貸切旅客自動車運送事業標準運送約款に関する次の記述のうち、誤っているものを1つ選びなさい。

ア．バス会社は、旅客が旅客自動車運送事業運輸規則の規定により持込みを禁止された刃物その他の物品を携帯しているときは、運送の引受けまたは継続を拒絶し、または制限することがある。

イ．バス会社は、地方運輸局長に届け出たところにより、特別な設備を施した車両を使用する場合には、運賃の割り増しをする。

ウ．運送契約の成立後において、契約責任者が運送申込書に記載した乗車申込人員を変更しようとするときは、緊急の場合およびバス会社が認める場合を除き、あらかじめ書面によりバス会社の承諾を求めなければならない。

エ．バス会社が収受する運賃および料金は、旅客がバス会社に運送の申込みをした時点において地方運輸局長に届け出て実施しているものによる。

問題 70　重要度 A　令5

一般貸切旅客自動車運送事業標準運送約款に関する次の記述のうち、誤っているものを1つ選びなさい。

ア．バス会社は、バス会社の自動車の運行上の過失によって、旅客の生命または身体を害したときは、これによって生じた損害を賠償する責に任じるが、その場合において、バス会社の旅客に対する責任は、その損害が車内において、または旅客の乗降中に生じた場合に限られる。

イ．バス会社は、旅行業者が企画旅行の実施のため、バス会社に旅客の運送を申し込む場合には、当該旅行業者を契約責任者として運送契約を締結する。

ウ．バス会社は、天災その他の事由により輸送の安全の確保に支障が生ずるおそれがあるときには、運行行程の変更、一時待機、運行の中止その他の措置を講ずることがある。

エ．運送契約は、旅客から運送申込書の提出があり、バス会社がこれを受理したときに成立する。

17　一般貸切旅客自動車運送事業標準運送約款（貸切バス約款）（1）

問題69　解説　　　　解答　エ

ア．**正しい**。記述のとおり。

イ．**正しい**。バス会社は、**地方運輸局長に届け出たところにより**、**特別な設備を施した車両**（例えば、後部座席がサロンシートになった車両や、座席部分が2階建てになった車両など）を使用する場合、**運賃の割増し**をする。

ウ．**正しい**。運送契約の成立後に、契約責任者が運送申込書に記載された運送契約の内容を変更しようとするときは、**あらかじめ書面により**バス会社の**承諾を求めなければならない**。ただし、緊急の場合やバス会社が認めるときは、書面の提出を要しない（口頭で承諾を求めることができる）。

エ．**誤り**。バス会社が収受する運賃および料金は、**乗車時において地方運輸局長に届け出て実施しているもの**が適用される。したがって、"運送の申込みをした時点"とする本肢の記述は誤りである。

問題70　解説　　　　解答　エ

ア．**正しい**。記述のとおり。**車内において生じた損害または旅客の乗降中に生**じた損害に限り、バス会社は賠償責任を負う。

イ．**正しい**。P199の「ここがねらわれる！」参照。バス会社は、**旅行業者から旅客の運送の申込みがあった場合には、旅行業者と旅客または契約責任者の関係を、企画旅行、手配旅行の区分により明確にするように求める**。企画旅行の場合、バス会社は旅行業者を契約責任者として運送契約を結び、手配旅行の場合は、バス会社は**手配旅行の実施を依頼した者**（旅行者）と運送契約を結ぶ。

ウ．**正しい**。記述のとおり。

エ．**誤り**。運送契約は、**バス会社が乗車券を契約責任者に交付したときに成立**する。したがって、"これ（運送申込書）を受理したとき"とする本肢の記述は誤りである。

約
款

197

17 一般貸切旅客自動車運送事業標準運送約款(貸切バス約款)(2)

問題 71　重要度 A　令3

一般貸切旅客自動車運送事業標準運送約款に関する次の記述のうち、誤っているものを1つ選びなさい。

ア．ガイド料、有料道路利用料、航送料、駐車料、乗務員の宿泊費等当該運送に関連する費用は、契約責任者の負担とする。

イ．バス会社は、契約責任者から運送申込書の提出時に所定の運賃および料金の15％以上の支払いがあったときには、所定の乗車券を発行し、これを契約責任者に交付する。

ウ．旅客が車中で泥酔し、他の旅客の迷惑となるおそれがあることから、バス会社がその後の運送の継続を拒絶したときは、バス会社は、当該旅客について当該運送契約に係る運送の全部が終了したものとみなす。

エ．バス会社は、天災その他当該バス会社の責に帰することができない事由により輸送の安全の確保のため一時的に運行中止その他の措置をしたときは、これによって旅客が受けた損害を賠償する責に任じない。

問題 72　重要度 A　令2

一般貸切旅客自動車運送事業標準運送約款に関する次の記述のうち、誤っているものを1つ選びなさい。

ア．バス会社が収受する運賃および料金は、乗車時において地方運輸局長に届け出て実施しているものによる。

イ．バス会社は、バス会社の自動車の運行によって、旅客の生命または身体を害し、これによって生じた損害を賠償する責に任じる場合は、バス会社の旅客に対する責任は、その損害が車内において、または旅客の乗降中に生じた場合に限られる。

ウ．バス会社は、旅行業者が企画旅行の実施のため、バス会社に旅客の運送を申し込む場合には、当該旅行業者を契約責任者として運送契約を締結する。

エ．バス会社は、乗車券の券面に記載した配車日時に所定の配車をした場合において、配車時刻から30分を経過しても旅客が乗車について意思表示をしないときには、当該車両について当該運送契約に係る運送の全部が終了したものとみなす。ただし、この規定は、天災その他やむを得ない事由による場合には、適用しない。

17 一般貸切旅客自動車運送事業標準運送約款（貸切バス約款）(2)

問題 71　解説　　解答　イ

ア．正しい。記述のとおり。これらの運送に関連する費用は、すべて契約責任者の負担になる。

イ．誤り。所定の運賃・料金の **20％以上の支払いがあったとき** には、バス会社は **乗車券を発行し、これを契約責任者に交付する**。"15％以上の支払いがあったとき" とする本肢の記述は誤りである。

ウ．正しい。旅客が **泥酔した者または不潔な服装をした者** などであって、**他の旅客の迷惑となるおそれのあるとき** は、バス会社は運送の引受けまたは継続を拒絶したり、制限をしたりすることがある。運送の継続を拒絶された場合、その旅客については運送契約に係る運送の全部が終了したものとみなす。

エ．正しい。記述のとおり。

問題 72　解説　　解答　エ

ア．正しい。バス会社が収受する運賃および料金は、**乗車時において地方運輸局長に届け出て実施しているものが適用される**。

イ．正しい。記述のとおり。**車内において生じた損害または旅客の乗降中に生じた損害** に限り、バス会社は賠償責任を負う。

ウ．正しい。記述のとおり。下記「ここがねらわれる！」参照。

エ．誤り。天災などのやむを得ない事由による場合を除き、旅客が乗車の意思表示をしないことを理由に運送契約に係る運送の全部が終了したとみなされるのは、**出発時刻から 30 分を経過したとき** である。"配車時刻から 30 分を経過……" とする本肢の記述は誤りである。

企画旅行と手配旅行の取扱いの別

① 旅行業者が **企画旅行** の実施のため、バス会社に旅客の運送を申し込む場合は、**旅行業者を契約責任者として運送契約を結ぶ**。
② 旅行業者が **手配旅行** の実施のため、バス会社に旅客の運送を申し込む場合は、**手配旅行の実施を依頼した者（旅行者）と運送契約を結ぶ**。

18 フェリー標準運送約款（1）

問題73　重要度 A　令4

海上運送法第9条第3項の規定に基づく標準運送約款（フェリーを含む一般旅客定期航路事業に関する標準運送約款）に関する次の記述のうち、誤っているものを1つ選びなさい。

ア．フェリー会社は、約款に定める事由により運送契約の申込みを拒絶する場合を除き、使用船舶の輸送力の範囲内において、運送の申込みの順序により、旅客および手回り品の運送契約の申込みに応じる。

イ．旅客が乗船券を紛失したときは、フェリー会社は、旅客が乗船券を所持して乗船した事実が明白である場合を除き、改めて運賃および料金を申し受け、これと引き換えに乗船券を発行するとともに、その旨の証明書を発行する。この場合において、当該旅客が紛失した乗船券を発見したときは、その通用期間の経過後6ヶ月以内に限り、当該証明書を添えてフェリー会社に運賃および料金の払戻しを請求することができる。

ウ．フェリー会社は、旅客が疾病により、継続して乗船することができなくなったことを証明した場合において、乗船券の通用期間の経過後30日以内に当該旅客が払戻しの請求をしたときは、券面記載金額と既使用区間に対応する運賃および料金の額との差額を、当該乗船券の発売営業所その他当該フェリー会社が指定する営業所において、旅客に払い戻す。

エ．フェリー会社は、法令の規定によるほか、災害時における円滑な避難、緊急輸送その他これらに類する旅客または貨物の輸送を行う場合は、予定した船便の発航の中止または使用船舶、発着日時、航行経路もしくは発着港の変更の措置をとることがある。

18 フェリー標準運送約款（1）

| 問題73 | 解説 | | 解答 | イ |

ア．**正しい**。記述のとおり。

イ．**誤り**。乗船券の紛失にともなう払戻し期限は、**通用期間の経過後1年以内である**（紛失の旨の証明書の発行を受けた後、旅客が紛失した乗船券を発見したときは、その通用期間の経過後1年以内に限り、払戻しの請求をすることができる）。

ウ．**正しい**。記述のとおり。

エ．**正しい**。記述のとおり。下記「ポイント整理」の③参照。

ポイント整理 運航の中止等

法令によるほか以下①〜⑧のいずれかに該当するときは、予定した船便の発航の中止や使用船舶、発着日時、航行経路、発着港の変更の措置をとることがある。

① 気象または**海象**が船舶の航行に危険を及ぼすおそれがある場合
② 天災、火災、海難、使用船舶の故障その他のやむを得ない**事由**が発生した場合
③ 災害時における**円滑な避難、緊急輸送**その他これらに類する旅客または貨物の輸送を行う場合
④ 船員その他運送に携わる者の**同盟罷業**その他の争議行為が発生した場合
⑤ 乗船者の疾病が発生した場合など**生命が危険**にさらされ、または**健康が著しく損なわれる**おそれがある場合
⑥ 使用船舶の**奪取**または破壊等の不法行為が発生した場合
⑦ 旅客が**禁止行為**に該当する行為をし、またはしようとしていると信ずるに足りる相当な理由がある場合
⑧ 官公署の命令または要求があった場合

約款

18 フェリー標準運送約款（2）

問題74　重要度 A 令2 ✓□□

海上運送法第9条第3項の規定に基づく標準運送約款（フェリーを含む一般旅客定期航路事業に関する標準運送約款）に関する次の記述のうち、誤っているものを1つ選びなさい。

ア．フェリー会社は、手回り品その他旅客の保管する物品の滅失または損傷により生じた損害については、フェリー会社またはその使用人に故意または過失があったことが証明された場合に限り、これを賠償する責任を負う。

イ．旅客は、手回り品（旅客が使用する車いすおよび身体障害者補助犬を除く。）を2個に限り、船室に持ち込むことができる。ただし、手回り品の大きさ、乗船する船舶の輸送力等を勘案し、フェリー会社が支障ないと認めたときは、2個を超えて持ち込むことができる。

ウ．運賃および料金には、旅客の食事代金は含まれていない。

エ．フェリー会社は、乗船券の通用期間について、片道の乗船距離が100キロメートル以上200キロメートル未満の片道券にあっては、指定便に係るものを除き、発売当日を含めて4日間以上の期間を定めて、これを券面に記載する。

18 フェリー標準運送約款（2）

問題74　解説　　解答　エ

ア．正しい。記述のとおり。
イ．正しい。記述のとおり。P207 の「ポイント整理」参照。旅客が船室に持ち込むことができる手回り品は原則として2個までだが、フェリー会社が支障がないと認めたときは2個を超えて持ち込むことができる。
ウ．正しい。記述のとおり。
エ．誤り。下記「ここがねらわれる！」参照。片道の乗船距離が100キロメートル以上200キロメートル未満の片道券（指定便の乗船券を除く）の通用期間は、発売当日を含め2日間以上である（フェリー会社は2日間以上の期間を定めて、乗船券の券面に記載する）。"4日間以上の期間を定めて……"とする本肢の記述は誤りである。

乗船券（指定便の乗船券を除く）の通用期間

フェリー会社は、下記表中の期間以上の期間を定め、この通用期間が券面に記載される。

乗船券の種類		通用期間
片道券	100km 未満のもの	発売当日限り
	100km 以上 200km 未満のもの	発売当日を含め2日間
	200km 以上 400km 未満のもの	発売当日を含め4日間
	400km 以上のもの	発売当日を含め7日間
往　復　券		片道券の2倍の期間
回　数　券		発売当日を含め2か月間

※自動車航送券（指定便に係るものを除く）の通用期間も上記に同じ

18 フェリー標準運送約款（3）

問題 75　重要度 A　令3-改　✔□□

海上運送法第9条第3項の規定に基づく標準運送約款（フェリーを含む一般旅客定期航路事業に関する標準運送約款）に関する次の記述のうち、誤っているものを1つ選びなさい。

ア．フェリー会社は、旅客が、船員等の指示に従い、乗船港の乗降施設（改札口がある場合にあっては、改札口。）に達した時から下船港の乗降施設を離れた時までの間に、その生命または身体を害した場合は、運送人が運送に関し注意を怠らなかったことを証明した場合を除き、これにより生じた損害について賠償する責任を負う。

イ．フェリー会社は、フェリーの乗船者に疾病が発生した場合など健康が著しく損なわれるおそれがある場合は、予定した船便の発着日時の変更の措置をとることがある。

ウ．フェリー会社は、旅客が小学校に就学していない小児で、付添人のない者である場合は、当該旅客の運送契約の申込みを拒絶することがある。

エ．旅客が疾病により継続して乗船することができなくなった場合において、フェリー会社は、当該旅客の乗船券の未使用区間について、14日間を限度として、その通用期間を延長する取扱いに応じる。

204

18 フェリー標準運送約款（3）

| 問題 75 | 解説 | | 解答 | エ |

ア．**正しい。**記述のとおり。乗船港・下船港の乗降施設に改札口がある場合は「乗船港の改札口に達した時から、下船港の改札口を離れた時まで」に生じた損害が、フェリー会社の損害賠償の対象になる。

イ．**正しい。**P201 の「ポイント整理」参照。発着日時の変更のほか、使用船舶、航行経路、発着港の変更の措置をとること、または船便の発航を中止することもある。

ウ．**正しい。**記述のとおり。

エ．**誤り。**疾病などにより旅客が乗船することを延期し、または継続して乗船することができなくなった場合、フェリー会社は乗船券の未使用区間について、**7 日間を限度として通用期間を延長**する取扱いに応じる。したがって"14 日間を限度として……"とする本肢の記述は誤りである。

約款

18 フェリー標準運送約款（4）

問題 76　重要度 A 令5　✓ □ □

海上運送法第9条第3項の規定に基づく標準運送約款（フェリーを含む一般旅客定期航路事業に関する標準運送約款）に関する次の記述のうち、誤っているものを1つ選びなさい。

ア．フェリー会社は、手回り品その他旅客の保管する物品の滅失、または損傷により生じた損害については、フェリー会社またはその使用人に過失があったことが証明された場合に限り、旅客1人につき15万円を限度とし、これを賠償する責任を負う。

イ．旅客は、乗下船その他船内における行動に関し、船員等が輸送の安全確保と船内秩序の維持のために行う職務上の指示に従わなければならない。

ウ．旅客が自ら携帯または同伴して船室に持ち込む物であって、3辺の長さの和が2メートル以下で、かつ、重量が30キログラム以下の物品は、約款に規定する「手回り品」に該当する。

エ．フェリー会社は、旅客の乗船後に乗船券の通用期間が経過した場合は、そのまま継続して乗船する間に限り、当該乗船券の通用期間は、その間延長されたものとみなす。

206

問題 76　解説　　解答　ア

ア．**誤り。**フェリー会社は、手回り品その他旅客の保管する物品の滅失または損傷により生じた損害について、**フェリー会社またはその使用人に故意または過失があったことが証明された場合に限り**、賠償する責任を負う。なお、この場合の賠償について、**限度額は定められていない**。

イ．**正しい。**記述のとおり。なお、この指示に従わない旅客に対し、**船長は乗船を拒否し、または下船を命じることがある**。

ウ．**正しい。**下記「ポイント整理」参照。旅客はこの「手回り品」を**旅客1人につき2個まで**（フェリー会社が支障がないと認めた場合は2個を超えて）船室に持ち込むことができる。

エ．**正しい。**記述のとおり。

ポイント整理　フェリーにおける手回り品

手回り品の種類	
● 3辺の長さの和が2m以下で、かつ重量が30kg以下の物品 ＊旅客は上記手回り品を2個まで（フェリー会社が支障がないと認めた場合は2個を超えて）船室に持ち込むことができる。 重量の和が20kg以下の手回り品	無料
● 車椅子（旅客が使用するものに限る）	無料
● 身体障害者補助犬（盲導犬、介助犬、聴導犬と表示しているもの）	無料

19 JR 旅客営業規則（1）

問題 77　重要度 A 令5　　　　✓ □ □

旅客鉄道会社（JR）の旅客営業規則に関する次の記述のうち、正しいものを1つ選びなさい。

ア．「乗車券類」とは、乗車券、急行券、特別車両券、寝台券および座席指定券のみをいう。

イ．小児のグリーン料金、寝台料金は、大人のグリーン料金、寝台料金の半額である。

ウ．旅客の運送等の契約は、その成立について別段の意思表示があった場合を除き、旅客等が所定の運賃・料金を支払い、乗車券類等その契約に関する証票の交付を受けた時に成立する。

エ．旅客は、小犬・猫・はとまたはこれらに類する小動物（猛獣およびへびの類を除く。）であって、所定の条件を満たす場合に限り、持込区間・持込日その他持込に関する必要事項を申し出たうえで、旅客鉄道会社の承諾を受けた場合は、無料で車内に持ち込むことができる。

19 JR 旅客営業規則（1）

| 問題 77 | 解説 | | 解答 | ウ |

ア．**誤り**。「乗車券類」には、乗車券、急行券、特別車両券（グリーン券）、寝台券、座席指定券のほか、コンパートメント券もあるため、"……のみをいう"とする本肢の記述は誤りである。なお、現在のところ、JR ではコンパートメント券を使用する設備がある列車は運行されていない。

イ．**誤り**。グリーン料金および寝台料金は、大人、小児ともに同額である。

ウ．**正しい**。記述のとおり。

エ．**誤り**。小犬、猫、はと、またはこれらに類する小動物は、次の①②の条件を満たす場合に、持込区間・持込日その他持込みに関する必要事項を申し出たうえで、普通手回り品料金を支払って車内に持ち込むことができる。

　　① 他の旅客に危害を及ぼし、または迷惑をかけるおそれがないと認められるものであって、3 辺の最大の和が 120cm 以内の専用の容器に収納したもの

　　② 容器に収納した重量が 10 kg 以内のもの

　　なお、普通手回り品料金は、1 回の乗車ごとに 1 個につき 290 円である。

約

款

19 JR 旅客営業規則（2）

問題 78 　重要度 A 令4　　　　　　　　　　　✓ ☐ ☐

旅客鉄道会社（ＪＲ）の旅客営業規則に関する次の記述のうち、誤っているものを1つ選びなさい。

ア．大口団体とは専用臨時列車を一口の団体だけで利用する場合（旅客鉄道会社の定める両数以上を利用するときを含む。）の団体旅客をいい、小口団体とは大口団体以外の団体であって、当該団体の構成人員によってA小口団体とB小口団体に区分される。

イ．幹線と地方交通線にまたがる片道乗車券において、乗車区間の営業キロが396.2キロメートル、運賃計算キロが422.1キロメートルの場合、乗車券の有効期間は4日間である。

ウ．旅客鉄道会社は、訪日観光団体に対しては、団体旅客が15人以上50人までのときはうち1人、51人以上のときは50人までごとに1人を加えた人員を無賃扱人員として旅客運賃を収受しない。

エ．団体乗車券を所持する旅客の使用開始後における指定券に関する変更については、原団体乗車券に表示された列車が乗車駅を出発する時刻の2時間前までに係員に申し出て、その承諾を受けた場合であって、かつ、輸送上の支障がない場合に限り、1回に限って取り扱われる。

| 問題 78 | 解説 | 解答 | イ |

ア．**正しい**。記述のとおり。なお、小口団体のうち、Ａ小口団体は 31 人以上、Ｂ小口団体は 8 〜 30 人までの人員によって構成される団体をいう（P214 の「ポイント整理」参照）。

イ．**誤り**。片道乗車券の有効期間は乗車区間の**営業キロ**をもとに定められている（P221 の「ポイント整理」参照）。本肢には"乗車区間の営業キロが 396.2 キロメートル"とあるので「400 ㎞まで」に該当し、片道乗車券の有効期間は 3 日である（"4 日間"とする本肢の記述は誤り）。

ウ．**正しい**。記述のとおり（P214 の「ポイント整理」参照）。なお、**普通団体**の場合、団体旅客が 31 人以上 50 人までのときはうち 1 人、51 人以上のときは 50 人までごとに 1 人を加えた人員を無賃扱人員とする。また、**学生団体には無賃扱いの適用はない**。

エ．**正しい**。記述のとおり。なお、団体が使用する指定券に関する変更は、原券に表示された列車が乗車駅を出発する時刻の**2 時間前まで**に申し出があった場合に限り取り扱うが、個人の場合は、当該列車の**出発時刻**まで取り扱う。

19 JR 旅客営業規則（3）

問題 79　重要度 A　令3

旅客鉄道会社（JR）の旅客営業規則に関する次の記述のうち、誤っているものを1つ選びなさい。

ア．旅客は、旅客運賃・料金について2以上の割引条件に該当する場合であっても、同一の乗車券類について、重複して旅客運賃・料金の割引を請求することができない。ただし、学生割引普通乗車券を購入する旅客は、往復割引の普通旅客運賃に対して、学生割引の適用を請求することができる。

イ．訪日観光団体に対する鉄道路線を利用した団体乗車券を発売する場合において、普通旅客運賃の割引率は、1割5分である。

ウ．団体旅客運賃に係わる無賃扱人員に対しては、旅客運賃に加え、特急・急行料金、乗車整理料金も無料となるが、寝台料金、座席指定料金には適用されず、無料とならない。

エ．列車が事故等のため、運行不能になったとき、旅客が旅行を途中で中止する場合は、無料で出発駅に戻ることができる。この場合、途中下車をしていなければ、旅客は、すでに支払った運賃および料金の全額の払い戻しを請求できる。

問題 80　重要度 A　令2

旅客鉄道会社（JR）の旅客営業規則に関する次の記述のうち、誤っているものを1つ選びなさい。

ア．「旅行開始」とは、旅客が旅行を開始する駅において、乗車券の改札を受けて入場することをいう。ただし、駅員無配置駅から旅客が乗車する場合は、その乗車することをいう。

イ．小児の寝台料金は、大人の寝台料金と同額である。

ウ．急行券を所持する旅客は、列車が遅延した場合において、新幹線においては着駅到着時刻に1時間以上、他の急行列車においては着駅到着時刻に2時間以上遅延して到着したときは、急行券の全額の払いもどしの請求をすることができる。

エ．訪日観光団体とは、訪日観光客8人以上またはこれと同行する旅行業者（ガイドを含む。）によって構成された団体で、責任のある代表者が引率するものをいう。

19 JR 旅客営業規則（3）

| 問題 79　解説 | 解答　ウ |

ア．**正しい。**記述のとおり。同一の乗車券類について、原則として 2 種類以上
　の割引を重複適用することはできないが、運賃に対する割引のうち、**往復割**
　引と学生割引に限り**重複して適用することができる**。この場合、最初に往復
　割引（1 割引）を適用し、端数があれば端数整理ののち、さらに学生割引（2
　割引）の計算を行う（いずれも**片道ごとに**割引の計算を行う）。

イ．**正しい。**記述のとおり。**訪日観光団体**に適用する運賃の割引率は 1 割 5 分
　である（通年同じ）。

ウ．**誤り。**無賃扱いは、旅客運賃のほか**各種料金にも適用される**。"寝台料金、
　座席指定料金には適用されず、無料とならない"とする本肢の記述は誤りで
　ある。なお、本肢にある"乗車整理料金"は、主に通勤・通学時間帯に運行
　している「定員制（または座席指定制）快速列車」を利用する際に必要な料
　金である。

エ．**正しい。**記述のとおり。

| 問題 80　解説 | 解答　ウ |

ア．**正しい。**記述のとおり。

イ．**正しい。**記述のとおり。**寝台料金は大人、小児ともに同額**が適用される（グ
　リーン料金も同じ）。

ウ．**誤り。特急・急行列車が所定の時間より 2 時間以上遅延して到着したときは、**
　旅客は**特急・急行料金の全額の払戻しを請求する**ことができる。新幹線およ
　び在来線の特急・急行列車のいずれについても同様に取り扱われるため"新
　幹線においては着駅到着時刻に 1 時間以上……"とする本肢の記述は誤りで
　ある。

エ．**正しい。**記述のとおり（P214 の「ポイント整理」参照）。

約
款

213

団体旅客の取扱い

JR団体に関する知識は、運送・宿泊約款の分野（JR旅客営業規則に関する問題）でよく取り上げられている。主なポイントは次のとおり。

● 団体の種類
【資格による区分】

種類	団体構成条件
① 学生団体	JRが指定した学校、保育所などの**学生、生徒、児童、幼児8人以上**と付添人（嘱託の医師・看護師含む）、教職員、同行する旅行業者とによって構成される団体で、**教職員が引率**するもの ＊グリーン車、A寝台の利用は**不可** ＊へき地学校の生徒、児童は8人未満でも団体扱いが可能
② 訪日観光団体	**8人以上の訪日観光客**と同行する旅行業者（ガイド含む）で構成され、責任ある代表者に引率される団体 ＊訪日観光団体であることを証明する所定の**証明書**を所持するものに限る
③ 普通団体	上記①または②以外の**8人以上の旅客**で構成され、責任ある代表者に引率される団体

【人数による区分】

区分		申込受付期間
大口団体	専用臨時列車を1つの団体で使用する団体	始発駅出発日の9か月前の日から2か月前の日まで
小口団体 A小口団体	大口団体以外で構成人員が31人以上の団体	始発駅出発日の9か月前の日から14日前の日まで
小口団体 B小口団体	大口団体以外で構成人員が8～30人までの団体	（ただし、別に定める場合は12日前の日まで）

● 団体旅客運賃の割引率

団体の種類		取扱期間	割引率
普通団体	一般	第1期 第2期	1割引 1割5分引
普通団体	専用臨時列車を利用する団体	第1期 第2期	5分引 1割引
訪日観光団体		通年	1割5分引
学生団体	大人（中学生以上）	通年	（大人運賃の）5割引
学生団体	小児（小学生以下）	通年	（小児運賃の）3割引
学生団体	教職員・付添人・旅行業者（※）	通年	（大人運賃の）3割引

※学生団体に同行する旅行業者は団体の構成人員100人までごとに1人が3割引になる。

● 運賃と料金の無賃扱い

団体の種類	構成人員	無賃扱い人員
普通団体	31人～50人	1人が無賃
訪日観光団体	15人～50人	1人が無賃

※51人以上の場合は**50人を増すごとに**無賃扱いが1人増加する。
※学生団体には無賃扱いの適用はないことに注意。

国内旅行実務

1 JR－運賃・料金の計算‥‥‥‥‥‥‥‥‥‥ 216

2 JR－乗車券類の取扱い等‥‥‥‥‥‥‥‥‥ 252

3 国内航空運賃・料金 ‥‥‥‥‥‥‥‥‥‥‥ 270

4 宿泊料金 ‥‥‥‥‥‥‥‥‥‥‥‥‥‥‥‥ 282

5 貸切バス運賃・料金 ‥‥‥‥‥‥‥‥‥‥‥ 290

6 フェリー運賃・料金 ‥‥‥‥‥‥‥‥‥‥‥ 304

7 複合問題 ‥‥‥‥‥‥‥‥‥‥‥‥‥‥‥‥ 310

8 国内観光資源 ‥‥‥‥‥‥‥‥‥‥‥‥‥‥ 320

1 JR －運賃・料金の計算（1）

| 問題1 | 重要度 A 令3 | ✓□□ |

次の経路による行程で旅客が乗車する場合について、各設問に該当する答を、それぞれの選択肢の中から1つ選びなさい。

（注1）乗車に必要な乗車券は、それぞれ最初の列車の乗車前に、途中下車しないものとして購入するものとする。

（注2）6月1日の行程におけるJR北海道とJR東日本の境界駅は新青森駅である。

〈行　程〉

6月1日（火）

	東北・北海道新幹線	東北本線 （幹線）	釜石線 （地方交通線）

新函館北斗駅 ━━━（新青森駅）━━━ 盛岡駅 ━━━（花巻駅）━━━ 釜石駅

営業キロ 452.7 キロ
運賃計算キロ 461.7 キロ

新函館北斗駅から新青森駅までの営業キロは 148.8 キロ

6月3日（木）

	釜石線 （地方交通線）	東北本線 （幹線）

釜石駅 ━━━━━（花巻駅）━━━━━ 花巻空港駅

営業キロ 95.9 キロ
運賃計算キロ 104.9 キロ

1 JR－運賃・料金の計算（1）

問 1. 6月1日の行程において、大人1人が乗車するとき、普通旅客運賃の計
算に関する次の記述のうち、正しいものはどれか。

ア．運賃は、「452.7キロ」の距離による基準額に、「148.8キロ」の距離による加
算額を合計した額となる。

イ．運賃は、「461.7キロ」の距離による基準額に、「148.8キロ」の距離による加
算額を合計した額となる。

ウ．運賃は、「452.7キロ」の距離による額となる。

エ．運賃は、「461.7キロ」の距離による額となる。

問 2. 6月3日の行程における普通乗車券に関する次の記述のうち、正しいも
のはどれか。

ア．普通乗車券を所持する旅客が、旅客の都合により遠野駅で旅行を中止し、
当該普通乗車券の有効期間内に、当該普通乗車券を遠野駅に差し出して既に
支払った旅客運賃の払いもどしの請求をした場合、既に支払った旅客運賃か
ら釜石駅と遠野駅の区間の普通旅客運賃と払いもどしの手数料を差し引いた
残額が払いもどされる。

イ．普通乗車券を所持する旅客が、旅客の都合により遠野駅で途中下車した場
合であっても、当該普通乗車券を使用して遠野駅から花巻空港駅まで乗車す
ることができる。

ウ．指定学校の学生が、「学生・生徒旅客運賃割引証」を提示して普通乗車券を
購入するときは、大人普通旅客運賃が2割引になる。

エ．普通乗車券の有効期間は1日である。

国内旅行実務

217

| 問題1 | 解説 | 解答 | 1.イ /2.エ |

問1.

新函館北斗－釜石間の大人1人当たりの普通旅客運賃を求める問題である。

（注2）に"JR北海道とJR東日本の境界駅は新青森駅"とあり、JR北海道とJR東日本にまたがる行程なので、**全乗車区間**（新函館北斗－釜石）の距離に基づく**基準額**のほかに、**JR北海道内**（新函館北斗－新青森）の距離に基づく**加算額**が必要である。

【基準額】新函館北斗－釜石

新函館北斗－花巻間は幹線、花巻－釜石間は地方交通線である。幹線と地方交通線にまたがっているので、運賃計算キロの461.7キロをもとに基準額を算出する。

【加算額】新函館北斗－新青森

新函館北斗－新青森間は北海道新幹線（幹線）の区間なので、営業キロの148.8キロをもとに加算額を算出する。

以上により、イが正解である。

問2.

釜石－花巻空港間の片道普通乗車券に関する問題である。

ア．誤り。旅行開始後の普通乗車券は、有効期間内で不乗車区間の営業キロが**100キロを超えている場合に限り**、すでに**乗車した区間の運賃と手数料**（乗車券1枚につき220円）を差し引いた残額の払戻しを受けることができる。本問の場合、釜石－花巻空港間の営業キロは95.9キロで、所持する乗車券の営業キロはそもそも100キロを超えていないので、途中駅で旅行を中止した場合は運賃の払戻しを受けることはできない。

イ．誤り。アの解説でも述べたとおり、本問の行程の営業キロは95.9キロである。片道の**営業キロが100キロまでの普通乗車券では途中下車ができない**ので、途中駅で下車した場合は以降の区間が無効になる（前途無効）。したがって"遠野駅から花巻空港駅まで乗車することができる"とする本肢の記述は誤りである。

ウ．誤り。「学生・生徒旅客運賃割引証」を所持する学生・生徒が、片道の**営業キロが100キロを超える区間を乗車する場合**、学生割引により運賃が2割引になる。本問の行程は片道の営業キロが100キロを超えないので、学生

割引（2割引）を適用することができない。

エ．**正しい。**記述のとおり。片道の**営業キロ**が100キロまでの普通乗車券の
有効期間は1日である（P221の「ポイント整理」参照）。

🔑 キーワード　営業キロ、換算キロ、擬制キロ、運賃計算キロ

営業キロ：駅と駅との間の距離を示したキロ数。JRのすべての路線に定められて
　　　　　いる。

換算キロ：JR本州3社の地方交通線、JR北海道の地方交通線に定められたキロ数。
　　　　　賃率換算キロともいう。

擬制キロ：JR四国の地方交通線、JR九州の地方交通線に定められたキロ数。

運賃計算キロ：営業キロと換算キロ（または擬制キロ）を合計した距離。幹線と地
　　　　　　方交通線を連続して乗車するときの運賃計算に使う。

1 JR －運賃・料金の計算（2）

問題 2　重要度 A　令5

大人1人が次の経路による行程を乗車するために必要な乗車券に関する次の記述のうち、正しいものはどれか。

（注）この行程の乗車に必要な乗車券は、最初の列車の乗車前に購入するものとする。

〈行　程〉

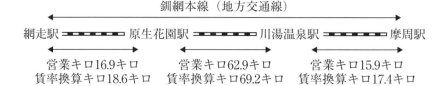

7月1日　　網走駅から原生花園駅まで途中下車しないで乗車する。
　　　　　原生花園駅では改札口から出場して周辺を観光する。
7月1日　　原生花園駅から川湯温泉駅まで途中下車しないで乗車する。
　　　　　川湯温泉駅では改札口から出場して周辺に2泊する。
7月3日　　川湯温泉駅から摩周駅まで途中下車しないで乗車する。

ア．7月1日と7月3日の全乗車区間分として「16.9キロ＋62.9キロ＋15.9キロ＝95.7キロ」の乗車距離による乗車券1枚が必要である。
イ．7月1日の乗車分として「18.6キロ」の乗車距離による乗車券1枚と「69.2キロ」の乗車距離による乗車券1枚、7月3日の乗車分として「17.4キロ」の乗車距離による乗車券1枚の計3枚の乗車券が必要である。
ウ．7月1日の乗車分として「16.9キロ」の乗車距離による乗車券1枚と「62.9キロ」の乗車距離による乗車券1枚、7月3日の乗車分として「15.9キロ」の乗車距離による乗車券1枚の計3枚の乗車券が必要である。
エ．7月1日と7月3日の全乗車区間分として「18.6キロ＋69.2キロ＋17.4キロ＝105.2キロ」の乗車距離による乗車券1枚が必要である。

1 JR －運賃・料金の計算（2）

問題2	解説	解 答	ウ

　7月1日に網走駅から原生花園駅を経由して川湯温泉駅まで乗車し、7月3日に川湯温泉駅から摩周駅まで乗車する計3日間の行程である。各区間の**営業キロ**をもとに**乗車券の有効期間**と**途中下車の可否**を確認し、運賃計算の打ち切り区間を判断する（片道乗車券の有効期間については、下記「ポイント整理」参照）。

　網走－原生花園－川湯温泉－摩周

　16.9キロ＋62.9キロ＋15.9キロ＝95.7キロ→96キロ

　乗車区間の営業キロが100キロ以下の片道乗車券の有効期間は1日のみで、かつ**途中下車ができない**。網走－摩周間で片道乗車券1枚を発売すると、3日間の行程に対し有効期間が1日しかなく、かつ、原生花園駅、川湯温泉駅での途中下車ができない（網走－川湯温泉間と川湯温泉－摩周間の2区間に分けて片道乗車券2枚を発売しても、同じ理由により原生花園駅での途中下車は不可）。以上をふまえ、本問の場合は次の3区間に対し、それぞれ片道乗車券1枚（有効期間は各1日で合計3枚）が必要になる。いずれも**JR北海道の地方交通線**なので、**営業キロ**をもとに運賃を計算する。

■7月1日 網走－原生花園間の営業キロ「16.9キロ」による乗車券1枚
■7月1日 原生花園－川湯温泉間の営業キロ「62.9キロ」による乗車券1枚
■7月3日 川湯温泉－摩周間の営業キロ「15.9キロ」による乗車券1枚
以上により、ウが正解である。

国内旅行実務

ポイント整理 🖊 　片道乗車券の有効期間（原則）

　片道乗車券の有効期間は乗車区間の**営業キロ**をもとに次のとおり定められている（往復乗車券の有効期間は下表に示す片道乗車券の有効期間の2倍）。

100km まで	200km まで	400km まで	600km まで	800km まで	以降200km までごと
1日	2日	3日	4日	5日	＋1日

221

1 JR－運賃・料金の計算（3）

問題3　重要度 A　平 30- 改

通常期に次の行程で大人1人が乗車するとき、新幹線の特急料金とグリーン料金の組み合わせについて、資料に基づき、正しいものを選びなさい。

(注) 名古屋駅では新幹線の改札口を出ないで、最初の列車の乗車日当日に乗り継ぐものとする。

〈行　程〉（通常期）

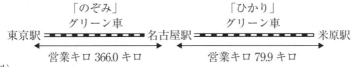

〈資　料〉
東海道・山陽新幹線〔ひかり〕〔こだま〕普通車指定席特急料金（通常期）

東京		
4,620 円	名古屋	
5,060 円	2,250 円	米原

東海道・山陽新幹線〔のぞみ〕普通車指定席特急料金（通常期）

東京	
4,830 円	名古屋

東海道・山陽新幹線のグリーン料金

営業キロ	100 キロまで	200 キロまで	400 キロまで	600 キロまで	800 キロまで	801 キロ以上
グリーン料金	1,280 円	2,750 円	4,110 円	5,300 円	6,480 円	7,650 円

ア．特急料金　　5,060 円＋（4,830 円－4,620 円）－530 円＝ 4,740 円
　　グリーン料金　5,300 円

イ．特急料金　　5,060 円＋（4,830 円－4,620 円）－530 円＝ 4,740 円
　　グリーン料金　4,110 円＋1,280 円＝ 5,390 円

ウ．特急料金　　（4,830 円－530 円）＋（2,250 円－530 円）＝ 6,020 円
　　グリーン料金　5,300 円

エ．特急料金　　（4,830 円－530 円）＋（2,250 円－530 円）＝ 6,020 円
　　グリーン料金　4,110 円＋1,280 円＝ 5,390 円

1 JR －運賃・料金の計算（3）

| 問題3 | 解説 | | 解答 | ア |

　同一方向の東海道新幹線を、改札口から出ずに乗り継ぐ場合は、特急料金・グリーン料金を通算することができる。本問の東京－名古屋、名古屋－米原はいずれも「下り」なので、〔のぞみ〕と〔ひかり〕を一つの新幹線とみなし、東京－米原間に通しの特急料金・グリーン料金を適用する。

■特急料金
● 〔のぞみ〕と〔ひかり〕を乗り継いでいるので、全乗車区間（東京－米原間）に〔ひかり〕の特急料金（5,060円）を適用して通しの特急料金を計算する。
● 最速型新幹線〔のぞみ〕の指定席を利用するときの特急料金は、〔ひかり〕の同特急料金よりも高額に設定されているので、〔のぞみ〕乗車区間（東京－名古屋間）に対して、〔のぞみ〕の指定席特急料金（4,830円）と〔ひかり〕の同特急料金（4,620円）の差額が必要。
● 利用設備はグリーン車指定席なので、通常期の普通車指定席特急料金の530円引き（通常期なのでシーズン区分による変動は適用しない）。

　　　5,060円 ＋（4,830円 － 4,620円）－ 530円 ＝ 4,740円

■グリーン料金
　東京－名古屋間、名古屋－米原間の営業キロを合計した距離をもとにグリーン料金を算出する。

　　　366.0 ＋ 79.9 ＝ 445.9キロ → 600キロまで　5,300円

以上により、正しいものはアである。

国内旅行実務

🔑 キーワード　新幹線の「上り」と「下り」

東京駅を基準にして……
　●東京駅に近づいていく新幹線＝上り（例：新青森→大宮）
　●東京駅から離れていく新幹線＝下り（例：新横浜→京都）

1 JR－運賃・料金の計算（4）

問題4　重要度 A　令2

次の経路による行程で大人1人が乗車するとき、特急料金とグリーン料金の組み合わせについて、資料に基づき、正しいものを選びなさい。

（注1）最初の新幹線の乗車日当日に大宮駅まで乗車するものとし、この行程の乗車に必要な乗車券類は、最初の新幹線の乗車前に全て同時に購入するものとする。
（注2）水沢江刺駅では新幹線の改札口を出るものとする。
（注3）仙台駅では新幹線の改札口を出ないで、「はやぶさ」に乗り継ぐものとする。
（注4）グリーン車は、いずれの新幹線ともグランクラスを利用しないものとする。

〈行　程〉（通常期）

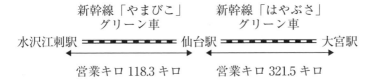

〈資　料〉
東北・北海道新幹線〔はやて〕〔やまびこ〕〔なすの〕普通車指定席特急料金（通常期）

盛岡			
2,400 円	水沢江刺		
3,170 円	3,170 円	仙台	
5,370 円	5,370 円	4,830 円	大宮

1　JR－運賃・料金の計算（4）

東北・北海道新幹線〔はやぶさ〕普通車指定席特急料金（通常期）

仙台	
5,150 円	大宮

東北・山形・秋田新幹線、上越新幹線、北陸新幹線のグリーン料金（抜粋）

営業キロ	200 キロまで	301 キロ〜 700 キロまで
グリーン料金	2,100 円	4,190 円

ア．特急料金　　　2,400 円 − 530 円 = 1,870 円……①
　　　　　　　　　5,370 円 + （5,150 円 − 4,830 円）− 530 円 = 5,160 円……②
　　　　　　　　　① + ② = 7,030 円

　　グリーン料金　4,190 円

イ．特急料金　　　2,400 円 − 530 円 = 1,870 円……①
　　　　　　　　　5,370 円 + （5,150 円 − 4,830 円）− 530 円 = 5,160 円……②
　　　　　　　　　① + ② = 7,030 円
　　グリーン料金　2,100 円 + 4,190 円 = 6,290 円

ウ．特急料金　　　2,400 円 − 530 円 = 1,870 円……①
　　　　　　　　　3,170 円 − 530 円 = 2,640 円……②
　　　　　　　　　5,150 円 − 530 円 = 4,620 円……③
　　　　　　　　　① + ② + ③ = 9,130 円
　　グリーン料金　4,190 円

エ．特急料金　　　2,400 円 − 530 円 = 1,870 円……①
　　　　　　　　　3,170 円 − 530 円 = 2,640 円……②
　　　　　　　　　5,150 円 − 530 円 = 4,620 円……③
　　　　　　　　　① + ② + ③ = 9,130 円
　　グリーン料金　2,100 円 + 4,190 円 = 6,290 円

| 問題4 | 解説 | 解答 | ア |

　盛岡から大宮まで、同一方向（上り）の３つの東北新幹線を１日で乗り継ぐ行程である。**同一方向の東北新幹線を改札口から出ずに乗り継ぐときは、特急料金・グリーン料金を通算することができる。**（注2）には"水沢江刺駅では新幹線の改札口を出る"とあり、（注3）には"仙台駅では新幹線の改札口を出ない"とあるので、本問の場合は、盛岡－水沢江刺間と、水沢江刺－（仙台）－大宮間とに区間を分けて料金を計算する。

東北新幹線（上り）

←───────────   ───────→

盛岡 **＝＝＝＝＝** 水沢江刺 **＝＝＝＝＝** 仙台 **＝＝＝＝＝** 大宮
　やまびこ　　　　　やまびこ　　　　はやぶさ
　　　　　（出場する）　　　　　（出場しない）

特急料金

■盛岡－水沢江刺

　〔やまびこ〕の普通車自由席を利用しているので、乗車日にかかわらず通常期の普通車指定席特急料金の 530 円引き。

　　　2,400 円 － 530 円 ＝ 1,870 円……①

■水沢江刺－仙台－大宮

● 水沢江刺－仙台間は〔やまびこ〕に、仙台－大宮間は最速型新幹線〔はやぶさ〕に乗車しているので、水沢江刺－大宮間の〔やまびこ〕の特急料金（5,370 円）を適用して通しの特急料金を求める。

● 最速型新幹線〔はやぶさ〕の指定席特急料金は、〔やまびこ〕の同特急料金よりも高額に設定されているため、〔はやぶさ〕乗車区間（仙台－大宮）に対して、〔はやぶさ〕の特急料金（5,150 円）と〔やまびこ〕の特急料金（4,830 円）の差額が必要。

● 〔やまびこ〕〔はやぶさ〕ともに、利用設備はグリーン車なので通常期の普通車指定席特急料金の 530 円引き（通常期なのでシーズン区分による変動は適用しない）。

　　　5,370 円 ＋（5,150 円 － 4,830 円）－ 530 円 ＝ 5,160 円……②

グリーン料金　水沢江刺－仙台－大宮

　特急料金と同様にグリーン料金も通算できるので、水沢江刺－仙台間の営業キロと仙台－大宮間の営業キロを合計した距離をもとにグリーン料金を求める。

118.3キロ + 321.5キロ = 439.8キロ

→ 440キロ……301〜700キロまで 4,190円

以上により、本問には①と②を合計した特急料金 7,030円とグリーン料金 4,190円が適用されるので、正しいものはアである。

新幹線の運行区間・列車名

新幹線	運行区間	主な列車名 最速型（※）	主な列車名 最速型以外（※）	運行会社
① 北海道新幹線	新青森－新函館北斗	———	〔はやぶさ〕〔はやて〕	北海道
② 東北新幹線	東京－新青森	〔はやぶさ〕〔こまち〕	〔はやて〕〔やまびこ〕〔つばさ〕〔なすの〕	東日本
③ 上越新幹線	東京－新潟	———	〔とき〕〔たにがわ〕	東日本
④ 北陸新幹線	東京－敦賀	———	〔かがやき〕〔はくたか〕〔あさま〕〔つるぎ〕	東日本 西日本
⑤ 東海道新幹線	東京－新大阪	〔のぞみ〕	〔ひかり〕〔こだま〕	東　海
⑥ 山陽新幹線	新大阪－博多	〔のぞみ〕〔みずほ〕	〔ひかり〕〔こだま〕〔さくら〕	西日本
⑦ 九州新幹線	博多－鹿児島中央	———	〔みずほ〕〔さくら〕〔つばめ〕	九　州
⑧ 西九州新幹線	武雄温泉－長崎	———	〔かもめ〕	九　州

※最速型＝他の新幹線よりも高額な指定席特急料金が設定されている新幹線

1 JR －運賃・料金の計算（5）

| 問題5 | 重要度 A 令5 | ✔ □ □ |

次の経路による行程で大人1人が乗車するとき、新幹線の特急料金とグリーン料金の額の組み合わせについて、資料に基づき、正しいものを1つ選びなさい。

（注1）京都駅では新幹線の改札口を出ないで、「のぞみ」に乗り継ぐものとする。

（注2）この行程の乗車に必要な乗車券類は、最初の列車の乗車前に全て購入するものとする。

〈行　程〉

7月15日（土）繁忙期

```
                        東海道・山陽新幹線
          「こだま」                「のぞみ」
        ＜普通車指定席＞        ＜グリーン車指定席＞
岐阜羽島駅 ━━━━━━ 京都駅 ━━━━━━ 新山口駅
      営業キロ117.3キロ        営業キロ513.4キロ
```

〈資　料〉

■東海道・山陽新幹線〔ひかり〕〔こだま〕普通車指定席特急料金（通常期）

岐阜羽島		
3,060 円	京都	
5,920 円	5,490 円	新山口

■東海道・山陽新幹線〔のぞみ〕普通車指定席特急料金（通常期）

京都	
6,340 円	新山口

■東海道・山陽新幹線のグリーン料金

営業キロ	100キロまで	200キロまで	400キロまで	600キロまで	800キロまで	801キロ以上
グリーン料金	1,300円	2,800円	4,190円	5,400円	6,600円	7,790円

228

1 JR －運賃・料金の計算（5）

ア．特急料金 　5,920円 + (6,340円 − 5,490円) + 200円 − 530円 = $\boxed{6{,}440円}$

　　グリーン料金 　$\boxed{5{,}400円}$

イ．特急料金 　5,920円 + (6,340円 − 5,490円) + 200円 = $\boxed{6{,}970円}$

　　グリーン料金 　$\boxed{5{,}400円}$

ウ．特急料金 　(3,060円 + 200円 − 530円) + (6,340円 + 200円 − 530円) = $\boxed{8{,}740円}$

　　グリーン料金 　$\boxed{6{,}600円}$

エ．特急料金 　(3,060円 + 200円) + (6,340円 + 200円) = $\boxed{9{,}800円}$

　　グリーン料金 　$\boxed{6{,}600円}$

国内旅行実務

| 問題5 | 解説 | | 解答 | ア |

　　同一方向の東海道・山陽新幹線を、改札口から出ずに乗り継ぐ場合は、特急料金を通算することができる。本問の岐阜羽島－京都間、京都－新山口間はいずれも「下り」で、（注1）には"京都駅では新幹線の改札口を出ない"とあるので、〔こだま〕と〔のぞみ〕を一つの新幹線とみなし、岐阜羽島－新山口間に通しの特急料金を適用する。

特急料金　岐阜羽島－京都－新山口

● 〔こだま〕と〔のぞみ〕を乗り継いでいるので、全乗車区間（岐阜羽島－新山口間）に〔こだま〕の特急料金（5,920円）を適用して通しの特急料金を計算する。

● 最速型新幹線〔のぞみ〕の指定席を利用するときの特急料金は、〔こだま〕の同特急料金よりも高額に設定されているので、〔のぞみ〕乗車区間（京都－新山口間）に対して、〔のぞみ〕の指定席特急料金（6,340円）と〔こだま〕の指定席特急料金（5,490円）の差額が必要。

● 普通車指定席とグリーン車指定席の乗り継ぎなので、全乗車区間にグリーン車用の指定席特急料金（530円引きの特急料金）を適用する（繁忙期なので200円を加算する）。

　　　5,920円＋（6,340円－5,490円）＋200円－530円＝6,440円

グリーン料金　京都－新山口

　京都－新山口間の営業キロをもとにグリーン料金を求める。

　　　513.4キロ　→　514キロ……600キロまで　5,400円

以上により、アが正解である。

230

1 JR －運賃・料金の計算（5）

特急料金の変動（まとめ）

通常期の普通車指定席特急料金を基準として……

	通常期	閑散期	繁忙期	最繁忙期
普通車指定席	所定の料金（基準）	－200円	＋200円	＋400円
グリーン車指定席※1 寝台車※2	－530円	－200円 －530円	＋200円 －530円	＋400円 －530円
普通車自由席	－530円（通年）			

※1 特急料金のほかにグリーン料金が必要
※2 特急料金のほかに寝台料金が必要

1 JR －運賃・料金の計算（6）

問題6　重要度 A 令1

次の経路による行程で乗車する旅客に関する記述について、資料に基づき、誤っているものを選びなさい。

（注1）この行程の乗車に必要な乗車券は、最初の乗車日に、乗車する新幹線の特急券と一括して購入するものとする。
（注2）途中下車はしないものとする。
（注3）選択肢エ．の払いもどしは、JRの駅で払いもどしが可能な営業時間内に行うものとする。

〈行　程〉

〈資　料〉
● 郡山駅から金沢駅までの営業キロは616.6キロである。
● 富山駅から金沢駅までの営業キロは58.6キロである。
● 営業キロが616.6キロの大人片道普通運賃は9,610円である。

ア．大人1人が、この区間を往路6月1日、復路6月11日として、乗車券を購入する場合、運賃の合計額は19,220円となる。

イ．JRから指定を受けた大学の学生1人が、この区間を往路6月1日、復路6月5日として、大学が発行する「学校学生生徒旅客運賃割引証」をJR窓口に提示して乗車券を購入する場合、運賃の合計額は13,820円となる。

ウ．小児1人が、この区間を往路6月1日、復路6月3日として乗車券を購入する場合、運賃の合計額は9,600円となる。

エ．この区間の往路の片道普通乗車券を所持する旅客が、旅客の都合により当初の予定を変更し、富山駅で旅行を中止した場合、その当日に当該乗車券の未使用区間の運賃について、払いもどしの請求をしても、払いもどしされる額はない。

1 JR −運賃・料金の計算（6）

| 問題6 | 解説 | 解答 | ウ |

　ア、イ、ウでは、いずれも郡山−金沢間を往復するときの運賃が問われている。片道の営業キロが**600キロ**を超える区間を、**同一経路**で、往復乗車券の有効期間内に往復するときは**往復割引**により往路、復路の運賃がそれぞれ**1割引**になる。往復乗車券の有効期間は片道乗車券の有効期間の**2倍**である（P221の「ポイント整理」参照）。本問の片道の営業キロは616.6キロなので、往復乗車券の有効期間は10日（5日×2）。

　ア、イ、ウのいずれも往路の乗車日は6月1日なので、この場合の往復乗車券の有効期間満了日は6月1日から起算して10日目に当たる6月10日である（復路の行程が6月11日以降であるときは、往復割引を適用できない）。

ア．**正しい。**"復路6月11日"とあり、有効期間が1日不足しているので往復割引は適用できない（往路、復路とも無割引の大人片道普通運賃を適用する）。

　　9,610円（往路）＋ 9,610円（復路）＝ 19,220円（運賃の合計額）

イ．**正しい。**"復路6月5日"とあるので、往復割引が適用される。

　　JRの指定した学校の学生・生徒が「片道の営業キロが**100キロ**を超える区間」を利用する場合は、学校学生生徒旅客運賃割引証（学生割引証）を提示することにより**学生割引**が適用され、大人片道普通運賃が**2割引**になる。往復割引と学生割引は**重複して適用できる**ので、この場合は往復割引（1割引）を適用後の運賃に対して学生割引（2割引）の計算を行う。

　　9,610円 ×（1 − 0.1）＝ 8,649 →（端数整理）→ 8,640円

　　8,640円 ×（1 − 0.2）＝ 6,912 →（端数整理）→ 6,910円

　　6,910円（往路）＋ 6,910円（復路）＝ 13,820円（運賃の合計額）

ウ．**誤り。**"復路6月3日"とあるので、往復割引の適用条件を満たしている。往復割引は小児の運賃にも適用できるので、往路・復路の小児片道普通運賃がそれぞれ1割引になる（運賃の合計額を"9,600円"とする記述は誤り）。

　　9,610円 ÷ 2 ＝ 4,805 →（端数整理）→ 4,800円

　　4,800円 ×（1 − 0.1）＝ 4,320円

　　4,320円（往路）＋ 4,320円（復路）＝ 8,640円（運賃の合計額）

エ．**正しい。**旅行開始後の普通乗車券は、有効期間内で、不乗車区間の営業キロが**100キロ**を超えている場合に限り、すでに**乗車した区間の運賃**と**手数料**（220円）を差し引いた残額の払戻しを受けることができる。本肢の場合、資料に示されているとおり、不乗車区間（富山−金沢間）の営業キロは58.6キロなので、払戻しを受けることはできない。

1 JR －運賃・料金の計算（7）

| 問題7 | 重要度 A 令2 | ✓ ☐ ☐ |

次の経路による行程で旅客が乗車する場合について、各設問に該当する答を、それぞれの選択肢の中から1つ選びなさい。

- （注1）乗車に必要な乗車券は、最初の列車の乗車前に、途中下車しないものとして購入するものとする。
- （注2）鹿児島中央駅および広島駅では、最初の列車の乗車日当日に乗り継ぐものとする。
- （注3）戸坂駅は広島市内に属する駅で、広島市内の中心駅は広島駅である。
- （注4）この行程におけるJR九州とJR西日本の境界駅は博多駅である。

〈行　程〉

指宿枕崎線　　　　　　山陽・九州新幹線　　　　　　芸備線
（地方交通線）　　　　　　　　　　　　　　　　　　　　（地方交通線）
喜入駅 ━━━ 鹿児島中央駅 ━━━（博多駅）━━━ 広島駅 ━━━ 戸坂駅

営業キロ 26.6 キロ　　　営業キロ 569.6 キロ　　　営業キロ 7.0 キロ
擬制キロ 29.3 キロ　　　運賃計算キロ 574.0 キロ　　賃率換算キロ 7.7 キロ

鹿児島中央駅から博多駅までの営業キロは 288.9 キロ

問 1. 大人1人が乗車するとき、普通旅客運賃の計算に関する次の記述のうち、正しいものはどれか。

ア．運賃は、「26.6 キロ＋ 569.6 キロ」の計算による基準額に、「26.6 キロ＋ 288.9 キロ」の計算による加算額を合計した額となる。

イ．運賃は、「26.6 キロ＋ 569.6 キロ＋ 7.0 キロ」の計算による基準額に、「26.6 キロ＋ 288.9 キロ」の計算による加算額を合計した額となる。

ウ．運賃は、「29.3 キロ＋ 574.0 キロ」の計算による基準額に、「29.3 キロ＋ 288.9 キロ」の計算による加算額を合計した額となる。

エ．運賃は、「29.3 キロ＋ 574.0 キロ＋ 7.7 キロ」の計算による基準額に、「29.3 キロ＋ 288.9 キロ」の計算による加算額を合計した額となる。

問2．この行程における普通乗車券に関する次の記述のうち、誤っているもの
　はどれか。

ア．この区間の普通乗車券を所持する旅客が、旅客の都合により鹿児島中央駅
　　で旅行を中止し、当該乗車券の有効期間内に、当該乗車券を鹿児島中央駅に
　　差し出して既に支払った旅客運賃の払いもどしの請求をした場合、既に支払っ
　　た旅客運賃から喜入駅と鹿児島中央駅の区間の普通旅客運賃と払いもどしの
　　手数料を差し引いた残額を払いもどす。
イ．ＪＲの指定学校の学生が、この区間を往路９月１日、復路９月３日として、
　　学校学生生徒旅客運賃割引証をＪＲ窓口に提示して普通乗車券を購入すると
　　きは、往復割引と学生割引を重複して適用する。
ウ．片道乗車券の有効期間は、４日である。
エ．広島駅で下車して出場した後に戸坂駅まで乗車するときは、戸坂駅までの
　　別の乗車券を購入する必要がある。

| 問題7 | 解説 | 解答 | 1.ウ/2.イ |

問 1.
- 注3にあるとおり、戸坂駅は**広島市内**に属する駅で、広島市内の中心駅は広島駅である。発駅である喜入駅から広島駅までの片道の営業キロが**200キロを超えている**ので、**特定都区市内（広島市内）**発着の特例により、**喜入から広島までの距離をもとに運賃を計算する**（広島−戸坂間の距離は運賃計算に含めない）。
- 注4にあるとおり、JR九州とJR西日本にまたがる行程である（境界駅は博多）。したがって、**全乗車区間**（喜入−広島）の距離に基づく**基準額**のほかに、JR九州内（喜入−博多）の距離に基づく**加算額**が必要である。

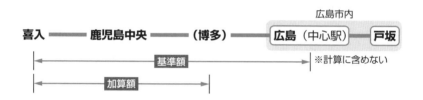

【基準額】喜入−広島　29.3キロ＋574.0キロ（基準額を求めるときの距離）

　喜入−鹿児島中央間は地方交通線である。鹿児島中央−広島間は営業キロのほかに運賃計算キロが表示されているので幹線と地方交通線とにまたがる区間である。したがって、喜入−鹿児島中央間の擬制キロ29.3キロと、鹿児島中央−広島間の運賃計算キロ574.0キロを合計した距離をもとに基準額を計算する。

【加算額】喜入−博多　29.3キロ＋288.9キロ（加算額を求めるときの距離）

　行程下に"鹿児島中央駅から博多駅までの営業キロは288.9キロ"とあり、営業キロ以外の距離は記載されていないので、鹿児島中央−博多間は幹線であると判断できる。したがって、喜入−鹿児島中央間の擬制キロ29.3キロと、鹿児島中央−博多間の営業キロ288.9キロを合計した距離をもとに加算額を計算する。

　以上の計算により算出した基準額と加算額の合計が大人1人当たりの普通旅客運賃になるので、正解はウである。

問 2．

問 1 で解説したとおり、本問の行程は特定都区市内発着の特例により喜入駅から広島駅までの距離をもとに運賃が計算される（乗車券の表示は「喜入⇒広 広島市内」）。この場合、運賃計算だけなく、割引適用の可否、乗車券の有効期間なども喜入－広島間の距離に基づいて判断することになる。

ア．**正しい。** 使用開始後の普通乗車券は、**有効期間内で不乗車区間の営業キロが 100 キロを超えている場合に限り**、すでに**乗車した区間の運賃と手数料**（乗車券 1 枚につき 220 円）を差し引いた**残額**が払い戻される。本肢には“旅客の都合により鹿児島中央駅で旅行を中止し”とあるので、不乗車区間（鹿児島中央－広島）の営業キロは 569.6 キロである。したがって“喜入駅と鹿児島中央駅の区間の普通旅客運賃と払いもどしの手数料を差し引いた残額を払いもどす”とあるのは正しい記述である。

イ．**誤り。** 往復割引（往路、復路とも**各 1 割引**）は、**片道の営業キロが 600 キロを超える区間**を、**往復乗車券の有効期間内に、同一経路で往復する場合**に適用される。本問の行程では片道の営業キロが 26.6 ＋ 569.6 ＝ 596.2 → 597 キロであり、600 キロを超えていないので往復割引を適用することはできない。“往復割引と学生割引を重複して適用する”とある本肢の記述は誤りである。

なお、**学生割引（2 割引）**は JR の指定する学校の学生・生徒が、**片道の営業キロが 100 キロを超える区間**に乗車する場合に、**学校学生生徒旅客運賃割引証（学生割引証）**を提示することで適用される（往復割引の条件も同時に満たすときは、往復割引と学生割引を**重複して適用**できる）。本肢の場合は学生割引のみが適用され、往路、復路の各運賃が 2 割引になる。

ウ．**正しい。** 乗車券の有効期間は、乗車区間の営業キロをもとに定められている（片道乗車券の有効期間は P221 の「ポイント整理」参照）。イの解説でも述べたとおり、この行程の片道の営業キロは 596.2 → 597 キロなので、片道乗車券の有効期間は 4 日である。

エ．**正しい。** 特定都区市内発着の特例を適用した乗車券は、その「都区市内の駅」で下車すると、以降の区間が無効になる（前途無効）。本問の場合、広島駅で下車後に戸坂駅まで乗車するときは、戸坂駅までの別の乗車券を購入しなければならない。

1 JR －運賃・料金の計算（8）

問題8　重要度 A　平27-改

大人1人が、通常期に次の行程を新幹線の改札口を出ないで乗り継ぐ場合のグリーン料金および特急料金について、資料に基づき、以下の各設問に該当する答を、選択肢の中からそれぞれ1つ選びなさい。

（注）グリーン車は、いずれの列車ともグランクラスを利用しないものとする。

〈行　程〉

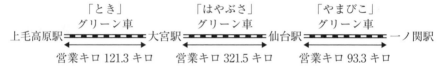

〈資　料〉

東北・山形・秋田、上越、北陸新幹線のグリーン料金（抜粋）

営業キロ	100キロまで	200キロまで	300キロまで	400キロまで	500キロまで	600キロまで
グリーン料金	1,030円	2,060円	3,090円	4,110円	4,110円	4,110円

上越新幹線〔とき〕〔たにがわ〕普通車指定席特急料金（通常期）

上毛高原	
3,110円	大宮

東北新幹線〔はやて〕〔やまびこ〕〔なすの〕普通車指定席特急料金（通常期）

大宮		
4,740円	仙台	
5,270円	2,360円	一ノ関

東北新幹線〔はやぶさ〕普通車指定席特急料金（通常期）

大宮	
5,050円	仙台
5,680円	一ノ関

1 JR－運賃・料金の計算（8）

問 1． グリーン料金の合計額について、正しいものはどれか。

ア．上毛高原駅〜大宮駅、営業キロ 121.3 キロ……2,060 円
　　大宮駅〜仙台駅、営業キロ 321.5 キロ……4,110 円
　　仙台駅〜一ノ関駅、営業キロ 93.3 キロ……1,030 円
　　2,060 円 + 4,110 円 + 1,030 円 = 7,200 円

イ．上毛高原駅〜大宮駅、営業キロ 121.3 キロ……2,060 円
　　大宮駅〜仙台駅〜一ノ関駅を通算し営業キロ 414.8 キロ……4,110 円
　　2,060 円 + 4,110 円 = 6,170 円

ウ．上毛高原駅〜大宮駅〜仙台駅を通算し営業キロ 442.8 キロ……4,110 円
　　仙台駅〜一ノ関駅、営業キロ 93.3 キロ……1,030 円
　　4,110 円 + 1,030 円 = 5,140 円

エ．上毛高原駅〜大宮駅〜仙台駅〜一ノ関駅を通算し営業キロ 536.1 キロ……4,110 円
　　4,110 円

問 2． 特急料金の合計額について、正しいものはどれか。

ア．上毛高原駅〜大宮駅〜仙台駅〜一ノ関駅
　　3,110 円 + 5,050 円 + 2,360 円 − 530 円 = 9,990 円

イ．上毛高原駅〜大宮駅　3,110 円 − 530 円 = 2,580 円
　　大宮駅〜仙台駅　5,050 円 − 530 円 = 4,520 円
　　仙台駅〜一ノ関駅　2,360 円 − 530 円 = 1,830 円
　　2,580 円 + 4,520 円 + 1,830 円 = 8,930 円

ウ．上毛高原駅〜大宮駅　3,110 円 − 530 円 = 2,580 円
　　大宮駅〜仙台駅〜一ノ関駅　5,680 円 − 530 円 = 5,150 円
　　2,580 円 + 5,150 円 = 7,730 円

エ．上毛高原駅〜大宮駅　3,110 円 − 530 円 = 2,580 円
　　大宮駅〜仙台駅〜一ノ関駅　5,270 円 +（5,050 円 − 4,740 円）− 530 円 = 5,050 円
　　2,580 円 + 5,050 円 = 7,630 円

国内旅行実務

| 問題8 | 解説 | 解答 | 1. イ /2. エ |

大人1人が新幹線の改札から出ずに、上越新幹線〔とき〕、東北新幹線〔はやぶさ〕および〔やまびこ〕を乗り継ぎ、上毛高原から一ノ関まで乗車する行程である。

行程中、上越新幹線〔とき〕は上り、東北新幹線〔はやぶさ〕および〔やまびこ〕は下りである。東北新幹線の区間は同一方向の〔はやぶさ〕〔やまびこ〕を改札から出ずに乗り継いでいるので、特急料金・グリーン料金を通算することができるが、上越新幹線の区間は方向が異なるので料金の通算はできない。したがって、行程を「上越新幹線の区間」と「東北新幹線の区間」の2つに分けて料金を計算する。

問1.

乗車区間の営業キロに基づきグリーン料金を求める。

【上越新幹線】上毛高原－大宮

121.3キロ　→　200キロまで　2,060円…①

【東北新幹線】大宮－仙台－一ノ関

321.5 + 93.3 = 414.8キロ　→　500キロまで　4,110円…②

2,060円（①）＋ 4,110円（②）＝ 6,170円（グリーン料金総額）

以上により、正しいものはイである。

問2.

新幹線の特急料金表に基づき各区間の特急料金を求める。利用設備はグリーン車なので、表中に示された普通車指定席特急料金から530円を差し引いた特急料金を適用する（通常期なのでシーズン区分による変動は適用しない）。

【上越新幹線】上毛高原－大宮

3,110 － 530 = 2,580円…①

【東北新幹線】大宮－仙台－一ノ関

大宮－仙台間は最速型新幹線〔はやぶさ〕に、仙台－一ノ関間は最速型以外の新幹線〔やまびこ〕に乗車しているので、東北新幹線の全乗車区間（大宮－一ノ関）の〔やまびこ〕の特急料金（5,270円）を適用して通しの特急料金を計

算する。

　最速型新幹線〔はやぶさ〕の指定席を利用するときの特急料金は、〔やまびこ〕の同特急料金よりも高額に設定されているため、〔はやぶさ〕乗車区間（大宮－仙台）に対して、〔はやぶさ〕の特急料金（5,050円）と〔やまびこ〕の特急料金（4,740円）の差額が必要。

　　　5,270 ＋（5,050 － 4,740）－ 530 ＝ 5,050円…②

　　　2,580円（①）＋ 5,050円（②）＝ 7,630円（特急料金総額）

以上により、正しいものはエである。

ポイント整理　新幹線の運行区間（起点・終点駅および主要駅）

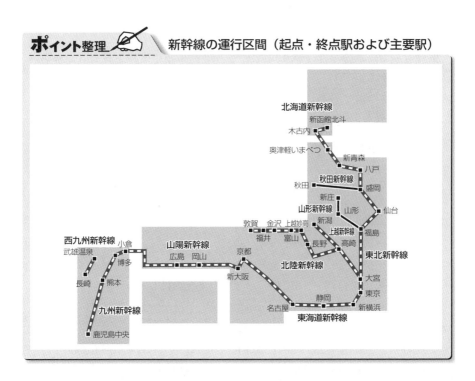

1 JR －運賃・料金の計算（9）

| 問題9 | 重要度 A 令1-改 | ✓ ☐ ☐ |

次の経路による行程で大人１人が乗車するとき、新幹線の特急料金の額について、
資料に基づき、正しいものを選びなさい。

（注）11月11日の名古屋駅では、新幹線の改札口を出ないで「のぞみ」に乗り
継ぐものとし、この行程の乗車に必要な乗車券類は、最初の新幹線の乗車
前にすべて同時に購入するものとする。

〈行　程〉

11月11日（月）閑散期

新幹線「ひかり」　　　　　　　　新幹線「のぞみ」
浜松駅 ━━━━━━━━ 名古屋駅 ━━━━━━━━ 岡山駅
　　　　普通車自由席　　　　　　　　　　普通車指定席

・岡山市内のホテルに宿泊する。

11月12日（火）閑散期

新幹線「こだま」
岡山駅 ━━━━━━━━ 新尾道駅
　　　　普通車自由席

〈資　料〉

東海道・山陽新幹線〔ひかり〕〔こだま〕普通車指定席特急料金（通常期）

浜松			
3,000円	名古屋		
5,060円	4,610円	岡山	
5,390円		2,250円	新尾道

東海道・山陽新幹線〔のぞみ〕普通車指定席特急料金（通常期）

名古屋	
5,030円	岡山

ア．3,000円 － 530円 ＝ 2,470円 …… ①

5,030円 － 200円 ＝ 4,830円 …… ②

2,250円 － 530円 ＝ 1,720円 …… ③　　　①＋②＋③ ＝ 9,020円

イ．5,060円 ＋（5,030円 － 4,610円）－ 200円 ＝ 5,280円 …… ①

2,250円 － 530円 ＝ 1,720円 …… ②　　　①＋② ＝ 7,000円

ウ．5,060円 － 200円 ＝ 4,860円 …… ①

2,250円 － 200円 － 530円 ＝ 1,520円 …… ②　　　①＋② ＝ 6,380円

エ．5,390円 ＋（5,030円 － 4,610円）－ 200円 ＝ 5,610円

1 JR－運賃・料金の計算（9）

問題9	解説	解答	**イ**

　11月11日〜12日にわたり、東海道・山陽新幹線を乗り継いで浜松から新尾道まで乗車する行程である。

　11日は名古屋駅で改札から出ずに同一方向（下り）の東海道・山陽新幹線を乗り継いでいるので、浜松－岡山間の特急料金を通算することができる。12日に乗車する岡山－新尾道間も方向は同じ（下り）だが、岡山駅で改札から出場（岡山市内で宿泊）しているので、同区間は特急料金を通算できない。したがって、1日目と2日目で区間を分けて、次のように特急料金を計算する。

【11月11日（月）閑散期】浜松－名古屋－岡山

● 〔ひかり〕の普通車自由席と、最速型新幹線〔のぞみ〕の普通車指定席を乗り継いでいるので、全乗車区間（浜松－岡山間）の通しの特急料金として〔ひかり〕の普通車指定席特急料金（5,060円）を適用する（普通車自由席と普通車指定席の乗り継ぎなので、全乗車区間に普通車指定席特急料金を適用）。

● 最速型新幹線〔のぞみ〕の普通車指定席特急料金は、〔ひかり〕の同特急料金よりも高額に設定されているため、〔のぞみ〕乗車区間（名古屋－岡山間）に対して〔のぞみ〕の指定席特急料金（5,030円）と〔ひかり〕の同特急料金（4,610円）との差額（420円）が必要。

● 普通車指定席特急料金を適用して計算し、かつ行程には"閑散期"とあるので、通常期の普通車指定席特急料金から200円を減額する。

　　　5,060円＋（5,030円－4,610円）－200円＝5,280円 …… ①

【11月12日（火）閑散期】岡山－新尾道

　〔こだま〕の利用設備は普通車自由席である。自由席特急料金は、乗車日にかかわらず通常期の普通車指定席特急料金の530円引き（乗車日は閑散期だが－200円は適用しない）。

　　　2,250円－530円＝1,720円 …… ②

　　　①＋②＝7,000円

　以上により、正しいものはイである。

国内旅行実務

243

1 JR －運賃・料金の計算（10）

問題 10 重要度 A 令4 ✓□□

次の経路による行程で大人1人が乗車する場合について、各設問に該当する答を、それぞれの選択肢の中から1つ選びなさい。

（注1）この行程の乗車に必要な乗車券類は、最初の列車の乗車前に全て購入するものとする。

（注2）6月9日の新大阪駅では新幹線の改札口を出ないで、「のぞみ」に乗り継ぐものとする。

（注3）この行程において途中下車となる駅は湯田温泉駅と出雲市駅である。

（注4）山口線は地方交通線である。

〈行　程〉

6月9日（木）閑散期

```
            東海道・山陽新幹線                    山口線
            「こだま」        「のぞみ」        普通列車
          ＜普通車自由席＞   ＜普通車指定席＞   ＜普通車自由席＞
米原駅 ━━━━━ 新大阪駅 ━━━━━ 新山口駅 ━━━━━ 湯田温泉駅
```

営業キロ591.4キロ
運賃計算キロ596.8キロ

6月10日（金）通常期

```
            山口線・山陰本線                    山陰本線
           特急「スーパーおき」          特急「スーパーまつかぜ」
            ＜普通車指定席＞              ＜普通車指定席＞
湯田温泉駅 ━━━━━ 出雲市駅 ━━━━━ 玉造温泉駅
```

営業キロ213.5キロ　　　営業キロ26.1キロ
運賃計算キロ221.9キロ

1 JR −運賃・料金の計算（10）

問 1. 運賃の額に関する次の記述のうち、正しいものはどれか。

ア．運賃は、「591.4 キロ＋ 213.5 キロ＋ 26.1 キロ」の計算距離による額となる。

イ．運賃は、「591.4 キロ＋ 221.9 キロ＋ 26.1 キロ」の計算距離による額となる。

ウ．運賃は、「596.8 キロ＋ 213.5 キロ＋ 26.1 キロ」の計算距離による額となる。

エ．運賃は、「596.8 キロ＋ 221.9 キロ＋ 26.1 キロ」の計算距離による額となる。

問 2. 6 月 9 日の特急料金の額について、資料に基づき、正しいものを 1 つ選びなさい。

〈資　料〉

■東海道・山陽新幹線〔ひかり〕〔こだま〕指定席特急料金（通常期）

米原		
3,060円	新大阪	
5,490円	5,150円	新山口

■東海道・山陽新幹線〔のぞみ〕指定席特急料金（通常期）

新大阪	
5,470円	新山口

ア．5,490 円＋（5,470 円− 5,150 円）− 530 円＝ 5,280 円

イ．5,490 円＋（5,470 円− 5,150 円）− 200 円＝ 5,610 円

ウ．3,060 円− 200 円− 530 円＝ 2,330 円 ⋯⋯⋯⋯⋯⋯⋯⋯⋯⋯ ①
　　5,470 円− 200 円＝ 5,270 円 ⋯⋯⋯⋯⋯⋯⋯⋯⋯⋯⋯⋯⋯ ②
　　①＋②＝ 7,600 円

エ．3,060 円− 530 円＝ 2,530 円 ⋯⋯⋯⋯⋯⋯⋯⋯⋯⋯⋯⋯⋯ ①
　　5,470 円− 200 円＝ 5,270 円 ⋯⋯⋯⋯⋯⋯⋯⋯⋯⋯⋯⋯⋯ ②
　　①＋②＝ 7,800 円

国内旅行実務

問 3． 6 月 10 日の特急券に関する次の記述のうち、正しいものはどれか。

ア．この行程の特急列車に乗車するには、「湯田温泉駅から出雲市駅まで 213.5
キロによる特急券」と「出雲市駅から玉造温泉駅まで 26.1 キロによる特急券」
の 2 枚が必要である。

イ．この行程の特急列車に乗車するには、「湯田温泉駅から出雲市駅まで 221.9
キロによる特急券」と「出雲市駅から玉造温泉駅まで 26.1 キロによる特急券」
の 2 枚が必要である。

ウ．この行程の特急列車に乗車するには、「湯田温泉駅から出雲市駅までの 213.5
キロと出雲市駅から玉造温泉駅までの 26.1 キロを通算した 239.6 キロによる特
急券」の 1 枚が必要である。

エ．この行程の特急列車に乗車するには、「湯田温泉駅から出雲市駅までの 221.9
キロと出雲市駅から玉造温泉駅までの 26.1 キロを通算した 248.0 キロによる特
急券」の 1 枚が必要である。

1 JR－運賃・料金の計算（10）

問題 10	解説		解答	1. エ /2. イ /3. ア

問 1.

　6月9日（1日目）と6月10日（2日目）の2日間にまたがり1日ごとに行程が記載されているが、米原→新大阪→新山口→湯田温泉→出雲市→玉造温泉と同一方向に連続した片道乗車の行程である。各区間に表示された距離から乗車券の有効期間が2日以上になるのは明らかなので、米原から玉造温泉までの距離を通算し、片道乗車として一括で運賃を計算する。

　（注4）にあるとおり1日目、2日目で乗車する山口線は地方交通線である。「米原－湯田温泉間」「湯田温泉－出雲市間」「出雲市－玉造温泉間」の3つの区間に分けて距離が表示されているので、区間ごとに運賃計算に用いる距離を判断する。

【米原－湯田温泉間】＊山口線を含む

　幹線と地方交通線にまたがる行程なので、表示されている運賃計算キロ「596.8キロ」を使って運賃を計算する。

【湯田温泉－出雲市間】＊山口線を含む

　幹線と地方交通線にまたがる行程なので、表示されている運賃計算キロ「221.9キロ」を使って運賃を計算する。

【出雲市－玉造温泉間】

　幹線のみなので、表示されている営業キロ「26.1キロ」を使って運賃を計算する。

　以上により、この行程の運賃は596.8キロ + 221.9キロ + 26.1キロの距離計算によるので、エが正解である。

問 2.

　同一方向の東海道・山陽新幹線を、改札口から出ずに乗り継ぐ場合は、特急料金を通算することができる。本問の米原－新大阪、新大阪－新山口はいずれも「下り」で、(注 2) には"新大阪駅では新幹線の改札口を出ない"とあるので、〔こだま〕と〔のぞみ〕を一つの新幹線とみなし、米原－新山口間に通しの特急料金を適用する。

● 〔こだま〕は普通車自由席、〔のぞみ〕は普通車指定席を利用している。**普通車自由席と普通車指定席の乗り継ぎ**なので、全乗車区間に**普通車指定席特急料金**を適用する。〔こだま〕と最速型新幹線〔のぞみ〕を乗り継いでいるので、全乗車区間（米原－新山口）に**〔こだま〕の指定席特急料金 5,490 円**を適用して通しの特急料金を計算する。

● 最速型新幹線〔のぞみ〕の指定席を利用するときの特急料金は、〔こだま〕の同特急料金よりも高額に設定されているので、〔のぞみ〕乗車区間（新大阪－新山口間）に対して、〔のぞみ〕の指定席特急料金（5,470 円）と〔こだま〕の指定席特急料金（5,150 円）の差額が必要。

● 6 月 9 日は"閑散期"とあるので、通常期の普通車指定席特急料金から 200 円を減額する。

　　　5,490 円 +（5,470 円 − 5,150 円）− 200 円 = 5,610 円

以上により、イが正解である。

問 3.

　在来線の特急料金は乗車区間の営業キロに基づいて設定されている。料金の計算に当たり、換算キロや擬制キロ、運賃計算キロなどの「営業キロ以外の距離」は一切使用しない。

　本問の行程では特急〔スーパーおき〕と特急〔スーパーまつかぜ〕を乗り継いでいる。これらの特急列車を乗り継ぐときに特急料金を通算できる例外はないので、原則どおり**乗車する列車ごとに特急料金を計算する**。

特急〔スーパーおき〕

　湯田温泉－出雲市間の営業キロ 213.5 キロをもとに特急券 1 枚が発売される。

特急〔スーパーまつかぜ〕

　出雲市－玉造温泉間の営業キロ 26.1 キロをもとに特急券 1 枚が発売される。

　以上により、アが正解である。

1 JR－運賃・料金の計算（11）

問題11　重要度 A　令5

次の行程で旅客が乗車する場合について、各設問に該当する答を、それぞれの選択肢の中から１つ選びなさい。

(注1) 富士駅では、最初の列車の乗車日当日に乗り継ぐものとする。
(注2) 乗車に必要な乗車券類は途中下車しないものとして、最初の列車の乗車前の所定の期間内に購入するものとする。
(注3) 問２．ウ．の訪日観光客は、日本国在外外交官・入国審査官・一般社団法人日本旅行業協会会長または一般社団法人全国旅行業協会会長において発行した訪日観光団体であることの証明書を所持するものとする。

〈行　程〉

```
              身延線              東海道本線
           （地方交通線）           （幹線）
身延駅 ━━━━━━━━ 富士駅 ━━━━━━━━ 根府川駅
      営業キロ43.5キロ         営業キロ55.8キロ
      賃率換算キロ47.8キロ
```

問１．大人１人が乗車するとき、片道普通旅客運賃の計算に関する次の記述のうち、正しいものはどれか。

ア．運賃は、「43.5キロ＋55.8キロ＝99.3キロ」を使用して計算した額となる。
イ．運賃は、「47.8キロ＋55.8キロ＝103.6キロ」を使用して計算した額となる。
ウ．運賃は、「43.5キロ」を使用した額と、「55.8キロ」を使用した額を合計した額となる。
エ．運賃は、「47.8キロ」を使用した額と、「55.8キロ」を使用した額を合計した額となる。

問 2. この行程における普通乗車券および指定席特急券に関する次の記述のうち、正しいものはどれか。

ア．中学生以上の指定学校の学生または生徒が「学生・生徒旅客運賃割引証」を提示して、普通乗車券を購入するときは、大人普通旅客運賃が2割引になる。

イ．中学生以上の指定学校の学生または生徒が8人以上と、当該学校の教職員によって構成され、当該学校の教職員が引率する団体が、身延駅から富士駅間を特急「ふじかわ」に乗車する場合において、指定席特急券を購入するときは、当該特急料金は5割引になる。

ウ．訪日観光客8人とこれと同行する旅行業者とによって構成され、責任ある代表者が引率する訪日観光団体が普通乗車券を購入するときは、大人普通旅客運賃が1割5分引になる。

エ．学生団体および訪日観光団体ではない20人の旅客が一緒に旅行するとき、1人分の運賃が無料になる。

1 JR －運賃・料金の計算（11）

| 問題 11　解説 | 解答　1. イ / 2. ウ |

問 1.

　行程中の身延 − 富士間は地方交通線、富士 − 根府川間は幹線である。**地方交通線と幹線を連続して乗車しているので**、地方交通線区間の**換算キロ**（賃率換算キロ）と幹線区間の**営業キロ**を合計した**運賃計算キロ**をもとに運賃を求める。

　　　47.8 キロ + 55.8 キロ = 103.6 キロ

　以上により、イが正解である。

問 2.

ア．**誤り**。指定学校の学生・生徒が「学生・生徒旅客運賃割引証」を提示して、片道の**営業キロが 100 キロを超える**区間の乗車券を購入する場合、学生割引により大人普通旅客運賃が **2 割引**になる。身延 − 根府川間の片道の営業キロは 100 キロちょうど（43.5 キロ + 55.8 キロ = 99.3 キロ→ 100 キロ）で、100 キロを超えていない。学生割引は適用できないので "2 割引になる" とする本肢の記述は誤りである。

　　換算キロ（擬制キロ）は、**運賃を計算するときに限り使用する距離**である。各種割引や特例の適用条件、乗車券の有効期間などを判断する際は、すべて**営業キロが基準**になる。

イ．**誤り**。団体旅客に対し割引が適用されるのは**運賃のみ**で、料金には適用されない（団体の種類にかかわらず同じ）。

　　なお、中学生以上（大人）で構成される学生団体の場合、**学生・生徒は大人普通旅客運賃が 5 割引**に、**教職員は 3 割引**になる。

ウ．**正しい**。記述のとおり。**訪日観光団体**に適用される運賃の割引率は、通年**1 割 5 分引**である。

エ．**誤り**。普通団体の場合、**構成人員 31 人以上**のときに運賃の無賃扱いが適用される。"20 人の旅客が一緒に旅行するとき、1 人分の運賃が無料になる" とあるのは誤りである。

　　なお、**訪日観光団体**では構成人員 **15 人以上**のときに無賃扱いが適用される（**学生団体には無賃扱いの適用はない**）。

国内旅行実務

251

2 JR－乗車券類の取扱い等（1）

問題 12　重要度 A 令5　✓□□

旅客鉄道会社（JR）に関する次の記述のうち、誤っているものを１つ選びなさい。

ア．自転車は、手回り品に関する要件を満たしたうえで、解体し専用の袋に収納したものまたは折りたたみ式自転車においては折りたたんで専用の袋に収納したものは無料で車内に持ち込むことができる。

イ．普通乗車券を所持する旅客が、当該普通乗車券を紛失した場合、その旨を申告し、再度同じ普通乗車券を購入し、再購入した券面に「紛失再」の表示を受けた上で、旅行終了駅にて「再収受証明」を受ける。その翌日、紛失券を発見し同日中に紛失券と「再収受証明」のある普通乗車券の両方をつけて請求したときは、発見した普通乗車券について、手数料 220 円を支払うことで、「再収受証明」のある普通乗車券の運賃の払いもどしを受けることができる。

ウ．特急「あずさ」の指定席特急券を所持する旅客が、旅客の都合により指定の列車に乗り遅れたとき、当該指定された列車の乗車日と同じ日であれば後続の特急列車の立席または普通車の空席がある場合は空席を利用することができる。

エ．特急券と寝台券を１枚で発行した指定券を当該列車出発前日に払い戻す場合の払いもどし手数料は、特急券の払いもどし手数料と寝台券の払いもどし手数料の合計額である。

2 JR－乗車券類の取扱い等（1）

問題 12　解説　　　　　　　　　　　　解答　エ

ア．**正しい**。記述のとおり。なお、"手回り品に関する要件" とは、旅客が携帯できるもので、3 辺の最大の和が 250cm 以内（長さは 2m まで）、重量が30kg 以内のものをいい、列車の状況により、運輸上支障を生ずるおそれがないと認められるときに限り、2 個まで無料で車内に持ち込むことができる（傘、つえ、ハンドバッグなどの身の回り品は個数制限にかかわらず持ち込むことができる）。

イ．**正しい**。購入した乗車券類を紛失した場合、再度、旅客運賃・料金を支払って、**紛失した乗車券類と同一**の乗車券類を購入しなければならない。本肢のように「再収受証明」を受けた場合で、後日、紛失した乗車券類を発見したときは、**乗車券類を再購入した日から 1 年以内**（再購入した日の翌日から起算して 1 年以内）に限り、手数料を支払って、再購入した（再収受証明を受けた）乗車券類の運賃・料金の払戻しを受けることができる。

ウ．**正しい**。「あずさ」は全車指定席の特急列車である。「あずさ」のように**未指定特急券**（座席未指定券）を発売している在来線特急の指定席特急券を所持する旅客が列車に乗り遅れた場合、**同日中の後続列車の立席**のほか、普通車に空席があるときは**空席を利用する**ことができる。

エ．**誤り**。1 枚で発行されている特急券・寝台券を払い戻す場合、**寝台券に対してのみ手数料がかかる**（特急券に対する手数料は不要）。したがって、"特急券の払いもどし手数料と寝台券の払いもどし手数料の合計額である" とする本肢の記述は誤りである。

国内旅行実務

253

2 JR－乗車券類の取扱い等（2）

問題 13　重要度 A　令5　

大人1人、12歳の小学生1人、3歳の幼児1人の計3人の家族が、3つの席を使用して特急列車の普通車指定席に乗車する場合において、この乗車に必要な運賃および料金の組み合わせに関する次の記述のうち、正しいものはどれか。

（注）乗車に必要な乗車券類は、列車の乗車前に一括して購入するものとする。

ア．この乗車に必要な運賃および料金は、「1人分の大人運賃と1人分の大人指定席特急料金」、「2人分の小児運賃と2人分の小児指定席特急料金」である。

イ．この乗車に必要な運賃および料金は、「1人分の大人運賃と1人分の大人指定席特急料金」、「1人分の小児運賃と2人分の小児指定席特急料金」である。

ウ．この乗車に必要な運賃および料金は、「2人分の大人運賃と2人分の大人指定席特急料金」、「1人分の小児指定席特急料金」である。

エ．この乗車に必要な運賃および料金は、「2人分の大人運賃と2人分の大人指定席特急料金」、「1人分の小児運賃と1人分の小児指定席特急料金」である。

2 JR－乗車券類の取扱い等（2）

問題 13	解説		解答	ア

　12 歳の小学生は小児、3 歳の旅客は幼児に区分される。**乗車券を所持する 6 歳以上の旅客**（大人または小児）は、旅客 1 人につき**幼児 2 人まで無賃で随伴できるが、指定席や寝台を幼児が単独で使用**する場合には小児の運賃・料金がかかる。

　設問には "3 つの席を使用して特急列車の普通車指定席に乗車する" とあり、3 歳の幼児も単独で指定席を使用するので、幼児についても小児の運賃・料金が必要。

　以上により、本問の乗車に際し「1 人分の大人運賃と 1 人分の大人指定席特急料金」、「2 人分の小児運賃と 2 人分の小児指定席特急料金」が必要になるので、アが正解である。

国内旅行実務

ポイント整理　JR－旅客の年齢区分

区分	年齢	
① 大人	12 歳以上の者	＊12 歳で中学校入学前の者は小児に区分
② 小児	6 歳以上 12 歳未満の者	＊6 歳で小学校入学前の者は幼児に区分
③ 幼児	1 歳以上 6 歳未満の者	
④ 乳児	1 歳未満の者	

※乗車券を所持する 6 歳以上の旅客（大人または小児）が幼児を随伴する場合、旅客 1 人につき幼児 2 人まで無賃（乳児は随伴する人数にかかわらず無賃）。

255

2 JR－乗車券類の取扱い等（3）

問題 14 　重要度 A 平27 　✓□□

旅客営業規則に関する次の記述のうち、正しいものはどれか。

ア．学生が東北新幹線の東京駅～新青森駅間（片道の営業キロは 713.7 キロ）を、往路 7 月 1 日、復路 7 月 12 日で往復乗車するとき、学生割引と往復割引を重複して適用する。

イ．小学生の学生団体は、指定学校の児童 15 人以上がその学校の教職員に引率されて旅行する場合に適用され、当該児童の団体旅客運賃は 1 年を通して大人普通運賃の 5 割引である。

ウ．指定席特急券を所持する旅客が、旅客の都合により乗り遅れた場合、指定席特急料金の 3 割に相当する額の手数料を支払うことにより、当日の他の列車の指定席特急券に変更することができる。

エ．大人 1 人、6 歳の小学生 1 人、幼児 3 人が共に、普通列車の自由席を利用する場合、大人 1 枚と小児 1 枚の乗車券で乗車することができる。

2 JR －乗車券類の取扱い等（3）

| 問題14 | 解説 | | 解答 | エ |

ア．**誤り**。往復割引は「片道の**営業キロが 600 キロを超える区間**を、**往復乗車券の有効期間内に同一経路で往復するとき**」に適用される。本肢には"片道の営業キロは 713.7 キロ"とあるので、乗車券の有効期間は 10 日間である（P221 の「ポイント整理」参照、往復乗車券の有効期間は**片道乗車券の 2 倍**）。

本肢には"往路 7 月 1 日、復路 7 月 12 日"とあり、12 日間で東京－新青森間を往復する行程なので、前述の往復乗車券の有効期間（10 日間）に 2 日足りず、**往復割引を適用することはできない**（往復乗車券ではなく、往路、復路ともに片道乗車券が発売される）。

以上により、"学生割引と往復割引を重複して適用"とする本肢の記述は誤りである。

なお、学生割引は、指定学校の学生・生徒が学生割引証を提示して、片道の営業キロが 100 キロを超える区間の普通乗車券を購入する場合に適用される。本肢には学生割引証について明記されていないが、仮に同割引証を提示した場合には、学生割引（2 割引）のみが適用される。

イ．**誤り**。学生団体とは、JR が指定した学校、保育所などの学生、生徒、児童、幼児 8 人以上と付添人、教職員、同行する旅行業者とによって構成される団体で、教職員が引率するものをいう。学生団体のうち、**小学校の児童**（小学生＝小児）に適用される団体旅客運賃は、年間を通じて**小児運賃の 3 割引**である。

ウ．**誤り**。**指定席特急券、指定席グリーン券、寝台券、座席指定券などの指定券**は、その指定された列車に限り有効である。乗り遅れなどにより指定列車の**乗車駅出発時刻**を経過すると、その指定券は**無効**になるので、乗車列車を変更することはできない（指定列車の乗車駅出発時刻前に限り、乗車変更が可能）。なお、指定席特急券を所持する旅客が指定された列車に乗り遅れた場合は、**同日中の後続列車の普通車自由席**に乗車することが認められている。

エ．**正しい**。6 歳の小学生は小児に該当するので小児運賃が必要。**乗車券を所持する 6 歳以上の旅客**（大人または小児）は、旅客 1 人につき**幼児 2 人まで無賃で随伴**できる（指定席や寝台を幼児が単独で使用する場合を除く）。本肢には、"普通列車の自由席を利用する"とあり、大人 1 人と小児 1 人で、幼児を各 2 人ずつ（最大 4 人まで）無賃で随伴できるので、大人 1 枚と小児 1 枚の乗車券で乗車することができる。

国内旅行実務

2 JR－乗車券類の取扱い等（4）

問題 15　重要度 A　令4　✔□□

次のJR券の取り扱いについて、各設問に該当する答を、それぞれの選択肢の中から1つ選びなさい。

（注1）このJR券の購入、変更、払いもどしは、JRの駅で指定券を発売している時間内に行うものとする。

（注2）このJR券は現金で購入したものとする。

（注3）このJR券は1回も変更されていないものとする。

（注4）問2.　ア.　は利用列車の変更とし、このJR券と同一区間を乗車し、グリーン車を利用するものとする。

（注5）問2.　イ.　を除き、本設問における変更、払いもどしは使用開始前で有効期間内に行うものとする。

（注6）問2.　イ.　を除き、本設問における変更、払いもどし、指定列車の乗り遅れは旅客の都合によるものとする。

乗車券・新幹線特急券・グリーン券　＊＊

・・・・■■　　　　　乗車券当日限り有効

小　倉　→　博　多

3月19日（7:41発）　（7:56着）　C14

さくら 401 号　全席禁煙　6 号車 13 番 A 席 🚭

￥4,230　内訳：乗 1,170 ・特 1,760 ・グ 1,300

下車前途無効

見　本

2022.－XX.XX

258

2 JR －乗車券類の取扱い等（4）

問 1．この J R 券を 3 月 18 日に払いもどす場合の払いもどし手数料の額に関する次の記述のうち、正しいものはどれか。

ア．乗車券の払いもどし手数料は不要、特急券の払いもどし手数料は不要、グリーン券の払いもどし手数料は 390 円である。

イ．乗車券の払いもどし手数料は不要、特急券の払いもどし手数料は 520 円、グリーン券の払いもどし手数料は不要である。

ウ．乗車券の払いもどし手数料は 220 円、特急券の払いもどし手数料は不要、グリーン券の払いもどし手数料は 390 円である。

エ．乗車券の払いもどし手数料は 220 円、特急券の払いもどし手数料は 520 円、グリーン券の払いもどし手数料は不要である。

問 2．この J R 券の取り扱いに関する次の記述のうち、誤っているものはどれか。

ア．この列車の小倉駅出発時刻までに、3 月 19 日に出発する「のぞみ号」に変更する場合、「のぞみ号」と「さくら号」の特急料金の差額の支払いが必要である。

イ．この列車の小倉駅出発後、JR 会社の都合により博多駅到着時刻が 3 月 19 日の午前 10 時 10 分となった。この場合、特急料金 1,760 円とグリーン料金 1,300 円の合計 3,060 円が返金される。

ウ．この列車に乗り遅れた場合、特急券およびグリーン券は無効となり払いもどしされない。

エ．この列車のグリーン券は 2 月 19 日の午前 10 時から発売する。

| 問題15 | 解説 | 解答 | 1. ウ / 2. イ |

問 1.

　小倉－博多間の片道乗車券と、新幹線〔さくら〕の特急券・グリーン券が1枚で発売されているJR券を、乗車日の前日に払い戻す場合の手数料に関する問題である（乗車券類を払い戻すときの手数料は次ページの「ポイント整理」参照）。

【乗車券に対する手数料】

　旅行開始前で有効期間内の乗車券を払い戻すときは、**乗車券1枚につき220円**の手数料がかかる。

【特急券・グリーン券に対する手数料】

　特急券とグリーン券（または特急券と寝台券）など、**2種類以上の料金を組み合わせて1枚で発売された料金券を払い戻す場合、グリーン券（寝台券）に対してのみ手数料がかかり、特急券に対する手数料は不要**である。本問は乗車日の前日に払い戻しているので、手数料はグリーン料金1,300円の30％に当たる390円である。

　以上により、ウが正解である。

問 2.

ア．**正しい。**指定券は、指定された列車の出発時刻までであれば、**1回に限り手数料なしで同じ種類の乗車券類へ変更できる。**最速型新幹線〔のぞみ〕の指定席特急料金は、〔さくら〕の同特急料金よりも高額である。乗車変更により差額が生じた場合、**不足額は収受し、過剰額は払戻し**となるので"特急料金の差額の支払いが必要"とする本肢は正しい記述である。

イ．**誤り。**券面には博多駅の到着予定時刻として"7：56着"の表示があるが、実際の到着時刻は10時10分である。特急・急行列車が所定の時間より2時間以上遅れて到着した場合、**特急・急行料金は全額払い戻される**が、**グリーン料金は払戻しの対象にならない。**したがって、本肢の場合は特急料金1,760円のみが返金される。

ウ．**正しい。**指定された列車の乗車駅出発時刻を経過すると、その指定券は無効となり、**乗車変更や払戻しの取扱いを受けることはできない。**なお、指定席特急券を所持する旅客が指定された列車に乗り遅れたときは、**同日中の後続列車の普通車自由席**への乗車が認められている。

2 JR－乗車券類の取扱い等（4）

エ．**正しい。**指定席特急券、グリーン券、寝台券などの指定券は、原則として**乗車予定の列車が始発駅を出発する日の1か月前の同日（午前10時）**から発売される。券面には"3月19日"とあるので、1か月前の同日に当たる"2月19日の午前10時から発売"とあるのは正しい記述である。なお、1か月前に当たる月に同日がない場合は、乗車予定の列車が**始発駅を出発する日が属する月の初日（1日）**に発売が開始される。

国内旅行実務

ポイント整理 ✍ ＼ **手数料の適用**

① 手数料一覧（旅行開始前の払戻し）

種類		払戻し時期	手数料
普通乗車券 自由席特急券・特定特急券 急行券 自由席グリーン券		使用開始前で 有効期間内	220円
指定券	立席特急券	乗車駅出発時刻まで	220円
	指定席特急券 指定席グリーン券	列車出発日の 2日前まで	340円
	寝台券 座席指定券	出発日の前日から 乗車駅出発時刻まで	対象料金の30%（※） （最低340円）

※ 30%の手数料を計算する過程で10円未満の端数が生じた場合は**端数整理（切り捨て）**し、10円単位とする。

※ 指定券（立席特急券を除く）を列車の**出発日**または**前日**にいったん**変更**し、その後払い戻す場合は、対象料金の30%（最低340円）の手数料がかかる。

※ **未指定特急券**を払い戻すときの手数料は、上表によらず、**券面表示の乗車日まで340円。**

② 手数料の対象となる料金（2種類以上の料金を組み合わせたJR券）

種類	含まれる料金	手数料の対象となる料金
特急（急行）・グリーン券	特急（急行）料金＋グリーン料金	グリーン料金
急行・座席指定券	急行料金＋座席指定料金	座席指定料金
特急（急行）・寝台券	特急（急行）料金＋寝台料金	寝台料金

2 JR－乗車券類の取扱い等（5）

問題 16　重要度 A　平30-改

旅客の都合により、次の2枚のJR券を11月30日に払いもどす場合について、払いもどし手数料に関する記述のうち、正しいものを選びなさい。

（注）このJR券の払いもどしは、JRの駅で指定券を発売している時間内に行うものとする。

〈JR券A〉

乗車券
図東京都区内 ➡ 岡　山
経由：東海道・山陽
12月 1日から 12月 5日まで有効　　¥10,480
券面表示の都区市内各駅下車前途無効

見　本

〈JR券B〉

特急券・B寝台券（個）
東　京 ➡ 岡　山
（22：00発）　　（6：27着）　シングル
12月 1日　サンライズ瀬戸シングル　6号車21番　個室
¥10,800　内訳：特3,240・寝7,560
1人用

見　本

ア．「JR券A」「JR券B」の両方とも、それぞれ支払った額の3割に相当する額の払いもどし手数料が必要である。

イ．「JR券A」は220円の払いもどし手数料、「JR券B」は3,240円に対して3割に相当する額の払いもどし手数料が必要である。

ウ．「JR券A」は220円の払いもどし手数料、「JR券B」は7,560円に対して3割に相当する額の払いもどし手数料が必要である。

エ．「JR券A」は220円の払いもどし手数料、「JR券B」は340円の払いもどし手数料が必要である。

2 JR－乗車券類の取扱い等（5）

問題16	解説		解 答	ウ

〈JR券A〉は乗車券、〈JR券B〉は特急券と寝台券（B寝台個室利用）が1枚で発売された指定券で、指定券の列車出発日（および乗車券の有効期間の開始日）は12月1日である。これら2枚の乗車券類を11月30日（指定された列車出発日の前日）に払い戻す場合の手数料の計算は次のとおり（P261の「ポイント整理」参照）。

【乗車券】〈JR券A〉

使用開始前で有効期間内の乗車券を払い戻すときは、**乗車券1枚につき220円**の手数料がかかる。

【特急券・寝台券】〈JR券B〉

特急券と寝台券（または特急券とグリーン券）など、**2種類以上の料金を組み合わせて1枚で発売された料金券**を払い戻す場合、**寝台券（またはグリーン券）に対してのみ手数料がかかり、特急券に対する手数料は不要**である。

本問では乗車日の前日に払い戻しているので、寝台料金7,560円の**30%（3割）**相当額の手数料がかかる。

以上により、ウが正解である。

国内旅行実務

263

2 JR－乗車券類の取扱い等（6）

問題 17　重要度 A　令2　✓ □ □

次のJR券に関する記述のうち、誤っているものを選びなさい。

（注1）このJR券の購入、変更、払いもどしは、JRの駅で指定券を発売している時間内に行うものとする。

（注2）本設問における変更、払いもどし、途中下車は旅客の都合によるものとする。

```
             特急券・グリーン券

     東　京  →  水　戸
     11月7日（11:23発）      （12:47着）
     ときわ 59号      5号車 4番C席  🚭
     ￥3,150 内訳：特1,050 ・グ2,100

                              見　本
```

ア．このJR券は、10月7日の午前10時から発売される。

イ．このJR券は、使用開始前で利用する列車の乗車駅発時刻前であれば、2回に限って同じ種類のJR券に手数料なしで変更することができる。

ウ．このJR券を11月5日に払いもどすとき、所定の払いもどしの手数料を差し引いた2,810円が払いもどされる。

エ．この券面区間の途中駅である土浦駅で下車したとき、払いもどしとなる額はない。

264

2 JR－乗車券類の取扱い等（6）

問題17　　解説	解答　イ

ア．**正しい**。指定席特急券、グリーン券、寝台券などの**指定券**は、**乗車予定の列車が始発駅を出発する日の1か月前の同日（午前10時）から発売**される。本問の特急券・グリーン券の券面には"11月7日"とあるので、"10月7日の午前10時から発売"とする本肢は正しい記述である。

イ．**誤り**。有効期間内で旅行（使用）開始前の乗車券類は、1回に限り、手数料なしで同じ種類の乗車券類に変更することができる（指定券は指定された列車の**出発時刻までに変更**を申し出た場合に限る）。"2回に限って……変更することができる"とする本肢の記述は誤りである。

ウ．**正しい**。指定券を払い戻すときの手数料はP261の「ポイント整理」参照。特急券とグリーン券（または特急券と寝台券）など、**2種類以上の料金を組み合わせて1枚で発売された料金券を払い戻す場合、グリーン券（寝台券）に対してのみ手数料がかかり、特急券に対する手数料は不要**である。11月7日に乗車予定の特急券・グリーン券を11月5日（列車出発日の2日前）に払い戻すに当たり、グリーン券に対する手数料340円が適用されるので、券面額3,150円から手数料340円を差し引いた残額2,810円が払い戻される。

エ．**正しい**。特急券、グリーン券、寝台券などの**料金券**はいずれも**途中下車ができない**（途中駅で下車すると以降の区間は無効になる）。指定券の払戻しは、券面に記載された列車の乗車駅出発時刻までに申し出た場合に限り可能であり、使用開始後の指定券の払戻しは一切できないので"払いもどしとなる額はない"とする本肢は正しい記述である。

国内旅行実務

265

2 JR－乗車券類の取扱い等（7）

問題 18　重要度 A　平29

次の JR 券に関する記述について、資料に基づき、正しいものを選びなさい。

```
　　　　　乗車券・特急券　　＊＊＊＊＊＊＊＊＊
　　　　　　　　　　　　　乗車券　6月1日まで有効
　　　　和　歌　山　➡　紀伊勝浦
　　　　5月31日（12:15発）　（15:03着）　　C62
　　　　くろしお 9号　　　4号車　3番A席　🚭
　　　　￥5,600　内訳：乗 3,350・特 2,250
　　　　2017. xx. xx　　　　　　　　　見　本
```

〈資　料〉
- 和歌山駅から紀伊勝浦駅までの営業キロは 185.8 キロ
- 和歌山駅から串本駅までの営業キロは 159.1 キロ（串本駅は和歌山駅～紀伊勝浦駅の途中駅である。）

ア．この JR 券は、4 月 30 日 10 時から発売される。
イ．旅客の都合により、串本駅で旅行中止したとき、払いもどしされる額はない。
ウ．旅客の都合により、この JR 券を 5 月 30 日に払いもどすとき、払いもどしの手数料の合計は 670 円である。
エ．旅客の都合により、この列車に乗り遅れた場合、乗車列車の変更を申し出れば、乗車日の 5 月 31 日および翌日の 6 月 1 日に限り、和歌山駅を出発する他の特急列車の普通車自由席に乗車する取扱いを受けることができる。

2　JR－乗車券類の取扱い等（7）

問題 18　解説　　　　　　　　　　　　　　　　　解答　イ

ア．**誤り**。指定券は、原則として**乗車予定の列車が始発駅を出発する日の 1
か月前の同日（午前 10 時）**から発売される。1 か月前に当たる月に同日が
ない場合は、乗車予定の列車が**始発駅を出発する日が属する月の初日（1 日）**
に発売が開始される。券面には "5 月 31 日" とあり、1 か月前に当たる 4 月
には同日がないので（4 月の暦は 30 日までなので）、本問の指定席特急券・
乗車券は 5 月 1 日の午前 10 時から発売される。

イ．**正しい**。旅行開始後の普通乗車券は、**有効期間内で不乗車区間の営業キロ
が 100 キロを超えている**場合に限り、払戻しが可能である（すでに乗車し
た区間の運賃と手数料を差し引いた残額が払い戻される）。また、指定券の
払戻しは、**使用開始前**、かつ列車の**乗車駅出発時刻前**に限り可能である。

　　券面下の〈資料〉にあるとおり、串本駅は和歌山駅と紀伊勝浦駅の間に位
置する駅である。本肢には "串本駅で旅行中止した" とあり、券面に表示さ
れた乗車区間（和歌山－紀伊勝浦）の営業キロ 185.8 キロから、すでに乗
車した和歌山－串本間の営業キロ 159.1 キロを差し引くと、不乗車区間の営
業キロは 26.7 キロである。すでに旅行（使用）を開始し、かつ不乗車区間
の営業キロが 100 キロを超えていないので、乗車券・特急券ともに払い戻さ
れる額はない。

ウ．**誤り**。5 月 31 日に乗車予定の乗車券・指定席特急券を 5 月 30 日（列車出
発日の前日）に払い戻すので、乗車券には 1 枚につき 220 円の手数料が、指
定席特急券には特急料金の 30% 相当（2,250 円 × 30% ＝ 675 円→ 670 円）の
手数料がかかる（P261 の「ポイント整理」参照）。

　　　220 円＋ 670 円 ＝ 890 円（手数料合計額）

以上により "手数料の合計は 670 円" とする本肢の記述は誤りである。

エ．**誤り**。指定された列車に乗り遅れた場合は、その列車の**乗車日の同日中に**
限り、後続の列車の**普通車自由席**に乗車する取扱いを受けることができる。
本問の場合、5 月 31 日中に出発する後続の列車の普通車自由席に乗車でき
るが、翌日 6 月 1 日に乗車することはできない。

　　なお、指定券（指定席特急券、指定席グリーン券、寝台券、座席指定券）
は、その指定された列車の**出発時刻までに申し出る**ことを条件に、1 回に限
り手数料なしで、乗車日、乗車列車の変更などの**乗車変更**をすることができ
る。指定された列車の出発時刻を経過すると、その指定券は無効となり、乗
車変更や払戻しの取扱いを受けることはできない。

267

2 JR－乗車券類の取扱い等（8）

問題 19　重要度 B　令3

無割引の大人 1 人が 6 月 30 日に新横浜駅から東京駅まで新幹線の自由席に乗車するときに必要な次の JR 券に関する記述のうち、誤っているものを 1 つ選びなさい。

（注 1）この JR 券の購入、変更、払いもどしは、JR の駅で指定券を発売している時間内に行うものとする。
（注 2）この JR 券の変更、払いもどしは使用開始前で有効期間内に行うものとする。
（注 3）本設問における変更、払いもどしは旅客の都合によるものとする。
（注 4）新横浜駅から東京駅までの東海道新幹線を経路とする片道の営業キロは 28.8 キロである。

乗車券・新幹線特定特急券 ＊＊＊＊＊
■■■■・・・・・・・・

新 横 浜　 →　 東　 京

乗車券×××××　・　自由席券×××××
¥1,380　内訳：乗 510 ・特 870

乗車券は下車前途無効
自由席車にお乗りください

見　本

2021.××.××

ア．この JR 券の発売日は 6 月 30 日のみである。
イ．この特定特急券は、1 回に限って指定席特急券に手数料なしで変更することができる。
ウ．この JR 券を 6 月 30 日に払いもどすとき、所定の払いもどしの手数料が差し引かれ 940 円が払いもどされる。
エ．この特定特急券は 6 月 30 日のみ有効である。

2 JR－乗車券類の取扱い等（8）

問題 19　解説	解　答　ア

　本問の「新横浜－東京（東海道新幹線）」など、新幹線の近接する駅間等で自由席を利用する場合は、通常よりも安価な特急料金（特定特急料金）を適用した特定特急券が発売される（乗車変更、払戻し、有効期間などの取扱いは自由席特急券と同様である）。

ア．**誤り。** 特定特急券の発売日は、乗車日当日に限定されていない。乗車日を指定したうえで事前に購入することが可能なので、"発売日は 6 月 30 日のみ"とする本肢の記述は誤りである。

イ．**正しい。** 使用開始前の乗車券類は、1 回に限り手数料なしで、同じ種類の乗車券類に変更することができる（変更による**不足額は収受し、過剰額は払い戻される**）。本肢のように、自由席（自由席特急券、特定特急券）から指定席（指定席特急券）への変更は可能であるが、指定席から自由席への変更は、指定席が満席の場合に限られる。

ウ．**正しい。** 普通乗車券、列車を指定していない料金券を払い戻すときの手数料は、**乗車券類 1 枚につき 220 円**である。本問の JR 券は「乗車券・特定特急券（自由席券）」なので、乗車券と特定特急券のそれぞれに対して 220円の手数料がかかり、手数料の総額は 440 円である。したがって、券面額 1,380円から 440 円を差し引いた残額の 940 円が払い戻される。

エ．**正しい。** 記述のとおり。**自由席特急券（特定特急券）の有効期間は 1 日**（有効期間開始日のみ）である。

国内旅行実務

ポイント整理　　**料金券の有効期間**

種　類	有効期間
指定券（指定席特急券、指定席グリーン券、座席指定券、寝台券など）	原則として、**指定された列車に限り有効**
自由席特急券、急行券	**1 日間**（有効期間開始日のみ）
未指定特急券（※）	券面に表示された日および列車に限って有効

※全車指定席の特急〔ひたち〕〔ときわ〕〔あずさ〕〔かいじ〕〔あかぎ〕〔富士回遊〕〔踊り子〕〔湘南〕〔しおさい〕〔わかしお〕〔さざなみ〕〔成田エクスプレス〕などで発売される特急券（座席未指定券ともいう）。

3 国内航空運賃・料金（1）

| 問題 20 | 重要度 A 令5-改 | ✓ □ □ |

全日本空輸の国内線において、次の航空便を利用する場合における各設問に該当する答を、選択肢の中からそれぞれ 1 つ選びなさい。

(注 1) 旅客が所持する航空券は、利用する航空便の該当運賃での座席予約がなされているものとする。

(注 2) 座席予約の変更を行う場合において、変更の申出時点における変更先の航空便の該当座席に空席があるものとする。

(注 3) 座席予約の変更、座席予約の取消し、航空券の払戻しは、旅客の都合によるものとし、その申出は、航空会社の事業所の営業時間内に行うものとする。

(注 4) 航空券の払戻しは、当該航空券の払戻期間内に行うものとする。

(注 5) 年齢は搭乗日現在とする。

問 1．次の航空便の利用に関する記述のうち、正しいものはどれか。

＜利用する航空便＞

　　令和 5 年 6 月 10 日（土）

　　仙台空港（17：35 発）＝＝＝＝ 伊丹空港（18：55 着）ANA738 便

3 国内航空運賃・料金（1）

ア．プレミアム運賃を適用した航空券を所持する旅客が、搭乗当日の 17：35 までに変更を申し出ることなく搭乗当日の 17：50 に仙台空港において当該航空便の次の航空便である 18：55 に仙台空港を出発する ANA740 便のプレミアムクラスへの座席予約の変更を申し出た。この場合、当該航空券を利用して座席予約を変更し搭乗することができる。

イ．ANA VALUE 1（ANA バリュー 1）を適用して、令和 5 年 6 月 9 日（金）に座席予約の申込みを行った。この場合の航空券の購入期限は搭乗当日の 17：15 である。

ウ．ANA VALUE PREMIUM 3（ANA バリュープレミアム 3）を適用した航空券を所持する旅客が、搭乗当日の 15：35 に航空会社の事業所において当該航空便の次の航空便である 18：55 に仙台空港を出発する ANA740 便のプレミアムクラスへの座席予約の変更を申し出た。この場合、当該航空券を利用して座席予約を変更し搭乗することはできない。

エ．ANA SUPER VALUE 21（ANA スーパーバリュー 21）を適用して、令和 5 年 5 月 10 日（水）に座席予約の申込みを行ったところ当該運賃での座席が満席であり、当該旅客が当該運賃を適用する「空席待ち」を申し出た。この場合、航空会社は令和 5 年 5 月 20 日（土）まで「空席待ち」とすることができる。

問 2． ANA FLEX（ANA フレックス）を適用し、小児ディスカウントおよび幼児の無償運送の制度に照らし合わせて、大人 1 人、満 10 歳の小学生 1 人、満 2 歳の幼児 2 人の計 4 人の家族が航空機を利用するときの、航空券の購入方法に関する次の記述のうち、正しいものはどれか。

ア．大人 1 人分と小児 1 人分の ANA FLEX の航空券を購入し、幼児 2 人は幼児の無償運送の制度を利用する。

イ．大人 1 人分と小児 2 人分の ANA FLEX の航空券を購入し、幼児 1 人は幼児の無償運送の制度を利用する。

ウ．大人 2 人分の ANA FLEX の航空券を購入し、幼児 2 人は幼児の無償運送の制度を利用する。

エ．大人 2 人分と小児 1 人分の ANA FLEX の航空券を購入し、幼児 1 人は幼児の無償運送の制度を利用する。

国内旅行実務

| 問題20 | 解説 | 解答 | 1. ウ / 2. イ |

問1.

ア．誤り。プレミアム運賃などの**予約変更ができる運賃**を適用した航空券は、**予約便の出発時刻前に限り、搭乗日・搭乗便などの変更が可能**である。本肢のように出発時刻以降に申し出た場合は、その航空券を利用して他の便に搭乗することはできない（払戻しのみ可能）。

イ．誤り。ANA VALUE 1 を適用した航空券の購入期限は、原則として**予約日を含め3日以内**だが、「予約日を含め3日以内」に予約期限日が含まれる場合は、その予約期限日が購入期限になる。

　　ANA VALUE 1 の予約期限は**搭乗日の前日**までで、本肢の場合は搭乗日の前日に当たる6月9日に予約をしているので、予約日の当日中に購入しなければならない。

ウ．**正しい**。記述のとおり。ANA VALUE PREMIUM 3 は、**航空券購入後の予約変更が一切できない運賃**である。

エ．誤り。ANA SUPER VALUE の各種運賃は空席待ち（希望便が満席で予約できない場合にキャンセルが出るのを待つ制度）の対象外である。

問2.

　ANA FLEX を適用して小児の航空券を購入する場合は、**小児ディスカウント**により、大人の運賃額から**25%相当の割引**を受けることができる。

　国内線の利用に当たり、**満12歳以上の旅客は大人、満3歳以上12歳未満の旅客は小児**に区分される（次ページの「ポイント整理」参照）。満3歳未満の旅客（幼児）は、単独で座席を使用しないことを条件に、**大人1人につき幼児1人に限り無償**で運送される（単独で座席を使用する場合は航空券の購入が必要）。

　大人1人が同伴できる幼児（満3歳未満の旅客）の数は2人までである（小児旅客が幼児を同伴することはできない）。本問のように大人1人が幼児2人を同伴する場合、1人は単独で座席を使用しないことを条件に無償運送の対象とすることが可能で、もう1人は航空券の購入が必要である。

　以上により、本問の旅客4人のうち、大人1人には ANA FLEX の航空券を、満10歳の小児1人と満2歳の幼児1人にはそれぞれ小児ディスカウントを適用した ANA FLEX の航空券を購入し、満2歳の幼児1人は大人に同伴されることで無償運送の制度を利用することができる。したがって、イが正解である。

3 国内航空運賃・料金（1）

国内旅行実務

ポイント整理 　　国内航空線－旅客の年齢区分

区分	年齢
① **大人**	12 歳以上　＊小学生でも 12 歳になれば大人
② **小児**	3 歳以上 12 歳未満
③ **幼児**	3 歳未満　＊座席を単独で使用しない場合は大人 1 人につき幼児 1 人が無賃

3 国内航空運賃・料金（2）

問題 21　重要度 A　令3-改　✓□□

全日本空輸の国内線において、大人1人が次の航空便を利用する場合の運賃および航空券に関する次の記述のうち、正しいものはどれか。

(注1) 航空券の発行（購入）、座席予約の申込み、座席予約の変更・取消しおよび航空券の払戻しの申出は、航空会社の事業所の営業時間内に行うものとする。

(注2) 座席予約の変更・取消しおよび航空券の払戻しは、旅客の都合によるものとする。

(注3) 航空券の払戻しは、当該航空券の払戻期間内に行うものとする。

(注4) この航空便以外の航空券の利用はないものとする。

〈利用する航空便〉

令和3年7月1日（木）秋田空港（9：30）═══ 羽田空港（10：40）ANA404便

ア．ANA SUPER VALUE 75（ANA スーパーバリュー75）運賃を適用して令和3年4月1日（木）に座席の予約を行った場合、航空券は令和3年4月3日（土）までに購入しなければならない。

イ．令和3年7月1日（木）に ANA VALUE 1（ANA バリュー1）運賃を適用して座席の予約を行うことができる。

ウ．ANA FLEX（ANA フレックス）運賃を適用した航空券の購入後、令和3年7月2日（金）に座席予約を取り消し当該航空券を払い戻すときの取消手数料は、運賃の約20％相当額である。

エ．プレミアム運賃を適用した航空券の購入後、この便の出発時刻までに令和3年7月2日（金）の ANA404便のプレミアムクラスに空席がある場合であっても、利用便の予約を変更することはできない。

3 国内航空運賃・料金 (2)

| 問題 21 | 解説 | 解答 | ウ |

ア．**誤り**。ANA SUPER VALUE 75 を適用した航空券の購入期限は**予約日を含め2日以内**である。本肢では4月1日に座席の予約を行っているので、4月2日までに購入しなければならない。

イ．**誤り**。ANA VALUE 1 の予約期限は、**搭乗日の前日まで**である。したがって、搭乗日当日（7月1日）に座席を予約することはできない。

ウ．**正しい**。ANA FLEX を適用した航空券を予約便の出発時刻以降に取り消し、払い戻すときは、**適用運賃の20%相当額**の取消手数料がかかる（取消手数料とは別に1区間につき440円の払戻手数料も必要）。なお、出発時刻までの取消しであれば取消手数料は不要である。

エ．**誤り**。プレミアム運賃は予約変更ができる運賃である。**予約便の出発時刻まで**であれば、搭乗日、搭乗便を変更することができる。

国内旅行実務

3 国内航空運賃・料金（3）

問題 22　重要度 A　令2　　　　　　　　✓ ☐ ☐

全日本空輸の国内線において、次の航空便を利用する場合における各設問に該当する答を、選択肢の中からそれぞれ1つ選びなさい。

（注1）航空券の購入、座席予約の申込み、座席予約の変更・取消しおよび航空券の払戻しの申出は、航空会社の事業所にて営業時間内に行うものとする。

（注2）座席予約の変更・取消しおよび航空券の払戻しは、旅客の都合によるものとする。

（注3）航空券の払戻しは、当該航空券の払戻期間内に行うものとする。

（注4）年齢は搭乗日現在とする。

〈利用する航空便〉

　6月10日（水）　高松空港（17：50）═════ 羽田空港（19：10）ANA538便

問1. この航空便を「ANA VALUE 1（ANA バリュー1)」の運賃で利用するものとして、当該運賃に関する次の記述のうち、正しいものはどれか。

ア．この運賃で6月9日に座席を予約したときの航空券購入期限は、出発時刻の20分前までである。

イ．この運賃は、搭乗当日、高松空港において同一区間の他の航空便に空席がある場合に限り、予約便を変更することができる。

ウ．満3歳の子供がこの運賃を利用する場合は、運賃が半額となる。

エ．この運賃で6月8日に購入した航空券を、6月9日に座席予約を取り消して払い戻すとき、払戻手数料として440円と、取消手数料として運賃の約5％相当額が必要である。

3 国内航空運賃・料金（3）

問 2. この航空便を「ANA FLEX（ANA フレックス）」の運賃で利用するもの
として、当該運賃に関する次の記述のうち、誤っているものはどれか。

ア．この運賃は、空席予測数に連動して搭乗日によって運賃額が変動する。

イ．この運賃の座席予約の申込みは、搭乗希望日の 355 日前の 9 時 30 分から受
付を開始する。

ウ．6 月 7 日に座席を予約し同日に航空券を購入（発行）した場合において、当
該座席予約を 6 月 9 日に取り消したとき、当該航空券の有効期間は 1 年後の 6
月 9 日までとなる。

エ．この運賃は、運賃差額の支払いのみで「プレミアム運賃」へ種類変更する
ことができる。

国内旅行実務

| 問題 22 | 解説 | 解答 | 1. エ /2. ウ |

問 1.

ア．**誤り**。ANA VALUE 1 の予約期限は**搭乗日の前日**までである。ANA VALUE 1 を適用した航空券の購入期限は、原則として**予約日を含め 3 日以内**だが、この「3 日以内」に予約期限（搭乗日の前日）が含まれている場合、**その予約期限の日が購入期限になる**。本問の搭乗日は 6 月 10 日で、その前日の 6 月 9 日（予約期限の日）に予約をしているので、この場合は予約期限である 6 月 9 日が購入期限になる。

イ．**誤り**。ANA VALUE 1 は航空券購入後の予約変更が一切できない運賃である。搭乗日当日の空港において同一区間の他の航空便に空席がある場合でも、予約便を変更することはできない。

ウ．**誤り**。満 3 歳の旅客は小児に該当する。ANA VALUE 1 は**小児ディスカウントの対象運賃**なので、小児が利用する場合は大人の運賃から **25%相当の割引**を受けることができる。"運賃が半額になる"とあるのは誤り。

エ．**正しい**。記述のとおり。ANA VALUE 1 を適用した航空券を購入後、出発時刻までに予約を取り消し、払い戻す場合は、**適用運賃の 5%相当額の取消手数料と航空券 1 枚（1 区間）当たり 440 円の払戻手数料**がかかる。

問 2.

ア．**正しい**。ANA FLEX は、変動型の運賃である。

イ．**正しい**。ANA FLEX を適用した航空券の予約は、**搭乗日の 355 日前の午前 9 時 30 分**から受付け（航空券の発売）を開始する。

ウ．**誤り**。航空券の有効期間は搭乗予定便の予約の有無により次のとおり。

　　① 搭乗予定便の**予約がある**航空券…**予約便に限り**有効

　　② 搭乗予定便の**予約がない**航空券…**航空券発行日**、および発行日の**翌日**から起算して **1 年間**有効

　　本肢の場合、6 月 7 日に座席を予約し、航空券を購入した時点では上記①に該当するが、ANA FLEX などの「予約変更が可能な運賃」を適用した航空券は、予約便の出発時刻より前に予約を取り消すことによって、上記②の「予約がない航空券（いわゆるオープンチケット）」として取り扱われる。本肢では予約便の出発時刻より前（6 月 9 日）に予約を取り消しているので、この航空券の有効期間は、航空券の発行日（6 月 7 日）の翌日から起算して 1 年間（1 年後の 6 月 7 日まで）である。

エ．**正しい**。記述のとおり。

3 国内航空運賃・料金（4）

3 国内航空運賃・料金（4）

問題 23 　重要度 **A** 　令 4- 改 　　　　　　　　　　✓ □ □

全日本空輸の国内線において、次の航空便を利用する場合における各設問に該
当する答を、選択肢の中からそれぞれ 1 つ選びなさい。

〈利用する航空便〉

　令和 4 年 8 月 1 日（月）

　羽田空港（14：20 発）══════ 福岡空港（16：05 着）　　ANA257 便

問 1．座席予約の変更、座席予約の取消し、航空券の払戻しに関する次の記述
　のうち、誤っているものはどれか。

（注 1）旅客が所持する航空券は、利用する航空便の該当運賃での座席予約がな
　　　　されているものとする。

（注 2）座席予約の変更を行う場合において、変更の申出時点における変更先の
　　　　航空便の該当座席に空席があるものとする。

（注 3）座席予約の変更、座席予約の取消し、航空券の払戻しは、旅客の都合に
　　　　よるものとし、その申出は、航空会社の事業所の営業時間内に行うもの
　　　　とする。

（注 4）航空券の払戻しは、当該航空券の払戻期間内に行うものとする。

国内旅行実務

279

ア．ANA SUPER VALUE 55（ANA スーパーバリュー 55）を適用した航空券
を所持する旅客が、搭乗当日、羽田空港において利用する航空便の、プレミ
アムクラスへの座席予約の変更を申し出た。この場合、プレミアムクラスに
空席があるときは、所定の追加代金を収受して座席予約を変更することがで
きる。

イ．ANA VALUE 7（ANA バリュー 7）を適用した航空券を所有する旅客が、
令和 4 年 8 月 1 日（月）の 13 時 00 分に ANA257 便の予約の取消しを行った。
この場合、取消手数料は、運賃の約 5 パーセント相当額である。

ウ．ANA FLEX（ANA フレックス）に小児ディスカウントを適用した航空券
を所持する旅客が、搭乗当日の出発時刻までに座席予約を取り消し当該航空
券の払戻しを申し出た。この場合、適用運賃の収受額の全額が払い戻され、
払戻手数料および取消手数料は不要である。

エ．ANA VALUE 1（ANA バリュー 1）を適用した航空券を所持する旅客が、
座席予約を取り消すことなく令和 4 年 8 月 2 日（火）に当該航空券の払戻し
を申し出た。この場合における取消手数料は旅客施設使用料を除く運賃の全
額である。

問 2．座席予約の販売期間、航空券の購入期限に関する次の記述のうち、正し
いものはどれか。

ア．ANA SUPER VALUE 75（ANA スーパーバリュー 75）を適用する座席予
約の申込みは、搭乗日の 75 日前である令和 4 年 5 月 18 日（水）より受け付ける。

イ．プレミアム運賃を適用する座席予約の販売期間は、令和 4 年 7 月 31 日（日）
までである。

ウ．ANA VALUE PREMIUM 3（ANA バリュープレミアム 3）を適用して、令
和 4 年 7 月 29 日（金）に座席予約の申込みを行った。この場合の航空券の購
入期限は、令和 4 年 7 月 30 日（土）である。

エ．ANA FLEX（ANA フレックス）を適用して、令和 4 年 7 月 30 日（土）に
座席予約の申込みを行った。この場合の航空券の購入期限は、搭乗当日の 14
時 00 分である。

3 国内航空運賃・料金（4）

| 問題 23 | 解説 | 解答 | 1. ウ／2. エ |

問 1.

ア．**正しい**。記述のとおり。ANA SUPER VALUE 55 は、航空券購入後の予約変更（搭乗便、搭乗日の変更）はできないが、搭乗日当日の空港において予約便と同じ便のプレミアムクラスに空席がある場合は、所定の追加代金（当日アップグレード料金）を支払って、プレミアムクラスを利用することができる。

イ．**正しい**。記述のとおり。ANA VALUE 7 を適用した航空券を購入後、出発時刻までに取り消す場合の取消手数料は、適用運賃の 5％相当額である。

ウ．**誤り**。ANA FLEX を適用した航空券を出発時刻までに取り消し、払い戻す場合、取消手数料は不要だが、航空券 1 枚（1 区間）につき 440 円の払戻手数料がかかる（小児も同額）。したがって "収受額の全額が払い戻され、払戻手数料および取消手数料は不要" とする本肢の記述は誤りである。

エ．**正しい**。記述のとおり。ANA VALUE 1 を適用した航空券を搭乗日の出発時刻までに取り消すことなく、出発時刻以降に払戻しを申し出た場合、適用運賃額の 100％の取消手数料がかかる（旅客施設使用料のみ返金される）。

問 2.

ア．**誤り**。ANA SUPER VALUE 75 を適用した航空券の予約申込みは、搭乗日の 355 日前の午前 9 時 30 分より受け付ける。"搭乗日の 75 日前である令和 4 年 5 月 18 日（水）" は、予約期限日に当たる（搭乗日の 355 日前から 75 日前までが販売期間である）。

イ．**誤り**。プレミアム運賃を適用した航空券は、搭乗日当日（令和 4 年 8 月 1 日）まで座席予約が可能である。

ウ．**誤り**。ANA VALUE PREMIUM 3 を適用した航空券の購入期限は、原則として予約日を含め 3 日以内だが、「予約日を含め 3 日以内」に予約期限日が含まれる場合は、その予約期限日が購入期限になる。ANA VALUE PREMIUM 3 の予約期限は搭乗日の 3 日前までである。本肢の場合、搭乗日の 3 日前に当たる 7 月 29 日に予約をしているので、予約日の当日中に購入しなければならない。

エ．**正しい**。記述のとおり。ANA FLEX を適用した航空券の購入期限は、原則として予約日を含め 3 日以内だが、予約日が搭乗日の 2 日前～当日の場合、購入期限は搭乗便出発時刻の 20 分前までとなる。

4 宿泊料金（1）

問題 24　重要度 B　令4 ✔ ☐ ☐

宿泊に関する次の記述のうち、資料に基づき、誤っているものを 1 つ選びなさい。

（注 1）モデル宿泊約款によるものとする。

（注 2）入湯税および宿泊税は課税されないものとする。

（注 3）選択肢ア．は、宿泊客に違約金の支払義務がある宿泊契約とする。

（注 4）選択肢イ．は、宿泊客に追加料金は発生していないものとする。

（注 5）選択肢ウ．は、宿泊施設が時間外の客室の使用に応じたものとする。

（注 6）選択肢ウ．は、サービス料および消費税の計算を行わないものとする。

（注 7）選択肢エ．は、宿泊契約が成立したとき、宿泊施設は指定期日までに申
込金の支払いを宿泊客に求めるものとする。

〈資　料〉

この設問における宿泊施設は、以下のとおりに定めている。

● 旅館の場合

基本宿泊料：大人 1 人あたり 1 泊 2 食付 20,000 円

サービス料：10%

消費税：10%

宿泊契約解除の通知を受けた日が宿泊日の 3 日前であるときの
違約金の比率：10%

宿泊契約解除の通知を受けた日が宿泊日の前々日であるときの
違約金の比率：20%

宿泊契約解除の通知を受けた日が宿泊日の前日であるときの
違約金の比率：30%

● ホテルの場合

基本宿泊料：ツインルーム（定員 2 名）1 室あたり 20,000 円

チェックアウト：午前 10 時

ア．この旅館の宿泊日が9月7日・8日・9日の3日である大人1人の宿泊客が、当該宿泊客の都合により9月6日に9月7日・8日の2日の宿泊契約の解除をこの旅館に申し出た。この旅館は、当該宿泊客から 10,000 円の違約金を申し受ける。

イ．この旅館に大人1人と大人に準じる食事と寝具等の提供を伴う 10 歳の小学生の子供1人が1泊するとき、この宿泊客が支払うべき宿泊料金等の総額は 41,140 円である。

ウ．宿泊客が、このホテルのツインルームを午後2時まで使用したとき、このホテルは時間外の客室の使用に係る追加料金として 10,000 円申し受ける。

エ．このホテルのツインルームに、宿泊客と宿泊期間を2日とする宿泊契約が成立したとき、このホテルは申込金を 20,000 円とすることができる。

問題 24	解説		解答	ア

ア．**誤り**。契約日数が短縮した場合、その**短縮日数にかかわらず**、宿泊業者は**1日分（初日）**の違約金を収受する。本肢の場合、3日の宿泊契約が1日に短縮されているので、短縮された2日のうち、初日である9月7日分の契約解除が違約金の対象となる。宿泊日の前日（9月6日）に解除の通知を受けているので、宿泊業者は基本宿泊料20,000円の30％に当たる6,000円の違約金を申し受ける。

イ．**正しい**。小学生以下の子供に適用される子供料金は、提供されるサービスの範囲に応じて大人料金（基本宿泊料）に所定の率を乗じて計算する（次ページの「ポイント整理」参照）。本肢には"**大人に準じる食事と寝具等**"とあるので、10歳の子供に適用される子供料金は基本宿泊料20,000円の**70％**の額（14,000円）である。

　大人1人と10歳の子供1人が1泊するときの宿泊料金等の総額は次のとおり。

　　<u>基本宿泊料</u>　20,000円＋14,000円＝34,000円‥‥‥‥‥‥‥‥‥❶

　　<u>サービス料</u>　❶×10％＝3,400円‥‥‥‥‥‥‥‥‥‥‥‥‥‥❷

　　<u>消費税</u>　（❶＋❷）×10％＝3,740円‥‥‥‥‥‥‥‥‥‥‥❸

　　　　　　　　　　　　　❶＋❷＋❸＝41,140円（宿泊料金等の総額）

ウ．**正しい**。P289の「ポイント整理」参照。宿泊業者が定めた**チェックイン時間の前**や**チェックアウト時間の後**など、宿泊客が時間外の客室利用を希望し、宿泊業者がこれに応じる場合は、超過時間に応じた追加料金がかかる。本肢のホテルの超過時間は、チェックアウトの午前10時から午後2時までの4時間なので、室料金（20,000円）の2分の1に当たる10,000円が必要となる。

エ．**正しい**。宿泊契約が成立したとき、宿泊業者は、**宿泊期間（3日を超えるときは3日間）**の基本宿泊料を限度として申込金を定めることができる。本肢には"宿泊期間を2日とする宿泊契約"とあるので、申込金の限度は2日分の基本宿泊料に当たる40,000円であり、この上限を下回る20,000円を申込金とすることができる。

284

4 宿泊料金（1）

 子供料金（小学生以下の子供に適用）

大人料金（基本宿泊料）に次の率を乗じて計算する。

サービスの範囲	率
①大人に準じる食事と寝具を提供したとき	70%
②子供用食事と寝具を提供したとき	50%
③寝具のみを提供したとき	30%

4 宿泊料金（2）

問題25 重要度 B 令5

宿泊に関する次の記述のうち、資料に基づき、正しいもの1つ選びなさい。

（注1）モデル宿泊約款によるものとする。
（注2）入湯税および宿泊税は課税されないものとする。
（注3）選択肢ア．は、宿泊客に違約金の支払義務がある宿泊契約とする。
（注4）選択肢イ．は、宿泊客に追加料金は発生していないものとする。
（注5）選択肢ウ．は、宿泊施設が客室の延長使用に応じたものとし、サービス料および消費税等諸税の計算を行わないものとする。
（注6）選択肢エ．は、宿泊契約が成立したとき、宿泊施設は指定期日までに申込金の支払いを宿泊客に求めるものとする。

〈資　料〉
　この設問における宿泊施設は、以下のとおりに定めている。

●旅館の場合
　基本宿泊料：大人1人あたり1泊2食付 20,000円
　サービス料：15%
　消費税：10%
　宿泊契約解除の通知を受けた日が宿泊日の前日であるときの違約金の比率：30%

●ホテルの場合
　基本宿泊料：シングルルーム（定員1人）1室あたり 10,000円
　サービス料：15%
　チェックイン：午後3時
　チェックアウト：午前10時

ア．この旅館に大人1人が1泊する宿泊契約を、宿泊客の都合により宿泊日の前日に解除したとき、この旅館は6,900円の違約金を申し受ける。

イ．この旅館に大人1人と子供用の食事と寝具の提供を伴う7歳の小学生の1人の計2人が1泊するとき、この宿泊客が支払うべき宿泊料金等の総額は37,500円である。

ウ．宿泊客がこのホテルのシングルルームを、午後4時30分まで延長して使用したときの時間外追加料金は、5,000円である。

エ．このホテルのシングルルームに、宿泊客と宿泊期間を4日とする宿泊契約が成立したとき、このホテルは申込金を30,000円とすることができる。

| 問題 25 | 解説 | | 解答 | エ |

ア．**誤り**。違約金は、**基本宿泊料（サービス料を含まない額）**をもとに算出する。本問の旅館の基本宿泊料は 20,000 円で、宿泊日の前日に契約を解除するときの違約金の比率は "30％" なので、この場合の違約金は 6,000 円（20,000 円 × 30％）である。

イ．**誤り**。小学生以下の子供が、**子供用の食事と寝具の提供を受けたときの子供料金は、大人料金の 50％**である（P285 の「ポイント整理」参照）。本問の旅館に適用される基本宿泊料は 1 泊 2 食付 20,000 円なので、この場合の子供料金は 20,000 円の 50％に当たる 10,000 円である。

大人 1 人と 7 歳の子供 1 人が 1 泊するときの宿泊料金等の総額は次のとおり。

基本宿泊料 20,000 円 + 10,000 円 = 30,000 円 ……………………❶
サービス料 ❶ × 15％ = 4,500 円 ……………………………………❷
消費税 （❶ + ❷）× 10％ = 3,450 円 …………………………………❸

❶ + ❷ + ❸ = 37,950 円（宿泊料金等の総額）

ウ．**誤り**。次ページの「ポイント整理」参照。宿泊業者が定めた**チェックイン時間の前やチェックアウト時間の後**など、宿泊客が時間外の客室利用を希望し、宿泊業者がこれに応じる場合は、超過時間に応じた追加料金がかかる。

本肢のホテルの超過時間は、チェックアウトの午前 10 時から午後 4 時 30 分までの 6 時間 30 分なので、室料金の全額（10,000 円）の時間外追加料金が必要となる。

エ．**正しい**。宿泊契約が成立したとき、宿泊業者は**宿泊期間（3 日を超えるときは 3 日間）**の基本宿泊料を限度として申込金を定めることができる。本肢には "宿泊期間を 4 日とする宿泊契約" とあるので、3 日分の基本宿泊料（3 日 × 10,000 円）を限度として申込金を 30,000 円とすることができる。

288

4 宿泊料金（2）

ポイント整理　追加料金（時間外の客室利用）

超過時間	①超過3時間まで	②超過6時間まで	③超過6時間以上
追加料金	室料金の3分の1	室料金の2分の1	室料金の全額

5 貸切バス運賃・料金（1）

問題 26　重要度 A　令3　　　　　　　　✓ □ □

「配車日時が 9 月 30 日の午前 11 時、所定の方法により計算された貸切バス 1 台あたりの運賃および料金の合計額が 100,000 円の貸切バス」の運送契約について、違約料に関する次の記述のうち、誤っているものはどれか。

(注 1)「一般貸切旅客自動車運送事業標準運送約款」によるものとする。

(注 2)「運送契約の解除」および「配車車両数の減少を伴う運送契約の内容の変更」は、契約責任者の都合によるものとする。

(注 3) 選択肢ウ．エ．の契約責任者からの運送契約の内容の変更について、バス会社はその変更を承諾したものとする。

(注 4) 消費税の計算は行わないものとする。

ア．この運送契約による貸切バスの配車車両数が 2 台であるとき、9 月 10 日（配車日の 20 日前）に運送契約を解除したときの違約料は不要である。

イ．この運送契約による貸切バスの配車車両数が 1 台であるとき、9 月 29 日（配車日の前日）の午前 9 時にこの 1 台の運送契約を解除したときの違約料は 30,000 円である。

ウ．この運送契約による貸切バスの配車車両数が 3 台であるとき、9 月 20 日（配車日の 10 日前）に 2 台の車両の減少を伴う運送契約の内容を変更したときの違約料は、減少した 2 台分の 40,000 円である。

エ．この運送契約による貸切バスの配車車両数が 6 台であるとき、9 月 30 日（配車日）の午前 9 時に 1 台の車両の減少を伴う運送契約の内容を変更したときの違約料は、減少した 1 台分の 50,000 円である。

5　貸切バス運賃・料金（1）

| 問題 26 | 解説 | | 解答 | エ |

契約責任者の都合により貸切バスの**運送契約を解除した場合**や、**配車車両数の減少を伴う契約内容の変更をした場合**は、その解除・変更の時期や内容により次に定める違約料がかかる。

	解除時期・変更内容	違約料
運送契約の**解除**	① 配車日の 15 日前まで	不要
	② 配車日の 14 日前〜8 日前まで	所定の運賃・料金の 20%相当額
	③ 配車日の 7 日前〜配車日時の 24 時間前まで	所定の運賃・料金の 30%相当額
	④ 配車日時の 24 時間前以降	所定の運賃・料金の 50%相当額
運送契約の変更による**車両の減少**	⑤ 配車車両数の 20%以上の数の車両の減少	減少した車両について上記区分に応じた違約料

ア．**正しい**。配車日の 20 日前に運送契約を解除しているので表中①に該当し、違約料は不要である。

イ．**正しい**。配車日時の前日（24 時間前まで）に運送契約を解除しているので表中③に該当する。この場合の貸切バス 1 台分の違約料は、運賃・料金100,000 円の 30%に当たる 30,000 円である。

ウ．**正しい**。配車車両数 3 台のうち 2 台の減少なので、20%以上の車両の減少に当たる（表中⑤）。車両の減少が生じたのは配車日の 10 日前なので表中②に該当し、減少した 2 台分の違約料は 40,000 円（100,000 円 × 20% × 2 台）である。

エ．**誤り**。配車車両数 6 台のうち 1 台の減少なので、減少率は 20%未満である（1 ÷ 6 = 0.1666…→ 20%未満）。配車日当日に車両が減少しているが、本肢の場合、違約料は不要である。

国内旅行実務

5 貸切バス運賃・料金（2）

問題27 重要度 A 令4-改 ✓☐☐

次の利用内容で運行する大型車の貸切バス（本設問において、以下「大型バス」という。）に関する次の記述のうち、正しいものを1つ選びなさい。

(注1) 「一般貸切旅客自動車運送事業標準運送約款」によるものとする。

(注2) 大型バスの運賃は、「一般貸切旅客自動車運送事業の運賃・料金の変更命令について（令和5年8月25日付 関東運輸局長公示）」によるものとする。

(注3) この大型バスの所定運賃は下限額を使用して計算された額とする。

(注4) この利用に係る大型バスの運賃の割引はないものとする。

(注5) この利用に係る大型バスの料金は考慮しないものとする。

(注6) 選択肢エ．について、バス会社は契約責任者の都合による旅行日程の変更を承諾したものとし、かつ、変更後の旅行日程が記載された乗車券について、当該乗車券を所持することなく旅客の乗車を認めたものとする。なお、この運送契約内容の変更回数は選択肢エ．による1回のみである。

〈運送契約成立時における大型バスの利用内容〉

● この大型バスは2日にわたる運送で宿泊を伴う利用である。

● この大型バスは旅客の宿泊場所の駐車場に宿泊駐車し、この大型バスの運転者は旅客の宿泊場所に宿泊する。

● この大型バスの2日にわたる運送の走行時間の合計は8時間である。

● この大型バスの2日にわたる運送の走行距離の合計は200キロであり、その走行距離には10キロの回送距離が含まれている。

ア．運転者の宿泊料はバス会社の負担である。

イ．運送契約成立時の利用内容における時間制運賃を求めるための時間は10時間である。

ウ．運送契約成立時の利用内容におけるキロ制運賃を求めるための距離は190キロである。

エ．1日目の運行日当日、契約責任者の都合で、この大型バスの運行行程にある駐車待機時間が1時間延長となる旅行日程の変更が生じ、走行時間の合計が9時間となった。この場合、バス会社は、旅行終了後の精算において、時間制運賃1時間分の運賃を追徴する。

5　貸切バス運賃・料金（2）

問題27　解説　　　解答　エ

本問の行程の詳細は〈運送契約成立時における大型バスの利用内容〉に記載されているので、この内容に従ってア〜エの正誤を判断する。

ア．誤り。"運転者の宿泊料"は下記「ポイント整理」の⑤に当たり、**契約責任者が負担すべき運送に関連する費用**の一つである。したがって"バス会社の負担である"とする本肢の記述は誤りである。

イ．誤り。本問には"この大型バスの2日にわたる運送の走行時間の合計は8時間"とある。時間制運賃は、**点呼点検時間**と**走行時間（回送時間を含む）**を合算した時間をもとに求める。2日以上にわたる運送で宿泊をともなう場合、**出庫前および帰庫後の各1時間**に加え、**宿泊場所到着後および宿泊場所出発前の各1時間**を点呼点検時間とするので、本肢の点呼点検時間は合計4時間。したがって、時間制運賃を求めるための時間は、点呼点検時間4時間と走行時間8時間を合計した12時間である。

ウ．誤り。キロ制運賃は、**出庫から帰庫までの走行距離（回送距離を含む）**をもとに求める。"この大型バスの2日にわたる運送の走行距離の合計は200キロであり、その走行距離には10キロの回送距離が含まれている"とあるので、キロ制運賃を求めるための走行距離は200キロである。

エ．正しい。記述のとおり。**契約責任者の都合により運行行程が変更され、運賃・料金に変更が生じたときは、速やかにその差額を精算しなければならない**（バス会社は**運賃・料金の追徴または払戻しの措置を講じる**）。本肢では契約責任者の都合により走行時間が1時間延長されているので"旅行終了後の精算において、時間制運賃1時間分の運賃を追徴する"とあるのは正しい記述である。

国内旅行実務

運送に関連する費用（契約責任者の負担）

①ガイド料　②有料道路利用料　③航送料　④駐車料　⑤乗務員の宿泊費

293

5 貸切バス運賃・料金（3）

問題 28　重要度 A　令3-改　　✓ ☐ ☐

次の内容で大型車の貸切バス（本設問において、以下「大型バス」という。）とフェリーを利用するとき、契約責任者が負担するこの利用に係る費用の合計額について、資料に基づき正しいものを1つ選びなさい。

(注1)「一般貸切旅客自動車運送事業標準運送約款」「海上運送法第9条第3項の規定に基づく標準運送約款（フェリーを含む一般旅客定期航路事業に関する標準運送約款）」によるものとする。

(注2) 大型バスの運賃は、「一般貸切旅客自動車運送事業の運賃・料金の変更命令について（令和5年8月25日付 関東運輸局長公示)」によるものとし、運賃の種類は時間・キロ併用制運賃とする。

(注3) この利用に係る大型バスの運賃の割引はないものとする。

(注4) この利用に係る大型バスの料金は考慮しないものとする。

(注5) この利用に係る大型バスの運転者は1名とし、当該運転者はフェリーの2等船室に乗船するものとする。

(注6) この大型バスの乗客はフェリーに乗船しないものとする。

(注7) 消費税の計算は行わないものとする。

〈大型バスの利用内容〉

● 走行時間は8時間である。

● 走行時間には回送中にフェリーを利用した航送にかかる1時間が含まれている。

● 走行距離は150キロである。

〈資　料〉

● この大型バスの時間制運賃は1時間あたり5,000円とする。

● この大型バスのキロ制運賃は1キロあたり200円とする。

● このフェリーにおける大型バスの自動車航送運賃は10,000円とする。

5 貸切バス運賃・料金（3）

ア．時間制運賃　　　7時間 × 5,000円 = 35,000円 ……①
　　キロ制運賃　　　150キロ × 200円 = 30,000円……②
　　① ＋ ② ＝ 65,000円

イ．時間制運賃　　　9時間 × 5,000円 = 45,000円 ……①
　　キロ制運賃　　　150キロ × 200円 = 30,000円……②
　　① ＋ ② ＝ 75,000円

ウ．時間制運賃　　　8時間 × 5,000円 = 40,000円 ……①
　　キロ制運賃　　　150キロ × 200円 = 30,000円……②
　　自動車航送運賃　10,000円……③
　　① ＋ ② ＋ ③ ＝ 80,000円

エ．時間制運賃　　　10時間 × 5,000円 = 50,000円……①
　　キロ制運賃　　　150キロ × 200円 = 30,000円……②
　　自動車航送運賃　10,000円……③
　　① ＋ ② ＋ ③ ＝ 90,000円

国内旅行実務

295

| 問題 28 | 解説 | | 解答 | エ |

貸切バスの運賃は、**時間制運賃**と**キロ制運賃**によって構成されている（時間・キロ併用制運賃）。本問の行程ではフェリーを利用してバスを航送しているので**自動車航送運賃**が適用される。

【時間制運賃】5,000円／1時間当たり

時間制運賃は、**点呼点検時間**と**走行時間**を合算した時間に1時間当たりの運賃を乗じて算出する。

■**点呼点検時間（出庫前1時間、帰庫後1時間）**

日帰りの行程なので、出庫前および帰庫後の1時間（合計2時間）を点呼点検時間とする。

■**走行時間（出庫から帰庫までの拘束時間をいい、回送時間を含む）**

フェリーでバスを航送した場合、**航送にかかる時間**は8時間を上限として時間制運賃の対象とする。本問の走行時間は8時間で、"走行時間には回送中にフェリーを利用した航送にかかる1時間が含まれている"とあるので、走行時間を8時間として計算する。

以上により、時間制運賃の対象になる時間は、点呼点検時間（2時間）と走行時間（8時間）を合計した10時間である。

10時間 × 5,000円 = 50,000円（時間制運賃）……①

【キロ制運賃】200円／1キロ当たり

キロ制運賃は、**走行距離（出庫から帰庫までの距離をいい、回送距離を含む）**に、1キロ当たりの運賃を乗じて算出する。本問の走行距離は、150キロである。

150キロ × 200円 = 30,000円（キロ制運賃）……②

【自動車航送運賃】

自動車航送運賃には**運転者1人が2等船室に乗船する場合の旅客運賃**が含まれている。本問には"大型バスの運転者は1名とし、当該運転者はフェリーの2等船室に乗船するものとする"とあるので、1台分の自動車航送運賃10,000円を支払うことで運転者1名もフェリーに乗船できる。

10,000円（自動車航送運賃）……③

① + ② + ③ = 90,000円

以上により、エが正解である。

5 貸切バス運賃・料金（3）

国内旅行実務

ポイント整理 　　貸切バス運賃の計算

（1）時間制運賃＝ 点呼点検時間＋走行時間（※） × 1時間当たりの運賃額
　　　　　　　　※回送時間を含む
（2）キロ制運賃＝ 走行距離（※） × 1キロ当たりの運賃額
　　　　　　　　※回送距離を含む
（1）＋（2）＝適用運賃（消費税別）

5 貸切バス運賃・料金（4）

問題 29 重要度 A 令3-改 ✓□ □

貸切バスによる運送に関する次の記述のうち、誤っているものはどれか。

（注1）「一般貸切旅客自動車運送事業標準運送約款」「一般貸切旅客自動車運送事業の運賃・料金の変更命令について（令和5年8月25日付 関東運輸局長公示)」によるものとする。

（注2）選択肢イ. は、消費税の計算は行わないものとする。

ア．運賃は、車種別に計算した金額の下限額以上とすることとし、かつ、営業所の所在する出発地の運賃を基礎として計算することが、貸切バス運賃計算の基本として定められている。

イ．所定の方法により計算された運賃が下限額である 80,000 円の貸切バスを、学校教育法による高等学校に通学する者の団体が利用する場合であっても、運賃は 80,000 円となる。

ウ．バス会社は、標準的な装備を超える特殊な設備を有する車両については、設備や購入価格等を勘案した割増率による特殊車両割増料金を適用することができる。

エ．バス会社は、走行時間が1時間50分の場合は、走行時間を2時間として時間制運賃を計算する。

5 貸切バス運賃・料金（4）

| 問題 29 | 解説 | | 解答 | エ |

ア．**正しい**。記述のとおり。貸切バスの運賃は、**車種別に計算した金額の下限額以上**とするのが原則で、かつ、バス会社の営業所の所在する出発地の運賃を基礎として計算する。

イ．**正しい**。学校教育法による高等学校に通学する者の団体に対し、バス会社が運賃の割引を適用する場合でも、**割引後の運賃は届け出た運賃の下限額が限度である**（下限額を下回る割引はできない）。本肢には、"所定の方法により計算された運賃が下限額である 80,000 円の貸切バス"とあるので、この額にさらに割引を適用することはできない。

ウ．**正しい**。記述のとおり。

エ．**誤り**。走行時間が 3 時間未満の場合は、走行時間を 3 時間として時間制運賃を計算する。"2 時間として時間制運賃を計算する"とあるのは誤りである。

299

5 貸切バス運賃・料金（5）

問題 30　重要度 A　平30-改

貸切バスの運行当日、契約責任者の都合で運行行程の一部に変更があり、運送契約成立時の運行行程による「時間制運賃の計算時間」および「キロ制運賃の計算距離」に変更が生じることとなった。この場合、旅行終了後の精算において、バス会社が講じる措置に関する次の記述から、資料に基づき、正しいものを選びなさい。

(注1)「一般貸切旅客自動車運送事業の運賃・料金の変更命令について（令和5年8月25日付 関東運輸局長公示）」「一般貸切旅客自動車運送事業標準運送約款」によるものとする。

(注2) この貸切バスの所定運賃は下限額とする。

(注3) 運行行程の変更前および変更後とも、この運行に係る料金は考慮しないものとする。

(注4) バス会社は契約責任者の都合による運行行程の変更を承諾したものとし、かつ、変更後の運行行程が記載された乗車券について、当該乗車券を所持することなく旅客の乗車を認めたものとする。

(注5) 消費税の計算は行わないものとする。

〈資　料〉
- 運送契約成立時の時間制運賃の計算時間およびキロ制運賃の計算距離
　　時間制運賃の計算時間　5時間20分
　　キロ制運賃の計算距離　241キロ
- 旅行終了後の実際の運行内容
　　時間制運賃の計算時間　5時間50分
　　キロ制運賃の計算距離　249キロ

ア．バス会社は、時間制運賃1時間分の運賃を追徴する。

イ．バス会社は、キロ制運賃10キロ分の運賃を追徴する。

ウ．バス会社は、時間制運賃1時間分とキロ制運賃10キロ分の合計額の運賃を追徴する。

エ．バス会社は、運賃を追徴することはできない。

5 貸切バス運賃・料金（5）

問題30　解説　　解答　ア

　契約責任者の都合により運行行程が変更され、**運賃・料金に変更が生じたとき**は、速やかにその差額を精算しなければならない（バス会社は**運賃・料金の追徴または払戻しの措置を講じる**）。

　〈資料〉をもとに、「運送契約成立時」と「実際の運行内容」の各時間・距離を比較し、精算の有無とその内容を確認する（時間、距離の端数処理については、下記「ポイント整理」参照）。

【時間制運賃の計算時間】
- 運送契約成立時：5時間20分→（30分未満は切り捨て）→5時間
- 実際の運行内容：5時間50分
　　　　　　→（30分以上は1時間単位に切り上げ）→6時間

　計算時間が5時間から6時間に変更されているので、バス会社は**時間制運賃1時間分の運賃を追徴**する。

【キロ制運賃の計算距離】
- 運送契約成立時：241キロ→（10キロ単位に切り上げ）→250キロ
- 実際の運行内容：249キロ→（10キロ単位に切り上げ）→250キロ

　計算距離に差がないので、追徴および払戻しの必要はない。

　以上により、バス会社は時間制運賃1時間分の運賃を追徴することになるため、アが正解である。

ポイント整理　　端数処理の方法（貸切バス）

① 時間	30分未満　→	切り捨て
	30分以上　→	1時間に切り上げ
② 距離	10キロ未満　→	**10キロ単位に切り上げ**
③ 金額（消費税）	1円未満　→	1円単位に四捨五入

5 貸切バス運賃・料金（6）

問題 31 重要度 A 令2-改 ✓□□

貸切バスによる運送に関する次の記述のうち、誤っているものはどれか。

（注1）「一般貸切旅客自動車運送事業の運賃・料金の変更命令について（令和5年8月25日付 関東運輸局長公示）」「一般貸切旅客自動車運送事業標準運送約款」によるものとする。

（注2）選択肢ア．は、交替運転者の配置を要しない運送とする。

（注3）選択肢イ．は、消費税の計算は行わないものとする。

ア．出庫が18時、帰庫が22時の運送において、バス会社は、この運送に係る時間制運賃を計算するための時間のうち1時間分について、1時間あたりの運賃の2割の割増料金を適用する。

イ．学校教育法による中学校に通学する者の団体が、貸切バスを利用するとき、運賃が下限額の100,000円である場合、運賃の割引の適用を受けることができる。

ウ．バス会社は、走行時間が3時間未満の場合は、走行時間を3時間として時間制運賃を計算する。

エ．法令により交替運転者の配置が義務付けられる場合、その他、交替運転者の配置について運送申込者と合意した場合には、バス会社は、届け出た料金の下限額以上で計算した額の交替運転者配置料金を適用する。

5 貸切バス運賃・料金（6）

| 問題 31 | 解説 | | 解答 | イ |

ア．**正しい。**深夜早朝の時間帯（22 時以降翌朝 5 時までの間）に点呼点検時間、走行時間（回送時間を含む）が含まれた場合、その時間帯に対し、**深夜早朝運行料金**として割増料金が適用される（以下の①②）。本肢の場合は帰庫が 22 時なので、帰庫後の点呼点検にかかる 1 時間分（22 時から 23 時まで）が深夜早朝運行料金の対象になる。

① 時間制運賃（1 時間当たりの運賃）の **2 割**

② 交替運転者配置料金の時間制料金（1 時間当たりの料金）の **2 割**

本問の（注 2）には "交替運転者の配置を要しない運送" とあり、本肢では①の割増料金のみが適用されるため "1 時間分について、1 時間あたりの運賃の 2 割の割増料金を適用" とあるのは正しい記述である。

イ．**誤り。**貸切バスの運賃は、車種別に計算した金額の下限額以上でなければならず、**下限額を下回る割引はできない。**中学校（学校教育法による学校）に通学する者の団体は**運賃の割引**を受けることが可能だが、本肢には "運賃が下限額の 100,000 円である場合" とあるので、この下限額にさらに割引を適用することはできない。

ウ．**正しい。**記述のとおり。**走行時間が 3 時間未満の場合は、走行時間を 3 時間として時間制運賃を計算する**（時間制運賃の最低時間は 3 時間に点呼点検時間を含めた 5 時間である）。

エ．**正しい。**記述のとおり。次の①または②に該当するときは**交替運転者配置料金**を適用する。

① 法令により**交替運転者の配置が義務付けられる**場合

② 交替運転者の配置について**運送申込者と合意した**場合

交替運転者配置料金には時間制料金とキロ制料金の 2 種類があり、それぞれ下限額以上で計算する。

なお、交替運転者が、交替地点まで車両に同乗しない場合（交替地点に運転者を派遣するような場合）であっても、同乗したものとして料金を適用する。

国内旅行実務

303

6 フェリー運賃・料金（1）

問題32 重要度 B 平29

大人2人（自動車の運転者1人を含む）、小学生1人、3歳の小児1人が、自動車1台でフェリーの指定制1等船室の座席を使用する場合の必要な運賃・料金の組み合わせのうち、正しいものはどれか。なお、全員が指定制1等船室の座席を1人で使用するものとする。

(注1)「海上運送法第9条第3項の規定に基づく標準運送約款」（フェリーを含む一般旅客定期航路事業に関する標準運送約款）によるものとする。
(注2) 年齢は乗船日現在とする。
(注3) 当該フェリーの指定制1等船室の座席には小児運賃・料金の設定があるものとする。

ア．大人1人分、小児2人分、自動車1台分、大人1人分の2等運賃の額との差額運賃・料金
イ．大人1人分、小児1人分、自動車1台分、大人1人分の2等運賃の額との差額運賃・料金
ウ．大人2人分、小児2人分、自動車1台分
エ．大人2人分、小児1人分、自動車1台分

6　フェリー運賃・料金（1）

| 問題32 | 解説 | | 解答 | ア |

　フェリーの旅客運賃は、**大人（12歳以上の者）と小児（12歳未満の者および12歳以上の小学生）**とに区分され、大人には大人旅客運賃・料金が、小児には小児旅客運賃・料金が適用される。

■**小学生には小児運賃が適用される**。**大人に同伴されて乗船する1歳以上の小学校に就学していない小児**は、その小児が単独で指定制の座席を使用しないときは、大人1人につき小児1人まで運賃・料金が無料になるが、本問には"全員が指定制1等船室の座席を1人で使用する"とあるので、3歳の小児にも小児旅客運賃・料金が適用される（小児2人分の旅客運賃・料金が必要）。

■**自動車1台を航送している**ので、旅客運賃・料金のほかに**自動車1台分の自動車航送運賃**がかかる。**自動車航送運賃には、自動車の運転者1名が2等船室に乗船する場合の旅客運賃が含まれている**ので、大人2人のうち1人は大人旅客運賃・料金を支払い、もう1人は自動車航送運賃を支払うことで乗船できる。ただし、本問で利用する座席は指定制1等船室なので、大人1人分の1等船室と2等船室との**差額運賃・料金**が別途必要である。

　以上をふまえ、本問では次の①～④の運賃・料金が必要である。

　①　大人1人分の旅客運賃・料金

　②　小児2人分の旅客運賃・料金

　③　自動車1台分の自動車航送運賃（大人1人分の2等運賃を含む）

　④　大人1人分の差額運賃・料金（1等と2等との差額）

　したがって、正しいものはアである。

ポイント整理　　　旅客の年齢区分（フェリー）

区分	年齢
大人	12歳以上の者（小学生を除く）
小児	12歳未満の者（ただし、12歳の小学生は小児）

次の①または②に該当する場合、小児旅客運賃・料金が無料になる。
　①　1歳未満の小児…………………人数に関係なく無料
　②　大人に同伴されて乗船する1歳以上の小学校に就学していない小児（団体として乗船する者を除く）……**大人1人につき小児1人まで無料**
　※①および②いずれの場合も、**指定制の座席や寝台を小児1人で使用する場合は小児旅客運賃・料金を適用する**（無料にならない）。

国内旅行実務

305

6 フェリー運賃・料金（2）

問題33　重要度 B 令2　✓ □ □

フェリーによる運送に関する次の記述のうち、正しいものを1つ選びなさい。

(注1)「海上運送法第9条第3項の規定に基づく標準運送約款（フェリーを含む一般旅客定期航路事業に関する標準運送約款)」によるものとし、本設問においては「約款」と省略して示している。

(注2) 年齢は乗船日現在とする。

ア．7月10日に発航する指定便に係る券面記載金額が3,000円の入鋏前の自動車航送券を所持する運送申込人が、7月8日に払戻しの請求をした場合、約款で別に定める事項に該当する場合を除き、フェリー会社は900円の払戻し手数料を申し受ける。

イ．旅客運賃1,000円、急行料金1,000円を収受する急行便が、当該急行便の所定の所要時間以内の時間でフェリー会社が定める時間以上遅延して到着した場合において、当該急行便の旅客が払戻しの請求をしたときは、フェリー会社は旅客運賃と急行料金の合計額の2,000円を払い戻す。

ウ．指定制の座席ではない2等船室の旅客運賃が大人500円、小児250円のフェリーに、大人1人が3歳と5歳の小児2人を同伴して当該2等船室に乗船する場合、この乗船に係る運賃の合計額は750円である。

エ．指定制の座席ではない2等船室の大人旅客運賃が500円、自動車航送運賃が2,000円のフェリーに、自動車1台および当該自動車の運転者1人が当該2等船室に乗船する場合、この乗船に係る運賃の合計額は2,500円である。

6 フェリー運賃・料金（2）

| 問題 33 | 解説 | | 解答 | ウ |

ア．**誤り**。運送申込人の自己都合により、入鋏前の自動車航送券の払戻しを請求する場合には、次の払戻手数料がかかる（払戻時期および払戻手数料の額・率は乗船券を払い戻す場合と同じ）。本肢には払戻しを請求する理由が明記されていないが、払戻手数料の額を問う記述なので「運送申込人の自己都合による払戻し」と仮定して次のとおり解説する。

船便指定の有無	払戻時期	払戻手数料
船便指定のない 自動車航送券	通用期間内	200 円
船便が指定された 自動車航送券	発航日の 7 日前まで	200 円
	発航日の 6 日前〜2 日前まで	券面記載額の 1 割相当額 （最低 200 円）
	発航日の前日〜発航時刻まで	券面記載額の 3 割相当額 （最低 200 円）

　本肢の場合、7 月 10 日に発航する指定便の自動車航送券を 7 月 8 日（2 日前）に払い戻しているので、払戻手数料は券面記載金額（3,000 円）の 1 割に当たる 300 円である。

イ．**誤り**。急行便が、その急行便の所定の所要時間以内の時間で**フェリー会社が定める時間以上遅延して到着した場合は、旅客はフェリー会社に払戻しを請求できるが、これにより払い戻されるのは急行料金のみである**（払戻手数料はかからない）。したがって、本肢の場合、フェリー会社は急行料金 1,000円のみを払い戻す。

ウ．**正しい**。大人に同伴されて乗船する **1 歳以上の小学校に就学していない小児は、大人 1 人につき小児 1 人まで無料になる**（小児が指定席や寝台を単独で使用するときは小児運賃・料金が必要）。

　本肢には "指定制の座席ではない 2 等船室" とあるので、3 歳、5 歳の 2人の小児のうち 1 人は大人に同伴されることによって無料になり、1 人分は小児の運賃が適用される。したがって、必要な運賃は大人 1 人分（500 円）と小児 1 人分（250 円）で、合計額は 750 円である。

エ．**誤り**。**自動車航送運賃には、自動車の運転者 1 人が 2 等船室に乗船する場合の旅客運賃が含まれている**ので、本肢の自動車の運転者は自動車航送運賃 2,000 円のみを支払うことで 2 等船室に乗船できる。旅客運賃 500 円は不要なので "運賃の合計額は 2,500 円" とする本肢の記述は誤りである。

307

6 フェリー運賃・料金（3）

問題 34　重要度 B　令4　✓☐☐

フェリーによる運送に関する次の記述のうち、誤っているものを1つ選びなさい。

（注1）「海上運送法第9条第3項の規定に基づく標準運送約款（フェリーを含む一般旅客定期航路事業に関する標準運送約款)」によるものとする。

（注2）年齢は乗船日現在とする。

ア．4.8m の自動車を運送する自動車航送運賃が 10,000 円、2 等船室の旅客運賃が大人 1,000 円、1 等船室の旅客運賃が大人 2,000 円のフェリーに、当該自動車1台と当該自動車の運転者と大人の同乗者1人の計2人が1等船室に乗船する場合、この乗船に係る運賃の合計額は 14,000 円である。

イ．旅客が、入鋏前の指定便に係る乗船券について、当該指定便の発航前に払戻しの請求をした場合、フェリー会社は約款で別に定める事項に該当する場合を除き、約款で定める額の範囲内においてフェリー会社が定める額の手数料を申し受ける。

ウ．750cc の自動二輪車を運送する特殊手荷物運賃が 5,000 円、2 等船室の旅客運賃が大人 1,000 円のフェリーに、当該自動二輪車1台と当該自動二輪車の運送申込人と大人の同乗者1人の計2人が2等船室に乗船する場合、この乗船に係る運賃の合計額は 7,000 円である。

エ．指定制座席の 2 等船室の旅客運賃が大人 1,000 円、小児 500 円のフェリーに、大人1人と5歳と1歳の小児の計3人が当該2等船室の座席2席を使用して乗船する場合、この乗船に係る運賃の合計額は 1,500 円である。

6 フェリー運賃・料金（3）

| 問題34 | 解説 | | 解答 | **ア** |

ア．**誤り。**"自動車1台と当該自動車の運転者と大人の同乗者1人の計2人が1等船室に乗船する"とあるので、旅客運賃のほかに1台分の自動車航送運賃 10,000 円がかかる。自動車航送運賃には自動車の**運転者1人が2等船室**に乗船する場合の運賃が含まれているので、大人2人のうち、1人は1等船室の旅客運賃 2,000 円を支払い、もう1人は自動車航送運賃を支払うことで乗船できる（自動車の運転者1人分の**1等と2等の各旅客運賃の差額** 1,000円が必要）。

　　以上により、本肢の乗船に必要な運賃の合計額は 13,000 円（10,000 円＋ 2,000円＋ 1,000 円）である。

イ．**正しい。**記述のとおり。

ウ．**正しい。**旅客が、その乗船区間について**自動二輪車**の運送をフェリー会社に委託する場合は、旅客運賃のほかに**特殊手荷物運賃**がかかる。本肢には"自動二輪車1台と当該自動二輪車の運送申込人と大人の同乗者1人の計2人が2等船室に乗船する"とあるので、乗船に必要な運賃は特殊手荷物運賃 5,000円と、大人2人分の2等船室の旅客運賃 2,000 円（1,000 円× 2 人）を合計した 7,000 円である。

エ．**正しい。**大人に同伴されて乗船する**1歳以上の小学校に就学していない小児**は、その小児が指定制の座席を単独で使用しない場合には、**大人1人につき小児1人まで無料**となる（2人目以降は小児の運賃が必要）。

　　本肢では大人1人が5歳と1歳の未就学の小児2人を同伴し、指定制の座席2席を使用しているので、小児2人のうち1人には小児の運賃が適用され、座席を使用しない小児1人は大人に同伴されることによって無料で乗船できる。したがって、本肢の乗船に必要な運賃は大人1人分の旅客運賃 1,000 円と小児1人の旅客運賃 500 円を合計した 1,500 円である。

国内旅行実務

7 複合問題（1）

問題35　重要度 A　令4-改　

学校教育法による高等学校に通学する学生32人、当該学校の教職員2人、同行する旅行業者1人の計35人によって構成され当該学校の教職員が引率する団体が、次の行程で旅客鉄道会社（JR）の新幹線さくら号と大型車の貸切バス（本設問において、以下「大型バス」という。）を利用する場合の以下の各設問について、資料に基づきそれぞれ選択肢の中から答を1つ選びなさい。

（注1）　この団体は、JRによる運送の引受けがされているものとする。
（注2）　JR運賃料金の計算にあたり、所定のは数整理はされるものとする。
（注3）　「一般貸切旅客自動車運送事業標準運送約款」によるものとする。
（注4）　大型バスの運賃は、「一般貸切旅客自動車運送事業の運賃・料金の変更命令について（令和5年8月25日付 九州運輸局長公示）」によるものとする。
（注5）　この団体は、バス会社に対し当該学校の長が発行する証明書を提出しているものとする。
（注6）　この利用に係る大型バスの料金は考慮しないものとする。
（注7）　この大型バスの運賃計算にあたり、消費税の計算は行わないものとする。

〈行　程〉
6月5日（日）通常期

```
         6：32発  7：30着                              17：35発   20：35着
出水駅 ━━━━━ 新鳥栖駅 ･･･････ 鳥栖市陸上競技場 ━━━━━ 出水駅
       さくら400号          （徒歩）            大型バス
       【普通車指定席】
```

〈大型バスの運行行程〉

1．出庫時刻は 14 時 20 分

2．車庫から鳥栖市陸上競技場の配車場所までの距離は高速道路を経由して 190 キロ

3．鳥栖市陸上競技場の配車時刻は 17 時 20 分

4．鳥栖市陸上競技場の配車場所から出水駅までの距離は高速道路を経由して 190 キロ

5．出水駅から車庫まで距離は 1 キロ

6．帰庫時刻は 20 時 45 分

〈資　料〉

●出水駅から新鳥栖駅までの九州新幹線を経路とする片道普通旅客運賃は 3,740 円である。

●出水駅から新鳥栖駅までの九州新幹線の指定席特急料金（通常期）は 3,770 円である。

●この大型バスの運賃計算に使用する時間制運賃は 1 時間あたり 8,000 円、届け出た時間制運賃の下限額は 1 時間あたり 6,330 円である。

●この大型バスの運賃計算に使用するキロ制運賃は 1 キロあたり 180 円、届け出たキロ制運賃の下限額は 1 キロあたり 140 円である。

問 1. この団体の JR 運賃料金の合計額を求める計算式のうち正しいものはどれか。

ア．学生 1 人あたりの運賃 ……………………… 3,740 円 −（3,740 円 × 50%）…… ①
　　教職員 1 人あたりの運賃 …………………… 3,740 円 −（3,740 円 × 30%）…… ②
　　旅行業者 1 人あたりの運賃 ………………… 3,740 円 ………………………… ③
　　学生および教職員および旅行業者の
　　1 人あたりの料金 …………………………… 3,770 円 ………………………… ④
　　【（① × 32 人分）＋（② × 2 人分）＋（③ × 1 人分）＋（④ × 35 人分）】の
　　計算によって求められる額

イ．学生および教職員の
　　1 人あたりの運賃 …………………………… 3,740 円 −（3,740 円 × 50%）…… ①
　　旅行業者 1 人あたりの運賃 ………………… 3,740 円 ………………………… ②
　　学生および教職員および旅行業者の
　　1 人あたりの料金 …………………………… 3,770 円 ………………………… ③
　　【（① × 34 人分）＋（② × 1 人分）＋（③ × 35 人分）】の計算によって求め
　　られる額

ウ．学生 1 人あたりの運賃 …………………… 3,740 円 −（3,740 円 × 50%）…… ①
　　教職員および旅行業者の
　　1 人あたりの運賃 …………………………… 3,740 円 −（3,740 円 × 30%）…… ②
　　学生および教職員および旅行業者の
　　1 人あたりの料金 …………………………… 3,770 円 ………………………… ③
　　【（① × 32 人分）＋（② × 3 人分）＋（③ × 35 人分）】の計算によって求め
　　られる額

エ．学生 1 人あたりの運賃 …………………… 3,740 円 −（3,740 円 × 50%）…… ①
　　教職員および旅行業者の
　　1 人あたりの運賃 …………………………… 3,740 円 ………………………… ②
　　学生および教職員および旅行業者の
　　1 人あたりの料金 …………………………… 3,770 円 ………………………… ③
　　【（① ×（32 − 1）人分）＋（② × 3 人分）＋（③ ×（35 − 1）人分）】の計
　　算によって求められる額

問 2. この大型バスの運賃に関する記述のうち正しいものはどれか。

ア．この大型バスの運賃は、「時間制運賃：6 時間 × 8,000 円」、「キロ制運賃：
　　380 キロ × 180 円」として計算した額を合計する。

イ．この大型バスの運賃は、「時間制運賃：8 時間 × 8,000 円」、「キロ制運賃：
　　380 キロ × 180 円」として計算した額を合計する。

ウ．この大型バスの運賃は、「時間制運賃：6 時間 × 8,000 円」、「キロ制運賃：
　　390 キロ × 180 円」として計算した額の合計に対し、下限額を下回らない額を
　　限度として割引を適用した額となる。

エ．この大型バスの運賃は、「時間制運賃：8 時間 × 8,000 円」、「キロ制運賃：
　　390 キロ × 180 円」として計算した額の合計に対し、下限額を下回らない額を
　　限度として割引を適用した額となる。

| 問題35 | 解説 | | 解答 | 1.ウ /2.エ |

問 1.

"学校教育法による高等学校に通学する学生32人、当該学校の教職員2人、同行する旅行業者1人の計35人によって構成され当該学校の教職員が引率する団体"とあるので、**構成人員35人の学生団体**として団体旅客運賃および料金の計算式を確認する。**学生団体には無賃扱い人員が適用されないので、35人分の運賃・料金が必要**である。

運賃 出水－新鳥栖　片道普通旅客運賃3,740円

学生団体に適用される**割引率は通年同じ**で、**学生（大人）が5割引**、**教職員と旅行業者はいずれも3割引**である（旅行業者については、**学生団体を構成する人員100人までごとに1人の割合で割引を適用**できるので、構成人員35人の場合は同行する**旅行業者1人分の運賃が3割引**になる）。

　　■学生1人あたりの運賃

　　　3,740円－（3,740円×50%）……①（×32人分）

　　■教職員および旅行業者の1人あたりの運賃

　　　3,740円－（3,740円×30%）……②（×3人分）

料金 九州新幹線（出水－新鳥栖）普通車指定席

料金に対する割引の適用はない。通常期に普通車指定席を利用するので、九州新幹線の指定席特急料金（3,770円）をそのまま適用する。

　　■学生および教職員および旅行業者の1人あたりの料金

　　　3,770円……③（×35人分）

以上をふまえ、必要な運賃・料金は①×32人分、②×3人分、③×35人分で、①②③の合計額がこの団体のJR運賃・料金の総額である（ウが正解）。

問 2.

貸切バスの運賃は、**時間制運賃**と**キロ制運賃**によって構成されている。時間および距離の端数処理については、テーマ別問題 P301 の「ポイント整理」参照。

【時間制運賃】

時間制運賃は**点呼点検時間**と**走行時間**を合算した時間をもとに算出する。

①**点呼点検時間（出庫前 1 時間、帰庫後 1 時間）**

日帰りの行程なので、出庫前および帰庫後の 1 時間（合計 2 時間）を点呼点検時間とする。

②**走行時間（出庫から帰庫までの拘束時間をいい、回送時間を含む）**

〈大型バスの運行行程〉より、走行時間は、出庫時刻 14 時 20 分から帰庫時刻 20 時 45 分までの 6 時間 25 分である。

6 時間 25 分→（30 分未満は切り捨て）→ 6 時間

点呼点検時間（合計 2 時間）と走行時間 6 時間を合算した 8 時間に対し、1 時間当たりの運賃 8,000 円を乗じて時間制運賃を求める。

【キロ制運賃】

走行距離（出庫から帰庫までの距離をいい、回送距離を含む）をもとに算出する。

〈大型バスの運行行程〉より、走行距離は車庫から配車場所までの回送距離 190 キロ、配車場所から出水駅までの実車距離 190 キロ、出水駅から車庫までの回送距離 1 キロを合計した 381 キロである。

381 キロ→（10 キロ単位に切り上げ）→ 390 キロ

走行距離 390 キロに対し、1 キロ当たりの運賃 180 円を乗じてキロ制運賃を求める。

【運賃の割引】

バス会社は、**学校教育法による高等学校に通学する者の団体**に対し、届け出た運賃の下限額を下回らない額を限度として運賃の割引をすることができる。本問では、時間制運賃、キロ制運賃ともに下限額を上回る額で計算しているので、これらの合計額に対し、下限額を限度に割引が適用される。

以上により、正しい記述は**エ**である。

7 複合問題（2）

問題 36　重要度 A　令5-改

貸切バスおよびフェリーによる運送に関する以下の各設問について、それぞれ選択肢の中から答を1つ選びなさい。

次の内容で小型車の貸切バス（本設問において、以下「小型バス」という。）1台とフェリーを利用するとき、契約責任者が負担するこの利用に係る費用について、資料に基づきそれぞれ選択肢の中から答を1つ選びなさい。

(注1)「一般貸切旅客自動車運送事業標準運送約款」「海上運送法第9条第3項の規定に基づく標準運送約款（フェリーを含む一般旅客定期航路事業に関する標準運送約款）」によるものとする。

(注2) 小型バスの運賃・料金は、「一般貸切旅客自動車運送事業の運賃・料金の変更命令について（令和5年8月25日付 北陸信越運輸局長公示）」によるものとし、運賃の種類は時間・キロ併用制運賃とする。

(注3) この利用に係る小型バスの運賃およびフェリーの運賃には割引はないものとする。

(注4) この利用に係る小型バスの運転者は1人とする。

(注5) この小型バスはこのフェリーで航送する。

(注6) この小型バスの運賃・料金の計算にあたり、消費税の計算は行わないものとする。

〈行　程〉
7月1日（土）

7 複合問題（2）

〈資　料〉

● この小型バスの走行距離は 44 キロであり、回送距離の合計 12 キロを含んでいる。

● この小型バスの走行時間は 11 時間 30 分であり、回送時間を含んでいる。

● この小型バスを利用する旅客の数は、大人 6 人・小学 4 年生 3 人・3 歳の小児 3 人の計 12 人であり、このフェリーでは 12 人全員が 1 等船室（イス席）をそれぞれ利用する。

● この小型バスの運転者はこのフェリーの 2 等船室に乗船するものとする。

問 1. この小型バスの運賃および料金に関する記述のうち、正しいものはどれか。

ア．運賃は「11 時間分の時間制運賃」と「30 キロ分のキロ制運賃」の合計額、料金は不要である。

イ．運賃は「12 時間分の時間制運賃」と「40 キロ分のキロ制運賃」の合計額、料金は「3 時間分の深夜早朝運行料金」が必要である。

ウ．運賃は「13 時間分の時間制運賃」と「44 キロ分のキロ制運賃」の合計額、料金は「2 時間分の深夜早朝運行料金」が必要である。

エ．運賃は「14 時間分の時間制運賃」と「50 キロ分のキロ制運賃」の合計額、料金は「1 時間分の深夜早朝運行料金」が必要である。

問 2. このフェリーの乗船 1 回当たりの運賃に関する記述のうち、正しいものはどれか。

ア．「大人 6 人分と小児 6 人分の 1 等旅客運賃」と「小型バス 1 台分の自動車航送運賃」と「小型バス運転者 1 人分の 2 等旅客運賃」が必要である。

イ．「大人 6 人分と小児 6 人分の 1 等旅客運賃」と「小型バス 1 台分の自動車航送運賃」が必要である。

ウ．「大人 6 人分と小児 3 人分の 1 等旅客運賃」と「小型バス 1 台分の自動車航送運賃」と「小型バス運転者 1 人分の 2 等旅客運賃」が必要である。

エ．「大人 6 人分と小児 3 人分の 1 等旅客運賃」と「小型バス 1 台分の自動車航送運賃」が必要である。

国内旅行実務

問題36	解説		解答	1. エ／2. イ

問 1.

　　貸切バスの運賃は、**時間制運賃**と**キロ制運賃**によって構成されている（時間・キロ併用制運賃）。さらに、本問の行程では深夜早朝の時間帯を対象とした**深夜早朝運行料金**が適用される。時間および距離の端数処理については、P301 の「ポイント整理」参照。

運賃

【時間制運賃】

　　時間制運賃は点呼点検時間と走行時間を合算した時間をもとに算出する。

　■点呼点検時間（出庫前１時間、帰庫後１時間）

　　日帰りの行程なので、出庫前および帰庫後の１時間（合計２時間）を点呼点検時間とする。

　■走行時間（出庫から帰庫までの拘束時間をいい、回送時間を含む）

　　〈資料〉の３行目に"走行時間は 11 時間 30 分であり、回送時間を含んでいる"とある。さらに〈行程〉を参照すると、フェリーを利用してバスを航送し、この航送時間５時間（２時間 30 分＋２時間 30 分）は、前述の走行時間 11 時間 30 分に含まれている。フェリーでバスを航送した場合、**航送にかかる時間は８時間を上限として走行時間に含める**ことができるので、本肢の場合は走行時間を 11 時間 30 分として（航送にかかる５時間も走行時間に含めたままで）、時間制運賃を計算すればよい。

　　　　11 時間 30 分→（30 分以上は切り上げ）→ 12 時間

12 時間に点呼点検時間（２時間）を加えた「14 時間分の時間制運賃」が必要である。

【キロ制運賃】

　　キロ制運賃は、**走行距離**（出庫から帰庫までの距離をいい、回送距離を含む）をもとに算出する。

　　〈資料〉の１行目に"走行距離は 44 キロであり、回送距離の合計 12 キロを含んでいる"とあるので、44 キロをもとにキロ制運賃を計算する。

　　　　44 キロ→（10 キロ単位に切り上げ）→ 50 キロ

本問の行程では、「50 キロ分のキロ制運賃」が必要である。

318

7 複合問題（2）

料金

【深夜早朝運行料金】

深夜早朝の時間帯（22時以降翌朝5時までの間）に点呼点検時間、走行時間（回送時間を含む）が含まれる場合、その時間帯に対し**深夜早朝運行料金**を適用する。本問の行程では出庫が4時40分なので、出庫前の点呼点検時間を含む3時40分から5時までの1時間20分が深夜早朝の時間帯に該当する。

1時間20分→（30分未満は切り捨て）→1時間

本問の行程では、「1時間分の深夜早朝運行料金」が必要である。

以上により、エが正解である。

問 2.

旅客12人および小型バス1台（運転者1人）をフェリーで航送するときの運賃に関する問題である（フェリーの運送における旅客の年齢区分はP305の「ポイント整理」参照）。

旅客運賃

〈資料〉の4行目にあるとおり、旅客数は"大人6人・小学4年生3人・3歳の小児3人の計12人"である。大人6人には大人旅客運賃が、小学生3人には小児旅客運賃が適用される。大人に同伴されて乗船する**1歳以上の小学校に就学していない小児**は、その小児が**単独で指定制の座席を使用しないとき**は、大人1人につき小児1人まで運賃が無料になる。本問の場合、〈資料〉の5行目に"12人全員が1等船室（イス席）をそれぞれ利用する"とあるので、単独で座席を使用する3歳の小児3人にも小児運賃が適用される。

自動車航送運賃

自動車航送運賃には**運転者1人が2等船室**に乗船する場合の旅客運賃が含まれている。

（注4）に"小型バスの運転者は1人"とあり、〈資料〉の7行目には"小型バスの運転者はこのフェリーの2等船室に乗船する"とあるので、小型バス1台分の自動者航送運賃を支払うことで運転者1人も乗船することができる（別途旅客運賃は不要）。

以上により、本問の場合は大人6人分、小児6人分の1等旅客運賃と、小型バス1台分の自動車航送運賃が必要なので、イが正解である。

国内旅行実務

8 国内観光資源（1）北海道・東北

問題37　重要度 A　　　　　　　　　　　　✓ □ □

次の□□□に当てはまる語句を記入しなさい（以下問題38〜42も同じ）。

□① 北海道西部の日本海に突出した□□□半島は、北西端に断崖と奇岩で知られる神威岬があり、近くにはニセコや小樽などの観光地がある。 平28-改

□② 北海道のほぼ中央に位置する町で、なだらかな丘陵の風景から"丘のまち"とも呼ばれる□□□では、毎年秋にサイクリングイベント「センチュリーライド」が行われる。 平27-改

□③ 北海道中央部の石狩川上流部にある大峡谷である□□□は、流星の滝、銀河の滝、大函、小函などの見所がある。 平22

□④ 札幌市街地や石狩平野を見渡すことができる□□□展望台は、ウィリアム・スミス・クラーク博士の銅像があることでも知られる。 令5-改

□⑤ アイヌ語で"大きな窪地"を意味する言葉が語源と言われる□□□は、日本で2番目の深度と有数の透明度を誇るカルデラ湖で、生息するヒメマスを使った"チップ料理"でも知られる。 令4-改

□⑥ 北海道東部にある□□□湿原は、わが国第1号のラムサール条約湿地として登録された日本で最も大きな湿原である。 平22-改

□⑦ 澄海岬（すかいみさき）、スコトン岬などの観光地がある□□□島は、本州では標高2,000mを超える山頂付近でしか見ることのできない高山植物を観察できることで知られ、「花の浮島」とも呼ばれている。 令2-改

□⑧ 阿寒摩周国立公園内にある□□□は、美幌峠の眼下に広がる国内最大のカルデラ湖で、冬季の御神渡りや白鳥の来訪でも知られている。 令3-改

□⑨ 青森県にある日本最大級の縄文集落遺跡として知られる□□□は、竪穴住居跡、掘立柱建物跡などが発掘されている国指定の特別史跡で、世界文化遺産にも登録されている。 平23-改

□⑩ 十和田八幡平国立公園の区域内で八甲田山麓に位置する□□□温泉は、総ヒバ造りの大浴場「ヒバ千人風呂」が有名である。 平28-改

□⑪ 十和田湖から発し、銚子大滝など十数か所の滝と奇岩によってつくられる流れが見事な□□□は、特に新緑や紅葉の季節に人気の高い観光地である。 平30-改

□⑫ 岩手県にある□□□は「日本三大鍾乳洞」のひとつで、地底湖と透明度の高い地下水で有名な国の天然記念物にも指定されている。 平25-改

8 国内観光資源（1）北海道・東北

□⑬ 松尾芭蕉の「五月雨の降のこしてや…」という俳句でも有名な寺□□□□は、宝形造りの屋根をもつ阿弥陀堂で、須弥壇には奥州藤原氏四代の遺骸が安置されている。 平20-改

□⑭ 紅葉の名所としても知られる□□□□峡は、大谷川の浸食により生まれた大峡谷で、近辺には「日本こけし館」がある。 令2-改

□⑮ □□□□は、日本三景でもある松島にある奥州随一の禅宗の寺院で、伊達政宗の創建といわれる本堂や台所の役割を持つ庫裡（くり）が国宝に指定されている。 令3-改

□⑯ 山形県と宮城県にまたがる□□□□山（連峰）は、火口湖である御釜や冬季に見られる樹氷で知られ、山麓の温泉やスキー場で人気がある。 令1-改

□⑰ □□□□は、水深が日本一を誇る湖であり、湖岸の潟尻に建つ伝説を秘めた「たつこ像」が、訪れる観光客に親しまれている。 平18-改

□⑱ 十和田湖南の玄関口にある□□□□峠は、正面に十和田カルデラの御鼻部山、さらにその後方には南八甲田の山々ものぞむことができる。 令5-改

□⑲ 松尾芭蕉が『奥の細道』で詠んだ「閑さや岩にしみ入る蟬の声」の俳句で知られる□□□□は、俗に「山寺」と呼ばれている。 平16-改

□⑳ 山形県をほぼ南北に貫く急流で、古口港から草薙港などの舟下りでも知られる□□□□川は、その風光明媚な姿を題材に、正岡子規や斎藤茂吉らの俳人・歌人にも詠（うた）われた。 平29-改

□㉑ □□□□美術館は山形県酒田市にあり、鳥海山を借景とする庭園「鶴舞園」が国の名勝に指定されている。 平25-改

□㉒ □□□□は猪苗代湖の北側にそびえる火山で、ふもとにはその噴火によってできた桧原湖や五色沼などが点在している。 平30-改

□㉓ 磐梯山の北側に位置する□□□□は、毘沙門沼、弁天沼、るり沼などから成る湖沼群で、これらを巡る自然探勝路や手漕ぎボートなどが楽しめる。 令4-改

注 本書では選択肢を省略したが、実際の試験は□□□□に入る語句として選択肢が用意されている（以下問題38～42も同じ）。

問題37	解答

【北海道】① 積丹　② 美瑛　③ 層雲峡　④ 羊ヶ丘　⑤ 支笏湖　⑥ 釧路　⑦ 礼文　⑧ 屈斜路湖　【青森県】⑨ 三内丸山遺跡　⑩ 酸ヶ湯　⑪ 奥入瀬渓流　【岩手県】⑫ 龍泉洞　⑬ 中尊寺　【宮城県】⑭ 鳴子　⑮ 瑞巌寺　⑯ 蔵王（山形県との境界）　【秋田県】⑰ 田沢湖　⑱ 発荷　【山形県】⑲ 立石寺　⑳ 最上　㉑ 本間　【福島県】㉒ 磐梯山　㉓五色沼

8 国内観光資源（2）関東・甲信越

問題 38 重要度 A ✓ ☐ ☐

☐① 水戸藩主徳川斉昭によって開園された＿＿＿は、梅の名所として名高く、春先に行われる「梅まつり」には多くの観光客が訪れる。 平 25- 改

☐② 北関東の東部にある久慈川支流の名瀑として知られる＿＿＿は、四度の滝とも呼ばれ、厳冬期には巨大な氷瀑となる。 平 18- 改

☐③ 関東地方東部にある＿＿＿山は、西側に位置する男体山と東側に位置する女体山からなる。毎年 2 月〜 3 月にかけて開催される「梅まつり」期間中には、ガマの油売り口上が行われ、多くの観光客が訪れる。 平 23- 改

☐④ 中禅寺湖の水が断崖を一気に落下する姿が圧巻な＿＿＿は、日本三大名瀑のひとつといわれている。 平 19- 改

☐⑤ 榛名山の山麓に湧く＿＿＿温泉には、365 段の石段の両側に旅館、おみやげ物屋などが軒を連ね、徳冨蘆花記念文学館がある。 平 26- 改

☐⑥ 埼玉県西部の荒川の渓谷である＿＿＿は、国の名勝および天然記念物に指定され、ライン下りと岩畳で名高い。 平 22

☐⑦ ＿＿＿市は、ピンクや白の芝桜が丘陵に咲き誇る羊山公園や 12 月に行われる夜祭、標高約 1,100m に位置する三峯神社などで知られ、埼玉県を代表する観光地である。 令 1- 改

☐⑧ 東京都文京区に所在する＿＿＿は、柳沢吉保が設計指揮し造り上げた「回遊式築山泉水庭園」で国の特別名勝に指定されている。 平 28- 改

☐⑨ 東京都の西部にあり、山中に真言宗の寺院がある＿＿＿山は、ミシュランの旅行ガイドで日光、富士山と同じ最高の「3 つ星」観光地にランクされたことで近年数多くの観光客が訪れている。 平 23- 改

☐⑩ 源頼朝が現在の地に基礎をつくったとされる＿＿＿は、「武運の神」として人々の信仰を集めた神社で、国の重要文化財である本宮（上宮）、若宮（下宮）や由比ヶ浜海岸から延びる若宮大路（参道）で知られている。 令 3- 改

☐⑪ 東京湾に浮かぶ＿＿＿は、レンガ積みのトンネルや砲台跡など旧軍施設が残る自然島で横須賀市に属している。 令 5- 改

☐⑫ 武田信玄の陣中食とも伝えられる＿＿＿は、甲府盆地を中心とした地域で作られる郷土料理で、野菜と手打ち麺を味噌仕立てで煮込んだものである。 平 23- 改

☐⑬ 富士川の支流、荒川上流沿いの＿＿＿は、覚円峰、仙娥滝などを有する美しい渓谷で、「秩父多摩甲斐国立公園」内に位置する。 平 25- 改

322

8 国内観光資源（2）関東・甲信越

□⑭ 梓川に架かる河童橋から望む穂高連峰や大正池などで知られる景勝地 [_____] は、中部山岳国立公園の一部として国の文化財（特別名勝・特別天然記念物）にも指定されている。 令1-改

□⑮ [_____] 城は、戦国時代に深志の砦として建造されたのにはじまり、美ヶ原高原を望む地にある5重6階の天守閣が美しい。 平15-改

□⑯ [_____] 古戦場は、武田信玄と上杉謙信が激しい戦いを繰り広げた場所で、同古戦場を望む千曲川堤防の脇には軍師山本勘助の墓がある。 平19-改

□⑰ [_____] は、特定の宗派を持たない庶民の寺院で、本堂の外陣に安置された「びんずる尊者像」をなでると病が治るという言い伝えや、数え年で7年に一度の「御開帳」と呼ばれる行事で知られる。 令4-改

□⑱ [_____] は千曲川沿いにあり、別名「酔月城」とも呼ばれた小諸城の跡である。 平24-改

□⑲ 木曽川上流の景勝地である [_____] は、花崗岩の柱状節理と清流のコントラストが美しく、浦島太郎伝説が残る場所のひとつである。 平22

□⑳ [_____] は、冬季のわかさぎ釣りや夏季の花火大会でも知られ、真冬の全面氷結した湖で起きる神秘的な自然現象「御神渡り」でも有名である。 平30-改

□㉑ 数えで7年に一度の寅年と申年に行われることで知られる御柱祭は [_____] の祭礼で、開催年には多くの観光客が訪れる。 平28-改

□㉒ 金銀採掘や遠流の島としての歴史を持つ [_____] は、尖塔状の断崖が連なる尖閣湾や巨大な一枚岩が海に突き出した大野亀などの海岸風景で知られる。 平30-改

□㉓ "白鳥の飛来地" として知られる [_____] は、新潟県北部にある湖沼で、2008年にラムサール条約湿地として登録された。 平27-改

□㉔ 瀬波温泉や美しい海岸線の笹川流れでも知られる [_____] 市は、臥牛山に城が築かれ、藩士の邸宅や町屋も残されているかつての城下町で、百を超える鮭料理など独自な鮭文化を築き上げた。 令3-改

問題 38　解答

【茨城県】① 偕楽園　② 袋田の滝　③ 筑波　【栃木県】④ 華厳滝　【群馬県】⑤ 伊香保　【埼玉県】⑥ 長瀞　⑦ 秩父　【東京都】⑧ 六義園　⑨ 高尾　【神奈川】⑩ 鶴岡八幡宮　⑪ 猿島　【山梨県】⑫ ほうとう　⑬ 御嶽昇仙峡　【長野県】⑭ 上高地　⑮ 松本　⑯ 川中島　⑰ 善光寺　⑱ 懐古園　⑲ 寝覚ノ床　⑳ 諏訪湖　㉑ 諏訪大社　【新潟県】㉒ 佐渡島　㉓ 瓢湖　㉔ 村上

8 国内観光資源（3）北陸・東海

問題 39　重要度 A　　　✓□ □

□① ［　　　　］は、山々の描く稜線から平野にたどる途中に細長く広がる坂の町で、毎年9月のはじめに二百十日の大風をおさめ五穀豊穣と永世の繁栄を祈るため叙情豊かに気品高く歌い踊り継がれる行事である。 平17-改

□② 富山県高岡市にあり、能登半島国定公園に属する［　　　　］海岸は、万葉集にも情景が詠まれ、富山湾越しに立山連峰を望むことができる。 令1-改

□③ 歌舞伎の題目である「勧進帳」の舞台として知られる［　　　　］の関所跡は、日本海沿岸の石川県小松市西部に位置する。 平14

□④ ［　　　　］は、松平定信が六つのすぐれた景観、「六勝」を備えていることから命名したことでも知られる回遊林泉式庭園である。 平16-改

□⑤ 現代アートを中心とした［　　　　］美術館は、全面ガラス張りの外観が特徴で、プールを介して地上と地下で人と人が出会うことができる作品（通称：レアンドロのプール）が人気である。 令2-改

□⑥ 石川県に位置する景勝地で、松本清張の小説『ゼロの焦点』の舞台ともなった［　　　　］は、海岸沿いに巌門、関野鼻、ヤセの断崖などの観光地がある。 平26-改

□⑦ 日本海に面した棚田が海岸まで続く［　　　　］は奥能登を代表する絶景の観光地で、世界農業遺産「能登の里山里海」に認定されている。 平28-改

□⑧ 能登半島の七尾湾に面した［　　　　］温泉は、"海の温泉"といわれるほど塩分が高い泉質を持つ。 平27-改

□⑨ 金沢市中心部にあり、江戸時代より加賀藩前田家の御膳所として、また市民の台所としてにぎわってきた［　　　　］市場には、狭い小路を挟んで新鮮な食材を扱う店や地元のグルメを楽しめる飲食店が立ち並んでいる。 令4-改

□⑩ ［　　　　］湾は、大小さまざまな入り江からなる能登半島国定公園内のリアス海岸で、湾の中央には蓬莱島がある。 令5-改

□⑪ 日本三大松原の一つともいわれる景勝地［　　　　］は、敦賀湾の最奥部に位置し、アカマツ、クロマツが海岸線約1.5kmに渡り続いている。 平27-改

□⑫ 旧中山道の宿場町として栄えた［　　　　］宿は、石畳が敷かれた坂に沿った風情ある街並みと当地出身の文豪・島崎藤村の記念館があることで知られる。 平30-改

8　国内観光資源（3）北陸・東海

□⑬ 岐阜県の北東端で、蒲田川沿いに点在する野趣あふれる露天風呂が沢山ある□□□□温泉は、奥飛騨温泉郷の1つで、北アルプスの好展望台へのぼるロープウェイがあることでも知られている。 平15-改

□⑭ □□□□は、庄川をせきとめてダムが造られた際の人造湖であり、湖畔の展望台にある荘川桜は樹齢500余年ともいわれている。また、湖の西岸の白川街道は、世界遺産に登録されている白川郷に通じている。 平16-改

□⑮ 白山国立公園の大日ヶ岳を源流とする□□□□川は、国の重要無形民俗文化財にも指定されているおよそ1300年の歴史を持つ漁法"鵜飼"が行われることで知られる。 令1-改

□⑯ 久能山東照宮を結ぶロープウェイが運行している景勝地□□□□は、富士山をはじめ眼下には三保松原や駿河湾が望め、夜景の美しさでも知られる丘陵である。 令2-改

□⑰ □□□□は、伊豆半島最南端の岬で近くには水仙の群生地として有名な爪木崎がある。 平13

□⑱ □□□□温泉は、中伊豆を代表する温泉地であり、狩野川の支流桂川沿いに位置する。温泉と同音名の寺の付辺には、鎌倉幕府の2代目将軍源頼家の墓や「独鈷の湯」などがある。 平15-改

□⑲ 伊豆半島の下田街道にある標高約800mの□□□□峠は、川端康成の小説"伊豆の踊子"で知られる。 平21-改

□⑳ 渥美半島の先端に位置する□□□□岬には、詩人・小説家の島崎藤村の詩に、後年、曲を付した唱歌『椰子の実』の舞台となった恋路ヶ浜がある。 平28-改

□㉑ 木曽川沿いにあり、国宝の天守閣を持つ□□□□城は、別名"白帝城"とも呼ばれる。 平27-改

国内旅行実務

問題39　解答

【富山県】① （越中）おわら風の盆　② 雨晴　【石川県】③ 安宅　④ 兼六園　⑤ 金沢21世紀　⑥ 能登金剛　⑦ 白米千枚田　⑧ 和倉　⑨ 近江町　⑩ 九十九　【福井県】⑪ 気比の松原　【岐阜県】⑫ 馬籠　⑬ 新穂高　⑭ 御母衣湖　⑮ 長良　【静岡県】⑯ 日本平　⑰ 石廊崎　⑱ 修善寺　⑲ 天城　【愛知県】⑳ 伊良湖　㉑ 犬山

325

8 国内観光資源（4）近畿

問題 40　重要度 Ａ　　　　　　　　　　　　✓ □ □

□① 古くから交通の要衝として栄えた＿＿＿＿は、俳聖・松尾芭蕉の生誕地として、また、忍者のふるさととしても知られる城下町である。　平29

□② 日本百名城のひとつである＿＿＿＿は、天守閣が国宝に指定されている井伊家の居城で、世界遺産暫定リストにも記載されている。　平23-改

□③ 日本六古窯のひとつに数えられ、一般には狸の置物が有名な＿＿＿＿は、滋賀県を代表する陶磁器である。　平23-改

□④ 琵琶湖の北部に浮かび琵琶湖八景の一つにも数えられている＿＿＿＿島には、西国三十三ヶ所第30番札所の宝厳寺がある。　平20-改

□⑤ 国宝の金堂をはじめとする多くの堂舎が建ち並ぶ＿＿＿＿は、天智・天武・持統の三天皇の産湯に用いられたとされる霊泉（井戸）や、歌川広重が描いた錦絵による浮世絵風景画"近江八景"にも取り入れられた「晩鐘」でも知られる。　令2-改

□⑥ 京都府にある＿＿＿＿は、五穀豊穣・商売繁盛の神様として知られる宇迦之<ruby>御魂大神<rt>みたまのおおかみ</rt></ruby>を主祭神として祀り、千本鳥居と呼ばれる朱色の鳥居が林立する境内の光景が外国人観光客にも人気である。　平29

□⑦ 京都府を流れる＿＿＿＿川は、桂川の中流部に位置し、亀岡市から嵯峨嵐山までの約16kmの渓流では舟下りが楽しめる。　平27-改

□⑧ 京都三大祭のひとつである＿＿＿＿は、「山鉾巡行」「宵山」でも有名な八坂神社の祭礼で、毎年7月に開催される。　平24-改

□⑨ 藤原氏の氏神を祀る＿＿＿＿の境内には朱塗りの社殿や参道の灯籠、国宝・重要文化財を含む約3,000もの品々を収めた国宝殿、万葉集にちなんだ草花の見られる萬葉植物園などがある。　令2-改

□⑩ 懸造り（舞台造）の本堂と10mを超える観音立像で知られる奈良県の＿＿＿＿は、約7000株の牡丹の花が有名で、四季の草花の美しさから"花の御寺"とも呼ばれる。　平29-改

□⑪ 兵庫県北部に位置し、古くからの温泉地である＿＿＿＿温泉は、数多くの著名な文人が来訪し、特に志賀直哉の小説でも知られている。　平18-改

8 国内観光資源（4）近畿

□⑫ 1993年に日本で初めて世界遺産に登録された4件の一つである_____は、池田輝政が本格的な近世城郭に改修し、白漆喰で塗られた外観から「白鷺城」とも呼ばれている。 平22-改

□⑬ 兵庫県朝来市にある_____城跡は、山頂に築かれた山城の石垣が有名で、雲海に浮かぶさまから「天空の城」「日本のマチュピチュ」とも呼ばれている。 平26-改

□⑭ 瀬戸内海国立公園の東部に位置する_____島は、大鳴門橋と明石海峡大橋で四国と本州につながる島で、"花さじき"と呼ばれる県立公園からは明石海峡・大阪湾を背景に四季折々の花が楽しめる。 令3-改

□⑮ ユネスコの世界遺産の一部にもなっている_____は、飛瀧神社の御神体として崇められ、別名「三筋の滝」とも呼ばれる。 令3-改

□⑯ 和歌山・三重・奈良3県にまたがる熊野川支流の北山川の峡谷である_____は、和船による船下りが楽しめる。 平22

国内旅行実務

問題40　解答

●●●●●●●●●●●●●●●●●●●●●●●●●●

【三重県】① 伊賀上野　【滋賀県】② 彦根城　③ 信楽焼　④ 竹生　⑤ 三井寺（園城寺）【京都府】⑥ 伏見稲荷大社　⑦ 保津　⑧ 祇園祭　【奈良県】⑨ 春日大社　⑩ 長谷寺　【兵庫県】⑪ 城崎　⑫ 姫路城　⑬ 竹田　⑭ 淡路　【和歌山】⑮那智の滝　【和歌山県・奈良県・三重県】⑯ 瀞峡

327

8 国内観光資源（5）中国・四国

問題41　重要度 A　　　　　　　✓ □ □

□① ［　　　　］は標高約 900m の山の中腹に建つ天台宗の古刹で、切り立った絶壁の窪みに建てられた「投入堂」が国宝に指定されている。 平30-改

□② 中国地方の最高峰で別名 "伯耆富士" とも呼ばれる［　　　　］は、その名を冠したキャラボクの群生や天台宗の古刹があることでも知られる。 平27-改

□③ 弓浜（弓ヶ浜）半島の北端に位置し、漫画家・水木しげる氏の出身地として知られる［　　　　］市は、豊かな漁港があることから "さかなと鬼太郎のまち" とも呼ばれ、妖怪のブロンズ像で人気の水木しげるロードがある。 令2-改

□④ 美保湾に面した弓ヶ浜半島の東端にある［　　　　］温泉は、米子の奥座敷とも呼ばれている。 令5-改

□⑤ ［　　　　］美術館は島根県安来市に所在し、四季折々の美を表す日本庭園と横山大観など近代日本画のコレクションで知られている。 平16-改

□⑥ 武家屋敷や白壁の旧家が並び、山陰の小京都と呼ばれる小さな城下町である［　　　　］は、作家森鷗外の生地としても知られている。 平19-改

□⑦ 西ノ島、中ノ島、知夫里島、島後の4つの島と約180の小島で形成される［　　　　］諸島は、国賀海岸やローソク島などの海岸美や、後醍醐天皇の行在所跡などの史跡で知られている。 平29-改

□⑧ ［　　　　］は岡山藩主池田光政によって庶民教育のために創立された学校・学問所で、国宝の講堂をはじめ、多くの建造物が国の重要文化財に指定されている特別史跡である。 平28-改

□⑨ ［　　　　］は、瀬戸内しまなみ海道で本州・四国と結ばれ、西の日光と呼ばれる耕三寺、平山郁夫美術館などがある。 平11-改

□⑩ 毛利輝元により慶長9年（1604年）に築城された［　　　　］城は、指月山の麓に位置しその山名から、別称「指月城」と呼ばれていた。 平16-改

□⑪ 下関市の北部にあり、本州と対岸の島とをつなぐ［　　　　］大橋は、コバルトブルーの海の上に延びた1本の道にも見える景勝地で、CMや映画のロケにも使われた。 平30-改

□⑫ 鳴門市にある［　　　　］美術館は、日本最大級の常設展示スペースを有しており、古代壁画から現代絵画まで、約1,000点の世界の名画が、特殊技術によって陶板で原寸大に再現されている。 令5-改

8 国内観光資源（5）中国・四国

□⑬ 小豆島にある風光明媚な渓谷で、紅葉が美しいことでも知られる　　　　　は、瀬戸内海国立公園に属する景勝地として名高い。 平20-改

□⑭ 香川県に属する　　　　　はアートの島として知られ、建築家の安藤忠雄が設計した地中美術館などがある。 平28-改

□⑮ 長い石段の参道と海の神様を祀ったことで知られる　　　　　は、大門や書院、旭社などの建造物が点在するほか、参道沿いには土産物やさぬきうどんの店が並んでいる。 令3-改

□⑯ 西日本最高峰石鎚山南麓の渓谷である　　　　　は、そそりたつ奇岩、絶壁がさまざまな彩りをもち、石鎚国定公園の紅葉の名所である。 平22-改

□⑰ 不入山から発する　　　　　は"日本最後の清流"とも呼ばれ、下流域には、トンボ自然公園、佐田の沈下橋などの見どころがあるほか、伝統的な"川漁"も行われている。 令2-改

国内旅行実務

問題 41　解答

【鳥取県】① 三徳山三佛寺　② 大山　③ 境港　④ 皆生　【島根県】⑤ 足立　⑥ 津和野　⑦ 隠岐　【岡山県】⑧ 旧閑谷学校　【広島県】⑨ 生口島　【山口県】⑩ 萩⑪ 角島　【徳島県】⑫ 大塚国際　【香川県】⑬ 寒霞渓　⑭ 直島　⑮ 金刀比羅宮【愛媛県】⑯ 面河渓　【高知県】⑰ 四万十川

329

8 国内観光資源（6）九州・沖縄

問題 42　重要度 A　　　　　　　　　✓□□

□① 　　　　　市は、江戸時代、立花氏の城下町として発達し、ドンコ船による川下りや歌人北原白秋の故郷としても有名である。 平 26- 改

□② 国指定重要文化財の鉄道駅舎や三井物産のかつての社交倶楽部、旧税関などが建ち並ぶ　　　　　　は、明治時代から貿易で栄えた港町で、観光トロッコ列車「潮風号」も楽しめる観光地である。 令 4- 改

□③ 　　　　　市には、17世紀のオランダを再現したテーマパーク「ハウステンボス」があり、観光客にも人気の「ハンバーガー」があることで知られている。 平 24- 改

□④ 玄界灘に浮かび古くからアジア大陸と日本を結ぶ文化の中継地で、鎌倉時代の「元寇」の舞台にもなった壱岐は　　　　　　県に属している。 平 25- 改

□⑤ 長崎県に属する　　　　　　島は、日本と西洋の文化が重なる独特の景観「寺院と教会の見える風景」で知られ、松浦史料博物館、聖フランシスコ・ザビエルの名を冠したカトリック教会などがある。 平 28- 改

□⑥ 　　　　　列島は、美しいリアス海岸の風景で知られる福江島や中通島などの島々から成り、禁教時代に信仰を密かに継続した"潜伏キリシタン"の伝統を物語る集落や教会が世界文化遺産にも登録されている。 令 1- 改

□⑦ 　　　　　は、桃山式の回遊庭園であり、成趣園とも呼ばれる。東海道五十三次を模したとされる庭園には、湖に見立てた池が配され、ゆるやかな起伏の築山とともに、庭園美を楽しめる。 平 18

□⑧ 熊本市内と高千穂峡を結ぶ観光ルート上にあるアーチ型の　　　　　　は、日本最大規模の石造りの水路橋で、中央部から放水される様が有名である。 平 24- 改

□⑨ 人吉盆地を流れ八代市で八代海（不知火海）に注ぐ　　　　　　川は、清流コースや急流コースの川下りが楽しめる「日本三大急流」のひとつである。 平 25- 改

□⑩ 南側を別府湾、東側を伊予灘、瀬戸内海、北側を周防灘に囲まれた　　　　　　半島は、奈良時代から平安時代にかけて独自の仏教文化が栄えた地で、富貴寺や熊野磨崖仏などの見どころがある。 平 26- 改

8 国内観光資源（6）九州・沖縄

□⑪ 大分県北西部に位置する [　　　] は、岩石美・森林美・渓流美が調和する山国川の上・中流域の渓谷で、青ノ洞門や羅漢寺などの見どころがある。
平28-改

□⑫ 豆田町の古い商家の街並みや屋形船、2～3月の「おひなまつり」で知られる [　　　] は、かつて江戸幕府の「天領」として九州の政治・文化・経済の要衝を担った町である。平30-改

□⑬ [　　　] は、五ヶ瀬川の上流域沿いに断崖がそそり立つ峡谷で、付近には日本の滝百選のひとつである「真名井の滝」や神話にゆかりのある「鬼八の力石」などがある。平29-改

□⑭ 薩摩半島南端に位置する [　　　] は、霧島錦江湾国立公園内に所在し、別名「薩摩富士」とも呼ばれている。近くには池田湖、長崎鼻などの観光地がある。
平23-改

□⑮ [　　　] は、島津光久の代に別邸として構えたのが始まりであり、錦江湾を池に、桜島を築山に見立てた雄大な庭園である。別名「磯庭園」とも呼ばれる。
平16-改

□⑯ 南九州市にあり、特攻平和会館があることでも知られる [　　　] は、「薩摩の小京都」と呼ばれている。平24-改

□⑰ 薩摩半島の西海岸に位置する [　　　] は、約47kmも続く砂丘で、白砂青松の海浜をいかした県立の海浜公園や「砂の祭典」でも知られる海岸である。
令3-改

□⑱ [　　　] は、沖縄県の八重山群島に属し、県内では本島に次ぎ2番目に大きな島である。この島の名前を冠したヤマネコなど世界的にも貴重な動物が生息している。平20-改

□⑲ 沖縄本島最南端に位置する [　　　] 市は、平和祈念公園やひめゆりの塔などがあり、数多くの戦跡やグスクなどの史跡が点在している。令5-改

□⑳ [　　　] 島の北側の海域には"八重干瀬"と呼ばれる広大なサンゴ礁群が展開され、景勝地として東平安名崎などが知られる。令1-改

国内旅行実務

問題 42　解答

【福岡県】 ① 柳川　② 門司港レトロ　**【長崎県】** ③ 佐世保　④ 長崎　⑤ 平戸　⑥ 五島　**【熊本県】** ⑦ 水前寺公園　⑧ 通潤橋　⑨ 球磨　**【大分県】** ⑩ 国東　⑪ 耶馬渓　⑫ 日田　**【宮崎県】** ⑬ 高千穂峡　**【鹿児島県】** ⑭ 開聞岳　⑮ 仙巌園　⑯ 知覧　⑰ 吹上浜　**【沖縄県】** ⑱ 西表島　⑲ 糸満　⑳ 宮古

331

8 国内観光資源（7）世界遺産・ラムサール条約

問題 43　重要度 A　　✔ □ □

次の各設問について、それぞれの選択肢の中から答を1つ選びなさい。

□① 世界遺産条約に関して、その所在地との組み合わせのうち、正しいもののみをすべて選んでいるものはどれか。 平26-改

　　a．古都京都の文化財（文化遺産）　　　　　　—— 京都府・滋賀県
　　b．白川郷・五箇山の合掌造り集落（文化遺産）—— 富山県・長野県
　　c．屋久島（自然遺産）　　　　　　　　　　　—— 沖縄県
　　d．小笠原諸島（自然遺産）　　　　　　　　　—— 東京都

　　ア．a，b　　　　イ．a，d　　　　ウ．b，c　　　　エ．a，c，d

□② 世界文化遺産「古都奈良の文化財」に含まれる構成資産として、正しいもののみをすべて選んでいるものは、次のうちどれか。 平30

　　a．春日山原始林　　b．東大寺　　c．法隆寺　　d．薬師寺

　　ア．a，c　　　　イ．a，b，d　　　ウ．b，c，d　　　エ．a，b，c，d

□③ 世界遺産（文化遺産）の「日光の社寺」の構成資産について、東照宮のほかに登録されている社寺として、正しいもののみをすべて選んでいるものは、次のうちどれか。 平29

　〈構成資産〉　a．法起寺　　b．二荒山神社　　c．輪王寺　　d．賀茂別雷神社

　　ア．a，b　　　　イ．b，c　　　　ウ．a，b，c　　　エ．a，c，d

□④ 次の建造物のうち、世界遺産（文化遺産）の構成資産として登録されていないものはどれか。 平27

　　ア．出雲大社　　　　イ．毛越寺　　　　ウ．金剛峯寺　　　エ．富士山本宮浅間大社

□⑤ 推古天皇の摂政・厩戸皇子_{うまやどのおうじ}ゆかりの里で、世界最古の木造建築が残り1993年に日本で初めて世界遺産に登録されたのは、次のうちどれか。

　　平21

　　ア．古都京都の文化財　　　　　イ．古都奈良の文化財
　　ウ．法隆寺地域の仏教建造物　　エ．日光の社寺

□⑥ 世界最大級のブナ林が広がる世界自然遺産"白神山地"は2つの都道府県にまたがって登録されているが、その組み合わせとして正しいものはどれか。

　　平23-改

　　ア．青森県・秋田県　　　　　イ．青森県・岩手県
　　ウ．秋田県・岩手県　　　　　エ．秋田県・山形県

332

8 国内観光資源（7）世界遺産・ラムサール条約

□⑦ 世界文化遺産 "紀伊山地の霊場と参詣道" は3つの都道府県にまたがって登録されているが、その組み合わせとして正しいものはどれか。 平23

ア．大阪府・奈良県・和歌山県　　イ．大阪府・奈良県・三重県
ウ．大阪府・三重県・和歌山県　　エ．奈良県・三重県・和歌山県

□⑧ 世界文化遺産「ル・コルビュジエの建築作品－近代建築運動への顕著な貢献－」に含まれる建築物のうち、日本にある建築物として正しいものは、次のうちどれか。 令1

ア．旧岩崎邸庭園洋館　　　　イ．旧グラバー住宅
ウ．迎賓館赤坂離宮　　　　　エ．国立西洋美術館本館

□⑨ 世界文化遺産「明治日本の産業革命遺産　製鉄・製鋼、造船、石炭産業」に含まれる構成資産として正しいもののみをすべて選んでいるものは、次のうちどれか。 令4

a．旧グラバー住宅　　b．松下村塾　　c．高山社跡　　d．韮山反射炉
ア．a，b，c　　イ．a，b，d　　ウ．a，c，d　　エ．b，c，d

□⑩ 世界文化遺産「長崎と天草地方の潜伏キリシタン関連遺産」に含まれる構成資産として正しいもののみをすべて選んでいるものは、次のうちどれか。 令3

a．大浦天主堂　b．出島　c．原城跡　d．松浦史料博物館
ア．a，b　　イ．a，c　　ウ．b，c，d　　エ．a，b，c，d

□⑪ 2000年に世界遺産（文化遺産）に登録され、桜の名所として知られる沖縄本島の本部半島に位置する北山王の居城跡は、次のうちどれか。 平28

ア．中城城跡　　イ．勝連城跡　　ウ．座喜味城跡　　エ．今帰仁城跡

国内旅行実務

問題43　解答

①イ（bは岐阜県・富山県、cは鹿児島県）　②イ　③イ　④ア　⑤ウ　⑥ア　⑦
エ　⑧エ　⑨イ　⑩イ　⑪エ

333

8 国内観光資源（8）世界遺産・ラムサール条約

問題44　重要度 A　　　　　　　　　　　　　　✓ □ □

次の各設問について、それぞれの選択肢の中から答を1つ選びなさい。

□① "神宿る島" あるいは "海の正倉院" とも呼ばれ、2017年、新原・奴山古墳群などとともに、世界文化遺産に登録された宗像大社沖津宮のある島は、次のうちどれか。　平30

ア．青島　　　　　イ．壱岐島　　　　ウ．沖ノ島　　　　エ．平戸島

□② 日本の産業遺産として評価され、「田島弥平旧宅」や「荒船風穴」などが登録されている世界文化遺産は、次のうちどれか。　平30

ア．石見銀山遺跡とその文化的景観

イ．琉球王国のグスク及び関連遺産群

ウ．富岡製糸場と絹産業遺産群

エ．明治日本の産業革命 製鉄・製鋼、造船、石炭産業

□③ 世界文化遺産「平泉－仏国土（浄土）を表す建築・庭園及び考古学的遺跡群－」に含まれる構成資産として、正しいもののみをすべて選んでいるものは、次のうちどれか。　令2

a．中尊寺　　b．毛越寺　　c．観自在王院跡　　d．金鶏山

ア．a，c　　　　イ．b，d　　　　ウ．a，b，d　　　エ．a，b，c，d

□④ 世界文化遺産「紀伊山地の霊場と参詣道」に含まれる構成資産として正しいもののみをすべて選んでいるのは、次のうちどれか。　令2

a．吉野山　　b．金剛峯寺　　c．法起寺　　d．那智大滝

ア．a，c　　　　イ．b，d　　　　ウ．a，b，d　　　エ．a，b，c，d

□⑤ 世界文化遺産「富士山―信仰の対象と芸術の源泉」に関する次の記述のうち、誤っているものはどれか。　令4

ア．古くから信仰対象となった神聖な山であり、近世には江戸とその近郊を中心に「富士講」と呼ばれる富士山信仰が隆盛した。

イ．山中には修験道の聖地として名高い大峰山寺や、根本道場の金峯山寺がある。

ウ．構成資産には山中湖、河口湖など富士五湖のほか、海岸の三保松原も含まれている。

エ．全国の浅間神社の総本宮である富士山本宮浅間大社は構成資産の1つである。

8 国内観光資源（8）世界遺産・ラムサール条約

□⑥ 世界自然遺産「白神山地」に関する次の記述のうち、誤っているものはどれか。　令3

ア．1993年、日本で初の「世界自然遺産」に登録された。

イ．青森県南西部と岩手県北西部にまたがる約13万haの広大な山地帯で構成されている。

ウ．東アジア最大級のブナ天然林が分布し、クマゲラをはじめとした多様な動物が生息している。

エ．人気の散策コースのひとつに「暗門渓谷ルート」がある。

□⑦ 世界文化遺産「古都京都の文化財（京都市、宇治市、大津市）」に含まれる構成資産として正しいもののみをすべて選んでいるものは、次のうちどれか。
　令5

　a．平等院　　　b．教王護国寺（東寺）　　　c．延暦寺　　　d．仁和寺

　ア．a，b，c　　イ．a，b，d　　ウ．a，c，d　　エ．a，b，c，d

□⑧ 世界文化遺産「石見銀山遺跡とその文化的景観」に関する次の記述のうち、誤っているものはどれか。　令5

ア．世界文化遺産に登録されたのは2007年である。

イ．玉造温泉は構成資産のひとつであり、銀山とその周辺地域の支配における政治的中心地として活況を呈した。

ウ．構成資産には、19世紀における石見銀山の有力商人の社会的地位や生活の変遷を良好に示す町家建築の熊谷家住宅のほか、信仰関連遺跡である羅漢寺五百羅漢も含まれている。

エ．石見銀の採掘・精錬から運搬・積み出しに至る鉱山開発の総体を表す「銀鉱山跡と鉱山町」、「港と港町」、およびこれらをつなぐ「街道」から成っている。

問題44　解答

①ウ　②ウ　③エ　④ウ　⑤イ（大峰山寺、金峯山寺は「紀伊山地の霊場と参詣道」の構成資産）　⑥イ（青森県と秋田県にまたがる）　⑦エ　⑧イ（玉造温泉ではなく温泉津温泉を指す記述）

8 国内観光資源（9）世界遺産・ラムサール条約

問題 45　重要度 A　　　　　　✓ ☐ ☐

次の各設問について、それぞれの選択肢の中から答を1つ選びなさい。

☐① ラムサール条約の登録地「琵琶湖」に関する次の記述のうち、誤っている
　　ものはどれか。　令3

　　ア．滋賀県の面積の約6分の1を占める日本最大の淡水湖である。

　　イ．弁才天を祀る宝厳寺がある嫁ヶ島が浮かんでいる。

　　ウ．大津市の堅田と守山市の今浜を結ぶ琵琶湖大橋がかかっている。

　　エ．湖で採れた魚を使った郷土料理「ふなずし」は滋賀県の名産品として知
　　　　られている。

☐② ラムサール条約の登録地「宍道湖」に関する次の記述のうち、誤っている
　　ものはどれか。　令4

　　ア．日本で4番目に大きい約103km²に及ぶ面積の湖で、白鳥浜には多数の白
　　　　鳥が飛来する。

　　イ．海水が入り混じった汽水湖のため魚種が豊富で"宍道湖七珍"と呼ばれ
　　　　る湖の幸が名物料理となっている。

　　ウ．小泉八雲も愛したと言われる夕景の美しさで知られ「日本の夕陽百選」
　　　　にも選ばれている。

　　エ．湖には悲しい伝説の残る小島"嫁ヶ島"が浮かんでいる。

☐③ ラムサール条約の登録地「尾瀬」に関する次の記述のうち、誤っているも
　　のはどれか。　令5

　　ア．西側の尾瀬ヶ原、東側の尾瀬沼、燧ケ岳の北側の御池田代の湿原などか
　　　　らなる日本有数の高層湿原である。

　　イ．トンボ類をはじめ豊富な昆虫類や、季節により様々な花が見られるなど
　　　　湿原特有の動植物に恵まれた貴重な自然環境を持つ。

　　ウ．福島県の檜枝岐村、群馬県の片品村、新潟県の魚沼市にまたがって所在
　　　　している。

　　エ．日本のラムサール条約登録湿地 第1号であり、国の特別天然記念物の"タ
　　　　ンチョウ"などが生息する。

336

8 国内観光資源（9）世界遺産・ラムサール条約

□④ 次の中でラムサール条約（特に水鳥の生息地として国際的に重要な湿地に関する条約）に登録されているもののみをすべて選んでいるものは、次のうちどれか。 令2

a．伊豆沼・内沼　b．サロベツ原野　c．三方五湖　d．葛西海浜公園

ア．a，c　　　イ．b，d　　　ウ．a，b，d　　エ．a，b，c，d

問題45　**解答** •

①イ（琵琶湖に浮かぶのは竹生島）　②ア（福島県の猪苗代湖を指す記述）

③エ（北海道の釧路湿原を指す記述）　④エ

8 国内観光資源（10）国立公園

問題46　重要度 A　　　　　　　　　✓□□

次の各設問について、それぞれの選択肢の中から答を1つ選びなさい。

□① 海岸線は約250km、北部は"海のアルプス"とも呼ばれる壮大な断崖、南部は入り組んだ地形の優美なリアス海岸が特長で、代表的な観光地には、浄土ヶ浜や碁石海岸、金華山などがあげられる国立公園は、次のうちどれか。

　令2

ア．伊勢志摩国立公園　　　　　イ．山陰海岸国立公園
ウ．三陸復興国立公園　　　　　エ．大山隠岐国立公園

□② 父島、母島が観光や生活の中心で諸島の多くは無人島であるが、亜熱帯性の海洋島ならではの動植物や景観を活かした先進的なエコツーリズムが楽しめる国立公園は、次のうちどれか。　令1

ア．西表石垣国立公園　　　　　イ．小笠原国立公園
ウ．慶良間諸島国立公園　　　　エ．西海国立公園

□③ 国の特別天然記念物・マリモの生息地として知られる湖や、季節・天候・見る角度などの条件により湖面の色が変わるオンネトー、また、エゾシカの生息やアイヌ文化が体感できるアイヌコタンでも知られる国立公園は、次のうちどれか。　平30

ア．阿寒摩周国立公園　　　　　イ．支笏洞爺国立公園
ウ．知床国立公園　　　　　　　エ．大雪山国立公園

□④「中部山岳国立公園」の観光地について、その区域内にあるもののみをすべて選んでいるものは、次のうちどれか。　平27

〈観光地〉　a．上高地　　b．香嵐渓　　c．御岳昇仙峡　　d．立山
ア．a，b　　　　　イ．a，d　　　　ウ．a，c，d　エ．b，c，d

□⑤ 阿蘇くじゅう国立公園内にある観光地として、誤っているのは、次のうちどれか。　令2

ア．菊池渓谷　イ．宮之浦岳　ウ．草千里ヶ浜　エ．由布岳

□⑥ 大雪山国立公園内にある観光地として誤っているものは、次のうちどれか。

　令3

ア．然別湖　イ．定山渓温泉　ウ．層雲峡温泉　エ．天人峡

8 国内観光資源（10）国立公園

□⑦ 伊勢志摩国立公園内にある観光地として誤っているものは、次のうちどれか。 令4

　　ア．朝熊山　　　イ．賢島　　　　ウ．国賀海岸　　　　エ．二見浦

□⑧ 上信越高原国立公園内にある観光地として誤っているものは、次のうちどれか。 令4

　　ア．浅間山　　　イ．城島高原　　　ウ．地獄谷野猿公苑　　エ．四万温泉

□⑨ 秩父多摩甲斐国立公園内にある観光地として誤っているものは、次のうちどれか。 令5

　　ア．西沢渓谷　　イ．大菩薩峠　　　ウ．三峯神社　　　　エ．浅間山

□⑩「富士箱根伊豆国立公園」に関する次の記述のうち、誤っているものはどれか。 令1

　　ア．芦ノ湖は、この国立公園の見どころの一つである。

　　イ．鬼押出しは、この国立公園の見どころの一つである。

　　ウ．この国立公園には、伊豆諸島の島々も含まれる。

　　エ．この国立公園を形成するのは、東京都・神奈川県・山梨県・静岡県の1都3県である。

□⑪ 国立公園に関する次の記述のうち、誤っているものはどれか。 平29

　　ア．「足摺宇和海国立公園」は、四国南西部の海岸部と内陸部の山々からなる変化に富んだ景観が特長で、区域内には足摺岬や竜串などがある。

　　イ．「雲仙天草国立公園」は、湯けむり漂う火山景観と島々が連なる海洋景観が特長で、区域内には雲仙岳や高舞登山などがある。

　　ウ．「釧路湿原国立公園」は、日本の最東北端に位置し、火山活動や流氷などによって形成された険しく雄大な景観が特長で、区域内には羅臼岳やカムイワッカ湯の滝などがある。

　　エ．「やんばる国立公園」は、沖縄島北部に位置し、国内最大級の亜熱帯照葉樹林、石灰岩の海食崖やカルスト地形、マングローブ林、固有動植物・希少動植物が生息する多様な自然環境が特長で、区域内には茅打バンタや大石林山などがある。

問題 46　解答

①ウ　②イ　③ア　④イ　⑤イ　⑥イ　⑦ウ　⑧イ　⑨エ

⑩イ．鬼押出しは上信越高原国立公園に属する

⑪ウ．釧路湿原国立公園ではなく、知床国立公園に関する記述である

339

8 国内観光資源（11）複合

| 問題 47 | 重要度 Ａ 平30・令1・2・3・4・5 | ✔ □ □ |

次の各行程で、前後に最も近い観光地をそれぞれ１つ選んで□□□を埋め、モデルコースを完成させなさい。

□① 名古屋駅 ── □□□ ── 高山 ── 五箇山の合掌造り集落 ── 富山駅

  ア．北原白秋記念館　　　　　　　　イ．杉原千畝記念館

  ウ．漱石山房記念館　　　　　　　　エ．平山郁夫美術館

□② 博多駅 ── 熊本城 ── 球磨川下り ── □□□ ── 鹿児島駅

  ア．縮景園　　　イ．仙巌園　　　ウ．天赦園　　　エ．毛利氏庭園

□③ 新花巻駅 ── 遠野 ── 釜石 ── □□□ ── 宮古駅

  ア．浄土ヶ浜　　イ．龍飛崎　　　ウ．入道崎　　　エ．仏ヶ浦

□④ 那覇空港 ── 首里城公園 ── 座喜味城跡 ── □□□ ── 本部半島（泊）

  ア．万座毛　　　イ．玉泉洞　　　ウ．茅打バンタ　　エ．ひめゆりの塔

□⑤ 高松空港 ── □□□ ── 金刀比羅宮 ── 瀬戸大橋 ── 岡山駅

  ア．三溪園　　　イ．水前寺成趣園　ウ．毛利氏庭園　　エ．栗林公園

□⑥ 南紀白浜空港 ── アドベンチャーワールド ── □□□ ── 熊野那智大社 ── 紀伊勝浦駅

  ア．石廊崎　　　イ．潮岬　　　　ウ．大王崎　　　エ．室戸岬

□⑦ 郡山駅 ── 猪苗代湖 ── 鶴ヶ城 ── □□□ ── 芦ノ牧温泉（泊）

  ア．吾妻峡　　　イ．庄川峡　　　ウ．塔のへつり　　エ．長瀞

□⑧ 京都駅 ── 舞鶴 ── □□□ ── 玄武洞 ── 城崎温泉（泊）

  ア．天橋立　　　イ．蘇洞門　　　ウ．千里浜　　　エ．弓ヶ浜

□⑨ 新青森駅 ── □□□ ── 奥入瀬渓流 ── 十和田湖 ── 八戸駅

  ア．酸ヶ湯温泉　イ．層雲峡温泉　ウ．鳴子温泉　　エ．湯野浜温泉

□⑩ 米沢駅 ── 上杉神社 ── □□□ ── 最上峡 ── 庄内空港

  ア．岩室温泉　　イ．天童温泉　　ウ．乳頭温泉郷　エ．湯西川温泉

□⑪ 米原駅 ── 彦根城 ── □□□ ── 石山寺 ── 大津駅

  ア．信楽　　　　イ．九谷　　　　ウ．笠間　　　　エ．出石

□⑫ 熊本駅 ── 黒川温泉 ── 久住高原 ── □□□ ── 大分駅

  ア．岡城跡　　　イ．大洲城　　　ウ．原城跡　　　エ．丸岡城

□⑬ 釧路空港 ── 阿寒湖 ── □□□ ── 天都山 ── 女満別温泉（泊）

  ア．旭山動物園　　　　　　　　　　イ．博物館網走監獄

  ウ．北海道開拓の村　　　　　　　　エ．北方文化博物館

8 国内観光資源（11）複合

□⑭ 函館駅 ── 大沼 ── 洞爺湖 ── □□□ ── 新千歳空港

　ア．阿寒湖温泉　　イ．岩室温泉　　ウ．川湯温泉　　エ．登別温泉

□⑮ 新山口駅 ── 防府天満宮 ── □□□ ── 宮島 ── 広島駅

　ア．錦帯橋　　　　イ．後楽園　　　ウ．通潤橋　　　エ．天赦園

□⑯ 盛岡駅 ── つなぎ温泉 ── □□□ ── 角館 ── 秋田駅

　ア．榛名湖　　　　イ．十三湖　　　ウ．田沢湖　　　エ．十和田湖

□⑰ 那覇空港 ── 首里城公園 ── □□□ ── 沖縄美ら海水族館 ── 本部町(泊)

　ア．川平湾　　　　イ．風連鍾乳洞　ウ．マリュドゥ滝　エ．万座毛

□⑱ 倉敷駅 ── □□□ ── 金刀比羅宮 ── 津田の松原 ── 徳島阿波おどり空港

　ア．大鳴門橋　　　　　　　　　イ．関門橋

　ウ．瀬戸内しまなみ海道　　　　エ．瀬戸大橋

□⑲ 新潟駅 ── 瀬波温泉 ── □□□ ── あつみ温泉 ── 庄内空港

　ア．笹川流れ　　イ．蘇洞門　　　ウ．十三湖　　　エ．入道崎

□⑳ 旭川空港 ── 旭山動物園 ── サロベツ原生花園 ── □□□ ── 稚内空港

　ア．神威岬　　　　イ．宗谷岬　　　ウ．襟裳岬　　　エ．納沙布岬

□㉑ 長崎空港 ── ハウステンボス ── □□□ ── 太宰府天満宮 ── 博多駅

　ア．有福温泉　　　イ．指宿温泉　　ウ．人吉温泉　　エ．武雄温泉

□㉒ 富士山静岡空港 ── 浜名湖 ── □□□ ── 岡崎城 ── 名古屋駅

　ア．今宮戎神社　　イ．多賀大社　　ウ．豊川稲荷　　エ．日吉大社

□㉓ 郡山駅 ── 円谷英二ミュージアム ── □□□ ── 鶴ヶ城 ── 福島駅

　ア．大内宿　　　　イ．奈良井宿　　ウ．妻籠宿　　　エ．馬籠宿

□㉔ 河口湖駅 ── □□□ ── 白糸ノ滝 ── 富士山本宮浅間大社 ── 伊豆長岡温泉(泊)

　ア．御母衣湖　　　イ．清津峡　　　ウ．忍野八海　　エ．渋の地獄谷噴泉

□㉕ 紀伊勝浦駅 ── 那智の滝 ── □□□ ── 千畳敷 ── 白浜温泉（泊）

　ア．蘇洞門　　　　イ．橋杭岩　　　ウ．爪木崎　　　エ．竜串

□㉖ 門司駅 ── 松本清張記念館 ── □□□ ── 北原白秋生家 ── 山鹿温泉(泊)

　ア．太宰府天満宮　イ．鵜戸神宮　　ウ．霧島神宮　　エ．平安神宮

□㉗ 熊本駅 ── 大江天主堂 ── □□□ ── 雲仙地獄めぐり ── 長崎空港

　ア．原城跡　　　　イ．岡城跡　　　ウ．大洲城　　　エ．高取城跡

問題 47　解答

① イ　② イ　③ ア　④ ア　⑤ エ　⑥ イ　⑦ ウ　⑧ ア　⑨ ア　⑩ イ　⑪ ア
⑫ ア　⑬ イ　⑭ エ　⑮ ア　⑯ ウ　⑰ エ　⑱ エ　⑲ ア　⑳ イ　㉑ エ　㉒ ウ
㉓ ア　㉔ ウ　㉕ イ　㉖ ア　㉗ ア

国内旅行実務

341

8 国内観光資源（12）複合

問題 48　重要度 A　　　　　　　　✓ ☐ ☐

次の各設問について該当するものを、それぞれの選択肢から1つ選びなさい。

☐① 次の温泉と観光地の組み合わせのうち、その所在地がすべて同じ都道府県にあるものはどれか。　令3

　ア．浅虫温泉 ―― 岩木山 ―― 弘前城

　イ．奥津温泉 ―― 鷲羽山 ―― 金丸座

　ウ．杖立温泉 ―― 宮之浦岳 ―― 西都原古墳群

　エ．東山温泉 ―― 蔵王山 ―― 大内宿

☐② 次の美術館・記念館と観光地の組み合わせのうち、その所在地が同じ都道府県でないものはどれか。　令3

　ア．相田みつを美術館 ―― 湯島聖堂　　イ．渋沢栄一記念館 ―― 足利学校

　ウ．平山郁夫美術館 ―― 縮景園　　エ．手塚治虫記念館 ―― 玄武洞

☐③ 次の温泉と観光地の組み合わせのうち、その所在地がすべて同じ都道府県にあるものはどれか。　令1

　ア．芦原温泉 ―― 五箇山の合掌造り集落 ―― 東尋坊

　イ．鬼怒川温泉 ―― 足利学校 ―― 吹割の滝

　ウ．武雄温泉 ―― 吉野ヶ里遺跡 ―― 虹の松原

　エ．道後温泉 ―― 丸亀城 ―― 面河渓

☐④ 次の郷土料理・名物と観光地の組み合わせのうち、同じ都道府県でないものはどれか。　令1

　ア．かるかん ―― 旧集成館　　イ．きりたんぽ ―― 入道崎

　ウ．ままかり ―― 旧閑谷学校　　エ．めはりずし ―― 大宰府政庁跡

☐⑤ 次の温泉と観光地の組み合わせのうち、その所在地がすべて同じ都道府県にあるものはどれか。　令2

　ア．稲取温泉 ―― 浜名湖 ―― 妻籠宿

　イ．奥津温泉 ―― 宍道湖 ―― 津和野

　ウ．玉川温泉 ―― 田沢湖 ―― 角館

　エ．西浦温泉 ―― 御母衣湖 ―― 郡上八幡

8 国内観光資源（12）複合

□⑥ 次の公園・テーマパークと観光地の組み合わせのうち、その所在地が同じ
都道府県でないものはどれか。　令2

ア．国営ひたち海浜公園 ── 尾瀬　　　イ．東京ドイツ村 ── 養老渓谷
ウ．なばなの里　　　　　── 香落渓　　エ．栗林公園　　── 寒霞渓

□⑦ 次の郷土料理と観光地の組み合わせのうち、同じ都道府県でないものはど
れか。　令2

ア．讃岐うどん ── 大歩危・小歩危　　イ．ラフテー ── 茅打バンタ
ウ．ます寿し　── 称名滝　　　　　　エ．じぶ煮　── 白米千枚田

□⑧ 次の温泉と観光地の組み合わせのうち、その所在地がすべて同じ都道府県
にあるものはどれか。　令4

ア．作並温泉　　　── 　安比高原　　── 　五大堂
イ．白浜温泉　　　── 　養老の滝　　── 　道成寺
ウ．湯西川温泉　　── 　霧降高原　　── 　輪王寺
エ．蓮台寺温泉　　── 　石廊崎　　　── 　小田原城

□⑨ 次の名産品・郷土料理と観光地の組み合わせのうち、同じ都道府県でない
ものはどれか。

ア．せんべい汁　── 　川越　　イ．ひきずり　　── 　足助
ウ．かるかん　　── 　知覧　　エ．ほうとう　　── 　勝沼

□⑩ 祭り・行事と温泉の組み合わせのうち、開催場所と所在地が同じ都道府県
でないものはどれか。　令4・改

ア．竿燈まつり ── 後生掛温泉　　イ．天領日田おひなまつり ── 鈍川温泉
ウ．青柏祭　── 湯涌温泉　　　　エ．YOSAKOIソーラン祭り ── 朝里川温泉

□⑪ 次の郷土料理と観光地の組み合わせのうち、同じ都道府県でないものはど
れか。　令5

ア．しょっつる鍋 ── 碁石海岸　　イ．深川めし ── 秋川渓谷
ウ．柿の葉ずし　── 法起寺　　　エ．皿鉢料理 ── 室戸岬

□⑫ 祭り・行事と温泉の組み合わせのうち、開催場所と所在地が同じ都道府県
でないものはどれか。　令5

ア．花笠まつり　　── かみのやま温泉
イ．輪王寺強飯式　── 川治温泉
ウ．お水送り　　　── 宇奈月温泉
エ．長浜曳山まつり ── おごと温泉

国内旅行実務

343

□⑬ 次の名産品と観光地の組み合わせのうち、同じ都道府県であるものはどれか。 令5

ア．結城紬 ── 徳冨蘆花記念文学館　　イ．常滑焼 ── 本居宣長記念館

ウ．砥部焼 ── 内子座　　　　　　　　エ．芭蕉布 ── 飫肥城歴史資料館

□⑭ 次の温泉と観光地の組み合わせのうち、その所在地がすべて同じ都道府県にあるものはどれか。 令5

ア．遠刈田温泉 ── 金華山 ── 入道崎

イ．湯来温泉 ── 縮景園 ── 鞆の浦

ウ．平湯温泉 ── 恵那峡 ── 寝覚の床

エ．城崎温泉 ── 北野異人館 ── 天橋立

問題 48 解答

● ●

① ア．すべて青森県　イ．奥津温泉・鷲羽山（岡山県）－金丸座（香川県）　ウ．杖立温泉（熊本県）－宮之浦岳（鹿児島県）－西都原古墳群（宮崎県）　エ．東山温泉（福島県）－蔵王山（宮城県・山形県）－大内宿（福島県）　② イ．渋沢栄一記念館（埼玉県）－足利学校（栃木県）ア．東京都　ウ．広島県　エ．兵庫県　③ ウ．すべて佐賀県　ア．芦原温泉（福井県）－五箇山の合掌造り集落（富山県）－東尋坊（福井県）　イ．鬼怒川温泉・足利学校（栃木県）－吹割の滝（群馬県）　エ．道後温泉（愛媛県）－丸亀城（香川県）－面河渓（愛媛県）　④ エ．めはりずし（和歌山県）－大宰府政庁跡（福岡県）　ア．鹿児島県　イ．秋田県　ウ．岡山県　⑤ ウ．すべて秋田県　ア．稲取温泉・浜名湖（静岡県）－妻籠宿（長野県）　イ．奥津温泉（岡山県）－宍道湖・津和野（島根県）　エ．西浦温泉（愛知県）－御母衣湖・郡上八幡（岐阜県）　⑥ ア．国営ひたち海浜公園（茨城県）－尾瀬（群馬県・福島県・新潟県）　イ．千葉県　ウ．三重県　エ．香川県　⑦ ア．讃岐うどん（香川県）－大歩危・小歩危（徳島県）　イ．沖縄県　ウ．富山県　エ．石川県　⑧ ウ．すべて栃木県　ア．作並温泉（宮城県）－安比高原（岩手県）－五大堂（宮城県）　イ．白浜温泉（和歌山県）－養老の滝（岐阜県）－道成寺（和歌山県）　エ．蓮台寺温泉・石廊崎（静岡県）－小田原城（神奈川県）　⑨ ア．せんべい汁（青森県）－川越（埼玉県）　イ．愛知県　ウ．鹿児島県　エ．山梨県　⑩ イ．天領日田おひなまつり（大分県）－鈍川温泉（愛媛県）　ア．秋田県　ウ．石川県　エ．北海道　⑪ ア．しょっつる鍋（秋田県）－碁石海岸（岩手県）　イ．東京都　ウ．奈良県　エ．高知県　⑫ ウ．お水送り（福井県）－宇奈月温泉（富山県）　ア．山形県　イ．栃木県　エ．滋賀県　⑬ ウ．愛媛県　ア．結城紬（茨城県）－徳冨蘆花記念文学館（群馬県）　イ．常滑焼（愛知県）－本居宣長記念館（三重県）　エ．芭蕉布（沖縄県）－飫肥城歴史資料館（宮崎県）　⑭ イ．すべて広島県　ア．遠刈田温泉・金華山（宮城県）－入道崎（秋田県）　ウ．平湯温泉・恵那峡（岐阜県）－寝覚の床（長野県）　エ．城崎温泉・北野異人館（兵庫県）－天橋立（京都府）

8 国内観光資源（13）複合

問題 49　重要度 A　令3

次の文章を読み、以下の各設問について該当する答を、選択肢の中からそれぞれ1つ選びなさい（作問の都合上、各空港の愛称名における所在地は省略している。例：出雲縁結び空港 → 縁結び空港）。

　国内の空港には、地域の特徴を印象付け人々に親しまれやすくすることなどを目的として、ユニークな愛称をつけたものも多い。

　縁結びの神様で知られる (a) 出雲大社に近いことから "縁結び空港" の愛称を持つ出雲空港や、タンチョウの生息する地域にふさわしく "たんちょう空港" の愛称をもつ　A　空港など、地域を代表する観光資源を表した愛称も多い。

　他にも、地域にゆかりのある昔話にちなんだ (b) "桃太郎空港" や、この地域の方言で「新鮮な」を意味し地元の海産物をイメージさせる (c) "きときと空港"、地域の有名な祭りにちなんだ (d) "阿波おどり空港" など、ユニークな愛称は地域の観光資源を印象付けるのにも役立っている。

問1．下線（a）と同じ都道府県にある温泉地は、次のうちどれか。
　ア．三朝温泉　　イ．山代温泉　　ウ．温泉津温泉　　エ．湯の花温泉
問2．　A　に入る地名として最も適当なものは、次のうちどれか。
　ア．釧路　　　　イ．能登　　　　ウ．庄内　　　　　エ．但馬
問3．下線（b）と同じ都道府県で行われる代表的な祭りとして最も適当なものは、次のうちどれか。
　ア．お水取り（修二会）　　　イ．西大寺会陽
　ウ．山鹿灯籠まつり　　　　　エ．玉取祭（玉せせり）
問4．下線（c）と同じ都道府県の郷土料理として最も適当なものは、次のうちどれか。
　ア．三平汁　　　イ．いちご煮　　ウ．へぎそば　　　エ．ます寿し
問5．下線（d）と同じ都道府県にある景勝地は、次のうちどれか。
　ア．大歩危・小歩危　イ．桂浜　　ウ．蘇洞門　　　　エ．瀞峡

問題 49　解答

1．ウ（島根県）　2．ア（タンチョウの生息地として知られるのは北海道の釧路湿原）
3．イ（岡山県）　4．エ（富山県）　5．ア（徳島県）

8 国内観光資源（14）複合

問題 50 重要度 A 令4

次の文章を読み、以下の各設問について該当する答えを、選択肢の中からそれぞれ1つ選びなさい。

　山が多く水に恵まれた我が国には河川が多く、各地に"川下り""ライン下り""舟下り"などと呼ばれる河川を利用した観光資源が存在する。
　川下りには、急流のスリルを楽しむものや町中の水路から景色を楽しむものなど、さまざまなタイプがあるが、亀岡から(a)嵐山までの保津川を下る「保津川下り」は急流のスリルと渓谷美が人気。
　一方、砂鉄川沿いの奇岩で知られる「(b)猊鼻渓舟下り」では船頭が唄う"げいび追分"と共にゆっくりと景色を楽しめるほか、国の名勝・天然記念物に指定された名所であり"岩畳"で知られる荒川上流域の「　A　ライン下り（荒川ライン下り）」はコースによって急流も緩やかな流れも楽しめる。
　また、北原白秋のふるさと(c)柳川の「川下り」のように市内にめぐらされた堀割を舟で行き来するものや、水郷・(d)潮来の「十二橋めぐり」のように水路から街の景色を楽しむものなどもあり、さまざまな川下りは老若男女を問わず人気が高い。

問1．下線（a）のエリアに最も近く、世界文化遺産「古都京都の文化財（京都市・宇治市・大津市）」の構成資産の1つでもある社寺は、次のうちどれか。
　ア．清水寺　　　　イ．下鴨神社　　ウ．醍醐寺　　　エ．天龍寺

問2．下線（b）と同じ都道府県にある温泉は、次のうちどれか。
　ア．かみのやま温泉　イ．下部温泉　ウ．つなぎ温泉　エ．道後温泉

問3．　A　に入る観光地として最も適当なものは、次のうちどれか。
　ア．吾妻峡　　　　イ．長瀞　　　　ウ．寝覚の床　　エ．龍王峡

8 国内観光資源（14）複合

問4．下線（c）と同じ都道府県で行われる祭りとして最も適当なものは、次のうちどれか。

　ア．鷺舞　　　　　イ．唐津くんち　　　ウ．先帝祭　　　エ．玉取祭（玉せせり）

問5．下線（d）と同じ都道府県を代表する名物料理として最も適当なものは、次のうちどれか。

　ア．あんこう鍋　　　イ．きりたんぽ　　　ウ．ごり汁　　　エ．へぎそば

国内旅行実務

問題 50　　**解答**

1．エ（京都府）　2．ウ（岩手県）　3．イ（埼玉県）　4．エ（福岡県）　5．ア（茨城県）

347

8 国内観光資源（15）複合

問題51 重要度 **A** 令5 ✓□□

次の文章を読み、以下の各設問について該当する答を、選択肢の中からそれぞれ１つ選びなさい。

「城」は、天守など外観の美しさや、それぞれの城で趣向を凝らした塀や堀の造り、また、城にまつわる歴史などさまざまな魅力があり、多くの観光客を集めている。

ねぷたまつりの開催される地域にあり桜の名所として春には多くの観光客が訪れる公園のなかにある ＿＿A＿＿ や、月明かりに浮かび上がるその姿が琵琶湖八景の１つに数えられる（ a ）彦根城、北アルプスの山々を借景として堀に天守を映す（ b ）松本城は、歴史と自然が調和した地域を代表する観光資源として人気が高い。

他にも、1993年世界文化遺産に登録された（ c ）姫路城や、最上階の望楼から宍道湖が一望できる（ d ）松江城、内堀から天守にかけて積み重ねられた石垣が"扇の勾配"と呼ばれる特長的で見事な曲線を描く（ e ）丸亀城など、その景観とともに城の歴史や技術の高さなども人気の一因となっている。

問１． ＿＿A＿＿ に入る城として最も適当なものは、次のうちどれか。
　ア．松前城　　　　イ．中津城　　　ウ．弘前城　　　エ．白石城

問２．下線（ a ）と同じ都道府県の郷土料理・名産品として最も適当なものは、次のうちどれか。
　ア．小鯛のささ漬　　イ．ます寿し　　ウ．ままかり　　エ．鮒ずし

問３．下線（ b ）と同じ都道府県で行われる代表的な祭りとして最も適当なものは、次のうちどれか。
　ア．吉田の火祭り　　イ．御柱祭　　　ウ．黒船祭　　　エ．郡上おどり

348

8 国内観光資源（15）複合

問4．下線（c）と同じ都道府県の名産品として最も適当なものは、次のうちどれか。

　ア．出石焼　　　　　イ．益子焼　　　ウ．九谷焼　　　エ．赤膚焼

問5．下線（d）の別名は、次のうちどれか。

　ア．青葉城　　　　　イ．霞ヶ城　　　ウ．鯉城　　　　エ．千鳥城

問6．下線（e）と同じ都道府県にある景勝地は、次のうちどれか。

　ア．大歩危・小歩危　イ．寒霞渓　　　ウ．面河渓　　　エ．帝釈峡

国内旅行実務

問題 51　**解答**　●●●●●●●●●●●●●●●●●●●●●●●

1．ウ（青森県）　2．エ（滋賀県）　3．イ（長野県）　4．ア（兵庫県）
5．エ（島根県）　6．イ（香川県）

349

8 国内観光資源（16）複合

問題 52　重要度 A　令2　✔ ☐ ☐

次の文章を読み、以下の各設問について、該当する答えを選択肢の中からそれぞれ1つ選びなさい。

　川や海の自然に恵まれた我が国には数多くの橋が架けられているが、橋は生活に必要なインフラであると共に、景観の美しさや構造的特徴、その歴史などから、観光資源の1つにもなっている。

　淡路島と　A　を結ぶ明石海峡大橋は世界最長の吊り橋として知られる。また、コバルトブルーの海上に緩やかなカーブを描く（a）伊良部大橋は美しい景色が写真映えすると人気である。

　景観の他にも、石造りのアーチ水路橋で今も灌漑施設として利用されている（b）通潤橋、歌川広重の浮世絵にも描かれ両岸から四層のはねぎによって支えられている（c）猿橋、木造で五連のアーチを描く（d）錦帯橋などは、その景観と共に架橋の歴史や技術の高さなども人気の一因となっている。

問1.　A　に入る街として最も適当なものは、次のうちどれか。
　ア．神戸市　　　　　イ．姫路市　　　　　ウ．倉敷市　　　エ．尾道市
問2.　下線（a）と同じ都道府県にある史跡は、次のうちどれか。
　ア．西都原古墳群　　イ．大宰府政庁跡　　ウ．玉陵　　　　エ．吉野ヶ里遺跡
問3.　下線（b）と同じ都道府県で行われる代表的な祭りとして最も適当なものは、次のうちどれか。
　ア．金刀比羅宮例大祭　　　イ．山鹿灯籠まつり
　ウ．おはら祭　　　　　　　エ．唐津くんち
問4.　下線（c）と同じ都道府県にある温泉は、次のうちどれか。
　ア．石和温泉　　イ．宇奈月温泉　　　ウ．湯田中温泉　　　エ．和倉温泉
問5.　下線（d）と同じ都道府県にある城・城跡は、次のうちどれか。
　ア．高知城　　イ．島原城　　ウ．津山城（鶴山公園）　　エ．萩城跡（指月公園）

問題 52　解答

1.　ア（兵庫県）　2.　ウ（沖縄県）　3.　イ（熊本県）　4.　ア（山梨県）
5.　エ（山口県）

ユーキャンの国内旅行業務取扱管理者「過去問題集」

令和6年度
国内旅行業務取扱管理者試験

国内旅行業務取扱管理者試験の合格基準は、各科目それぞれで6割以上です。一度解いてみてわからなかった問題や、間違えてしまった問題は、解答解説をしっかりと読み、改めてテーマ別問題を解くなどして復習しましょう。

※令和6年度の試験からCBTになりました。問題は、試験実施団体が公開した出題例になります。

［CBTに挑戦！］

実際の試験はCBT方式で実施されます。

本書では、令和6年度国内本試験問題（出題例）がインターネット上で体験できる「CBT体験プログラム」がついています（詳細はP2をご確認ください）。

CBTに挑戦し、コンピューターで回答する試験形式にも慣れておきましょう！

旅行業法及びこれに基づく命令	100点/25問	
旅行業約款、運送約款及び宿泊約款	100点/25問	120分
国内旅行実務	100点/38問	

1 旅行業法及びこれに基づく命令

配点：問1～問25（4点×25問）

旅行業法及びこれに基づく命令に関する以下の設問について、該当する答を選択肢の中から選びなさい。

問1
次の記述のうち、法第1条「目的」に定められているものをすべて選びなさい。

ア．旅行業等を営む者の組織する団体の自由な活動の促進
イ．旅行の安全の確保
ウ．旅行業等を営む者を通じた訪日外国人旅行者の誘致と観光立国の促進
エ．旅行業等を営む者の業務の適正な運営の確保

問2
報酬を得て、次の行為を事業として行う場合、旅行業の登録を要しないものを1つ選びなさい。

ア．旅行に関する相談に応ずる行為
イ．イベント事業者が、イベントの入場券と他人が経営する貸切バスによる空港と会場間の送迎サービスをセットにした商品を旅行者に販売する行為
ウ．タクシー会社が、自ら所有するタクシーを用いて市内観光を目的とする日帰り旅行を旅行者に販売する行為
エ．ハイヤー会社が、自ら所有するハイヤーを使用した送迎サービスと他人が経営する船舶会社のクルーズ船によるディナークルーズをセットにした旅行プランを旅行者に販売する行為

問3

旅行業及び旅行業者代理業の登録に関する次の記述のうち、誤っているものを
1つ選びなさい。

ア．旅行業者代理業者の登録の有効期間は、登録の日から起算して5年であ
る。

イ．旅行業の登録の有効期間満了の後引き続き旅行業を営もうとする者で更
新登録の申請をしようとする者は、有効期間の満了の日の2月前までに更
新登録申請書を登録行政庁に提出する。

ウ．第1種旅行業の新規登録又は更新登録を受けようとする者は、氏名又は
商号若しくは名称及び住所並びに法人にあっては、その代表者の氏名を記
載した申請書を観光庁長官に提出しなければならない。

エ．第3種旅行業を営もうとする者は、主たる営業所の所在地を管轄する都
道府県知事に新規登録申請書を提出しなければならない。

問4

登録業務範囲に関する次の記述のうち、誤っているものを1つ選びなさい（い
ずれも旅行業務取扱管理者の選任要件は満たされているものとする。）。

ア．地域限定旅行業者は、本邦外の旅行に関する相談に応ずることはできな
い。

イ．第1種旅行業者は、本邦外の企画旅行（参加する旅行者の募集をするこ
とにより実施するものに限る。）を実施することができる。

ウ．第2種旅行業者は、本邦外の企画旅行（旅行者からの依頼により旅行に
関する計画を作成し、これにより実施するものに限る。）を実施すること
ができる。

エ．第3種旅行業者は、訪日外国人旅行者を対象とした本邦内の企画旅行（参
加する旅行者の募集をすることにより実施するものであって、一の企画旅
行ごとに一の拠点区域内において実施されるものに限る。）を実施するこ
とができる。

問 5

次の記述のうち、旅行業又は旅行業者代理業の登録の拒否事由に該当しないものを 1 つ選びなさい。

ア．申請前 5 年以内に旅行サービス手配業務に関し不正な行為をした者
イ．旅行業又は旅行業者代理業の登録を取り消され、その取消しの日から 4 年を経過した者
ウ．心身の故障により旅行業若しくは旅行業者代理業を適正に遂行することができない者として国土交通省令で定めるもの
エ．第 3 種旅行業を営もうとする者であって、その基準資産額が 300 万円であるもの

問 6

変更登録等に関する次の記述のうち、正しいものを 1 つ選びなさい。

ア．第 2 種旅行業者は、新たに、本邦外の企画旅行（参加する旅行者の募集をすることにより実施するものに限る。）を実施できるように業務の範囲を変更しようとするときは、主たる営業所の所在地を管轄する都道府県知事に登録事項変更届出書を提出しなければならない。
イ．第 3 種旅行業者は、主たる営業所の所在地が都道府県の区域を異にする所在地に変更があったときは、その日から 30 日以内に、変更後の主たる営業所の所在地を管轄する都道府県知事に登録事項変更届出書を提出しなければならない。
ウ．第 1 種旅行業者は、法人の場合、その代表者の氏名に変更があったときは、観光庁長官に変更登録申請書を提出しなければならない。
エ．地域限定旅行業者は、主たる営業所以外の営業所について、その所在地の変更があったときは、登録行政庁への変更の届出を要しない。

問7

営業保証金に関する次の記述のうち、誤っているものを1つ選びなさい。

ア．登録行政庁は、旅行業の登録をした場合において、登録の通知を受けた日から14日以内に旅行業者が法第7条第2項の届出をしないときは、その定める7日以上の期間内にその届出をすべき旨の催告をしなければならない。

イ．旅行業者は、営業保証金の供託をしたときは、供託物受入れの記載のある供託書の写しを添付して、その旨を登録行政庁に届け出た後でなければ、その事業を開始してはならない。

ウ．営業保証金の供託は、旅行業者の主たる営業所の最寄りの供託所に現金をもって供託しなければならない。

エ．旅行業者は、毎事業年度終了後において、その供託している営業保証金の額が所定の額に不足することとなるときは、その不足額を毎事業年度終了後において、その終了の日の翌日から100日以内に追加して供託しなければならない。

問8

法第11条の2「旅行業務取扱管理者の選任」に関する次の記述のうち、正しいものを1つ選びなさい。

ア．旅行業者等は、禁錮以上の刑に処せられ、その執行を終わった日から5年を経過していない者であっても、旅行業務取扱管理者試験に合格した者であれば、旅行業務取扱管理者として選任することができる。

イ．旅行業者等は、営業所で旅行業務を取り扱う者が1人である場合には、当該営業所については、旅行業務取扱管理者を選任しなくてもよい。

ウ．本邦外の手配旅行を取り扱う第3種旅行業者の営業所にあっては、総合旅行業務取扱管理者試験に合格した者を当該営業所の旅行業務取扱管理者として選任しなければならない。

エ．旅行業者等は、旅行業務に従事した経験が1年未満である者を、営業所の旅行業務取扱管理者として選任することはできない。

問9

次の記述のうち、旅行業務取扱管理者の職務として定められていないものを1つ選びなさい。

ア．法第7条の規定による営業保証金の供託に関する事項

イ．旅行に関する苦情の処理に関する事項

ウ．契約締結の年月日、契約の相手方その他の旅行者又は旅行に関するサービスを提供する者と締結した契約の内容に係る重要な事項についての明確な記録又は関係書類の保管に関する事項

エ．法第12条の10の規定による企画旅行の円滑な実施のための措置に関する事項

問10

旅行者から収受する旅行業務の取扱いの料金（企画旅行に係るものを除く。）に関する次の記述のうち、正しいものを1つ選びなさい。

ア．旅行業者は、旅行業務の取扱いの料金を変更したときは、その日から7日以内に、登録行政庁に変更届出書を提出しなければならない。

イ．旅行業者は、旅行業務の取扱いの料金をその営業所において旅行者が閲覧することができるように備え置かなければならない。

ウ．旅行業者代理業者は、事業の開始前に、旅行者から収受する旅行業務の取扱いの料金を自ら定めなければならない。

エ．旅行業務の取扱いの料金は、契約の種類及び内容に応じて定率、定額その他の方法により定められ、旅行者にとって明確でなければならない。

問11

旅行業約款に関する次の記述のうち、正しいものを1つ選びなさい。

ア．旅行業務の取扱いの料金その他の旅行者との取引に係る金銭の収受に関する事項は、旅行業約款の記載事項として定められていない。

イ．旅行業者は、旅行者と締結する旅行業務の取扱いに関する契約に関し、旅行業約款を定め、登録行政庁の認可を受けなければならない。

ウ．旅行業者は、観光庁長官及び消費者庁長官が定めて公示した標準旅行業約款と同一の旅行業約款を定めたときは、その旨を登録行政庁に届け出なければならない。

エ．保証社員である旅行業者は、その旅行業約款に記載した弁済業務保証金からの弁済限度額を変更しようとする場合、登録行政庁の認可を受けなければならない。

問 12

旅行業者等が旅行業務に関し旅行者と契約を締結しようとするときの取引条件の説明及び取引条件の説明をするときに交付する書面に関する次の記述のうち、誤っているものを1つ選びなさい。

ア．旅行業者等は、旅行者と企画旅行契約を締結しようとするときは、旅行の目的地を勘案して、旅行者が取得することが望ましい安全及び衛生に関する情報がある場合にあっては、その旨及び当該情報を書面に記載しなければならない。

イ．旅行業者等は、旅行者の承諾を得なくとも、取引条件の説明をするときに交付する国土交通省令・内閣府令で定める事項を記載した書面の交付に代えて、当該書面に記載すべき事項を国土交通省令・内閣府令で定める情報通信の技術を利用する方法で旅行者に対して提供することができる。

ウ．旅行業者は、旅行に関する相談に応ずる行為に係る旅行業務について契約を締結しようとする場合にあっては、旅行者が旅行業者に支払うべき対価及びその収受の方法並びにその対価によって提供を受けることができる旅行に関するサービスの内容を書面に記載しなければならない。

エ．旅行業者等は、対価と引換えに法第12条の5に規定するサービスの提供を受ける権利を表示した書面を交付する場合、旅行者に対し書面の交付を要しない。

問 13

次の記述のうち、旅行業者等が旅行者と企画旅行契約を締結したときに交付する書面の記載事項として定められているものをすべて選びなさい。

ア．旅行に参加する資格を定める場合にあっては、その旨及び当該資格

イ．旅程管理業務を行う者が同行しない場合にあっては、旅行地における企画者との連絡方法

ウ．契約締結の年月日

エ．旅行の目的地を勘案して、旅行者が取得することが望ましい安全及び衛生に関する情報がある場合にあっては、その旨及び当該情報

問 14

旅行業務取扱管理者の証明書の提示、外務員の証明書携帯等に関する次の記述のうち、正しいものを 1 つ選びなさい。

ア．旅行業務取扱管理者は、旅行者からの請求がなければ、旅行業務取扱管理者の証明書を提示することを要しない。

イ．旅行業者代理業者によって選任された旅行業務取扱管理者の証明書には、当該旅行業者代理業者の主たる営業所の所在地については、記載することを要しない。

ウ．外務員は、旅行者から請求があった場合に限り、外務員の証明書を提示しなければならない。

エ．外務員は、旅行者が悪意であったときも、その所属する旅行業者等に代わって、旅行者との旅行業務に関する取引についての一切の裁判外の行為を行う権限を有するものとみなされる。

問 15

次の記述のうち、企画旅行に参加する旅行者を募集するための広告の表示事項として定められているものを 1 つ選びなさい。

ア．企画旅行を実施する営業所の旅行業務取扱管理者の氏名

イ．責任及び免責に関する事項

ウ．旅行中の損害の補償に関する事項

エ．旅程管理業務を行う者の同行の有無

問16

標識に関する次の記述のうち、正しいものを１つ選びなさい。

ア．旅行業者代理業者は、標識に登録番号、登録年月日並びに登録の有効期
　　間を記載しなければならない。

イ．旅行業者等は、標識に当該旅行業者等が法人である場合にあっては、そ
　　の代表者の氏名及び選任した旅行業務取扱管理者の氏名を記載しなければ
　　ならない。

ウ．旅行業者等は、標識の受託取扱企画旅行の欄に取り扱っている企画旅行
　　の企画者が明確となるよう記載する。

エ．旅行業者代理業者は、その営業所において、所属旅行業者と同一の標識
　　を公衆に見やすいように掲示しなければならない。

問 17

企画旅行の円滑な実施のための措置に関する次の記述のうち、正しいものを 1 つ選びなさい。

ア．旅行業者は、旅行に関する計画に定めるサービスの旅行者への確実な提供を確保するために、旅行開始日の前日から起算してさかのぼって 20 日目に当たる日までに、必要な予約その他の措置を講じなければならない。

イ．旅行業者は、本邦内の旅行であって、契約の締結の前に旅行者に対し、旅行地において旅行に関する計画に定めるサービスの提供を受けるために必要な手続の実施その他の措置を講じない旨を説明し、かつ、当該旅行に関する計画に定めるサービスの提供を受ける権利を表示した書面を交付した場合は、旅行地において当該措置を講じることを要しない。

ウ．旅行業者は、本邦外の旅行にあっては、旅行に関する計画に定めるサービスの内容の変更を必要とする事由が生じた場合は、その原因が旅行業者の関与し得ないものである場合を除き、代替サービスの手配及び当該サービスの提供を受けるために必要な手続きの実施その他の措置を講じなければならない。

エ．旅行業者は、本邦内の旅行であって、契約の締結の前に旅行者に対し、旅行地において旅行に関する計画に定めるサービスの提供を受けるために必要な手続の実施その他の措置を講じない旨を説明した場合は、2 人以上の旅行者が同一の日程により行動することを要する区間における円滑な旅行の実施を確保するために必要な集合時刻、集合場所その他の事項に関する指示を行うことを要しない。

問 18

旅程管理業務を行う者に関する次の記述のうち、正しいものを 1 つ選びなさい。

ア．旅行業者は、禁錮以上の刑に処せられ、その執行を終わった日から 5 年を経過していない者を旅程管理業務を行う主任の者として選任することはできない。

イ．企画旅行に参加する旅行者に同行して、旅程管理業務を行う者として旅行業者によって選任される者が複数の場合は、当該同行する者のすべてが旅程管理業務を行う主任の者の資格要件を満たす者でなければならない。

ウ．国土交通省令で定める旅程管理業務に関する実務の経験とは、登録研修機関が実施する旅程管理研修の課程を修了した日の前後 3 年以内に 2 回以上の旅程管理業務に従事した経験をいう。

エ．本邦外の企画旅行に参加する旅行者に同行して旅程管理業務を行う主任の者に選任されるために必要な実務の経験には、本邦内の企画旅行に同行して旅程管理業務に従事した経験も含まれる。

問 19

法第 13 条「禁止行為」及び法第 14 条「名義利用等の禁止」に関する次の記述のうち、誤っているものを 1 つ選びなさい。

ア．旅行業者等は、営業の貸渡しその他いかなる方法をもってするかを問わず、旅行業又は旅行業者代理業を他人にその名において経営させてはならない。

イ．旅行業者等は、旅行業務に関し取引をする者に対し、その取引に関する重要な事項について、故意に事実を告げず、又は不実のことを告げる行為をしてはならない。

ウ．旅行業者等は、旅行者から収受する旅行業務の取扱いの料金については、旅行者から事前に承諾を得たとしても営業所において掲示した料金を超えて料金を収受してはならない。

エ．旅行業者等は、旅行業務に関し取引をした者に対し、その取引によって生じた債務の履行をいかなる場合も遅延する行為をしてはならない。

問 20

受託契約に関する次の記述のうち、誤っているものを1つ選びなさい。

ア．旅行業者は、複数の他の旅行業者と受託契約を締結することができる。

イ．第2種旅行業者は、地域限定旅行業者の受託旅行業者となることができる。

ウ．委託旅行業者及び受託旅行業者は、受託契約において、委託旅行業者を代理して企画旅行契約（参加する旅行者の募集をすることにより実施するものに限る。）を締結することができる受託旅行業者の営業所を定めておかなければならない。

エ．旅行業者代理業者は、所属旅行業者の事前の承諾があれば、自ら直接、他の旅行業者と受託契約を締結することができる。

問 21

旅行業者代理業者に関する次の記述のうち、正しいものを1つ選びなさい。

ア．旅行業者代理業を営もうとする者は、100万円以上の財産的基礎を有していなければ、新規登録を拒否される。

イ．旅行業者代理業者は、受託旅行業者代理業者として委託旅行業者を代理して企画旅行契約（参加する旅行者の募集をすることにより実施するものに限る。）を締結する場合を除き、所属旅行業者以外の旅行業者のために旅行業務を取り扱ってはならない。

ウ．旅行業者代理業者は、旅行業務に関し取引をしようとするときは、所属旅行業者の氏名又は名称を明示すれば、旅行業者代理業者である旨を取引の相手方に明示することを要しない。

エ．旅行業者代理業者は、所属旅行業者の承諾がある場合に限り、その行う営業が旅行業であるとの広告をすることができる。

問 22

法第 18 条の 3 「業務改善命令」に関する次の記述のうち、正しいものをすべて選びなさい。

ア．登録行政庁は、旅行業者に対し、旅行業約款を変更することを命ずることができる。

イ．登録行政庁は、旅行業者に対し、旅行者に生じた損害を賠償するために必要な金額を担保することができる保険契約を締結することを命ずることができる。

ウ．登録行政庁は、旅行業者に対し、旅行業務取扱管理者を解任することを命ずることができる。

エ．登録行政庁は、旅行業者に対し、国土交通省令で定める旅程管理のための措置を確実に実施することを命ずることができる。

問 23

法第 19 条「登録の取消し等」に関する次の記述のうち、正しいものをすべて選びなさい。

ア．登録行政庁は、旅行業者等が登録を受けてから 1 年以内に事業を開始せず、又は引き続き 1 年以上事業を行っていないと認めるときは、当該旅行業者等の登録を取り消すことができる。

イ．登録行政庁は、旅行業者が登録申請時に営業保証金を供託していなかったことが判明したときは、当該旅行業者に対し、6 月以内の期間を定めて業務の全部若しくは一部の停止を命じ、又は登録を取り消すことができる。

ウ．登録行政庁は、旅行業者等が旅行業法若しくは旅行業法に基づく命令又はこれらに基づく処分に違反したときは、当該旅行業者等に対し、6 月以内の期間を定めて業務の全部若しくは一部の停止を命じ、又は登録を取り消すことができる。

エ．登録行政庁は、旅行業者等が、登録当時、営業所ごとに法第 11 条の 2 の規定による旅行業務取扱管理者を確実に選任すると認められない者であったことが判明したときは、当該旅行業者等に対し、6 月以内の期間を定めて業務の全部若しくは一部の停止を命じ、又は登録を取り消すことができる。

問 24

旅行サービス手配業に関する次の記述のうち、誤っているものを 1 つ選びなさい。

ア．旅行サービス手配業務取扱管理者は、他の営業所の旅行サービス手配業務取扱管理者となることができない。

イ．旅行サービス手配業者は、旅行サービス手配業務を他人に委託する場合においては、他の旅行サービス手配業者以外の者に委託してはならない。

ウ．旅行サービス手配業者は、旅行サービス手配業務に関し取引をする者と旅行サービス手配業務に関し契約を締結したときは、国土交通省令で定める場合を除き、遅滞なく、旅行者に提供すべき旅行に関するサービスの内容その他の国土交通省令で定める事項を記載した書面を交付しなければならない。

エ．旅行業者は、旅行サービス手配業の登録を受けなくても、旅行サービス手配業務を行うことができる。

問 25

次の記述のうち、旅行業協会が適正かつ確実に実施しなければならない業務として定められているものを 1 つ選びなさい。

ア．旅行業務又は旅行サービス手配業務の取扱いに従事する者に対する研修

イ．旅行業務に関し社員である旅行業者若しくは当該旅行業者を所属旅行業者とする旅行業者代理業者又は旅行サービス手配業者と取引をした者に対し、その取引によって生じた債権に関し弁済をする業務

ウ．旅行業等を営む者の業務の適正な運営を確保するための旅行業者等又は旅行サービス手配業者に対する立入検査

エ．旅行業務又は旅行サービス手配業務の適切な運営を確保するための旅行業者等又は旅行サービス手配業者に対する会計監査

2 旅行業約款、運送約款及び宿泊約款

配点：問26〜問50（4点×25問）

標準旅行業約款に関する以下の設問について、該当する答を選択肢の中から選びなさい。

問 26
募集型企画旅行契約の部「適用範囲」「用語の定義」「手配代行者」に関する次の記述のうち、誤っているものを1つ選びなさい。

ア．「国内旅行」とは、本邦内のみの旅行をいい、「海外旅行」とは、本邦外の旅行のみをいう。

イ．旅行業者が旅行者との間で締結する契約において、約款に定めのない事項については、法令又は一般に確立された慣習による。

ウ．「カード利用日」とは、旅行者又は旅行業者が契約に基づく旅行代金等の支払又は払戻債務を履行すべき日をいう。

エ．旅行業者は、契約の履行に当たって、手配の全部又は一部を本邦内又は本邦外の他の旅行業者、手配を業として行う者その他の補助者に代行させることがある。

問 27

募集型企画旅行契約の部「旅行契約の内容」「契約の申込み」「電話等による予約」に関する次の記述のうち、誤っているものを1つ選びなさい。

ア．旅行業者は、旅行者から収受する申込金を、旅行代金又は取消料若しくは違約料の一部として取り扱う。

イ．旅行業者は、契約において、旅行者が旅行業者の定める旅行日程に従って、運送・宿泊機関等の提供する運送、宿泊その他の旅行に関するサービスの提供を受けることができるように、手配し、旅程を管理することを引き受ける。

ウ．旅行者が旅行の参加に際し、特別な配慮を必要とする旨を契約の申込時に申し出たときは、旅行業者は可能な範囲内でこれに応じ、この申出に基づき、旅行業者が旅行者のために講じた特別な措置に要する費用は、旅行者の負担とする。

エ．通信契約の申込みをしようとする旅行者から、旅行業者が定める期間内に会員番号等の通知があったときは、契約の締結の順位は、会員番号等の通知の順位による。

問 28

募集型企画旅行契約の部「契約締結の拒否」に関する次の記述のうち、誤っているものを1つ選びなさい。

ア．旅行業者は、応募旅行者数が募集予定数に達したときは、契約の締結に応じないことがある。

イ．旅行業者は、旅行者が他の旅行者に迷惑を及ぼし、又は団体行動の円滑な実施を妨げるおそれがあるときは、契約の締結に応じないことがある。

ウ．旅行業者は、業務上の都合があるとの理由のみによって、契約の締結を拒否することはできない。

エ．旅行業者は、旅行者が暴力団員、暴力団準構成員、暴力団関係者、暴力団関係企業又は総会屋等その他の反社会的勢力であると認められるときは、契約の締結に応じないことがある。

問 29

募集型企画旅行契約の部「契約の成立時期」「契約書面の交付」「確定書面」に
関する次の記述のうち、正しいものを1つ選びなさい。

ア．契約は、通信契約の場合を除き、旅行業者が契約の締結を承諾し、旅行
　者から旅行業者所定の申込書を受理した時に成立する。

イ．旅行業者は、契約の成立後、旅行者から求めがあった場合に限り、旅行
　者に、旅行日程、旅行サービスの内容、旅行代金その他の旅行条件及び旅
　行業者の責任に関する事項を記載した契約書面を交付する。

ウ．旅行業者は、確定書面を交付する場合において、手配状況の確認を希望
　する旅行者から問い合わせがあったときは、確定書面の交付前であっても、
　迅速かつ適切にこれに回答する。

エ．旅行業者は、確定書面を交付する場合において、旅行者から旅行開始日
　の前日から起算してさかのぼって7日目に当たる日以降に契約の申込みが
　なされた場合、宿泊を伴う国内旅行においては旅行開始日の前日までに、
　日帰りの国内旅行においては旅行開始日までに、確定書面を旅行者に交付
　しなければならない。

問 30

募集型企画旅行契約の部「契約内容の変更」「旅行代金の額の変更」に関する
次の記述のうち、正しいものをすべて選びなさい。

ア．旅行を実施するに当たり利用する運送機関について適用を受ける運賃・
料金が、著しい経済情勢の変化等により、旅行の募集の際に明示した時点
において有効なものとして公示されている適用運賃・料金に比べて、通常
想定される程度を大幅に超えて増額される場合においては、旅行業者は、
その増額される金額の範囲内で旅行代金の額を増加することができる。

イ．旅行業者は、運送・宿泊機関等の利用人員により旅行代金が異なる旨を
契約書面に記載した場合において、契約の成立後に旅行業者の責に帰すべ
き事由によらず当該利用人員が変更になったときは、契約書面に記載した
ところにより旅行代金の額を変更することがある。

ウ．宿泊機関が宿泊サービスの提供を行っているにもかかわらず、部屋の不
足が発生したことから、旅行業者が契約内容の一部を変更し、旅行の実施
に要する費用が増加した場合には、旅行業者は、当該旅行業者に過失がな
い場合に限り、その増加した費用の範囲内において旅行代金を増額するこ
とがある。

エ．旅行業者は、旅行業者の関与し得ない事由が生じた場合において、旅行
の安全かつ円滑な実施を図るためやむを得ず契約内容を変更するときは、
いかなる場合であっても旅行者にあらかじめ速やかに当該事由が関与し得
ないものである理由及び当該事由との因果関係を説明しなければならない。

371

問 31

募集型企画旅行契約の部「旅行者の解除権」に関する次の記述のうち、旅行者が旅行開始前に契約を解除するに当たって、取消料の支払いを要するものを1つ選びなさい（いずれも取消料の支払いを要する期間内の解除とする。）。

　ア．確定書面に記載されていたA旅館の過剰予約受付により当該旅館に宿泊できなくなったため、契約書面において利用予定の宿泊機関として限定して列挙されていたB旅館に変更になったとき。
　イ．旅行者が足を骨折して入院したため、旅行に参加できなくなったとき。
　ウ．旅行目的地において集中豪雨による洪水が発生し、旅行の安全かつ円滑な実施が不可能となったとき。
　エ．旅行業者が旅行者に対し確定書面を交付すべき場合において、所定の期日までに、確定書面を交付しなかったとき。

問 32

募集型企画旅行契約の部「旅行業者の解除権等－旅行開始前の解除」に関する次の記述のうち、旅行業者が旅行開始前に契約を解除できないものを1つ選びなさい（いずれも解除に係る旅行者への理由説明は行うものとする。）。

　ア．旅行者が旅行業者があらかじめ明示した性別、年齢、資格、技能その他の参加旅行者の条件を満たしていないことが判明したとき。
　イ．スキーを目的とする国内旅行における必要な降雪量等の旅行実施条件であって契約の締結の際に明示したものが成就しないおそれが極めて大きいとき。
　ウ．通信契約を締結した場合であって、旅行者の有するクレジットカードが無効になり、旅行代金等に係る債務の一部又は全部をカード会員規約に従って決済できなくなったとき。
　エ．1泊2日の国内旅行において、参加する旅行者の数が契約書面に記載した最少催行人員に達しなかったため、当該旅行を中止する旨を旅行開始日の前日から起算してさかのぼって13日目に当たる日に旅行者に通知したとき。

問 33

募集型企画旅行契約の部「旅行業者の解除権－旅行開始後の解除」に関する次の記述のうち、誤っているものを1つ選びなさい（いずれも解除に係る旅行者への理由説明は行うものとする。）。

ア．旅行業者は、旅行者に同行する添乗員が病気になったため、当該添乗員による旅程管理業務の遂行が不可能となったときは、契約の一部を解除することがある。

イ．旅行者が必要な介助者の不在により旅行の継続に耐えられないため、旅行業者が契約の一部を解除したときは、旅行業者と旅行者との間の契約関係は、将来に向かってのみ消滅する。この場合において、旅行者が既に提供を受けた旅行サービスに関する当該旅行業者の債務については、有効な弁済がなされたものとする。

ウ．旅行業者は、旅行地で発生した天災地変により契約の一部を解除した場合において、旅行代金のうち旅行者がいまだその提供を受けていない旅行サービスに係る部分に係る金額から、当該旅行サービスに対して取消料、違約料その他の既に支払い、又はこれから支払わなければならない費用に係る金額を差し引いたものを旅行者に払い戻す。

エ．旅行業者は、運送・宿泊機関等の旅行サービス提供の中止が生じた場合であって、旅行の継続が不可能となったときは、契約の一部を解除することがある。

問 34

募集型企画旅行契約の部「旅行代金の払戻し」に関する次の記述のうち、誤っているものを 1 つ選びなさい。

ア．旅行中における大地震の発生で、契約書面に記載のあった旅行終了日を前日に繰り上げ旅行日程を変更する措置を講じたため、旅行業者が契約の一部を解除した場合において、旅行代金が減額になったときは、通信契約を締結していた場合を除き、旅行業者は、変更された旅行終了日の翌日から起算して 30 日以内に当該減額した金額を払い戻す。

イ．旅行開始日の前日に、旅行者の都合による契約解除の申出があり、旅行者に払い戻すべき金額が生じたときは、通信契約を締結していた場合を除き、旅行業者は、当該金額を解除の翌日から起算して 7 日以内に払い戻す。

ウ．旅行業者は、通信契約が解除された場合において、旅行者に対し払い戻すべき金額が生じたときは、提携するクレジットカード会社のカード会員規約に従って、当該旅行者に対し当該金額を払い戻す。

エ．旅行開始前に、旅行業者の責に帰すべき事由により、契約書面に記載した旅行日程に従った旅行の実施が不可能となったことから、旅行者が契約を解除した場合において、旅行業者が既に収受している旅行代金の全額を約款に定める期日までに払い戻した場合であっても、旅行者が損害賠償請求権を行使することを妨げるものではない。

問 35

募集型企画旅行契約の部「旅程管理」「旅行業者の指示」「添乗員等の業務」「保護措置」に関する次の記述のうち、誤っているものをすべて選びなさい。

ア．旅行者は、旅行開始後旅行終了までの間において、団体で行動するときは、旅行を安全かつ円滑に実施するための旅行業者の指示に従わなければならない。

イ．旅行業者は、旅行中の旅行者が、疾病、傷害等により保護を要する状態にあると認めたときは、必要な措置を講ずることがある。この場合において、これが当該旅行業者の責に帰すべき事由によるものでなくとも、当該措置に要した費用は、当該旅行業者の負担とする。

ウ．旅行業者は、旅程管理の措置を講じたにもかかわらず契約内容を変更せざるを得ないときは代替サービスの手配を行うが、旅行サービスの内容を変更するときは、変更後の旅行サービスが当初の旅行サービスと同様のものとなるよう努めること等、契約内容の変更を最小限にとどめるよう努力する。

エ．旅行業者は、参加者が 30 人以上の当該旅行業者が企画・実施するすべての旅行に添乗員その他の者を同行させて旅程管理業務その他当該旅行に付随して旅行業者が必要と認める業務の全部又は一部を行わせなければならない。

問 36

募集型企画旅行契約の部「旅行業者の責任」「旅行者の責任」に関する次の記述のうち、正しいものを1つ選びなさい。

ア．旅行者は、旅行開始後において、契約書面に記載された旅行サービスを円滑に受領するため、万が一契約書面と異なる旅行サービスが提供されたと認識したときは、旅行終了後速やかにその旨を旅行業者に申し出なければならない。

イ．旅行業者は、契約の履行に当たって、旅行業者の過失により旅行者に損害（手荷物について生じた損害を除く。）を与えたときは、損害発生の翌日から起算して1年以内に当該旅行者から旅行業者に対して通知があったときに限り、その損害を賠償する。

ウ．契約の履行に当たって、旅行業者の手配代行者が故意又は過失により旅行者に損害を与えたときは、当該手配代行者がその損害を賠償する責に任じ、旅行業者は、その責に任じない。

エ．旅行業者は、契約の履行に当たって、旅行業者が過失により旅行者の手荷物に損害を与えたときは、国内旅行にあっては損害発生の翌日から起算して14日以内に旅行業者に対して通知があったときに限り、旅行者1名につき15万円を限度(旅行業者に故意又は重大な過失がある場合を除く。)として賠償する。

問 37

受注型企画旅行契約の部に関する次の記述のうち、誤っているものを1つ選び
なさい。

ア．旅行業者は、団体・グループ契約において、契約責任者が構成者に対し
　　て現に負い、又は将来負うことが予測される債務又は義務については、何
　　らの責任を負うものではない。

イ．「受注型企画旅行」とは、旅行業者が、旅行者からの依頼により、旅行
　　の目的地及び日程、旅行者が提供を受けることができる運送又は宿泊の
　　サービスの内容並びに旅行者が旅行業者に支払うべき旅行代金の額を定め
　　た旅行に関する計画を作成し、これにより実施する旅行をいう。

ウ．受注型企画旅行契約においては、旅行業者は、団体・グループ契約を締
　　結した場合のみ、旅程を管理する義務を負う。

エ．旅行業者は、契約の申込みをしようとする旅行者からの依頼があったと
　　きは、旅行業者の業務上の都合があるときを除き、当該依頼の内容に沿っ
　　て作成した旅行日程、旅行サービスの内容、旅行代金その他の旅行条件に
　　関する企画の内容を記載した企画書面を交付する。

問 38

受注型企画旅行契約の部に関する次の記述のうち、正しいものを１つ選びなさい。

ア．旅行業者は、企画書面において旅行代金の内訳として企画料金の金額を明示した場合は、契約書面に当該金額の明示を要しない。

イ．旅行業者は、契約において、旅行者が旅行業者の定める旅行日程に従って、旅行サービスの提供を受けることができるように、手配することのみを引き受ける。

ウ．旅行者は、旅行業者に対し、旅行日程、旅行サービスの内容その他の契約の内容を変更するよう求めることができる。この場合において、旅行業者は、可能な限り旅行者の求めに応じる。

エ．旅行業者が旅行代金の内訳として企画料金の金額を明示した企画書面を旅行者に交付した場合において、旅行者が当該書面に記載された企画の内容に関して、契約の申込みをしないときであっても、旅行者は、旅行業者に対し、当該企画料金に相当する金額を支払わなければならない。

問 39

募集型企画旅行契約の部及び受注型企画旅行契約の部「旅程保証」に関する次の記述のうち、誤っているものを1つ選びなさい（いずれも変更補償金を支払う場合に、その額は約款が定める支払いが必要な最低額を上回っているものとする。）。

ア．運送・宿泊機関等が当該旅行サービスの提供を行っているにもかかわらず、運送・宿泊機関等の座席、部屋その他の諸設備の不足が発生したことによって契約内容の重要な変更が生じた場合は、旅行業者は、旅行者に対して変更補償金を支払う。

イ．旅行業者は、契約書面に記載した宿泊機関の名称を変更した原因が、当該旅行業者が約款の規定に基づき手配を代行させた者の責任によるものであることが明らかな場合は、旅行者に変更補償金を支払わない。

ウ．旅行業者は、変更補償金を支払った後に、当該変更について旅行業者の損害賠償責任が発生することが明らかになった場合には、当該変更に係る変更補償金に加え損害賠償金も支払う。

エ．旅行業者が支払うべき変更補償金の額は、旅行者1名に対して1企画旅行につき旅行代金に15%以上の旅行業者が定める率を乗じた額をもって限度とする。

問 40

募集型企画旅行契約の部及び受注型企画旅行契約の部「旅程保証」に関する次の記述のうち、変更補償金の支払いを要するものを1つ選びなさい（いずれも変更補償金を支払う場合に、その額は約款が定める支払いが必要な最低額を上回っているものとする。）。

　ア．契約書面に利用航空会社として「A航空」と記載されていたが、旅行開始後「A航空」の利用予定便が欠航となったため、B航空に変更となったとき。

　イ．確定書面に「Aホテルの海の見えるスタンダードツインルームに宿泊」と記載されていたが、Aホテルの過剰予約受付のため、Aホテルの海の見えないスイートルームに変更になったとき。

　ウ．確定書面には、A美術館で「絵画鑑賞2時間」と記載されていたが、観光バスが交通事故に起因する渋滞に巻き込まれたことにより、実際には絵画鑑賞が1時間に変更となったとき。

　エ．確定書面には、「第2日目：A公園を散策」と記載されていたが、実際にはA公園の散策が第3日目に変更となったとき。

問 41

募集型企画旅行契約の部及び受注型企画旅行契約の部「特別補償」「特別補償規程」に関する次の記述のうち、正しいものを 1 つ選びなさい。

ア．旅行業者が補償金等を支払った場合でも、旅行者又はその法定相続人が旅行者の被った傷害について第三者に対して有する損害賠償請求権は、旅行業者に移転しない。

イ．旅行業者は、当該旅行業者に責任が生ずるか否かを問わず、旅行者が企画旅行参加中にその生命、身体に被った一定の損害について、当該旅行者の年齢の属する年齢区分に従った補償金及び見舞金を支払う。

ウ．事故により身体に傷害を被った旅行者に対し、旅行業者が所定の入院見舞金を支払った後に、当該旅行者が事故の直接の結果として、事故の日から 180 日以内に死亡した場合には、旅行業者は、当該旅行者の法定相続人に対し、死亡補償金から既に支払った入院見舞金の金額を控除した残額を支払う。

エ．A社の国内を目的地とする受注型企画旅行に参加した旅行者が、その自由行動中に別途の旅行代金を収受してA社が実施する募集型企画旅行に参加し、その参加中に事故で死亡した場合は、A社から当該旅行者の法定相続人に 3,000 万円の死亡補償金が支払われる。

381

問 42

募集型企画旅行契約の部及び受注型企画旅行契約の部「特別補償規程」に関する次の記述のうち、携帯品損害補償金の支払いの対象となるものを1つ選びなさい。

（注）携帯品損害補償金を支払う場合は、約款に定める支払いが必要な最低額を上回っているものとする。

ア．使用には支障がない程度の擦り傷がついてしまった、旅行者が所有する有名ブランドのスーツケース

イ．夕食を取ったレストランの化粧室に置き忘れた旅行者の指輪

ウ．国内旅行において、地震の発生に伴ってホテルから避難する際、混乱に巻き込まれたことにより壊れてしまった旅行者のスマートフォン

エ．闘争行為に巻き込まれたことに起因して、壊れてしまった旅行者の腕時計

問 43

手配旅行契約の部に関する次の記述のうち、誤っているものを 1 つ選びなさい。

ア．旅行者は、いつでも手配旅行契約の全部又は一部を解除することができる。

イ．旅行業者は、旅行サービスを手配するために、運送・宿泊機関等に対して支払った費用で旅行者の負担に帰すべきもの及び取扱料金が旅行代金として既に収受した金額に満たないときは、旅行終了後、速やかに旅行者にその差額を払い戻す。

ウ．旅行業者が善良な管理者の注意をもって宿泊サービスの手配をしたときは、手配旅行契約に基づく旅行業者の債務の履行は終了し、宿泊サービス提供機関が満員との事由によって契約を締結できなかった場合であっても、旅行業者が手配旅行契約の義務を果たしたときは、旅行者は、旅行業者に対し、旅行業者所定の旅行業務取扱料金を支払わなければならない。

エ．「手配旅行契約」とは、旅行業者が旅行者の委託により、旅行者のために代理、媒介又は取次をすること等により旅行者が運送・宿泊機関等の提供する運送、宿泊その他の旅行に関するサービスの提供を受けることができるように、手配し、旅程を管理することを引き受ける契約をいう。

問 44

手配旅行契約の部に関する次の記述のうち、正しいものを 1 つ選びなさい。

ア．旅行業者は、旅行開始前において、運送・宿泊機関等の運賃・料金の改
訂、為替相場の変動その他の事由により旅行代金の変動が生じた場合は、
当該旅行代金を変更することがある。この場合において、旅行代金の減少
は旅行業者に帰属する。

イ．旅行業者は、書面による特約をもって、申込金の支払いを受けることな
く、契約の締結の承諾のみにより契約を成立させることがある。

ウ．旅行業者は、旅行開始前に旅行者から契約の内容を変更するよう求めが
あったときは、可能な限りこれに応じるが、旅行開始後は応じない。

エ．旅行業者の責に帰すべき事由により旅行サービスの手配が不可能となり、
旅行者が契約を解除したときは、旅行業者は、旅行者が既に提供を受けた
旅行サービスの対価として、運送・宿泊機関等に対して既に支払い、又は
これから支払わなければならない費用及び旅行業務取扱料金を除いて、既
に収受した旅行代金を旅行者に払い戻す。

問 45

旅行相談契約の部に関する次の記述のうち、誤っているものを 1 つ選びなさい。

ア．旅行業者が相談料金を収受することを約して、旅行者の委託により、旅
行者が旅行の計画を作成するために必要な助言を行うことは、旅行相談契
約の業務に該当する。

イ．旅行業者は、業務上の都合を理由に、契約の締結を拒否することはでき
ない。

ウ．旅行業者は、契約の履行に当たって、旅行業者が故意又は過失により旅
行者に損害を与えたときは、その損害発生の翌日から起算して 6 月以内に
当該旅行業者に対して通知があったときに限り、その損害を賠償する責に
任じる。

エ．旅行業者が、旅行者から電話による旅行相談契約の申込みを受け付ける
場合、契約は、当該旅行業者が当該契約の締結を承諾した時に成立する。

問 46

一般貸切旅客自動車運送事業標準運送約款に関する次の記述のうち、誤っているものを1つ選びなさい。

ア．バス会社は、契約責任者から運送申込書の提出時に所定の運賃及び料金の20%以上の支払いがあったときには、特別の定めをしたときを除き、所定の事項を記載したバス会社所定の乗車券を発行し、これを契約責任者に交付する。

イ．バス会社が収受する運賃及び料金は、乗車時において地方運輸局長に届け出て実施しているものによる。

ウ．バス会社は、旅行業者が手配旅行の実施のため、バス会社に旅客の運送を申し込む場合には、当該旅行業者を契約責任者として運送契約を結ぶ。

エ．旅客は、バス会社の運転者、車掌その他の係員が運送の安全確保と車内秩序の維持のために行う職務上の指示に従わなければならない。

問 47

海上運送法第９条第３項の規定に基づく標準運送約款（フェリーを含む一般旅客定期航路事業に関する標準運送約款）に関する次の記述のうち、誤っているものを１つ選びなさい。

ア．フェリー会社は、乗船券の通用期間について、片道の乗船距離が100キロメートル以上200キロメートル未満の片道券にあっては、指定便に係るものを除き、発売当日を含めて４日間以上の期間を定めて、これを券面に記載する。

イ．旅客が乗船券を紛失したときは、フェリー会社は、改めて運賃及び料金を申し受け、これと引き換えに乗船券を発行し、その旨の証明書を発行する。ただし、旅客が乗船券を所持して乗船した事実が明白である場合には、この規定を適用しないことがある。

ウ．フェリー会社は、手回り品その他旅客の保管する物品の滅失又は損傷により生じた損害については、当該フェリー会社又はその使用人に故意又は過失があったことが証明された場合に限り、これを賠償する責任を負う。

エ．「旅客」とは、徒歩客及び自動車航送を行う場合にあっては、自動車航送に係る自動車の運転者、乗務員、乗客その他の乗車人をいう。

問 48

旅客鉄道会社（ＪＲ）の旅客営業規則に関する次の記述のうち、誤っているものを１つ選びなさい。

ア．旅客鉄道会社は、団体乗車券を発売する場合において、訪日観光団体に対しては、団体旅客が31人以上50人までのときはうち１人、51人以上のときは50人までごとに１人を加えた人員を無賃扱人員として旅客運賃を収受しない。

イ．「旅行開始」とは、旅客が旅行を開始する駅において、乗車券の改札を受けて入場することをいう。ただし、駅員無配置駅から旅客が乗車する場合は、その乗車することをいう。

ウ．旅客鉄道会社は、団体乗車券を発売する場合において、普通団体の行程中の列車の乗車駅における乗車日のいずれかが取扱期別の第２期に該当するときは、普通旅客運賃の第２期の割引率を全行程に対して適用する。

エ．「乗車券類」とは、乗車券、急行券、特別車両券、寝台券、コンパートメント券及び座席指定券をいう。

問 49

モデル宿泊約款に関する次の記述のうち、誤っているものを 1 つ選びなさい。

ア．ホテル（旅館）は、宿泊客がチェックインした後に、ホテル（旅館）が
　定める火災予防上必要な利用規則の禁止事項に従わないため、当該宿泊客
　との宿泊契約を解除したときは、宿泊客がいまだ提供を受けていない宿泊
　サービス等の料金は収受しない。

イ．ホテル（旅館）が宿泊客との間で締結する宿泊契約及びこれに関連する
　契約は、約款の定めるところによるものとし、約款に定めのない事項につ
　いては、法令等又は一般に確立された慣習によるものとする。

ウ．ホテル（旅館）は、宿泊客が連絡をしないで宿泊日当日の所定の時刻、
　又はあらかじめ明示された到着予定時刻を一定時間経過しても到着しない
　ときは、その宿泊契約は当該宿泊客により解除されたものとみなして処理
　することがある。

エ．宿泊客がホテル（旅館）の駐車場を利用する場合において、当該ホテル
　（旅館）が車両のキーを預かっているときに限り、ホテル（旅館）は車両
　の管理責任を負う。

問 50

国内旅客運送約款（全日本空輸）に関する次の記述のうち、誤っているものを
1 つ選びなさい。

ア．会社は、預入手荷物をその旅客の搭乗する航空機で運送するが、搭載量
　　の関係その他やむを得ない事由があるときは、当該手荷物の搭載可能な航
　　空機または他の輸送機関によって運送することがある。

イ．手荷物及び旅客が装着する物品の価額の合計が 15 万円を超える場合に
　　は、旅客はその価額を申告することができる。この場合には、会社は、従
　　価料金として、申告価額の 15 万円を超える部分について 1 万円毎に 10 円
　　を申し受ける。

ウ．会社は、非常脱出時における援助者の確保のため、満 18 歳未満の旅客
　　の非常口座席への着席を拒絶し、他の座席へ変更することができる。

エ．旅客が航空機に搭乗する日において有効な運送約款及びこれに基づいて
　　定められた規定は、当該旅客の運送に適用される。

389

3 国内旅行実務

- ・運送機関及び宿泊施設の利用料金その他の旅行業務に関連する料金：問51
  ～問61（配点4点×12問）
- ・旅行業務の取扱いに関する実務処理：問62～問84（配点2点×26問）

問51
貸切バスによる運送に関する以下の設問について、選択肢の中から答を1つ選びなさい。

次の行程で運行する大型車の貸切バス（本設問において、以下「大型バス」という。）の運賃・料金に関する次の記述のうち、正しいものはどれか。

（注1）「一般貸切旅客自動車運送事業標準運送約款」によるものとする。

（注2）大型バスの運賃・料金は、「一般貸切旅客自動車運送事業の運賃・料金の変更命令について（令和5年8月25日付 関東運輸局長公示）」によるものとする。

（注3）この利用に係る大型バスの運賃の割引はないものとする。

（注4）この大型バスは運転者1人で運行するものとする。

（注5）この大型バスに特殊車両割増料金の適用はないものとする。

＜行　程＞
　① この大型バスは2日にわたる運行で宿泊を伴う利用である。
　② この大型バスの運行行程は次のとおりである。
　　・ 1日目：出庫時刻は5時、走行時間は7時間、宿泊場所到着時刻は12時、走行距離は240キロ、宿泊場所到着から翌日の宿泊場所出発まで走行しない。
　　・ 2日目：宿泊場所出発時刻は8時、走行時間は8時間、帰庫時刻は16時、走行距離は250キロ。
　　・ 2日にわたる回送時間の合計は2時間である。
　　・ 2日にわたる回送距離の合計は40キロである。

ア．この大型バスの運賃は、「13 時間分の時間制運賃」と「450 キロ分のキ
　ロ制運賃」の合計額、料金は「1 時間分の深夜早朝運行料金」が必要であ
　る。

イ．この大型バスの運賃は、「19 時間分の時間制運賃」と「490 キロ分のキ
　ロ制運賃」の合計額、料金は「1 時間分の深夜早朝運行料金」が必要であ
　る。

ウ．この大型バスの運賃は、「15 時間分の時間制運賃」と「450 キロ分のキ
　ロ制運賃」の合計額、料金は「2 時間分の深夜早朝運行料金」が必要であ
　る。

エ．この大型バスの運賃は、「17 時間分の時間制運賃」と「490 キロ分のキ
　ロ制運賃」の合計額、料金は「2 時間分の深夜早朝運行料金」が必要であ
　る。

問 52

貸切バスによる運送に関する次の記述のうち、正しいものはどれか。

（注1）「一般貸切旅客自動車運送事業標準運送約款」によるものとする。

（注2）貸切バスの運賃・料金は、「一般貸切旅客自動車運送事業の運賃・料金の変更命令について（令和5年8月25日付 関東運輸局長公示）」によるものとする。

ア．配車日が9月1日、配車車両数が1台、1台あたりの所定の運賃及び料金の合計額が100,000円の運送契約において、契約責任者の都合により8月27日（配車日の5日前）に運送契約を解除したときの違約料は30,000円である。

　（注）消費税の計算は行わないものとする。

イ．配車日が9月1日、配車車両数が3台の運送契約において、8月18日（配車日の14日前）に1台の車両の減少を伴う運送契約の内容を変更したときの違約料は不要である。

　（注）「配車車両数の減少を伴う運送契約の内容の変更」は、契約責任者の都合によるものとし、契約責任者からの運送契約の内容の変更について、バス会社はその変更を承諾したものとする。

ウ．交替運転者配置料金は、バス会社が運行日の別により定めた交替運転者1人あたりの額を適用する。

エ．乗船時刻が8時、下船時刻が乗船当日の16時のフェリーボートで貸切バスを航送する場合、時間制運賃を計算するための航送時間の上限は6時間である。

　（注）このフェリーボートには貸切バスの旅客が乗船するものとする。

問 53

フェリーによる運送に関する次の記述のうち、正しいものを１つ選びなさい。

（注１）「海上運送法第９条第３項の規定に基づく標準運送約款（フェリーを含む一般旅客定期航路事業に関する標準運送約款）」によるものとする。

（注２）年齢は乗船日現在とする。

ア．指定制の座席ではない２等船室の旅客運賃が大人 1,000 円、小児 500 円のフェリーに、大人１人と４歳と３歳の小児の計３人が当該２等船室に乗船する場合、この乗船に係る運賃の合計額は 1,500 円である。

イ．750cc の自動二輪を運送する特殊手荷物運賃が 5,000 円、２等船室の旅客運賃が大人 1,000 円、１等船室の旅客運賃が大人 2,000 円のフェリーに、当該自動二輪１台と当該自動二輪の運送申込人１人が１等船室に乗船する場合、この乗船に係る運賃の合計額は 6,000 円である。

ウ．車長４ｍ以上５ｍ未満の自動車を運送する自動車航送運賃が 10,000 円、２等船室の旅客運賃が大人 1,000 円、１等船室の旅客運賃が大人 2,000 円のフェリーに、当該自動車１台と当該自動車の運転者１人が１等船室に乗船する場合、この乗船に係る運賃の合計額は 12,000 円である。

エ．旅客運賃 1,000 円、特別急行料金 1,000 円を収受する急行便が、当該急行便の所定の所要時間以内の時間でフェリー会社が定める時間以上遅延して到着した場合において、当該急行便の旅客が払戻しの請求をしたときは、フェリー会社は旅客運賃と特別急行料金の合計額の 2,000 円を払い戻す。

問 54

宿泊に関する次の記述のうち、資料に基づき、正しいものを 1 つ選びなさい。

（注）モデル宿泊約款によるものとする。

＜資　料＞

　この設問における宿泊施設は、以下のとおりに定めている。

　●旅館の場合

　　基本宿泊料：大人 1 人あたり 1 泊 2 食付 20,000 円

　　サービス料：15%

　　消費税：10%

　　入湯税：100 円（入湯税は 12 歳未満の者は課税免除としている。）

　　宿泊契約解除の通知を受けた日が宿泊日の 3 日前であるときの違約金の比

　　率：10%

　●ホテルの場合

　　基本宿泊料：トリプルルーム（定員 3 人） 1 室あたり 30,000 円

　　サービス料：10%

　　チェックイン：14：00

　　チェックアウト：10：00

　　宿泊契約解除の通知を受けた日が宿泊日の前々日であるときの違約金の比

　　率：20%

　　宿泊契約解除の通知を受けた日が宿泊日の前日であるときの違約金の比

　　率：30%

ア．このホテルのトリプルルームに、宿泊客と宿泊期間を2日とする宿泊契約が成立したときの申込金の限度は66,000円である。

（注）このホテルは、宿泊契約が成立したとき指定期日までに申込金の支払いを宿泊客に求めるものとする。

イ．この旅館に大人1人と大人に準じる食事と寝具等の提供を伴う11歳の小学生の子供1人の計2人が1泊するとき、この宿泊客が支払うべき宿泊料金等の総額は43,120円である。

（注）追加料金は発生していないものとする。

ウ．この旅館に大人1人が7月10日に1泊する宿泊契約を、宿泊客の都合により7月7日に解除したとき、この旅館は2,000円の違約金を申し受ける。

（注）宿泊客に違約金の支払義務がある宿泊契約とする。

エ．このホテルのトリプルルームをチェックアウト日の11：00まで使用したときの時間外の客室使用追加料金は7,500円である。

（注1）このホテルは時間外の客室の使用に応じたものとする。

（注2）時間外の客室使用追加料金を求めるにあたり、サービス料及び消費税の計算を行わないものとする。

問 55

旅客鉄道会社（ＪＲ）に関する以下の設問について、選択肢の中から答を１つ
選びなさい。

次の行程で大人１人が乗車するとき、片道普通旅客運賃の計算に関する次の記
述のうち、正しいものを選びなさい。
（注１）途中駅では、最初の列車の乗車日当日に乗り継ぐものとする。
（注２）乗車に必要な乗車券は途中下車しないものとして、最初の列車の乗
　　　　車前に購入するものとする。

＜行　　程＞

	山陽本線 （幹線）		智頭急行 （通過連絡運輸扱い）		因美線 （地方交通線）	
西明石駅	━━━━━━	上郡駅	━━━━━━	智頭駅	━━━━━━	鳥取駅

　　　　営業キロ 66.8 キロ　　　営業キロ 56.1 キロ　　　営業キロ 31.9 キロ
　　　　　　　　　　　　　　　　　　　　　　　　　　　　賃率換算キロ 35.1 キロ

ア．ＪＲ線の「66.8 キロ」の乗車距離による運賃額と、智頭急行の「56.1 キ
　　ロ」の乗車距離による運賃額と、ＪＲ線の「35.1 キロ」の乗車距離による
　　運賃額の合計額となる。
イ．ＪＲ線の「66.8 キロ＋ 31.9 キロ＝ 98.7 キロ」の乗車距離による運賃額と、
　　智頭急行の「56.1 キロ」の乗車距離による運賃額の合計額となる。
ウ．ＪＲ線の「66.8 キロ＋ 56.1 キロ＋ 31.9 キロ＝ 154.8 キロ」の乗車距離に
　　よる運賃額となる。
エ．ＪＲ線の「66.8 キロ＋ 35.1 キロ＝ 101.9 キロ」の乗車距離による運賃額
　　と、智頭急行の「56.1 キロ」の乗車距離による運賃額の合計額となる。

問 56

閑散期に次の行程で大人 1 人が乗車するとき、新幹線の特急料金とグリーン料金の組合せについて、資料に基づき、正しいものを選びなさい。

（注 1）新大阪駅では新幹線の改札口を出ないで「ひかり」に乗り継ぐものとする。

（注 2）この行程の乗車に必要な乗車券類は、最初の列車の乗車前に購入するものとする。

＜行　程＞

9 月 3 日（火）　閑散期

	「さくら」		「ひかり」	
岡山駅	━━━━━━━━━━	新大阪駅	━━━━━━━━━━	米原駅
	グリーン車		グリーン車	
	営業キロ 180.3 キロ		営業キロ 106.7 キロ	

＜資　料＞

■東海道・山陽新幹線〔ひかり〕〔こだま〕普通車指定席特急料金（通常期）

・岡山駅　－　新大阪駅　3,060 円

・岡山駅　－　米原駅　3,930 円

・新大阪駅　－　米原駅　3,060 円

■東海道・山陽新幹線のグリーン料金（〔のぞみ〕、〔ひかり〕・〔こだま〕共通）

・（営業キロ）　100 キロまで　1,300 円

・（営業キロ）～ 200 キロまで　2,800 円

・（営業キロ）～ 400 キロまで　4,190 円

ア．特急料金　　　　　3,930 円 － 530 円 ＝ 3,400 円

　　グリーン料金　　　4,190 円 － 200 円 ＝ 3,990 円

イ．特急料金　　　　　3,930 円 － 200 円 － 530 円 ＝ 3,200 円

　　グリーン料金　　　4,190 円

ウ．特急料金　　　　　3,060 円 ＋ 3,060 円 － 200 円 － 530 円 ＝ 5,390 円

　　グリーン料金　　　2,800 円 ＋ 2,800 円 ＝ 5,600 円

エ．特急料金　　　　　3,060 円 ＋ 3,060 円 － 530 円 ＝ 5,590 円

　　グリーン料金　　　2,800 円 ＋ 2,800 円 － 200 円 ＝ 5,400 円

問 57

次の経路による行程で旅客が乗車する場合について、各設問に該当する答を、それぞれの選択肢の中から1つ選びなさい。

（注1）この行程は同一方向に連続しており、後戻りはしていない。
（注2）この行程の乗車に必要な乗車券類は、最初の列車の乗車前に購入するものとする。
（注3）稲荷駅は京都市内の駅であり、京都市内の中心駅は京都駅である。

＜行　程＞
7月5日（金）　通常期

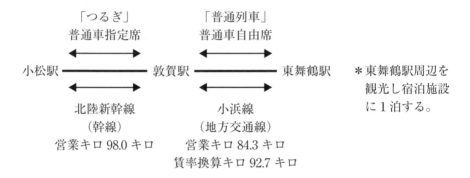

敦賀駅では改札口から出場して周辺を観光し、東舞鶴駅行きの普通列車に乗車する。

7月6日（土）　通常期

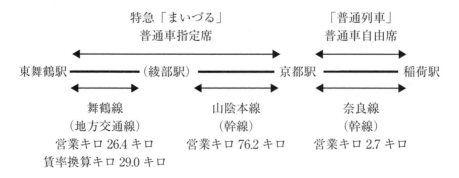

京都駅では改札口から出場しない。

① 大人1人がこの行程を乗車するために必要な乗車券に関する次の記述の
うち、正しいものはどれか。

　　ア．7月5日と7月6日の全乗車区間分として「98.0キロ + 92.7キロ +
　　　29.0キロ + 76.2キロ + 2.7キロ = 298.6キロ」の乗車距離による乗車券
　　　1枚が必要である。
　　イ．7月5日と7月6日の全乗車区間分として「98.0キロ + 92.7キロ +
　　　29.0キロ + 76.2キロ = 295.9キロ」の乗車距離による乗車券1枚が必要
　　　である。
　　ウ．7月5日の乗車分として「98.0キロ + 84.3キロ = 182.3キロ」の乗車
　　　距離による乗車券1枚、7月6日の乗車分として「26.4キロ + 76.2キ
　　　ロ = 102.6キロ」の乗車距離による乗車券1枚の計2枚の乗車券が必要
　　　である。
　　エ．7月5日の乗車分として「98.0キロ + 84.3キロ = 182.3キロ」の乗車
　　　距離による乗車券1枚、7月6日の乗車分として「26.4キロ + 76.2キ
　　　ロ + 2.7キロ = 105.3キロ」の乗車距離による乗車券1枚の計2枚の乗
　　　車券が必要である。

② 大人に同伴された5歳の幼児1人がこの行程を乗車するために必要な運
賃と料金に関する次の記述のうち、正しいものはどれか。
（注1）　5歳の幼児は一つの指定席を1人で利用するものとする。
（注2）　運賃・料金の計算にあたり適正に「は数処理」がなされているも
　　　　のとする。

　　ア．運賃は不要、「つるぎ」と「まいづる」の料金は大人と同額が必要で
　　　ある。
　　イ．運賃は大人の額の半額が必要、「つるぎ」と「まいづる」の料金は大
　　　人と同額が必要である。
　　ウ．運賃は大人の額の半額が必要、「つるぎ」と「まいづる」の料金は大
　　　人の額の半額が必要である。
　　エ．運賃は不要、「つるぎ」と「まいづる」の料金は大人の額の半額が必
　　　要である。

問 58

旅客鉄道会社（ＪＲ）に関する次の記述のうち、誤っているものはどれか。

ア．7月31日に始発駅を出発する新幹線の普通車指定席券は、7月1日午
　　前10時から発売される。

イ．東海道・山陽・九州・西九州新幹線の一部の列車について、タテ・ヨコ・
　　高さの合計が160センチメートルを超え250センチメートル以内の物品
　　（一部を除く。）を車内に持ち込む場合、特大荷物スペースとセットで発売
　　する座席の指定券を当該列車に乗車する前に購入したときは、追加の料金
　　は不要である。

ウ．新幹線の普通車指定席を利用する団体旅客が102人で構成される普通団
　　体の場合、99人分の運賃と特急料金が収受される。

エ．特急券とグリーン券を1枚で発行した指定券を、列車出発前日に払い戻
　　す場合の払いもどし手数料は、特急券の払いもどし手数料とグリーン券の
　　払いもどし手数料の合計額である。

400

問59

特急サンライズ出雲に乗車する場合において、この乗車に必要な運賃及び料金の組合せに関する次の記述のうち、正しいものはどれか。

（注）乗車に必要な乗車券類は、列車の乗車前に一括して購入するものとする。

ア．大人1人と12歳の小学生1人が、シングルデラックス（A寝台個室）に乗車して、1つの寝台を利用する場合に必要な運賃及び料金は、「1人分の大人運賃、1人分の大人特急料金と1人分の寝台料金」、「1人分の小児運賃と1人分の小児特急料金」である。

イ．大人2人が、シングルツイン（B寝台個室）に乗車して、補助ベッドを使用する場合に必要な運賃及び料金は、「2人分の大人運賃、2人分の大人特急料金と1人分の寝台料金」である。

ウ．大人1人と小学校入学前の6歳の幼児1人が、それぞれノビノビ座席（普通車指定席）を使用する場合に必要な運賃及び料金は、「1人分の大人運賃と1人分の大人指定席特急料金」、「1人分の小児運賃」である。

エ．大人1人、12歳の小学生1人、3歳の幼児1人の計3人の家族のうち、大人1人が1台の寝台（ソロ（B寝台個室））を、12歳の小学生1人と3歳の幼児1人が1台の寝台（ソロ（B寝台個室））を利用する場合に必要な運賃及び料金は、「1人分の大人運賃、1人分の大人特急料金と1人分の寝台料金」、「1人分の小児運賃、2人分の小児特急料金と1人分の寝台料金」である。

航空による運送に関する以下の設問について、選択肢の中から答を1つ選びな
さい。

問60
全日本空輸の国内線において、次の航空便を利用する場合における航空券購入
期限に関する記述のうち、正しいものはどれか。

＜利用する航空便＞
　令和6年8月25日　沖縄（那覇）空港（14：00発）＝＝　大阪（伊丹）
　空港（16：00着）ANA766便

ア．ANA SUPER VALUE 21（ANA スーパーバリュー21）を適用して、令
　和6年8月2日（搭乗日の23日前）に座席予約の申込みを行った。この
　場合の航空券購入期限は令和6年8月4日（搭乗日の21日前）である。
イ．ANA FLEX（ANA フレックス）を適用して、令和6年8月25日の
　11：00に座席予約の申込みを行った。この場合の航空券購入期限は座席
　予約日の同日の13：00である。
ウ．ANA VALUE 3（ANA バリュー3）を適用して、令和6年8月22日（搭
　乗日の3日前）に座席予約の申込みを行った。この場合の航空券購入期限
　は座席予約日と同日である。
エ．ANA VALUE PREMIUM 3（ANA バリュープレミアム3）を適用して、
　令和6年8月22日（搭乗日の3日前）に座席予約の申込みを行った。こ
　の場合の航空券購入期限は座席予約日と同日である。

問 61

全日本空輸の国内線利用に関する次の記述のうち、誤っているものはどれか。

ア．満 3 歳の小児は ANA FLEX（ANA フレックス）の対象旅客であり、小児ディスカウントの適用条件を満たすことにより ANA FLEX（ANA フレックス）の運賃額から 25％相当額がディスカウントされた額で利用できる。

（注）年齢は搭乗日現在とする。

イ．ANA SUPER VALUE 45（ANA スーパーバリュー45）は「空席待ち」ができない運賃である。

ウ．ANA SUPER VALUE 75（ANA スーパーバリュー75）を適用する座席予約の販売は、搭乗日 75 日前の 9 時 30 分から開始する。

エ．ANA VALUE 1（ANA バリュー 1）は往復ディスカウントの対象運賃であり、往復ディスカウントの適用条件を満たすことにより ANA VALUE 1（ANA バリュー 1）の運賃額から 5 ％相当額がディスカウントされた額で利用できる。

次の設問について、該当する答を選択肢の中から選びなさい。

問 62

西日本の最高峰（標高 1,982m）である天狗岳や弥山などの総称で、山頂からは瀬戸内海や土佐湾が望め、古くから山岳信仰でも知られる山を、1つ選びなさい。

　　ア．石鎚山　　イ．三瓶山　　ウ．宮之浦岳　　エ．鷲羽山

問 63

水戸藩第9代藩主徳川斉昭によって開園され、梅の名所として名高く、斉昭が自ら設計した "好文亭" でも知られる庭園を、1つ選びなさい。

　　ア．偕楽園　　イ．六義園　　ウ．縮景園　　エ．仙巌園

問 64

1938年に天然記念物に指定され、透明度の高い地底湖とコウモリの棲息でも知られる岩手県にある鍾乳洞を、1つ選びなさい。

　　ア．秋芳洞　　イ．龍泉洞　　ウ．玄武洞　　エ．玉泉洞

問 65

源義経が幼少期に牛若丸として修行した場所として伝えられており、霊宝殿には国宝の毘沙門天三尊像があることでも知られる寺を、1つ選びなさい。

　　ア．広隆寺　　イ．醍醐寺　　ウ．高山寺　　エ．鞍馬寺

問 66

知床八景のひとつとして知られ、水の流れが途中で 2 つに分かれている事から別名「双美の滝」とも呼ばれる滝を、1つ選びなさい。

　ア．アシリベツの滝　　　　　イ．インクラの滝
　ウ．オシンコシンの滝　　　　エ．マリユドゥの滝

問 67

2023 年に国宝に指定され、熊本市内と高千穂峡を結ぶ観光ルート上にあるアーチ型の石づくりの水道橋で、橋の中央部から放水される様でも有名な橋を、1つ選びなさい。

　ア．渡月橋　　　イ．錦帯橋　　　ウ．通潤橋　　　　エ．眼鏡橋

問 68

静岡県にある日本で初めて弥生時代の水田跡が確認された国指定の特別史跡を、1つ選びなさい。

　ア．登呂遺跡　　イ．大森貝塚　　ウ．西都原古墳群　　エ．岩宿遺跡

問 69
次の文章を読み、以下の各設問について該当する答を選択肢の中から選びなさい。

　古くから「交通の要衝」として栄えてきた土地では、旅人や商人が行き交うなかで、文化・経済等が発展し、今日においても当時の文化や伝統的町並みが脈々と受け継がれている土地が多く、観光地としても人気を集めている。

　海岸と内陸部を結ぶ物資や人の集散地として栄えた（　A　）は、柳田國男の作品で知られ、「民話のふるさと」として有名である。

　江戸時代に幕府直轄地「天領」として栄えた（a）日田では、300年以上の歴史がある「日田祇園の曳山行事」が開催され、絢爛豪華な山鉾が町を駆けめぐる姿は観光客に人気である。

　また、中山道と飯田街道の分岐点の宿場町として栄えた（b）妻籠宿は、日本で初めて重要伝統的建造物群保存地区に指定されたうちのひとつであり、江戸時代の面影が色濃く残る街並みは訪れる人々を魅了している。

　吉野川北岸の撫養街道と讃岐への街道が交差する交通の要衝として栄えた（c）脇町は、藍の商取引で富を築いた藍商人たちの重厚で堅牢な店構えの商家が立ち並び、「うだつの町並み」の通称で親しまれている。

①（　A　）に入る観光地として最も適当なものを、1つ選びなさい。

　ア．角館　　　　イ．遠野　　　　ウ．酒田　　　　エ．弘前

②下線（a）と同じ都道府県にある温泉を、1つ選びなさい。

　ア．原鶴温泉　　イ．霧島温泉　　ウ．小浜温泉　　エ．鉄輪温泉

③下線（b）と同じ都道府県で行われる代表的な祭り・行事として最も適当なものを、1つ選びなさい。

　　ア．お水送り　　イ．郡上おどり　　ウ．西大寺会陽　　エ．御柱祭

④下線（c）と同じ都道府県の郷土料理・名産品として最も適当なものを、1つ選びなさい。

　　ア．皿鉢料理　　イ．祖谷そば　　ウ．伊予さつま　　エ．ままかり

日本国内における世界遺産・ラムサール条約・国立公園に関する次の設問について、該当する答を選択肢の中から選びなさい。

問70
世界文化遺産「北海道・北東北の縄文遺跡群」に関する次の記述のうち、誤っているものを1つ選びなさい。

　　ア．国指定重要文化財である大型土偶が出土したことで知られる亀ヶ岡石器
　　　　時代遺跡は、構成資産の1つである。
　　イ．北海道・青森県・岩手県・秋田県に所在する17の構成資産からなる。
　　ウ．構成資産の1つである三内丸山遺跡は青森県八戸市に所在する。
　　エ．本資産は、北東アジアにおける農耕以前の人類の生活と、精緻で複雑な
　　　　精神文化を示す物証として顕著な普遍的価値を持っている。

問71
世界文化遺産「富士山－信仰の対象と芸術の源泉」に含まれる構成資産として、正しいものをすべて選びなさい。

　　ア．白糸ノ滝　　イ．河口湖　　　ウ．大菩薩峠　　　エ．三保松原

問 72

ラムサール条約の登録地「伊豆沼・内沼」に関する次の記述のうち、誤っているものを、1つ選びなさい。

ア．水生植物が繁茂する淡水湖で、ガンカモ類等の越冬地となっている。

イ．絶滅危惧種のコウノトリが繁殖する人工湿地「市立ハチゴロウの戸島湿地」など様々なタイプの湿地で形成されており、水田では環境創造型農業の「コウノトリ育む農法」に取り組む農家もある。

ウ．夏には水面をピンク色のハスの花が覆い、毎年、沼に船を浮かべてハスを観賞する「はすまつり」が行われる。

エ．沼で獲れるヌカエビを使用したエビ餅は、地域の伝統的な食文化である。

問 73

富士箱根伊豆国立公園内にある観光地として誤っているものを、1つ選びなさい。

ア．芦ノ湖　　イ．石廊崎　　ウ．天窓洞　　エ．御岳昇仙峡

問 74

最高峰の御前峰を中心とした山々に囲まれ、大小7つの火口湖を巡る「お池巡り」や落差約90mの百四丈滝、信仰の山としてかつての修行の道である「禅定道」が残ることで知られ、石川県、福井県、岐阜県、富山県の4県にまたがる国立公園を、1つ選びなさい。

ア．上信越高原国立公園　　　　イ．妙高戸隠連山国立公園
ウ．白山国立公園　　　　　　　エ．中部山岳国立公園

次の設問の行程について、前後に最も近い観光地を選択肢の中から１つ選んで
（　　　）を埋め、モデルコースを完成させなさい。

問 75

松山駅 ― 子規堂 ― （　　　） ― 金刀比羅宮 ― 高松駅

ア．琴弾公園　　イ．鳴門公園　　ウ．千光寺公園　　エ．傘松公園

問 76

日光駅 ― 日光東照宮 ― （　　　） ― 中禅寺湖 ― 奥日光湯元温泉

ア．いろは坂　　イ．八幡坂　　ウ．清水坂　　エ．田原坂

問 77

奈良駅 ― 興福寺 ― 東大寺・大仏殿 ― （　　　） ― 春日大社本殿
　― 奈良駅

ア．吉野山　　イ．高野山　　ウ．六甲山　　エ．若草山

問 78

新石垣空港 ― 米原ヤエヤマヤシ群落 ― （　　　） ― 唐人墓 ― 石
垣港

ア．宿毛湾　　イ．中城湾　　ウ．川平湾　　エ．大村湾

問 79

函館空港 ― （　　　） ― 昭和新山 ― 支笏湖 ― 新千歳空港

ア．阿寒湖　　イ．屈斜路湖　　ウ．大沼　　エ．サロマ湖

問 80

玉造温泉 ― 出雲大社 ― 宍道湖 ― （　　　） ― 皆生温泉

　　ア．大原美術館　　　イ．足立美術館
　　ウ．大塚国際美術館　　エ．地中美術館

次の設問の組合せについて、該当する答を選択肢の中から選びなさい。

問 81

次の観光地と郷土料理の組合せのうち、同じ都道府県でないものを１つ選びなさい。

　　ア．東尋坊　　　―　　しもつかれ
　　イ．秋月　　　　―　　がめ煮
　　ウ．帝釈峡　　　―　　かきめし
　　エ．笹川流れ　　―　　へぎそば

問 82

次の名産品と祭り・行事の組合せのうち、同じ都道府県であるものを１つ選びなさい。

　　ア．信楽焼　―　時代祭
　　イ．益子焼　―　三社祭
　　ウ．有田焼　―　玉取祭
　　エ．大谷焼　―　阿波おどり

問 83

次の温泉と観光地の組合せのうち、その所在地がすべて同じ都道府県にあるものを1つ選びなさい。

ア．宇奈月温泉 ― 雨晴海岸 ― 平泉寺白山神社
イ．嬉野温泉 ― 吉野ヶ里遺跡 ― 祐徳稲荷神社
ウ．銀山温泉 ― 致道館 ― 田沢湖
エ．新穂高温泉 ― 杉原千畝記念館 ― 野尻湖

問 84

次の温泉地の組合せのうち、すべて同じ都道府県にあるものを1つ選びなさい。

ア．秋保温泉 ― 作並温泉 ― 須川高原温泉
イ．伊香保温泉 ― 草津温泉 ― 昼神温泉
ウ．浅間温泉 ― 鹿教湯温泉 ― 湯田中温泉
エ．黒川温泉 ― 人吉温泉 ― 由布院温泉

· MEMO ·

· MEMO ·

MEMO

著者紹介

ユーキャン旅行業務取扱管理者試験研究会

本会は、ユーキャン旅行業務取扱管理者通信講座で、教材の制作や添削・質問指導、講義を行っている講師を中心に結成されました。徹底した過去問題の分析と、通信講座で蓄積したノウハウを活かし、わかりやすい書籍作りのために日々研究を重ねています。

● 西川 美保 （監修）

国内および総合旅行業務取扱管理者の両資格を保有。海外の地上手配や、国内および海外の個人・法人旅行の企画、営業、添乗業務など、旅行業界における豊富な経験と知識を活かし、受験指導の講師に転身。全科目にわたる緻密な出題傾向の分析と、受験生の立場に立ったわかりやすい講義に定評がある。現在は通信講座教材の執筆を手がけるほか、ユーキャンの指導部門において資格講座の運営や講師の指導・育成に携わっている。

●法改正・正誤等の情報につきましては、下記「ユーキャンの本」ウェブサイト内「追補（法改正・正誤）」をご覧ください。
https://www.u-can.co.jp/book/information

●本書の内容についてお気づきの点は
・「ユーキャンの本」ウェブサイト内「よくあるご質問」をご参照ください。
https://www.u-can.co.jp/book/faq
・郵送・FAX でのお問い合わせをご希望の方は、書名・発行年月日・お客様のお名前・ご住所・FAX 番号をお書き添えの上、下記までご連絡ください。
【郵送】〒 169-8682 東京都新宿北郵便局 郵便私書箱第 2005 号
　　　　ユーキャン学び出版 旅行業務取扱管理者資格書籍編集部
【FAX】03-3378-2232
◎より詳しい解説や解答方法についてのお問い合わせ、他社の書籍の記載内容等に関しては回答いたしかねます。

●お電話でのお問い合わせ・質問指導は行っておりません。

2025 年版 ユーキャンの国内旅行業務取扱管理者 過去問題集

2009 年 6 月 10 日 初　版 第 1 刷発行	著　者	西川美保
2025 年 4 月 18 日 第 17 版 第 1 刷発行	編　者	ユーキャン旅行業務取扱管理者試験研究会
	発行者	品川泰一
	発行所	株式会社 ユーキャン 学び出版
		〒 151-0053
		東京都渋谷区代々木 1-11-1
		Tel 03-3378-1400
	ＤＴＰ	有限会社 中央制作社
	発売元	株式会社 自由国民社
		〒 171-0033
		東京都豊島区高田 3-10-11
		Tel 03-6233-0781 （営業部）

印刷・製本　カワセ印刷株式会社

※落丁・乱丁その他不良の品がありましたらお取り替えいたします。お買い求めの書店か自由国民社営業部（Tel 03-6233-0781）へお申し出ください。

© U-CAN, Inc. 2025　Printed in Japan　ISBN 978-4-426-61625-0

本書の全部または一部を無断で複写複製（コピー）することは、著作権法上の例外を除き、禁じられています。

ユーキャンの国内旅行業務取扱管理者

過去問題集

令和6年度
国内旅行業務取扱管理者試験
解答・解説

令和6年度 国内旅行業務取扱管理者試験　解答一覧

① 旅行業法及びこれに基づく命令 （各4点）

1	2	3	4	5	6	7	8	9	10	11	12	13
イ・エ	ウ	ア	ア	エ	イ	ウ	ウ	ア	エ	イ	イ	ア・イ・ウ・エ

14	15	16	17	18	19	20	21	22	23	24	25
ア	エ	ウ	イ	ア	エ	エ	イ	ア・イ・ウ・エ	ア・ウ・エ	イ	ア

② 旅行業約款、運送約款及び宿泊約款 （各4点）

26	27	28	29	30	31	32	33	34	35	36	37	38	39
ア	エ	ウ	ウ	ア・イ	イ	エ	ア	ア	イ・エ	エ	ウ	ウ	ウ

40	41	42	43	44	45	46	47	48	49	50
イ	ア	エ	エ	イ	イ	ウ	ア	ア	エ	ウ

③ 国内旅行実務 （51.～61.＝各4点、62.～84.＝各2点）

【運送機関及び宿泊施設の利用料金その他の旅行業務に関連する料金】

51	52	53	54	55	56	57 ①	57 ②	58	59	60	61
イ	ア	ア	ウ	エ	イ	イ	ウ	エ	ア	エ	ウ

【旅行業務の取扱いに関する実務処理】

62	63	64	65	66	67	68	69 ①	69 ②	69 ③	69 ④
ア	ア	イ	エ	ウ	ウ	ア	イ	エ	エ	イ

70	71	72	73	74	75	76	77	78	79	80
ウ	ア・イ・エ	イ	エ	ウ	ア	ア	エ	ウ	ウ	イ

81	82	83	84
ア	エ	イ	ウ

1 旅行業法及びこれに基づく命令

問1 正解 イ エ

イとエは法第1条に定められているが、ア、ウは定められていない。したがって、イ、エを選ぶのが正解である。

問2 正解 ウ

ア. **登録が必要。**旅行者からの"旅行に関する相談に応ずる行為"は、これを単独で行うときでも旅行業に該当するので旅行業の登録が必要である。

イ. **登録が必要。**"他人が経営する貸切バスによる……送迎サービスをセットにした商品を旅行者に販売する"とあり、他人の経営する運送サービスの手配を含む商品を販売しているので旅行業の登録が必要である。

ウ. **登録は不要。**"自ら所有するタクシーを用いて……日帰り旅行を旅行者に販売する"とあり、他人の経営する運送・宿泊サービスの手配は一切行っていない（運送事業者がその事業の範囲内のサービスを提供しているにすぎない）ので、旅行業の登録は不要である。

エ. **登録が必要。**ハイヤー会社が自ら所有するハイヤーを使用して運送サービスを提供する行為は旅行業に該当しないが、"他人が経営する船舶会社のクルーズ船によるディナークルーズをセットにした旅行プランを旅行者に販売する"とあり、他人の経営する運送サービスの手配を含む商品を販売しているので旅行業の登録が必要である。

問3 正解 ア

ア. **誤り。**旅行業者代理業の登録には有効期間の定めがない。有効期間を5年とするのは旅行業の登録である。

イ. **正しい。**記述のとおり。旅行業者が更新登録の申請をしようとするときは、有効期間満了日の2か月前までに、登録行政庁に対し更新登録申請書を提出しなければならない。

ウ. **正しい。**記述のとおり。第1種旅行業に関する新規登録または更新登録の申請は、観光庁長官に登録申請書を提出することにより行う。本肢にある"氏名又は商号若しくは名称及び住所並びに法人にあっては、その代表者の氏名"は、いずれも登録申請書に記載すべき事項（登録事項）である。

エ. **正しい。**第3種旅行業を営もうとするときの新規登録の申請は、その主たる営業所の所在地を管轄する都道府県知事に新規登録申請書を提出することにより行う。

問4 正解 ア

旅行業の登録業務範囲については、テーマ別問題 P35（問題15の解説）参照。

ア. **誤り。**地域限定旅行業者は、旅行者からの海外旅行に関する相談に応ずることができる。地域限定旅行業の場合、募集型・受注型企画旅行の実施、手配旅行の取扱いについては、その範囲が拠点区域内で実施するもの（拠点区域内のサービス）に限られているが、旅行相談および受託契約に基づく代理販売（受託販売）については、国内・海外を問わず取り扱うことができる。

イ. **正しい。**"本邦外の企画旅行（参加する旅行者の募集をすることにより実施するもの

に限る。)"とあるのは、海外の募集型企画旅行を指している。第1種旅行業者は、海外の募集型企画旅行の実施を含むすべての旅行を取り扱うことができる。なお、海外の募集型企画旅行を実施できるのは第1種旅行業者のみである。

ウ. **正しい。**"本邦外の企画旅行（旅行者からの依頼により旅行に関する計画を作成し、これにより実施するものに限る。)"とあるのは、海外の受注型企画旅行を指している。第2種旅行業者は、海外の受注型企画旅行を実施することができる。

エ. **正しい。**第3種旅行業者は、拠点区域内で実施するものに限り、国内の募集型企画旅行を実施することができる。**参加する旅行者の国籍による違いはない。**

問5 正解 エ

登録の拒否事由については、テーマ別問題 P94 の「ポイント整理」参照。

アは④に、イは①に、ウは⑥の a に該当するので、いずれも旅行業または旅行業者代理業の登録の拒否事由に該当する。

エ. **該当しない。**「ポイント整理」の⑩参照。旅行業を営もうとする者には、旅行業を遂行するために必要とされる一定の**財産的基礎（基準資産額）**が求められる。**第3種旅行業に必要な基準資産額は 300 万円以上（300 万円ちょうどを含む）である。**本肢には"その基準資産額が 300 万円"とあるので、第3種旅行業の登録の拒否事由には該当しない。

問6 正解 イ

ア. **誤り。**"新たに、本邦外の企画旅行（参加する旅行者の募集を……）を実施できるように業務の範囲を変更しようとするとき"とあるので、本肢は**第1種旅行業への登録業務範囲の変更（変更登録の申請）**について述べている。

旅行業者が登録業務範囲を変更しようとするときは、変更後の（これから変更しようとする）業務の範囲を基準として、所定の登録行政庁（第1種旅行業へ変更しようとするときは、観光庁長官）に変更登録申請書を提出しなければならない。したがって"都道府県知事に登録事項変更届出書を提出しなければならない"とする本肢の記述は誤りである。

イ. **正しい。**記述のとおり。旅行業者等の "主たる営業所の所在地" は登録事項の一つである。第3種旅行業者の主たる営業所が、従来とは異なる都道府県に移転した場合は、その日から **30 日以内**に変更後の所在地を管轄する都道府県知事に**登録事項変更届出書**を提出することにより**登録事項の変更の届出**をしなければならない（第2種旅行業者、地域限定旅行業者、旅行業者代理業者、旅行サービス手配業者の場合も同じ）。

ウ. **誤り。**法人である旅行業者等の "代表者の氏名" は登録事項の一つである。法人である第1種旅行業者の代表者の氏名に変更が生じたときは、観光庁長官に**登録事項変更届出書**を提出しなければならないので "変更登録申請書を提出しなければならない" とする本肢の記述は誤りである。

エ. **誤り。**旅行業者等の「主たる営業所以外の営業所の所在地」は登録事項の一つである。地域限定旅行業者の主たる営業所以外の営業所の所在地に変更が生じたときは、その主たる営業所の所在地を管轄する都道府県知事に**登録事項変更届出書**を提出しなければならないので "登録行政庁への変更の届出を要しない" とする本肢の記述は誤りである。

• 6 •

問7　正解　ウ

ア．**正しい**。"法第7条第2項の届出"は「営業保証金を供託した旨の届出」を指している。旅行業者は登録の通知を受けた日から14日以内に、供託物受入れの記載のある供託書の写しを添付して、営業保証金を供託した旨を登録行政庁に届け出なければならない。旅行業者が届出をしないときは、登録行政庁は7日以上の期間を定めて旅行業者に対し届出をするよう催告しなければならない。

イ．**正しい**。記述のとおり。登録行政庁に営業保証金を供託した旨を届け出た後でなければ、旅行業者はその事業を開始することができない。

ウ．**誤り**。営業保証金は金銭のほか、国債証券、地方債証券その他の国土交通省令で定める有価証券によって供託することができる。"旅行業者の主たる営業所の最寄りの供託所に……"とあるのは正しいが、"現金をもって供託しなければならない"とする本肢の記述は誤りである。

エ．**正しい**。記述のとおり。

問8　正解　ウ

ア．**誤り**。旅行業者等は、旅行業務取扱管理者試験に合格した者のうち、欠格事由に該当しない者を営業所の旅行業務取扱管理者として選任しなければならない。"禁錮以上の刑に処せられ、その執行を終わった日から5年を経過していない者"は欠格事由に該当するので、旅行業務取扱管理者として選任することができない。

イ．**誤り**。旅行業者等は、営業所ごとに1人以上の旅行業務取扱管理者を選任しなければならない。旅行業務を行う者が1人である営業所の場合は、その者が旅行業務取扱管理者でなければならないので"1人である場合には……選任しなくてもよい"とする本肢の記述は誤りである。

ウ．**正しい**。海外旅行を取り扱う旅行業者等の営業所には、総合旅行業務取扱管理者試験に合格した者を選任しなければならない。

エ．**誤り**。旅行業務取扱管理者の選任に当たり、旅行業務に従事した経験は問われない。欠格事由に該当しないこと、旅行業務取扱管理者試験に合格しているなどの所定の条件を満たす者であれば、旅行業務に従事した経験が1年未満であっても、営業所の旅行業務取扱管理者として選任することができる。

問9　正解　ア

旅行業務取扱管理者が管理および監督しなければならない職務は、テーマ別問題P49（問題23の解説）参照。

イ、ウ、エは、いずれも旅行業務取扱管理者の職務として定められているが、アの"営業保証金の供託に関する事項"は定められていない。

問10　正解　エ

ア．**誤り**。旅行業務の取扱いの料金を変更するに当たり、登録行政庁への届出（あるいは登録行政庁による認可）などは不要である（エの記述にある制定基準に従って各旅行業者が自由に定め、変更することができる）。したがって"……登録行政庁に変更届出書を提出しなければならない"とする本肢の記述は誤りである。

• 7 •

イ．**誤り**。旅行業者は、事業の開始前に旅行業務の取扱いの料金を定め、その営業所において旅行者に見やすいように掲示しなければならない。"旅行者が閲覧することができるように備え置かなければならない"とする本肢の記述は誤りである。

ウ．**誤り**。旅行業者代理業者は自ら旅行業務の取扱いの料金を定めることはできない（所属旅行業者が定めた旅行業務の取扱いの料金を、その営業所において旅行者に見やすいように掲示しなければならない）。

エ．**正しい**。記述のとおり。旅行業務の取扱いの料金は、契約の種類および内容に応じて定率、定額その他の方法により定められ、**旅行者にとって明確であること**が制定の基準とされている。

問11　正解　イ

ア．**誤り**。"旅行業務の取扱いの料金その他の旅行者との取引に係る金銭の収受に関する事項"は、旅行業約款の記載事項として定められている。

イ．**正しい**。記述のとおり。旅行業者は、旅行者と締結する旅行業務の取扱いに関する契約に関し、旅行業約款を定め、**登録行政庁の認可**を受けなければならない。

ウ．**誤り**。イの記述にあるとおり、旅行業約款を定めたときは原則として登録行政庁の認可が必要であり、届け出るだけでは不十分である。また、旅行業者が**標準旅行業約款**と**同一の旅行業約款を定めたとき**（または旅行業者がすでに定めた旅行業約款を標準旅行業約款と同一のものに変更したとき）は、その旅行業約款については、**登録行政庁の認可を受けたものとみなされる**。

エ．**誤り**。旅行業者が旅行業約款の記載事項を変更しようとするときは、原則として登録行政庁の認可を受けなければならないが、その変更が軽微なものである場合は認可不要である。保証社員である旅行業者の旅行業約款に記載されている"**弁済業務保証金からの弁済限度額**"の変更は軽微な変更に当たるので、登録行政庁の認可を受ける必要はない。

問12　正解　イ

ア．**正しい**。"旅行の目的地を勘案して、旅行者が取得することが望ましい安全及び衛生に関する情報がある場合にあっては、その旨及び当該情報"は、企画旅行契約を締結しようとするときに交付する取引条件の説明書面の記載事項である。

イ．**誤り**。情報通信の技術を利用する方法により取引条件の説明書面に記載すべき事項を旅行者に提供する場合は、あらかじめ旅行者の承諾を得なければならない。

ウ．**正しい**。旅行相談契約を締結しようとするときは、旅行業者は次の事項を記載した**取引条件の説明書面**を旅行者に交付しなければならない。

① 旅行者が旅行業者に支払うべき**対価**およびその**収受の方法**

② 旅行者が①に掲げる対価によって提供を受けることができる**旅行に関するサービスの内容**

エ．**正しい**。対価と引換えに、航空券、乗車船券、宿泊券などの**旅行に関するサービスの提供を受ける権利を表示した書面を旅行者に交付するときは、別途、旅行者に対する取引条件の説明書面の交付は不要である**（ただし、説明そのものを省略することはできない）。

・ 8 ・

問13 正解 アイウエ

ア〜エは、いずれも企画旅行契約を締結したときに旅行者に交付する契約書面の記載事項として定められている。したがって、ア、イ、ウ、エを選ぶのが正解である。

問14 正解 ア

ア．**正しい。**記述のとおり。旅行業務取扱管理者は、**旅行者から請求があったときは、国土交通省令で定める様式による旅行業務取扱管理者の証明書**（旅行業務取扱管理者証）を提示しなければならない（旅行者からの請求がないときは提示不要）。

イ．**誤り。**旅行業務取扱管理者証には、その旅行業務取扱管理者が所属する旅行業者等の主たる営業所の所在地が記載される。旅行業者代理業者によって選任された旅行業務取扱管理者の証明書には、その旅行業者代理業者の主たる営業所の所在地が記載されるので"記載することを要しない"とあるのは誤りである。

ウ．**誤り。**旅行業者等の営業所以外の場所で旅行業務について取引を行うときは、**旅行者からの請求の有無にかかわらず外務員証の提示が必要**である。

エ．**誤り。**外務員は、**旅行者が悪意であった場合を除き**、その所属する旅行業者等に代わって旅行者との旅行業務に関する取引についての一切の裁判外の行為を行う権限を有するものとみなす。"旅行者が悪意であったときも……権限を有するものとみなされる"とあるのは誤りである。

問15 正解 エ

募集型企画旅行の広告の表示事項については、テーマ別問題 P65 の「ポイント整理」参照。

企画旅行に参加する旅行者を募集するための広告の表示事項として定められているものはエである。「旅行業務取扱管理者の氏名」「責任および免責に関する事項」「旅行中の損害の補償に関する事項」は、いずれも募集型企画旅行の募集広告に表示すべき事項ではない。

問16 正解 ウ

標識については、テーマ別問題 P57 の「ポイント整理」参照。

ア．**誤り。**「登録番号」「登録年月日」は、標識に記載しなければならないが、"登録の有効期間"は旅行業者代理業の標識の記載事項ではない（旅行業者代理業の登録には有効期間の定めがない）。

　なお、旅行業の標識には登録の有効期間を記載しなければならない。

イ．**誤り。**選任した「旅行業務取扱管理者の氏名」は、旅行業および旅行業者代理業の標識の記載事項だが、法人である旅行業者等の"代表者の氏名"は記載事項ではない。

ウ．**正しい。**記述のとおり。標識の「受託取扱企画旅行」の欄には、営業所で取り扱っている募集型企画旅行について、**企画者が明確となるように記載しなければならない**（受託契約を締結していない場合は記載を省略することができる）。

エ．**誤り。**標識は「旅行業と旅行業者代理業の別」および「営業所で取り扱う業務の範囲の別（国内旅行のみを取り扱うか、海外旅行・国内旅行の両方を取り扱うかの別）」に応じて4種類の様式が定められている。旅行業と旅行業者代理業とで標識の記載事項が

• 9 •

異なるため "所属旅行業者と同一の標識を公衆に見やすいように掲示しなければならない" とする本肢の記述は誤りである。

問17　正解　イ

募集型・受注型企画旅行を実施する旅行業者には「企画旅行の円滑な実施のための措置（旅程管理）」が義務付けられている。旅程管理のための措置を要約すると次のとおり。

旅程管理のための措置（要約）	海外の企画旅行	国内の企画旅行
① 旅行の開始前に必要な予約	○	○
② サービスの提供を受けるために必要な手続きの実施	○	△
③ 変更が生じた場合の代替サービスの手配および手続きの実施	○	△
④ ２人以上の旅行者に対する集合時刻・場所の指示	○	○

○＝必ず講じなければならない。

△＝次のａおよびｂの両条件を満たす場合には省略できる（講じなくてよい）。

　　ａ．契約の締結前に、旅行者に対してこれらの措置を講じない旨を説明すること

　　ｂ．サービスの提供を受ける権利を表示した書面（航空券や乗車船券、宿泊券など）を旅行者に交付すること

ア．**誤り。**表中①参照。予約等の措置は「旅行の開始前」に講じていればよいので "旅行開始日の前日から起算してさかのぼって20日目に当たる日までに……講じなければならない" とする本肢の記述は誤りである。

イ．**正しい。**表中②参照。本肢には "本邦内の旅行" とあり、上記ａとｂについて正しく述べられているため、②の措置を省略することができる。したがって "本邦内の旅行であって……講じることを要しない" とする本肢は正しい記述である。

ウ．**誤り。**表中③参照。海外の企画旅行では、③の措置を省略することができない。サービスの内容の変更が生じた原因にかかわらず、必ず講じなければならないので "その原因が旅行業者の関与し得ないものである場合を除き……講じなければならない" とする本肢の記述は誤りである。

エ．**誤り。**表中④参照。④の措置は国内、海外いずれの企画旅行でも必ず講じなければならないので、"……集合時刻、集合場所その他の事項に関する指示を行うことを要しない" とする本肢の記述は誤りである。

問18　正解　ア

ア．**正しい。**"禁錮以上の刑に処せられ、その執行を終わった日から5年を経過していない者" は、欠格事由に該当するため、旅程管理業務を行う主任の者（旅程管理主任者）として選任することはできない。

イ．**誤り。**主任の者は所定の資格要件を満たす者でなければならないが、旅程管理業務を行う者が複数同行する場合、すべての者が資格要件を満たしている必要はない（主任の者のみが要件を満たしていればよい）。

ウ．**誤り。**旅程管理主任者として選任されるためには、次の①または②のいずれかの旅程管理業務に従事した経験（実務経験）が必要である。

・10・

① 旅程管理研修の課程を修了した日の前後1年以内に1回以上

② 旅程管理研修の課程を修了した日から3年以内に2回以上

本肢の"研修の課程を修了した日の前後3年以内に2回以上の旅程管理業務に従事した経験"は上記①②のいずれにも該当しないので誤りである。

エ．**誤り**。海外の企画旅行に同行する旅程管理主任者になるために必要な実務経験は、**海外の旅程管理業務に従事した経験のみが対象になる**。したがって"本邦内の企画旅行に同行して旅程管理業務に従事した経験も含まれる"とあるのは誤り。なお、国内の企画旅行の場合は、国内のほか、海外の旅程管理業務に従事した経験も対象になる。

問19　正解　エ

ア．**正しい**。旅行業者等が、以下の名義利用等の行為を行うことは禁止されている（本肢は②に該当する）。

① 旅行業者等が、その名義を他人に旅行業または旅行業者代理業のため利用させること

② 営業の貸渡しその他いかなる方法をもってするかを問わず、**旅行業または旅行業者代理業を他人にその名において経営させること**

イ．**正しい**。記述のとおり。

ウ．**正しい**。記述のとおり。旅行業者等が営業所に掲示した旅行業務の取扱いの料金を超えて料金を収受する行為は、いかなる場合も（旅行者の承諾を得たとしても）禁止されている。

エ．**誤り**。旅行業務に関する取引によって生じた債務の履行を不当に遅延する行為は禁止されているが、**正当な理由に基づく場合は禁止行為に当たらない**。したがって"いかなる場合も遅延する行為をしてはならない"とする本肢の記述は誤りである。

問20　正解　エ

ア．**正しい**。旅行業者は複数の他の旅行業者と、それぞれ受託契約を締結することができる。

イ．**正しい**。地域限定旅行業者は、その拠点区域内で実施する募集型企画旅行について、自らを委託旅行業者とし、第2種旅行業者を受託旅行業者とする受託契約を締結することができる（第2種旅行業者は、地域限定旅行業者の受託旅行業者となることができる）。

第1種・第2種・第3種・地域限定旅行業者は、実施できる範囲は異なるものの、いずれも募集型企画旅行を実施できるので、**登録業務範囲にかかわらず、自らが委託旅行業者になることも、受託旅行業者になることも可能である**。

ウ．**正しい**。記述のとおり。委託旅行業者および受託旅行業者は、委託旅行業者を代理して募集型企画旅行契約を締結すること（受託販売）ができる**受託旅行業者**（または**受託旅行業者代理業者**）の営業所を受託契約において定めておかなければならない。

エ．**誤り**。受託契約は旅行業者間で締結する契約である。したがって、**旅行業者代理業者は自ら直接、他の旅行業者と受託契約を締結することはできない**。所属旅行業者が締結した受託契約で受託旅行業者代理業者として定められている場合に限り、その旅行業者代理業者でも委託旅行業者を代理して旅行者と募集型企画旅行契約を締結することができる。

・11・

問21 正解 イ

ア．**誤り**。旅行業者代理業の登録に当たり、財産的基礎（基準資産額）の定めはない。財産的基礎を求められるのは旅行業者のみである。

イ．**正しい**。記述のとおり。

ウ．**誤り**。旅行業者代理業者は、旅行業務に関し取引をしようとするときは、**所属旅行業者の氏名または名称および旅行業者代理業者である旨を取引の相手方に明示**しなければならない。"……名称を明示すれば、旅行業者代理業者である旨を取引の相手方に明示することを要しない"とする本肢の記述は誤りである。

エ．**誤り**。旅行業者代理業者は、その行う営業が旅行業であると誤認させ、または所属旅行業者を誤認させるような表示、広告その他の行為をしてはならない。

問22 正解 ア イ ウ エ

旅行業者等に対する業務改善命令については、テーマ別問題 P83 の「ポイント整理」参照。

ア～エは、いずれも旅行業者に対して命ずることができる措置（業務改善命令）として正しい記述である。したがって、ア、イ、ウ、エを選ぶのが正解である。

問23 正解 ア ウ エ

ア．**正しい**。記述のとおり。

イ．**誤り**。営業保証金は、旅行業の登録後に供託すべきものである（問7のアの解説参照）。したがって "旅行業者が登録申請時に営業保証金を供託していなかったこと" を理由に登録行政庁が業務の停止を命じる（または登録を取り消す）ことはない。

ウ．**正しい**。記述のとおり。「旅行業者等が旅行業法もしくは旅行業法に基づく命令またはこれらに基づく処分に違反したとき」は、登録行政庁は**6か月以内**の期間を定めて**業務の全部もしくは一部の停止**を命じ、**またはその登録を取り消す**ことができる。

エ．**正しい**。「営業所ごとに旅行業務取扱管理者を確実に選任すると認められない者」は、旅行業または旅行業者代理業の登録の拒否事由に該当する。旅行業者等が登録当時、登録の拒否事由に該当していたことが判明したときは、登録行政庁は**6か月以内**の期間を定めて**業務の全部もしくは一部の停止**を命じ、**またはその登録を取り消す**ことができる。

以上により、ア、ウ、エを選ぶのが正解である。

問24 正解 イ

ア．**正しい**。記述のとおり。旅行サービス手配業者は、営業所ごとに**1人以上**の旅行サービス手配業務取扱管理者を選任しなければならず、営業所の旅行サービス手配業務取扱管理者として選任された者は、他の営業所の旅行サービス手配業務取扱管理者となることができない。

イ．**誤り**。旅行サービス手配業者は、旅行サービス手配業務を他人に委託する場合、他の**旅行サービス手配業者**のほか、**旅行業者**に委託することも可能である。したがって "他の旅行サービス手配業者以外の者に委託してはならない" とする本肢の記述は誤りである。

- 12 -

ウ．**正しい。**記述のとおり。

エ．**正しい。**記述のとおり。旅行業者は、旅行サービス手配業の登録を受けなくても、旅行サービス手配業に相当する行為を行うことができる。

問25　正解　ア

旅行業協会が適正かつ確実に実施しなければならない業務（法定業務）は、テーマ別問題 P85（問題 55 の解説）参照。

ア．**定められている。**「旅行業務または旅行サービス手配業務の取扱いに従事する者に対する研修」は、旅行業協会の法定業務として定められている。

イ．**定められていない。**旅行サービス手配業者との取引によって生じた債権は旅行業協会が行う弁済業務の対象にならない。旅行業協会の法定業務として定められているのは「旅行業務に関し、社員である旅行業者または当該旅行業者を所属旅行業者とする旅行業者代理業者と取引をした旅行者に対し、その取引によって生じた債権を弁済する業務」である。

ウ．**定められていない。**旅行業協会には、旅行業者等または旅行サービス手配業者に対する立入検査を行う権限はない（営業所への立入り、帳簿書類その他の物件の検査等の権限を有するのは登録行政庁である）。

エ．**定められていない。**旅行業者等または旅行サービス手配業者に対する会計監査は、旅行業協会の法定業務ではない。

• 13 •

2 旅行業約款、運送約款及び宿泊約款

問26　正解　ア

ア．**誤り**。国内旅行とは、本邦内（国内）のみの旅行をいい、海外旅行とは、国内旅行以外の旅行をいう。行程のすべてが本邦外（海外）のみの旅行だけでなく、国内と海外の両方にまたがる旅行も「国内旅行以外の旅行」に該当し、**全行程を海外旅行として取り扱う**。

イ．**正しい**。記述のとおり。約款に定めのない事項については、法令（主に商法、民法）または一般に確立された慣習を適用する。

ウ．**正しい**。記述のとおり。カード利用日とは「**旅行者が旅行代金等の支払債務を履行すべき日**」または「**旅行業者が旅行代金等の払戻債務を履行すべき日**」をいう。通信契約の場合は旅行者が伝票へのサインをせずにクレジットカード決済が行われるため、カード利用日（カードを利用したこととする日）があらかじめ定められている。

エ．**正しい**。記述のとおり。国内旅行、海外旅行のいずれの場合も、手配の全部または一部を国内外の手配代行者に代行させることができる。

問27　正解　エ

ア．**正しい**。記述のとおり。旅行者から収受する申込金は、**旅行代金または取消料**もしくは**違約料の一部**として取り扱われる。

イ．**正しい**。募集型企画旅行契約における旅行業者の債務（義務）は、旅行者が旅行サービスの提供を受けることができるように**手配**し、**旅程を管理**することである。

ウ．**正しい**。旅行の参加に際し、特別な配慮を必要とする旅行者が、**契約の申込時**にその旨を申し出たときは、旅行業者は可能な範囲内でこれに応じるが、この申出に基づき旅行業者が講じた特別な措置に要する費用は、**旅行者の負担**になる。

エ．**誤り**。旅行者から通信契約の予約を受け付け、旅行業者が予約の承諾の旨を通知した後、旅行業者が定める期間内にクレジットカードの会員番号等の通知があった場合、**契約の締結順位は予約の受付の順位による**。"会員番号等の通知の順位"とする本肢の記述は誤りである。

問28　正解　ウ

募集型企画旅行契約の締結の拒否事由はテーマ別問題 P103 の「ポイント整理」参照。

ア．**正しい**。「ポイント整理」の②に該当するので、旅行業者は契約の締結に応じないことがある。

イ．**正しい**。「ポイント整理」の③に該当するので、旅行業者は契約の締結に応じないことがある。

ウ．**誤り**。「ポイント整理」の⑧に該当するので、旅行業者はこの理由のみによって契約の締結に応じないことがある。"契約の締結を拒否することはできない"とあるのは誤り。

エ．**正しい**。「ポイント整理」の⑤に該当するので、旅行業者は契約の締結に応じないことがある。

問29 正解 ウ

ア．**誤り**。テーマ別問題 P101 の「ポイント整理」参照。**通信契約によらない場合、募集型企画旅行契約は、旅行業者が契約の締結を承諾し、申込金を受理した時に成立する**。したがって"申込書を受理した時に成立"とする本肢の記述は誤りである。

イ．**誤り**。契約書面（旅行日程、旅行サービスの内容、旅行代金その他の旅行条件および旅行業者の責任に関する事項を記載した書面）は、**旅行者からの請求の有無にかかわらず、契約の成立後速やかに旅行者に交付すべきもの**である。

ウ．**正しい**。記述のとおり。手配状況の確認を希望する旅行者から問い合わせがあったときは、確定書面の交付前であっても、旅行業者は迅速かつ適切にこれに回答しなければならない。

エ．**誤り**。確定書面の交付期限は、契約の申込みの時期によって次のように定められている。

契約の申込日	確定書面の交付期限
① 旅行開始日の前日から起算してさかのぼって 7 日目に当たる日より前の申込み	旅行開始日の**前日**までの契約書面に定める日まで
② 旅行開始日の前日から起算してさかのぼって 7 日目に当たる日**以降**の申込み	旅行開始日**当日**までの契約書面に定める日まで

　　本肢には"旅行開始日の前日から起算してさかのぼって 7 日目に当たる日以降に契約の申込みがなされた"とあるので表中②に該当し、確定書面を交付する場合は「**旅行開始日当日までの契約書面に定める日まで**」が期限になる（宿泊の有無や旅行日数などにかかわらず同じ）。したがって"宿泊を伴う国内旅行においては旅行開始日の前日までに……"とする本肢の記述は誤りである。

問30 正解 ア イ

ア．**正しい**。記述のとおり。利用する**運送機関の適用運賃・料金**が、**著しい経済情勢の変化等により通常想定される程度を大幅に超えて増額される場合**、旅行業者はその範囲内で旅行代金を増額することができる。この場合、旅行開始日の前日から起算してさかのぼって **15 日目に当たる日より前**に旅行者にその旨を**通知**しなければならない（テーマ別問題 P107 の「ここがねらわれる！」参照）。

イ．**正しい**。記述のとおり。

ウ．**誤り**。旅行サービス提供機関の過剰予約受付（サービスの提供は行われているにもかかわらず、客室や座席などの**諸設備が不足した状態**）が生じた場合、旅行業者は契約内容の一部を変更することができるが、これにより旅行の実施に要する費用が増加したとしても、**旅行代金を増額することはできない**（旅行業者の過失の有無にかかわらず、旅行代金の増額は認められない）。したがって、"旅行業者に過失がない場合に限り、……旅行代金を増額することがある"とする本肢の記述は誤りである。

エ．**誤り**。旅行業者の関与し得ない事由が生じ、旅行の安全かつ円滑な実施を図るため、やむを得ず契約内容を変更するときは、旅行業者は旅行者に対して、**あらかじめ速やかに**その事由が旅行業者の関与し得ないものである理由およびその事由との因果関係を説明しなければならないが、**緊急の場合でやむを得ないときは、変更後に説明することが**

・ 15 ・

認められている（ただし、説明そのものを省略することはできない）。

以上により、ア、イを選ぶのが正解である。

問31　正解　イ

テーマ別問題 P111（問題 14 の解説の①～⑤）参照。

アは①に、ウは③に、エは④に該当するので、旅行者が旅行開始前に募集型企画旅行契約を解除するに当たり、取消料の支払いは不要である。

アのケースでは「確定書面に記載されていたＡ旅館」から「契約書面に（利用予定として）限定列挙されていたＢ旅館」へと、宿泊機関の名称が変更されている。確定書面が交付された後で、契約書面に記載されていたものへの変更が生じた場合も契約内容の重要な変更に該当するため、旅行者が旅行開始前に契約を解除するに当たり、取消料の支払いは不要である。

イ．**取消料の支払いが必要。**「旅行者の入院」は、旅行者が旅行開始前に取消料を支払わずに契約を解除できる事由に該当しない。したがって、本肢の事由により旅行者が旅行開始前に募集型企画旅行契約を解除する場合は、原則どおり取消料の支払いが必要である。

問32　正解　エ

テーマ別問題 P117 の「ポイント整理」参照。

アは①に、イ⑥に、ウは⑧に該当し、いずれも旅行業者は旅行開始前に募集型企画旅行契約を解除することができる。

エ．**解除できない。**旅行者の数が契約書面に記載した最少催行人員に達しなかったことを理由に、旅行業者が旅行開始前に契約を解除するときは、所定の期限までに旅行者に対して旅行を中止する旨を通知しなければならない。

募集型企画旅行の区分		通知期限 （旅行開始日の前日から起算してさかのぼって）
国内旅行	日帰り旅行	3日目に当たる日より前まで
	宿泊をともなう旅行	13日目に当たる日より前まで

　本肢には "1 泊 2 日の国内旅行" とあるので、契約解除に当たり、旅行開始日の前日から起算してさかのぼって 13 日目に当たる日より前（14 日目に当たる日まで）に旅行を中止する旨を通知する必要があるが "13 日目に当たる日に旅行者に通知した" とあり、すでに通知期限を過ぎているので、旅行業者は契約を解除することができない。

問33　正解　ア

テーマ別問題 P123 の「ポイント整理」参照。

ア．**誤り。** "旅行者に同行する添乗員が病気になったため、当該添乗員による旅程管理業務の遂行が不可能となったとき" は、募集型企画旅行契約における旅行業者による旅行開始後の解除事由に該当しない。したがって、旅行業者はこれを理由に契約の一部を解除することはできない。

イ．**正しい。**「旅行者が必要な介助者の不在により旅行の継続に耐えられないとき」は、

・16・

募集型企画旅行契約における旅行業者による旅行開始後の解除事由に該当する。旅行業者が旅行開始後に契約の一部を解除した場合、旅行業者と旅行者との間の契約関係は、将来に向かってのみ消滅する（旅行者がすでに提供を受けた旅行サービスに関する旅行業者の債務については、有効な弁済がなされたものとして扱う）。

ウ．**正しい。** 旅行業者が旅行開始後に契約の一部を解除したときは、旅行者がいまだその提供を受けていない旅行サービスに係る部分の旅行代金を旅行者に払い戻さなければならない（解除の事由にかかわらず同じ）。この場合、提供を受けていない旅行サービスについて、旅行サービス提供機関から解除にともなう**取消料、違約料等**を請求されたときは、これらの費用は**旅行者の負担**になるので、旅行業者は払い戻すべき旅行代金からこれらの費用を差し引いた残額を旅行者に払い戻すことになる。

エ．**正しい。** 記述のとおり。本肢の事由は、募集型企画旅行契約における旅行業者による旅行開始後の解除事由に該当する。

問34　正解　ア

ア．**誤り。** 契約の解除や旅行代金の減額にともない、旅行業者が旅行者に対し払い戻すべき金額が生じた場合の払戻し期限は次のとおり。

払戻し事由	払戻期限
① 旅行開始前の解除	解除の翌日から起算して **7 日以内**
② 旅行開始後の解除	契約書面に記載した **旅行終了日の翌日から起算して 30 日以内**
③ 旅行代金の減額	

　　本肢には "旅行代金が減額になったとき" とあるので表中③に該当し「**契約書面に記載した旅行終了日の翌日から起算して 30 日以内**」が払戻しの期限になる。したがって "変更された旅行終了日の翌日から起算して……" とする本肢の記述は誤りである。

イ．**正しい。** "旅行開始日の前日に……契約解除の申出が" とあるので表中①に該当する。したがって "解除の翌日から起算して 7 日以内に払い戻す" とする本肢は正しい記述である。

ウ．**正しい。** 記述のとおり。通信契約が解除されたことにより旅行者に対し払い戻すべき金額がある場合、旅行業者は、表中①または②の期限までに払戻額を旅行者に通知しなければならず、その通知した日をカード利用日とする。

エ．**正しい。** 旅行業者の責に帰すべき事由により、契約書面に記載した旅行日程に従った旅行の実施が不可能になった場合、旅行者は旅行開始前に取消料を支払わずに契約を解除することができる。この場合、旅行業者が所定の期日まで（表中①より、解除の翌日から起算して 7 日以内）に旅行者に対して旅行代金の全額を払い戻したとしても、旅行者は旅行業者に対して損害賠償請求権を行使することができる（旅行業者は損害賠償責任を免れることはできない）。

問35　正解　イ　エ

ア．**正しい。** 記述のとおり。旅行者が旅行開始後、旅行終了までの間において "団体で行動するとき" は、旅行を安全かつ円滑に実施するための旅行業者の指示に従わなければならない。

・ 17 ・

イ．**誤り**。旅行中の旅行者が疾病等により保護を要する状態にあると認めたときは、旅行業者は必要な措置を講ずることがあるが、その原因が**旅行業者の責に帰すべき事由によ**るものでないときは、この措置に要した費用は**旅行者の負担**になる。

ウ．**正しい**。記述のとおり（テーマ別問題 P135 の「ポイント整理」参照）。

エ．**誤り**。旅行業者は、旅行の内容により添乗員等を同行させて旅程管理業務の全部または一部を行わせることがある。つまり、募集型企画旅行に添乗員等を同行させるかどうかは、その**旅行の内容**により旅行業者が判断すればよく、参加旅行者の人数等の多少によって決定するわけではないので本肢の記述は誤りである。

以上により、イ、エを選ぶのが正解である。

問36　正解　エ

ア．**誤り**。旅行者は、旅行開始後に契約書面と異なる旅行サービスが提供されたと認識したときは、**旅行地において速やかに**その旨を旅行業者、手配代行者または旅行サービス提供者に申し出なければならない。"旅行終了後速やかに……"とする本肢の記述は誤りである。

イ．**誤り**。旅行業者（または手配代行者）の故意または過失により旅行者に損害（手荷物以外の損害）を与えたときの旅行業者への通知期限は、**損害発生の翌日から起算して２年以内**である。したがって"1 年以内に……通知があったときに限り"とする本肢の記述は誤りである。

ウ．**誤り**。手配代行者の故意または過失により旅行者に損害を与えたときは、**旅行業者がその損害を賠償する責任を負う**（旅行業者自らの故意・過失によるものだけでなく、手配代行者の故意・過失による損害についても旅行業者が損害賠償責任を負う）。

エ．**正しい**。記述のとおり。旅行業者または手配代行者の過失（重大な過失を除く）により、国内旅行参加中の旅行者の手荷物に損害が生じたときの旅行業者への通知期限は、**損害発生の翌日から起算して 14 日以内**である。この場合の損害賠償限度額は旅行者 1 名につき **15 万円**だが、損害発生の原因が旅行業者（または手配代行者）の故意または重大な過失によるものであるときは、前述の限度額 15 万円は**適用しない**（上限がなくなる）。

問37　正解　ウ

ア．**正しい**。記述のとおり。

イ．**正しい**。記述のとおり。本肢の記述中の"旅行者からの依頼により"を「旅行者の募集のためにあらかじめ」に置き換えると、募集型企画旅行の定義になる。

ウ．**誤り**。受注型企画旅行契約における旅行業者の債務（義務）は、旅行者が旅行サービスの提供を受けることができるように**手配し、旅程を管理**することである（募集型企画旅行契約と同じ）。団体・グループ契約を締結していない受注型企画旅行でも旅程を管理する必要があるので"団体・グループ契約を締結した場合のみ、旅程を管理する義務を負う"とする本肢の記述は誤りである。

エ．**正しい**。記述のとおり。旅行者は旅行業者から交付された企画書面の内容を見たうえで、契約の申込みをするかどうかを検討・判断することになる。

• 18 •

問38　正解　ウ

ア．**誤り**。旅行業者が、企画書面に旅行代金の内訳として企画料金の金額を明示したときは、契約書面にも企画料金の額を明示しなければならない。"契約書面に当該金額の明示を要しない"とあるのは誤りである。

　　企画書面（および契約書面）に企画料金の額を明示した場合で、契約締結後に旅行者が受注型企画旅行契約を解除したときは、その解除の時期にかかわらず（取消料の適用期間外であっても）、旅行業者は旅行者に対して企画料金（企画料金に相当する額の取消料）を請求することができる。

イ．**誤り**。問37のウの解説でも述べたとおり、旅行業者は"手配すること"に加え、旅程を管理することを引き受ける（募集型企画旅行契約と同じ）。

ウ．**正しい**。受注型企画旅行は、旅行者の依頼に基づき旅行業者が旅行の計画を作成して実施する旅行なので、旅行者は旅行業者に対して契約内容の変更を求めることができ、旅行業者は可能な限りその求めに応じる。

エ．**誤り**。旅行業者が旅行者に企画書面を交付した後、旅行者から契約の申込みがない場合は、契約そのものが成立していない。したがって、旅行業者が企画書面に旅行代金の内訳として企画料金の金額を明示していたとしても、旅行者は企画料金に相当する金額を支払う必要はない。

問39　正解　ウ

ア．**正しい**。記述のとおり。旅程保証とは、企画旅行契約において、旅行サービス提供機関の諸設備の不足（サービスの提供は行われているものの、座席や部屋等が足りなくなったこと）により、契約内容の重要な変更が生じた場合に、その変更を受け入れてくれた旅行者に対して、旅行業者が変更補償金を支払う制度である。

イ．**正しい**。変更の原因が旅行業者または手配代行者の故意または過失によるものであることが明らかなときは、旅行業者は変更補償金を支払わない（旅行業者は旅程保証ではなく、損害賠償の責任を負う）。

ウ．**誤り**。旅行業者が変更補償金を支払った後に、その変更について旅行業者の損害賠償責任が発生することが明らかになった場合は、旅行者はすでに受け取った変更補償金を旅行業者に返還しなければならず、旅行業者は支払うべき損害賠償金の額と旅行者が返還すべき変更補償金の額とを相殺した残額を旅行者に支払うことになる。したがって"変更補償金に加え損害賠償金も支払う"とする本肢の記述は誤りである。

エ．**正しい**。記述のとおり。旅行業者が支払うべき変更補償金の額は、旅行者1名に対して1企画旅行につき旅行代金に15%以上の旅行業者が定める率を乗じた額をもって限度とする。

問40　正解　イ

ア．**支払いは不要**。変更の内容は「契約書面（確定書面）に記載した運送機関の会社名の変更」に当たるが、変更の原因は「運送機関の旅行サービス提供の中止（欠航）」なので、変更補償金の支払いは不要。

イ．**支払いが必要**。変更の内容は「契約書面（確定書面）に記載した宿泊機関の客室の種類、設備、景観その他の客室の条件の変更」に当たり、変更の原因は過剰予約受付によ

る諸設備の不足（客室の不足）なので、変更補償金の支払いが必要。本肢のケースでは、客室からの景観に重要な変更が生じている（海が見える→海が見えない）。例えば、同一ホテル内で「スタンダードツイン」から「スイート」など、明らかに好条件の客室に変更され、かつ、客室からの景観その他の客室の条件が同一であるときは、契約内容の重要な変更に当たらない。

ウ．**支払いは不要**。結果的に美術館に入場しているので「契約書面（確定書面）に記載した入場する観光地または観光施設その他の旅行の目的地の変更」には当たらない。また、変更の原因は「当初の運行計画によらない運送サービスの提供（交通事故に起因する渋滞）」なので、変更補償金の支払いは不要。

エ．**支払いは不要**。日程は変更されたものの、結果的に3日目にA公園を散策しているので「契約書面（確定書面）に記載した入場する観光地または観光施設その他の旅行の目的地の変更」には当たらない。したがって、変更補償金の支払いは不要である。

問41　正解　ア

ア．**正しい**。記述のとおり。旅行者の被った傷害（身体・生命に生じた損害）については、旅行業者が補償金等を支払った場合でも、旅行者またはその法定相続人が第三者（その損害を発生させた当事者など）に対して有する損害賠償請求権は旅行業者に移転しない（旅行者またはその法定相続人は、旅行業者から支払われた補償金等とは別に、その損害を発生させた第三者に対して損害賠償請求をすることができる）。

イ．**誤り**。旅行者の年齢は補償金および見舞金の額に一切影響しない。"旅行者の年齢の属する年齢区分に従った補償金及び見舞金を支払う"とする本肢の記述は誤りである。死亡補償金の額は年齢にかかわらず一律であり、後遺障害補償金はその後遺障害の程度によって（入院・通院見舞金は入院・通院日数によって）所定の額が適用される。

ウ．**誤り**。旅行者1名について「入院見舞金（または通院見舞金）」と「死亡補償金（または後遺障害補償金）」を重ねて支払うべき場合には、旅行業者はこれらの合計額を支払う。本肢の場合は、入院見舞金と死亡補償金の合計額が支払われることになるので、"死亡補償金から既に支払った入院見舞金の金額を控除した残額を支払う"とする記述は誤りである。

エ．**誤り**。A社が実施する国内の受注型企画旅行参加中の旅行者が、その自由行動中に同社が別途企画した募集型企画旅行（現地発着のいわゆる「オプショナルツアー」）に参加し、その参加中に死亡したケースである。主たる企画旅行（①）とオプショナルツアー（②）の企画者が同一の旅行業者である場合、②は①の契約内容の一部として取り扱うため、②の参加中に旅行者が死亡したときは、旅行業者は①に参加中の損害としてのみ死亡補償金を支払うことになる（二重の補償はしない）。国内の企画旅行参加中の旅行者に対する死亡補償金は旅行者1名につき1,500万円なので、本肢の場合はA社から旅行者の法定相続人に対し1,500万円の死亡補償金が支払われる。

問42　正解　エ

ア．**対象とならない**。"スーツケース"は補償対象品だが、単なる外観の損傷であって機能に支障をきたさない損害であれば、携帯品損害補償金の支払いの対象とならない。

イ．**対象とならない**。"指輪"は補償対象品だが、置き忘れ（紛失も同様）による損害は

• 20 •

免責事由に該当するので、携帯品損害補償金の支払いの対象とならない。

ウ．**対象とならない。**"スマートフォン"は補償対象品だが、国内旅行参加中の地震（噴火、津波も同様）を原因とする損害は、携帯品損害補償金の支払いの対象とならない。

エ．**対象となる。**旅行者の闘争行為によって生じた損害は免責事由に当たるため携帯品損害補償金の支払い対象にならないが、行為者（当事者）**以外の旅行者が被った損害**（巻き添えになったなど）は補償の対象になる。本肢には"闘争行為に巻き込まれた"とあり"腕時計"は補償対象品なので、携帯品損害補償金の支払いの対象となる。

問43　正解　エ

ア．**正しい。**記述のとおり。旅行者はいつでも手配旅行契約の全部または一部を解除することができる。

イ．**正しい。**"旅行サービスを手配するために、運送・宿泊機関等に対して支払った費用で旅行者の負担に帰すべきもの及び取扱料金"とは精算旅行代金を指す。精算旅行代金と、旅行代金としてすでに収受した金額とが合致しないときは、旅行業者は**旅行終了後、**次に従って**速やかに旅行代金の精算**をしなければならない（本肢は②に該当し、正しい記述である）。

① 精算旅行代金が旅行代金としてすでに収受した金額を超えるとき
　→ 旅行者は旅行業者にその差額を支払う

② 精算旅行代金が旅行代金としてすでに収受した金額に満たないとき
　→ 旅行業者は旅行者にその差額を払い戻す

ウ．**正しい。**旅行業者が善良な管理者の注意をもって旅行サービスの手配をしたときは、手配旅行契約に基づく**旅行業者の債務の履行は終了する。**したがって、満員、休業、条件不適当等により運送・宿泊機関等との間で旅行サービスを提供する契約を締結できなかった場合でも、旅行業者がその義務を果たしたときは、旅行者は旅行業者に対し、所定の旅行業務取扱料金を支払わなければならない。

エ．**誤り。**手配旅行契約とは、旅行業者が旅行者の委託により、旅行者のために代理、媒介または取次をすること等により旅行者が旅行サービスの提供を受けることができるように手配することを引き受ける契約をいう。企画旅行契約と異なり、旅行業者に**旅程管理の義務はない。**

問44　正解　イ

ア．**誤り。**手配旅行契約では、旅行開始前に運送・宿泊機関等の運賃・料金の改訂や為替相場の変動などにより旅行代金の変動が生じた場合は、旅行業者は旅行代金を変更することができる。この場合の旅行代金の増加または減少は、いずれも旅行者に帰属する（増加の場合は旅行者の負担とし、減少の場合は旅行者に返金する）。したがって、"旅行代金の減少は旅行業者に帰属"とする本肢の記述は誤りである。

イ．**正しい。**記述のとおり。書面による特約をもって申込金の支払いを受けずに契約を成立させた場合は、この書面において、契約の成立時期を明らかにしなければならない。

ウ．**誤り。**手配旅行契約は、旅行者の委託により運送・宿泊サービス等の手配を引き受ける契約なので、旅行者は旅行業者に対して契約内容を変更するよう求めることができ、旅行業者は可能な限りこれに応じなければならない。したがって、"旅行開始後は応じ

• 21 •

ない"とする本肢の記述は誤りである。

エ．**誤り。**旅行業者の責に帰すべき事由により旅行サービスの手配が不可能となり、旅行者が契約を解除したときは「旅行者がすでにその提供を受けた旅行サービスの対価」のみを旅行者の負担とし、これを差し引いた残額を旅行者に払い戻さなければならない（旅行開始前に契約が解除された場合は旅行代金の全額を旅行者に払い戻さなければならない）。収受した**旅行業務取扱料金も旅行者に払い戻す必要がある**ので"……旅行業務取扱料金を除いて、既に収受した旅行代金を旅行者に払い戻す"とする本肢の記述は誤りである。

問45　正解　イ

ア．**正しい。**旅行相談契約とは、旅行業者が相談料金（相談に対する旅行業務取扱料金）を収受することを約して、旅行者の委託により次の①～⑤の業務を引き受ける契約をいう（本肢は①に該当し、正しい記述である）。
- ① 旅行者が旅行の計画を作成するために必要な**助言**
- ② 旅行の計画の作成
- ③ 旅行に必要な経費の見積り
- ④ 旅行地および運送・宿泊機関等に関する情報提供
- ⑤ その他旅行に必要な助言および情報提供

イ．**誤り。**「旅行業者の業務上の都合があるとき」は、旅行相談契約の締結の拒否事由に該当する。したがって、旅行業者はこれを理由に契約の締結を拒否することができる。

ウ．**正しい。**記述のとおり。旅行相談契約における旅行業者への損害賠償の通知期限は、**損害発生の翌日から起算して6月（6か月）以内**である。

エ．**正しい。**旅行相談契約の成立時期は次のとおり（本肢は②に該当し、正しい記述である）。
- ① 原則（通信手段によらない場合）
  旅行業者が契約の締結を承諾し、**申込書を受理した時**に契約が成立する。
- ② 通信手段（電話、郵便、ファクシミリ、インターネットなど）による申込みの場合
  旅行業者が契約の締結を**承諾した時**に契約が成立する（申込書は不要）。

問46　正解　ウ

ア．**正しい。**記述のとおり。なお、運送契約はバス会社が乗車券を契約責任者に交付したときに成立する。

イ．**正しい。**記述のとおり。バス会社が収受する運賃および料金は、乗車時において地方運輸局長に届け出て実施しているものが適用される。

ウ．**誤り。**旅行業者が手配旅行の実施のためにバス会社に旅客の運送を申し込む場合、バス会社は手配旅行の実施を依頼した者（旅行者）と運送契約を結ぶ。したがって、"当該旅行業者を契約責任者として運送契約を結ぶ"とする本肢の記述は誤りである。なお、企画旅行の場合は、バス会社は**旅行業者を契約責任者として**運送契約を結ぶ。

エ．**正しい。**記述のとおり。

• 22 •

問47　正解　ア

ア．**誤り**。テーマ別問題 P203 の「ここがねらわれる！」参照。片道の乗船距離が 100 キ
ロメートル以上 200 キロメートル未満の片道券（指定便の乗船券を除く）の通用期間は、
発売当日を含め 2 日間以上である（フェリー会社は 2 日間以上の期間を定めて、乗船
券の券面に記載する）。"4 日間以上の期間を定めて……"とする本肢の記述は誤りであ
る。

イ．**正しい**。記述のとおり。なお、紛失の旨の証明書の発行を受けた後、旅客が紛失した
乗船券を発見したときは、その**通用期間の経過後 1 年以内に限り**、払戻しの請求をす
ることができる。

ウ．**正しい**。記述のとおり。

エ．**正しい**。徒歩客のほか、自動車を運送する場合の**自動車の乗車人**（運転者・乗務員・
乗客など）も旅客に含まれる。

問48　正解　ア

ア．**誤り**。テーマ別問題 P214 の「ポイント整理」参照。**訪日観光団体の場合、構成人員
15 人以上 50 人までのときに 1 人の無賃扱いが適用される。**したがって"31 人以上 50
人までのときはうち 1 人"とする記述は誤りである。

イ．**正しい**。記述のとおり。

ウ．**正しい**。記述のとおり。普通団体に対する割引率は乗車日によって第 1 期と第 2 期と
に区分され、行程中の乗車日にいずれか 1 日でも第 2 期に該当する日が含まれている場
合は、旅客に有利なように全行程に対して第 2 期の割引率（1 割 5 分）を適用する。

エ．**正しい**。記述のとおり。"急行券"は「特別急行券（特急券）」と「普通急行券（急行
券）」の両方を指し、"特別車両券"は「グリーン券」を指す。"コンパートメント券"
は個室を利用するときに発売される乗車券類であるが、現在のところ JR 各社において
コンパートメント券を使用する設備を持つ列車は運行されていない。

問49　正解　エ

ア．**正しい**。記述のとおり。「寝室での寝たばこ、消防用設備等に対するいたずら、その
他宿泊業者が定める火災予防上必要な利用規則の禁止事項に旅客が従わないとき」は、
宿泊業者は宿泊契約を解除することができる。この場合、宿泊客がいまだ提供を受けて
いない宿泊サービス等の料金は収受しない。

イ．**正しい**。記述のとおり。

ウ．**正しい**。記述のとおり。

エ．**誤り**。宿泊客がホテル（旅館）の駐車場を利用する場合、宿泊業者は**場所を貸すだけ
で、車両の管理責任まで負うものではない**（車両のキーを預けていたかどうかにかかわ
らず、宿泊業者は車両の管理責任を負わない）。ただし、駐車場の管理に当たり、宿泊
業者の故意または過失によって損害を与えたときは、宿泊業者はその損害を賠償する責
任を負う。

問50　正解　ウ

ア．**正しい**。記述のとおり。

イ．**正しい**。記述のとおり。手荷物運送における航空会社の責任は、原則として、**旅客1名につき15万円**が限度だが、旅客の手荷物および旅客が装着する物品の価額の合計が15万円を超える場合には、旅客はその価額を事前に申告することができる。この場合、航空会社は申告価額の15万円を超える部分について1万円ごとに10円の従価料金を申し受ける。

ウ．**誤り**。非常口座席の着席制限の対象になるのは満15歳未満の者である。"満18歳未満の……"とあるのは誤り。

　旅客が次のいずれかに該当する場合、航空会社は非常口座席への着席を拒絶し、他の座席へと変更することができる。

① 満15歳未満の者

② 身体上、健康上またはその他の理由によって、**非常脱出時における援助に支障がある者**（または援助することにより、旅客自身の健康に支障をきたす者）

③ 航空会社の示す脱出手順または会社係員の指示を理解できない者

④ 脱出援助を実施することに同意しない者

エ．**正しい**。記述のとおり。旅客の運送には、**旅客が航空機に搭乗する日**において有効な運送約款・規定が適用される。

3 国内旅行実務

問51 正解 イ

貸切バスの運賃は、時間制運賃とキロ制運賃によって構成されている。本問の行程では、運賃に加え、深夜早朝の時間帯を対象とした深夜早朝運行料金が適用される。

運 賃

【時間制運賃】

時間制運賃は、点呼点検時間と走行時間を合算した時間をもとに算出する。

①点呼点検時間

"2日にわたる運行で宿泊を伴う利用"とあるので、出庫前および帰庫後の各1時間に加え、宿泊場所到着後および宿泊場所出発前の各1時間を点呼点検時間とする（合計4時間）。

②走行時間（出庫から帰庫までの拘束時間をいい、回送時間を含む）

本問の走行時間は、1日目の7時間と2日目の8時間を合計した15時間である。

以上により、点呼点検時間の4時間と走行時間の15時間を合算した「19時間分の時間制運賃」が必要である。

【キロ制運賃】

キロ制運賃は、出庫から帰庫までの走行距離（回送距離を含む）をもとに算出する。本問の走行距離は、1日目が240キロ、2日目が250キロなので、これらを合計した「490キロ分のキロ制運賃」が必要である。

料 金

深夜早朝の時間帯（22時以降翌朝5時までの間）に点呼点検時間、走行時間（回送時間を含む）が含まれた場合、その時間帯に対し深夜早朝運行料金として割増料金が適用される。

本問の場合"1日目：出庫時刻は5時"とあるので、出庫前の点呼点検にかかる4時から5時までの「1時間分の深夜早朝運行料金」が必要である。

以上により、イが正解である。

問52 正解 ア

ア．**正しい**。契約責任者の都合により運送契約を解除したときや、配車車両数の減少をともなう契約内容の変更をしたときは、その時期および内容により次に定める違約料がかかる。

解除時期・変更内容		違約料
運送契約の解除	① 配車日の15日前まで	不要
	② 配車日の14日前〜8日前まで	所定の運賃・料金の20%相当額
	③ 配車日の7日前〜配車日時の24時間前まで	所定の運賃・料金の30%相当額
	④ 配車日時の24時間前以降	所定の運賃・料金の50%相当額
運送契約の変更による車両の減少	⑤ 配車車両数の20%以上の数の車両の減少	減少した車両について上記区分に応じた違約料

• 25 •

配車日の 5 日前に運送契約を解除しているので表中の③に該当し、1 台分の運賃・料金 100,000 円の 30％に当たる 30,000 円の違約料がかかる。

イ．**誤り**。配車車両数 3 台のうち 1 台の減少なので、20％以上の車両の減少に当たる（1 ÷ 3 ＝ 0.333…→約 33％）。運送契約の内容の変更が生じたのは配車日の 14 日前なので、アの解説の表中②に該当し、減少した 1 台分の運賃・料金の 20％相当額の違約料がかかる。

ウ．**誤り**。交替運転者配置料金は、時間制料金（1 時間当たり）とキロ制料金（1 キロ当たり）の合計額を適用する。"交替運転者 1 人あたりの額を適用する"とあるのは誤りである。

エ．**誤り**。フェリーでバスを航送した場合、**航送にかかる時間は 8 時間を上限として**時間制運賃の対象とする。本肢には"乗船時刻が 8 時、下船時刻が乗船当日の 16 時"とあるので、時間制運賃を計算するための航送時間は上限の 8 時間である。

問 53 正解 ア

ア．**正しい**。大人に同伴されて乗船する 1 歳以上の小学校に就学していない小児は、その小児が指定制の座席や寝台を単独で使用しない場合、大人 1 人につき小児 1 人まで運賃が無料になる（2 人目以降は小児の運賃が必要）。

"大人 1 人と 4 歳と 3 歳の小児の計 3 人"が"指定制の座席ではない 2 等船室"を利用しているので、小児 2 人のうち 1 人は大人に同伴されることで無料になり、もう 1 人には小児の運賃が適用される。したがって、大人 1 人分の旅客運賃 1,000 円と小児 1 人分の旅客運賃 500 円を合計した 1,500 円がかかる。

イ．**誤り**。旅客がその乗船区間について、**自動二輪車の運送をフェリー会社に委託する場合は、旅客運賃のほかに特殊手荷物運賃がかかる**。本肢には"自動二輪 1 台と当該自動二輪の運送申込人 1 人が 1 等船室に乗船する"とあるので、大人 1 人分の 1 等船室の旅客運賃 2,000 円と、特殊手荷物運賃 5,000 円を合計した 7,000 円がかかる。

ウ．**誤り**。自動車航送運賃には、自動車の運転者 1 人が 2 等船室に乗船する場合の旅客運賃が含まれている。運転者が 2 等船室以外の船室を利用するときは、2 等船室との差額が必要。本肢には"自動車 1 台と当該自動車の運転者 1 人が 1 等船室に乗船する"とあるので、自動車航送運賃 10,000 円と、1 等船室と 2 等船室の差額 1,000 円（2,000 円 － 1,000 円）を合計した 11,000 円がかかる。

エ．**誤り**。急行便が、その急行便の所定の所要時間以内の時間でフェリー会社が定める時間以上遅延して到着した場合、旅客はフェリー会社に払戻しを請求できるが、この場合に払い戻されるのは**急行料金のみ**である。したがって、本肢の場合、フェリー会社は特別急行料金 1,000 円のみを払い戻す。

問 54 正解 ウ

ア．**誤り**。宿泊契約が成立したとき、宿泊業者は、**宿泊期間（3 日を超えるときは 3 日間）の基本宿泊料を限度として申込金を定めることができる**。本肢には"宿泊期間を 2 日とする宿泊契約"とあるので、基本宿泊料 30,000 円（サービス料別・税金別）の 2 日分にあたる 60,000 円が申込金の限度となる。

イ．**誤り**。小学生以下の子供に適用される子供料金は、提供されるサービスの範囲に応じ

て大人料金（基本宿泊料）に所定の率を乗じて計算する（テーマ別問題 P285 の「ポイント整理」参照）。本肢には"大人に準じる食事と寝具等の提供を伴う"とあるので、11 歳の小学生に適用される子供料金は大人料金（基本宿泊料）20,000 円の **70%**（14,000円）である。

大人 1 人と 11 歳の子供 1 人が 1 泊するときの宿泊料金等の総額は次のとおり。

基本宿泊料：20,000 円＋14,000 円＝34,000 円 ……❶
サービス料：❶×15%＝5,100 円 ………………………❷
消費税：（❶＋❷）×10%＝3,910 円 ………………❸
入湯税　100 円×1 人＝100 円 …………………………❹　※12 歳未満は免除
　❶＋❷＋❸＋❹＝43,110 円

ウ．**正しい。**宿泊客の都合により、7 月 10 日に 1 泊する宿泊契約を 7 月 7 日に解除しているので、宿泊日の 3 日前の解除に当たる。違約金は、基本宿泊料に「違約金の率」を乗じて算出する。本間の旅館の基本宿泊料は 20,000 円、宿泊日の 3 日前に契約を解除するときの違約金の比率が 10% なので、この場合の違約金は 2,000 円（20,000 円×10%）である。

エ．**誤り。**宿泊業者が定めたチェックイン時間の前やチェックアウト時間の後など、宿泊客が時間外の客室利用を希望し、宿泊業者がこれに応じる場合、超過時間に応じた追加料金がかかる。

超過時間	追加料金
①3 時間まで	室料金の 3 分の 1
②6 時間まで	室料金の 2 分の 1
③6 時間以上	室料金の全額

本肢のホテルの超過時間は、チェックアウトの午前 10 時から 11 時までの 1 時間なので、表中の①を適用し、室料金 30,000 円の 3 分の 1 に当たる 10,000 円が時間外の追加料金となる。

問 55　正解　エ

JR 線の中間に智頭急行（私鉄）をはさむ行程である。行程上に、智頭急行は通過連絡運輸扱いとする旨が明記されているので、**智頭急行の前後で乗車する JR 区間の距離を通算して JR 区間の運賃を求め、これに智頭急行の運賃を合算して全行程の運賃を求める。**

JR 線の運賃　西明石－上郡／智頭－鳥取

行程中の西明石－上郡間は幹線、智頭－鳥取間は地方交通線である。**幹線と地方交通線を連続して乗車しているので、幹線区間の営業キロと地方交通線区間の換算キロ（賃率換算キロ）を合計した運賃計算キロをもとに運賃を求める。**

66.8 キロ＋35.1 キロ＝101.9 キロ

智頭急行の運賃　上郡－智頭

上郡－智頭間の営業キロ 56.1 キロをもとに運賃を求める。

以上により、本問の行程には、JR 線の運賃計算キロ 101.9 キロによる運賃と、智頭急行の営業キロ 56.1 キロによる運賃の合計が適用されるので、エが正解である。

問56　正解　イ

　同一方向の東海道・山陽新幹線を改札口から出ずに乗り継ぐ場合は、特急料金・グリーン料金を通算することができる。本問の岡山－新大阪間、新大阪－米原間はいずれも「上り」で、(注1)には"新大阪駅では新幹線の改札口を出ない"とあるので〔さくら〕と〔ひかり〕を一つの新幹線とみなし、岡山－米原間に通しの料金を適用する。

特急料金　岡山－新大阪－米原

　〔さくら〕と〔ひかり〕を乗り継いでいるので、全乗車区間（岡山－米原）に〔ひかり〕〔こだま〕の特急料金3,930円を適用する。乗車日は閑散期、利用設備はグリーン車指定席なので、通常期の普通車指定席特急料金から200円と530円を差し引く。

　　3,930円 － 200円 － 530円 ＝ 3,200円

グリーン料金　岡山－新大阪－米原

　岡山－米原間の営業キロをもとにグリーン料金を求める。

　　180.3キロ ＋ 106.7キロ ＝ 287.0キロ → （400キロまで）4,190円

　以上により、イが正解である。

問57　①　正解　イ

　7月5日、7月6日の2日間にまたがり、1日ごとに行程が記載されているが、(注1)にも記載されているように、小松→敦賀→東舞鶴→京都→稲荷と同一方向に連続した片道乗車の行程である。後述のとおり、2日間の乗車区間分の営業キロは284.9キロで、この場合の片道乗車券の有効期間は3日間あるので、全行程の距離を通算して一括で運賃を計算できる（敦賀、東舞鶴での途中下車が可能である）。

　(注3)に"稲荷駅は京都市内の駅であり、京都市内の中心駅は京都駅"とあるので、小松－京都間の片道の営業キロをもとに、特定都区市内発着の特例に該当するかどうかを確認する。

　　98.0キロ ＋ 84.3キロ ＋ 26.4キロ ＋ 76.2キロ ＝ 284.9キロ（小松－京都間の営業キロ）

　発駅である小松駅から京都駅までの片道の**営業キロが200キロを超えている**ので、**特定都区市内**（京都市内）発着の特例により、小松から京都までの距離をもとに運賃を計算する（京都－稲荷間の距離は運賃計算に含めない）。

　行程中の小松－敦賀間、綾部－京都間は幹線、敦賀－東舞鶴－綾部間は地方交通線である。**幹線と地方交通線を連続して乗車している**ので、以下のとおり**幹線区間の営業キロと地方交通線区間の換算キロ**（賃率換算キロ）を合計した**運賃計算キロ**をもとに運賃を求める。

　　98.0キロ ＋ 92.7キロ ＋ 29.0キロ ＋ 76.2キロ ＝ 295.9キロ

　以上により、イが正解である。

問57　②　正解　ウ

　乗車券を所持する6歳以上の旅客（大人または小児）は、旅客1人につき幼児2人まで無賃で随伴できるが、指定席や寝台を幼児が単独で使用する場合は、小児の運賃・料金がかかる。

　本問の場合、〔つるぎ〕〔まいづる〕ともに利用設備は普通車指定席で"5歳の幼児は一つの指定席を1人で利用する"とあるので、小児の運賃および小児の特急料金が必要であ

・28・

る。

　小児の運賃、小児の特急料金は、いずれも**大人の半額**なので、ウが正解である。

　なお、"大人に同伴された5歳の幼児"が本問の行程でJRを利用する場合、普通列車の普通車自由席を利用する敦賀－東舞鶴間、京都－稲荷間は無賃で乗車できる（小児の乗車券は不要）。ア、イ、エの記述は明らかに不適切なので、前述のとおりウを正解としたが、実際には小松から京都までの片道乗車券を購入するよりも、〔つるぎ〕および〔まいづる〕の乗車区間ごとに乗車券を購入するのが一般的かつ安価になるため、ウの「運賃は大人の額の半額が必要」とする記述も厳密には不適切である。

問58　正解　エ

ア．**正しい**。指定席特急券、グリーン券、寝台券などの**指定券**は、**乗車予定の列車が始発駅を出発する日の1か月前の同日（午前10時）**から発売される。ただし、1か月前の月に同日がない場合は、乗車予定の列車が**始発駅を出発する日が属する月の初日（1日）**に発売が開始される。

　　本肢の場合、"7月31日に始発駅を出発する"とあり、1か月前に当たる6月には同日（31日）がないので、この場合は7月1日の午前10時から発売される。

イ．**正しい**。東海道・山陽・九州・西九州新幹線の一部の列車について、本肢の記述にあるサイズの物品（特大荷物）を車内に持ち込む場合には、あらかじめ「**特大荷物スペース（または特大荷物コーナー）**」とセットで発売する座席の指定券を購入する必要がある（荷物分の追加料金の支払いは不要）。事前にこの指定券を購入せずに特大荷物を持ち込んだ場合は、持込手数料1,000円が必要。

ウ．**正しい**。テーマ別問題P214の「ポイント整理」参照。"102人で構成される普通団体"とあるので、102人のうち3人が無賃になる。**無賃扱いは運賃だけでなく料金にも適用される**ので"99人分の運賃と特急料金が収受される"とする本肢は正しい記述である。

エ．**誤り**。特急券とグリーン券（または特急券と寝台券）など、**2種類以上の料金を組み合わせて1枚で発売された料金券を払い戻す場合、グリーン券（寝台券）に対してのみ手数料がかかり、特急券に対する手数料は不要**である。したがって、"特急券の払いもどし手数料とグリーン券の払いもどし手数料の合計額である"とする本肢の記述は誤りである。

問59　正解　ア

寝台特急サンライズ出雲を利用する場合の運賃および料金に関する問題である。

ア．**正しい**。「大人と小児」「小児と小児」など、大人2人以外の組合せであれば、2人で1台の寝台を同時に利用することができる。この場合に必要な乗車券類は次のとおり。

利用形態　　運賃料金	①大人＋小児	②大人＋幼児	③小児＋小児	④小児＋幼児	⑤幼児＋幼児
運賃	大人1人分 小児1人分	大人1人分	小児2人分	小児1人分	小児1人分
特急料金	大人1人分 小児1人分	大人1人分	小児2人分	小児1人分	小児1人分
寝台料金	1人（1台）分				

＊表中の「幼児」を「乳児」に置き換えても必要な乗車券類は同じ。

・29・

"12歳の小学生"は小児として扱われる。一つの寝台を大人1人と小児1人の組み合わせで同時に利用しているので、利用形態は表中①に該当する。したがって、必要な運賃・料金を「1人分の大人運賃、1人分の大人特急料金と1人分の寝台料金」、「1人分の小児運賃と1人分の小児特急料金」」とする本肢は正しい記述である。

イ. **誤り。**1人用寝台個室のシングルツインには補助ベッドの設備があり、これを利用するときは個室定員が2人となる。補助ベッドには別途補助寝台料金がかかるので、本肢に必要な運賃・料金は「2人分の大人運賃、2人分の大人特急料金、1人分の寝台料金、1人分の補助寝台料金」である。

ウ. **誤り。**寝台特急サンライズ出雲の普通車指定席「ノビノビ座席」は、運賃と普通車指定席特急料金を支払うことで利用できる（寝台料金は不要）。

問57②で解説したとおり、幼児が指定席を単独で利用する場合は小児の運賃と特急料金が必要である。本肢は大人1人と幼児1人（小学校入学前の6歳の旅客）が、それぞれノビノビ座席を使用するので、必要な運賃・料金は「1人分の大人運賃と1人分の大人指定席特急料金」、「1人分の小児運賃と1人分の小児指定席特急料金」である。

エ. **誤り。**大人は1人で1台の寝台を利用するので「1人分の大人運賃、1人分の大人特急料金と1人分の寝台料金」がかかる。12歳の小学生（小児）1人と3歳の幼児1人は、2人で1台の寝台を利用するので、選択肢アの解説の表中④に当たり「1人分の小児運賃、1人分の小児特急料金と1人分の寝台料金」が必要である。

問60　正解　エ

ア. **誤り。**ANA SUPER VALUE 21を適用した航空券の購入期限は、予約日を含め2日以内である。本肢では8月2日に座席の予約を行っているので、購入期限は8月3日である。

イ. **誤り。**ANA FLEXを適用した航空券の購入期限は、原則として予約日を含め3日以内だが、搭乗日の2日前〜当日に予約した場合は、搭乗便出発時刻の20分前までが購入期限になる。本肢は出発日の当日に座席の予約を行っているので、航空券の購入期限は出発時刻（14：00）の20分前に当たる13：40である。

ウ. **誤り。**ANA VALUE 3を適用した航空券の購入期限は、予約日を含め3日以内（例外規定なし）である。本肢では8月22日に座席の予約を行っているので、8月24日が購入期限となる。

エ. **正しい。**ANA VALUE PREMIUM 3を適用した航空券の購入期限は、原則として予約日を含め3日以内だが、「予約日を含め3日以内」に予約期限日が含まれる場合は、その予約期限日が購入期限になる。

ANA VALUE PREMIUM 3の予約期限は搭乗日の3日前で、本肢は搭乗日の3日前に当たる8月22日に予約をしているので、予約日と同日が購入期限になる。

問61　正解　ウ

ア. **正しい。**記述のとおり。満3歳以上12歳未満の小児が所定の運賃を適用して航空券を購入する場合は小児ディスカウントが適用され、大人の運賃から25%相当の割引を受けることができる。ANA FLEXは小児ディスカウントの対象運賃なので"運賃額から25%相当額がディスカウントされた額で利用できる"とする本肢は正しい記述で

• 30 •

ある。

イ．**正しい。**「空席待ち」とは、一部の運賃を対象に、希望する搭乗便が満席の場合に申し込むことができる制度である。ANA SUPER VALUE の各種運賃（ANA SUPER VALUE PREMIUM 28 を除く）は対象外のため、空席待ちを申し込むことはできない。

ウ．**誤り。**ANA SUPER VALUE 75 を適用した航空券の予約・販売は、**搭乗日の 355 日前の午前 9 時 30 分**より開始される。したがって、"搭乗日 75 日前の 9 時 30 分"とする本肢の記述は誤りである。

エ．**正しい。**記述のとおり。往復ディスカウントの対象となるのは、ANA VALUE および ANA SUPER VALUE の各種運賃である。これら対象運賃の組み合わせで同一区間を往復する場合、往路と復路の航空券を**同時に購入**することで、往路と復路の運賃に、それぞれ 5％相当の割引を受けることができる。

問 62　正解　ア　石鎚山

ア．**石鎚山**（愛媛県）："西日本の最高峰""土佐湾が望め"がキーワード。

イ．**三瓶山**（島根県）：島根県の中央部に位置し、南麓には三瓶温泉がある。大山隠岐国立公園に属している。

ウ．**宮之浦岳**（鹿児島県）：九州最高峰。屋久島国立公園に属し、ほぼ全域が世界自然遺産「屋久島」に含まれる。

エ．**鷲羽山**（岡山県）：倉敷市下津井にあり、山頂「鍾秀峰」からは瀬戸内海に点在する大小 50 余りの多島美と雄大な瀬戸大橋の眺望を楽しめる。

問 63　正解　ア　偕楽園

ア．**偕楽園**（茨城県水戸市）："水戸藩第 9 代藩主徳川斉昭によって開園""梅の名所""好文亭"がキーワード。兼六園（石川県金沢市）、後楽園（岡山県岡山市）とともに、日本三名園の一つに数えられる。

イ．**六義園**（東京都文京区）：柳沢吉保が作庭した回遊式築山泉水の庭園。同区内の小石川後楽園とともに江戸の二大庭園に数えられる。

ウ．**縮景園**（広島県広島市）：広島藩主浅野家別邸の庭園で、中国の景勝地「西湖」を模して造られたといわれる。

エ．**仙巌園**（鹿児島県鹿児島市）：薩摩藩主島津家の別邸で「磯庭園」ともいわれる。錦江湾を池に、桜島を築山に見立てた借景が特徴。

問 64　正解　イ　龍泉洞

ア．**秋芳洞**（山口県美祢市）：カルスト台地・秋吉台の地下にあり、東洋最大級の規模を誇る鍾乳洞。付近には景清洞、大正洞などの洞窟がある。

イ．**龍泉洞**（岩手県岩泉町）："透明度の高い地底湖""岩手県"がキーワード。

ウ．**玄武洞**（兵庫県豊岡市）：玄武岩による柱状節理の洞窟・絶壁で周辺は玄武洞公園として整備されている。周辺の城崎温泉とともに山陰海岸国立公園に属している。

エ．**玉泉洞**（沖縄県南城市）：沖縄島南部にある鍾乳洞。幻想的な青の洞窟や、黄金の盃、槍天井などの鍾乳石が見どころである。

問65　正解　エ　鞍馬寺

ア〜エはいずれも京都府京都市内の寺である。

ア．**広隆寺**（京都市右京区）：京都最古の寺。聖徳太子から贈られ、のちに国宝第一号に指定された弥勒菩薩半跏思惟像を本尊とする。

イ．**醍醐寺**（京都市伏見区）：世界文化遺産「古都京都の文化財」の構成資産。豊臣秀吉の「醍醐の花見」で知られ、4月には豊太閤花見行列が開催される。

ウ．**高山寺**（京都市右京区）：世界文化遺産「古都京都の文化財」の構成資産。国宝「鳥獣人物戯画」「明恵上人樹上坐禅像」などの貴重な美術品を所蔵する。

エ．**鞍馬寺**（京都市左京区）："源義経が幼少期に牛若丸として修行した場所""国宝の毘沙門天三尊像"がキーワード。

問66　正解　ウ　オシンコシンの滝

ア．**アシリベツの滝**（北海道札幌市）：道内唯一の国営公園・滝野すずらん丘陵公園内にあり、雄滝と雌滝の2つに分かれて流れ落ちる。

イ．**インクラの滝**（北海道白老町）：断崖絶壁に囲まれた名瀑。近隣には登山道が整備された樽前山や、アイヌ文化に触れることができるウポポイ（民族共生象徴空間）などの見どころがある。

ウ．**オシンコシンの滝**（北海道斜里町）："知床八景のひとつ""双美の滝"がキーワード。

エ．**マリユドゥの滝**（沖縄県竹富町）：西表島（八重山諸島）の浦内川にある滝。さらに上流に位置するカンピレーの滝とともに、西表島の代表的な見どころの一つになっている。

問67　正解　ウ　通潤橋

ア．**渡月橋**（京都府京都市）：嵐山を流れる桂川（大堰川）に架かる橋。由緒ある社寺が点在する嵐山の象徴ともいえる観光名所。

イ．**錦帯橋**（山口県岩国市）：錦川に架かる5連アーチの木造橋。エの「眼鏡橋」、「日本橋（東京都中央区）」とともに日本三名橋に数えられる。

ウ．**通潤橋**（熊本県山都町）："熊本市内と高千穂峡を結ぶ観光ルート上""アーチ型の石づくりの水道橋""橋の中央部から放水"がキーワード。

エ．**眼鏡橋**（長崎県長崎市※）：中島川に架かる橋で、日本三名橋の一つ。日本最初の唐風石橋とされる。※同名の橋は複数あるが、ここでは長崎県に所在する眼鏡橋について解説した。

問68　正解　ア　登呂遺跡

ア．**登呂遺跡**（静岡県静岡市）："静岡県にある""弥生時代の水田跡"がキーワード。

イ．**大森貝塚**（東京都品川区・大田区）：アメリカの動物学者モースによって発掘された縄文時代後期の遺跡で、大森貝塚遺跡庭園として整備されている。

ウ．**西都原古墳群**（宮崎県西都市）：周囲を大自然に囲まれた広大な台地に300基を超える古墳が点在する。花の名所としても知られ、春は桜と菜の花、秋はコスモスなどを見に多数の旅行者が訪れる。

エ．**岩宿遺跡**（群馬県みどり市）：相澤忠洋氏によって発見された旧石器時代の遺跡。

問 69 ①正解 イ 遠野

"柳田國男の作品" は『遠野物語』を指し「民話のふるさと」として有名なのは遠野である。

ア. **角館**（秋田県仙北市）：武家屋敷や古い商家が立ち並ぶ「みちのくの小京都」。桜の名所としても知られる。

イ. **遠野**（岩手県遠野市）：民俗学者・柳田國男の逸話集『遠野物語』は遠野地方に伝わる昔話や伝説をまとめたもの。伝統的家屋である「南部曲り家」が移築保存されている遠野ふるさと村や、カッパ伝説が残るカッパ淵などが見どころ。

ウ. **酒田**（山形県酒田市）：米穀取引所の付属倉庫として建築された山居倉庫や、酒田の富豪・本間家の別荘と鳥海山を借景とする庭園「鶴舞園」を開放した本間美術館などが見どころ。

エ. **弘前**（青森県弘前市）：津軽十万石の城下町。津軽家の居城・弘前城の全域は弘前公園として整備され、国内有数の桜の名所として知られる。

問 69 ②正解 エ 鉄輪温泉

下線（a）の日田があるのは大分県。同県にある温泉地は鉄輪温泉である。

ア. **原鶴温泉**（福岡県朝倉市）：筑後川のほとりに位置する温泉。5〜9月には鵜飼が行われ、屋形船から観覧できる。

イ. **霧島温泉**（鹿児島県霧島市）：霧島山中腹にある複数の温泉の総称。近くには、建国神話の主人公・瓊瓊杵尊を祭る国宝・霧島神宮がある。

ウ. **小浜温泉**（長崎県雲仙市）：島原半島の西岸にあり、橘湾に沈む夕日の美しさで知られる。源泉温度105度にちなんでつくられた全長105mの日本一長い流れる足湯「ほっとふっと105」が人気。

エ. **鉄輪温泉**（大分県別府市）：別府八湯の一つ。伝統的な入浴方式である「むし湯」や、温泉の蒸気熱を利用した調理法「地獄蒸し」などで知られる。

問 69 ③正解 エ 御柱祭

下線（b）の妻籠宿があるのは長野県。同県で行われる祭り・行事は御柱祭である。

ア. **お水送り**（福井県小浜市）：3月に神宮寺で行われる行事。神宮寺で汲まれ、遠敷川に流されたお香水は、10日後に東大寺二月堂（奈良県奈良市）で行われる修二会の行事（お水取り）でくみ上げられる。

イ. **郡上おどり**（岐阜県郡上市）：城下町・郡上八幡で7月中旬から9月上旬の30夜以上にわたって開催される盆踊り。8月13〜16日には夜から明け方まで徹夜おどりが続く。

ウ. **西大寺会陽**（岡山県岡山市）：2月に行われる西大寺の例祭。ひしめく裸の男たちが宝木を奪い合い、福男が決まる祭り。

エ. **御柱祭**（長野県諏訪市・下諏訪町・茅野市ほか）：諏訪大社の神事で、数え年で7年に一度（寅年と申年に）開催される。山から切り出した巨木に大勢の氏子が乗って急斜面を駆け下りる木落しが有名。

問 69 ④正解 イ 祖谷そば

下線（c）の脇町があるのは徳島県。同県の郷土料理・名産品は祖谷そばである。

・ 33 ・

ア．**皿鉢料理**（高知県）：刺身、かつおのたたき、煮物、揚げ物など、山海の味覚を大皿に盛りつけた豪華な郷土料理。

イ．**祖谷そば**（徳島県）：徳島県西部の祖谷地域に伝わる郷土料理で、そば粉の割合が多く、太くて切れやすい麺が特徴。

ウ．**伊予さつま**（愛媛県）：南予地方一帯の郷土料理。タイやアジなどの魚を焼いて身をほぐし、麦みそを加えてだし汁でのばしたものを麦飯にかけて食べる。こんにゃく、きゅうりなどを入れることもある。

エ．**ままかり**（岡山県）：ニシン科の小魚サッパの別称で「ご飯（まま）を借りてくるほどのおいしさ」に由来する。酢漬けや寿司、焼き魚など様々な食べ方がある。

問70　正解　ウ

世界文化遺産「北海道・北東北の縄文遺跡群」に関し、ア、イ、エは正しい記述である。

ウ．**誤り**。構成資産の一つである三内丸山遺跡が所在するのは青森県八戸市ではなく、青森県青森市である。

問71　正解　アイエ

アの白糸ノ滝（静岡県）、イの河口湖（山梨県）、エの三保松原（静岡県）は、世界文化遺産「富士山－信仰の対象と芸術の源泉」の構成資産だが、ウの大菩薩峠（山梨県）は構成資産ではない。

したがって、ア、イ、エを選ぶのが正解である。

問72　正解　イ

ラムサール条約の登録地「伊豆沼・内沼」に関し、ア、ウ、エは正しい記述である。

イ．**誤り**。コウノトリの繁殖で知られる「（豊岡）市立ハチゴロウの戸島湿地」を含むのは、ラムサール条約湿地「円山川下流域・周辺水田」（兵庫県）である。

問73　正解　エ

アの芦ノ湖（神奈川県箱根町）、イの石廊崎（静岡県南伊豆町）、ウの天窓洞（静岡県西伊豆町）は富士箱根伊豆国立公園の区域内にあるが、エの御岳昇仙峡（山梨県甲府市）は秩父多摩甲斐国立公園に属している。

したがって、エを選ぶのが正解である。

問74　正解　ウ

本問は白山国立公園に関する記述である。

ア．**上信越高原国立公園**（群馬県・新潟県・長野県）：谷川岳、草津白根山、浅間山、志賀高原など、山岳や高原を中心とする国立公園。草津、万座、四万などの温泉を有し、登山・スキーなど多様なレクリエーションエリアとしても人気が高い。

イ．**妙高戸隠連山国立公園**（新潟県・長野県）：妙高山、戸隠山、飯縄山、黒姫山などの山々が密集し、山麓に点在する高原や、ナウマンゾウの化石が出土した野尻湖などの湖沼が一体となった国立公園。

ウ．**白山国立公園**（石川県・福井県・岐阜県・富山県）："最高峰の御前峰""お池巡り"

"百四丈滝" "石川県、福井県、岐阜県、富山県の4県にまたがる" がキーワード。

エ. **中部山岳国立公園**（新潟県・長野県・岐阜県・富山県）：立山連峰、穂高連峰、乗鞍岳など、標高3,000メートル級の山々で構成された日本を代表する国立公園。上高地、立山黒部アルペンルートなど人気の観光地が含まれている。

問75　正解　ア　琴弾公園

松山駅（愛媛県松山市）を起点に愛媛県内を周遊し、香川県の高松駅に至る行程。子規堂（愛媛県松山市）と金刀比羅宮（香川県琴平町）に最も近い観光地は琴弾公園である。

ア. **琴弾公園**（香川県観音寺市）：白砂青松の有明浜の砂浜に描かれた寛永通宝の銭形砂絵が有名で、園内の琴弾山の山頂展望台から全景を見ることができる。

イ. **鳴門公園**（徳島県鳴門市）：渦潮で知られる鳴門海峡や大鳴門橋に隣接する公園で、園内には大塚国際美術館（問80選択肢ウを参照）がある。

ウ. **千光寺公園**（広島県尾道市）：千光寺山の山頂から中腹に位置し、頂上展望台からの尾道市街地や瀬戸内海の島々の眺望は尾道を代表する景観。園内には朱色の本堂が印象的な千光寺や文学のこみち、尾道市立美術館などがある。

エ. **傘松公園**（京都府宮津市）：日本三景の一つ・天橋立の展望所で、宮津湾に面する高台に位置している。股の間から天地が逆になった天橋立の景観を楽しむ「股のぞき」で知られる。

問76　正解　ア　いろは坂

日光駅（栃木県日光市）を起点に日光市内を周遊し、奥日光へ至る行程。日光東照宮、中禅寺湖に最も近い観光地は、いろは坂である。

ア. **いろは坂**（栃木県日光市）：日光市街と中禅寺湖・奥日光を結ぶ観光山岳道路。上り専用と下り専用の二つの坂を合わせて48か所の急カーブがあり、カーブごとに「い」「ろ」「は」……の看板がある。上り専用の坂の途中にある明智平展望台から眺める紅葉が有名。

イ. **八幡坂**（北海道函館市）：坂の風景で有名な函館元町地区のなかで最も人気のビュースポットであり、テレビCMや映画のロケ地にもなっている。函館港や対岸の函館市街が一望できる。

ウ. **清水坂**（京都府京都市）：東大路通から清水寺まで続く約700mの参道。風情のある土産物店やカフェが立ち並び、観光客で賑わう。

エ. **田原坂**（熊本県熊本市）：西南戦争で17昼夜にわたる戦闘が繰り広げられた激戦地として知られ、共同墓地や慰霊碑がある。

問77　正解　エ　若草山

奈良駅（奈良県奈良市）を起点として、奈良市内を周遊する行程。東大寺、春日大社に最も近い観光地は若草山である。

ア. **吉野山**（奈良県）：奈良県南部に位置し、「一目千本」とも呼ばれる桜の名所。修験道の総本山で金峯山寺、吉野水分神社などがある山域全体が世界文化遺産「紀伊山地の霊場と参詣道」の構成資産になっている。

イ. **高野山**（和歌山県）：空海（弘法大師）が開山した霊場。和歌山県の北東部、標高約1,000m級の峰々に囲まれた山上盆地に117の塔頭寺院が点在し、50を超える寺院が宿坊とし

て参詣者を受け入れている。高野山真言宗総本山・金剛峯寺、慈尊院などが世界文化遺産「紀伊山地の霊場と参詣道」の構成資産に含まれる。

ウ．**六甲山**（兵庫県）：六甲山地の最高峰。山上の展望台から市街地を一望でき、夜景の鑑賞地としても人気が高い。北麓には『日本書紀』にもその歴史が記された有馬温泉がある。

エ．**若草山**（奈良県）：奈良公園の東端、三つの笠を重ねたような姿から三笠山とも呼ばれ、1月には冬の古都に早春を告げる伝統行事「若草山焼き」が行われる。

なお、本問の行程中に記された興福寺、東大寺、春日大社はいずれも奈良公園内にあり、世界文化遺産「古都奈良の文化財」の構成資産だが、若草山は同遺産に含まれていない。

問78 正解 ウ 川平湾

新石垣空港（沖縄県）を起点に石垣島内を周遊する行程。米原ヤエヤマヤシ群落と唐人墓に最も近い観光地は川平湾である。

ア．**宿毛湾**（高知県）：高知県西部、豊後水道に面した湾で一部は愛媛県にまたがっている。世界最大の暖流・黒潮の影響により魚種が多いことから「魚のゆりかご」「天然の養殖場」とも呼ばれる。

イ．**中城湾**（沖縄県）：沖縄島南部の東岸、知念岬と勝連崎に挟まれた湾。

ウ．**川平湾**（沖縄県）：石垣島の北西部、石垣島を代表する景勝地でグラスボートによるクルーズが人気。黒真珠の養殖でも知られる。

エ．**大村湾**（長崎県）：長崎県の中央部にあり、湾内には長崎県の空の玄関口・長崎空港を有する。四方をほぼ陸に囲まれ、佐世保湾を介して針尾瀬戸および早岐瀬戸のみで外海と通じている。

問79 正解 ウ 大沼

函館空港（北海道函館市）を起点として、道南から道央に至る行程。函館空港と昭和新山に最も近い観光地は大沼である。

ア．**阿寒湖**（北海道釧路市）：道東を代表する湖で、湖畔には阿寒湖温泉がある。特別天然記念物マリモが生息することで知られ、ラムサール条約湿地として登録されている。

イ．**屈斜路湖**（北海道弟子屈町）：アの阿寒湖とともに阿寒摩周国立公園に属している。美幌峠からの絶景で知られ、湖畔には砂を掘ると温泉が湧き出る砂湯がある。

ウ．**大沼**（北海道七飯町）：北海道南西部、渡島半島にある湖。小沼、蓴菜沼とともにラムサール条約湿地として登録されている。

エ．**サロマ湖**（北見市・佐呂間町・湧別町）：北海道北東部に位置する道内最大の湖。砂嘴でオホーツク海と隔てられ、沈む夕日の美しさで知られる。

問80 正解 イ 足立美術館

玉造温泉（島根県松江市）を起点に島根県内を周遊し、皆生温泉（鳥取県米子市）に至る行程。宍道湖（島根県）と皆生温泉に最も近い観光地は足立美術館である。

ア．**大原美術館**（岡山県倉敷市）：倉敷美観地区にある日本初の西洋美術中心の私立美術館。エル・グレコ、モネ、ゴーギャン、マティスなどの作品を所蔵する。

・36・

イ．**足立美術館**（島根県安来市）：近代日本画の巨匠・横山大観のコレクションを中心に、近代〜現代の日本画を所蔵する。約５万坪の広大な日本庭園は国内外で高い評価を得ている。

ウ．**大塚国際美術館**（徳島県鳴門市）：『モナ・リザ』『ゲルニカ』をはじめ、約1,000点の世界の名画が、特殊技術によって陶板で原寸大に再現されている。

エ．**地中美術館**（香川県直島町）：アートの島とも呼ばれる瀬戸内海の直島にあり、モネを含む３人の芸術家の作品を恒久設置している。建築家・安藤忠雄が手がけた建物は、景観への配慮からその大半が地中に埋設されている。

問81　正解　ア　東尋坊−しもつかれ

ア．東尋坊（福井県）−しもつかれ（栃木県）

　　しもつかれ：大豆、塩引き鮭の頭、ニンジン、油揚げなどを酒粕で煮込んだもの。栃木県のほかにも北関東各県の一部地域で造られる郷土料理である。

イ．秋月−がめ煮（いずれも福岡県）

　　秋月：筑前の小京都とよばれ、重要伝統的建造物群保存地区に選定されている城下町。

ウ．帝釈峡−かきめし（いずれも広島県）

　　帝釈峡：中国山地の中央に位置する峡谷。天然の橋・雄橋や神龍湖などの見どころがある。

エ．笹川流れ−へぎそば（いずれも新潟県）

問82　正解　エ　大谷焼−阿波おどり

ア．信楽焼（滋賀県）−時代祭（京都府）

　　時代祭：10月に平安神宮で行われる祭り。葵祭、祇園祭とともに京都三大祭りの一つ。

イ．益子焼（栃木県）−三社祭（東京都）

　　三社祭：５月に開催される、浅草神社の例大祭。山王祭、神田祭とともに江戸三大祭りの一つ。

ウ．有田焼（佐賀県）−玉取祭（福岡県）

エ．大谷焼−阿波おどり（いずれも徳島県）

問83　正解　イ　嬉野温泉−吉野ヶ里遺跡−祐徳稲荷神社

ア．宇奈月温泉（富山県）−雨晴海岸（富山県）−平泉寺白山神社（福井県）

　　平泉寺白山神社：泰澄大師によって開かれ、白山信仰の拠点の一つとなった寺。その後、明治の神仏分離令により神社となった。

イ．嬉野温泉−吉野ヶ里遺跡−祐徳稲荷神社（いずれも佐賀県）

ウ．銀山温泉（山形県）−致道館（山形県）−田沢湖（秋田県）

エ．新穂高温泉（岐阜県）−杉原千畝記念館（岐阜県）−野尻湖（長野県）

問84　正解　ウ　浅間温泉−鹿教湯温泉−湯田中温泉

ア．秋保温泉（宮城県）−作並温泉（宮城県）−須川高原温泉（岩手県）

　　須川高原温泉：栗駒山の北麓にある温泉。古くから湯治場として知られる。蒸し風呂の「おいらん風呂」が名物。

イ．伊香保温泉（群馬県）－草津温泉（群馬県）－昼神温泉（長野県）
ウ．浅間温泉－鹿教湯温泉－湯田中温泉（いずれも長野県）
エ．黒川温泉（熊本県）－人吉温泉（熊本県）－由布院温泉（大分県）